JN261785

判例チャートから学ぶ
労働法

野田 進・豊川義明 [編]

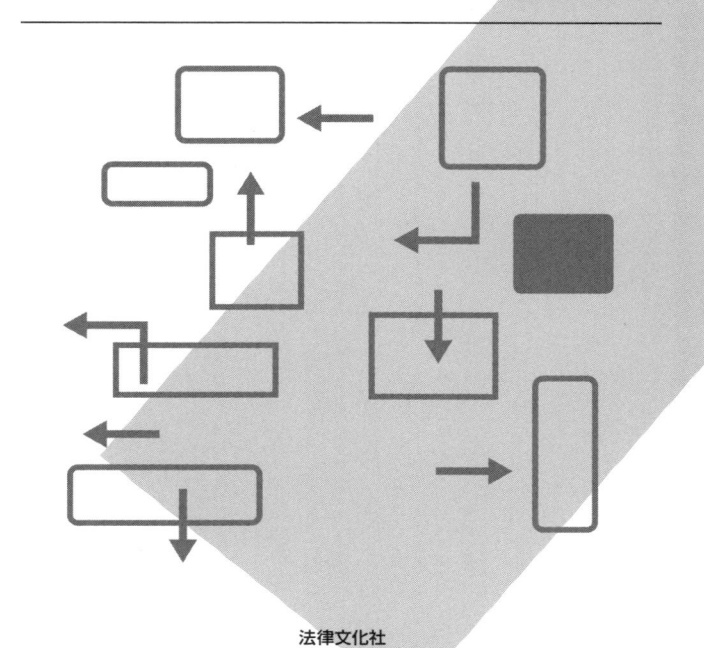

法律文化社

はしがき

　戦後，労働判例の数は多数にのぼる。そして労働判例も，それぞれの論点で，発展の歴史をもつようになった。時代によって判例の内容が変化するし，判例法理も生成し発展している。

　法科大学院では「理論と実務の架橋としての教育」が主唱されており，そのなかで，実務家はもとより，研究者も教材として判例を重要視することは当然のことである。また，法学部で労働法を学ぶ場合でも，判例を中心に理解を進めることで，労働法への興味や理解の深まりは，格段に向上する。

　もっとも，判例を教材にして法科大学院の目的である法曹の養成教育に充分に役立てようとする場合には，判例の事案と判旨を記憶すればよいというのではなく，学生が自分の頭で考え，これを批判的に学び，なぜこの結論に至ったのかといった判例の具体的妥当性を検討するという批判的，創造的な思考方法が必要となる。このために判例は，歴史的に位置づけられ，その流れのなかで理解されなければならない。

　こうした要請に応えて，この本は，これまで公刊された判例ケースブックや概説書とは決定的に異なる，二つの特色をもつことになった。第1に，重要論点に関する判例について，その発展の流れを視覚的に理解できるようにしたこと，第2に，判例をただ無批判に覚え込むではなく，批判的な眼で学ぶことができるようにしたことである。

　「判例チャートから学ぶ労働法」は，当初「クリティーク労働判例」という書名で考えられていたのであるが，学ぶ人の理解のために判例チャート（図）を取り入れることになり，本書名となった。いずれにせよ，「クリティーク」：批判的であることと，「チャート」：流れとして理解できることが，本書のコンセプトである。

　本書の執筆にあたっては，執筆者が何度も集まって研究会を開いた。この集団的な討論により重要論点を明らかにし，判例チャート図についても意見を交

はしがき

換することによりいいものを作成することができた。そのうえで，各章の執筆は，各担当者の責任において作成することとした。また，チャート図の作成には亀岡雅紀氏（デザイナー）の御協力をいただいた。また，法律文化社秋山泰社長には，本書の企画に当初から理解をいただき，ひとかたならずご協力をいただいた。本書を上梓できたのは，秋山泰社長のお陰である。記して御礼申し上げたい。

2011年2月

執筆者を代表して

野田　進
豊川義明

目　次

はしがき
略語表

第Ⅰ編　個別労働関係の成立・展開・終了

第1章　労働者および使用者 ……………………豊川義明　2

 1　労働法上の労働者，使用者とは　3
 2　労基法上の労働者性について　4
 3　労組法上の労働者性について　8
 4　労働契約上の「使用者」　13

第2章　採用・内定・試用 ………………………山下　昇　20

 1　採用の自由　21
 2　契約締結過程における当事者の義務　22
 3　採用内定　24
 4　試　用　30

第3章　有期雇用 …………………………………吉田美喜夫　32

 1　はじめに　33
 2　期間に関する法的問題　33
 3　有期契約の更新　38
 4　更新拒絶（雇止め）問題　41

第4章　就業規則と労働契約 ……………………野田　進　49

 1　就業規則の「拘束力」　50

2　設定の拘束力　51

　　3　変更の拘束力　56

　　4　周知の要件　63

　　5　むすび——合意の原則と拘束力　65

第 **5** 章　配　　　転 …………………………………根本　到　66

　　1　配転命令権をめぐる判例の動向　67

　　2　配転命令権の法的根拠　68

　　3　勤務地や職種の限定合意の有無　70

　　4　権利濫用の判断基準　71

　　5　配転をめぐるその他の論点　75

第 **6** 章　出向・転籍 …………………………………野田　進　77

　　1　出向・転籍の法律問題　78

　　2　出向命令権　79

　　3　出向命令権の濫用　83

　　4　出向労働関係　84

　　5　転　　籍　88

　　6　まとめ——出向における判例の流れ　89

第 **7** 章　解　　　雇 …………………………………柳澤　武　90

　　1　解雇規制の法的意義　91

　　2　解雇予告制度　91

　　3　解雇権濫用法理　94

　　4　整理解雇　99

　　5　解雇における主要判例の流れ　102

第8章 退　　職 ……………………………………根本 到 104

 1 退職に関する法規制の概要と論点　105
 2 労働者の撤回の可否　106
 3 退職の意思表示の無効や取消し　109
 4 損害賠償責任　112
 5 早期退職制度　113
 6 競業避止義務　113

第9章 企業組織の変動と労働契約の承継
 ………………………………………………吉田美喜夫 115

 1 企業再編の背景と方法　116
 2 企業の倒産と解散　117
 3 事業譲渡と労働契約の承継　119
 4 労働条件の変更問題　128
 5 会社分割と労働契約承継法　129

第Ⅱ編　労働条件の諸問題

第10章 賃金（賞与・退職金）請求権 …………山下 昇 134

 1 賃金請求権の発生　135
 2 賃金の決定・変更　137
 3 一時金（賞与）　139
 4 退職金　140

第11章 労基法による賃金の保護……………山下 昇 145

 1 労基法上の賃金　146
 2 賃金支払いの諸原則　146

3　全額払い原則の効果　148
　　　4　休業手当　152

第12章　労働時間 ……………………………… 柳澤　武　157
　　　1　労働時間の概念と多様性　158
　　　2　労働時間の意義　158
　　　3　労働時間の算定と立証　165
　　　4　労働時間における主要判例の流れ　166

第13章　年次有給休暇 …………………………… 緒方桂子　168
　　　1　年休の法的性質　169
　　　2　時季変更権行使の適法性　170
　　　3　計画年休制度　173
　　　4　年休取得を理由とする不利益取扱いの許容範囲　174
　　　5　今後へむけて　175

第14章　安全配慮義務 ……………………………… 吉田美喜夫　177
　　　1　労災補償責任の法律構成　178
　　　2　安全配慮義務構成の登場　178
　　　3　最高裁による安全配慮義務法理の承認　180
　　　4　安全配慮義務の内容　182
　　　5　安全配慮義務の責任主体　185
　　　6　安全配慮義務と慰謝料請求・時効問題　186
　　　7　安全配慮義務の拡張　187

第15章　性　差　別 ……………………………… 緒方桂子　190
　　　1　男女平等をめぐる法的問題　191
　　　2　結婚を理由とする退職制度，男女別定年制　191

3　賃金差別をめぐる争い　194
　　4　コース制の違法性　200
　　5　その後の均等法の展開　203

第16章　人　格　権 …………………………豊川義明　205
　　1　労働者の人格的利益保護の必要性　206
　　2　人格権の法的構成　208
　　3　労働者の個人情報とプライバシー保護　210
　　4　人格権の領域の拡がり　216

第17章　懲　　　戒 …………………………野田　進　217
　　1　懲戒法理の発展　218
　　2　就業規則の規定解釈と総合考慮　219
　　3　企業秩序論　221
　　4　懲戒権の手続的規制と解雇権濫用理論　226
　　5　懲戒権と労働契約　229

第Ⅲ編　集団的労働関係

第18章　労働組合とその内部問題 …………根本　到　232
　　1　労働組合の要件　233
　　2　労働組合の加入と脱退　236
　　3　組　合　費　239
　　4　統制処分　243
　　5　組織変動　245

第19章　団体交渉 ……………………………柳澤　武　248
　　1　団体交渉の意義──その歴史と多様な機能　249

目次

  2 団体交渉の関係者 *250*
  3 団体交渉の対象事項——団交応諾義務の範囲 *253*
  4 誠実交渉義務 *254*
  5 団交拒否の救済 *256*
  6 判例法理の流れと課題 *260*

第**20**章 労働協約 …………………………………………… 名古道功 *262*

  1 日本の労働協約の特徴 *263*
  2 労働協約の成立 *263*
  3 団交権限と協約締結権限 *266*
  4 労働協約による規制の限界 *266*
  5 労働協約の効力 *270*
  6 労働協約の終了 *273*

第**21**章 組合活動 …………………………………………… 豊川義明 *275*

  1 組合活動権とは *276*
  2 組合活動の「場」について *276*
  3 二つの法的価値のコンフリクト（衝突） *277*
  4 組合活動権と施設管理権 *277*
  5 就業時間中の組合活動 *281*
  6 団結権尊重義務と労使関係像 *286*

第**22**章 争議行為 …………………………………………… 名古道功 *288*

  1 争議権の保障 *289*
  2 争議行為の正当性 *289*
  3 違法争議行為の責任 *293*
  4 争議行為と賃金——一部スト・部分スト *295*
  5 ロックアウトの正当性 *297*

第23章　不当労働行為 ……………………名古道功　300

　　1　団結権侵害と不当労働行為　　301
　　2　不当労働行為制度上の使用者概念　　301
　　3　不利益取扱い　　302
　　4　支配介入　　306
　　5　バックペイと中間収入の控除　　310

判例索引　　313

略　語　表

（1）法　令　名
本書で用いる主要な法令等の略称は以下のとおりである。

労契法……………労働契約法（平成19年法律128号）
労契法施行通達…労働契約法の施行について（平成20年1月23日基発0123001号）
労基法……………労働基準法（昭和22年法律49号）
労基則……………労働基準法施行規則（昭和22年厚生省令23号）
承継法……………会社分割に伴う労働契約の承継等に関する法律（平成12年法律103号）
均等法……………雇用の分野における男女の均等な機会及び待遇の確保等に関する法律（昭和47年法律113号）
育介法……………育児休業，介護休業等育児又は家族介護を行う労働者の福祉に関する法律（平成3年法律76号）
最賃法……………最低賃金法（昭和34年法律137号）
賃金確保法………賃金の支払の確保等に関する法律（昭和51年法律34号）
労安法……………労働安全衛生法（昭和47年法律57号）
労災法……………労働者災害補償保険法（昭和22年法律50号）
派遣法……………労働者派遣事業の適正な運営の確保の確保及び派遣労働者の就業条件の整備等に関する法律（昭和60年法律88号）
労審法……………労働審判法（平成16年法律45号）
労組法……………労働組合法（昭和24年法律174号）
労委規……………労働委員会規則（昭和24年中労委規則第1号）
労調法……………労働関係調整法（昭和21年法律25号）
雇保法……………雇用保険法（昭和19年法律116号）
雇対法……………雇用対策法（昭和41年法律132号）
職安法……………職業安定法（昭和22年法律141号）
パート労働法……短時間労働者の雇用管理の改善等に関する法律（平成5年法律76号）
高年法……………高年齢者等の雇用の安定等に関する法律（昭和46年法律68号）
民法………………民法（明治29年法律89号）

（2）判　例　集　名
本書で引用する判例集および不当労働行為命令集の略称は次のとおりである。

最大判（決）………最高裁判所大法廷判決（決定）
最一小判（決）……最高裁判所第一小法廷判決（決定）
　＊最二小判（決），最三小判（決）も同様の例による。
高判（決）…………高等裁判所判決（決定）

略　語　表

地判(決)…………地方裁判所判決（決定）

民集………………最高裁判所民事判例集
集民………………最高裁判所裁判集民事
刑集………………最高裁判所刑事判例集
労民集……………労働関係民事裁判例集
労判………………労働判例
判時………………判例時報
判タ………………判例タイムズ
労経速……………労働経済判例速報
命令集……………不当労働行為事件命令集
別冊中労時………別冊中央労働時報

第Ⅰ編

個別労働関係の成立・展開・終了

1章 労働者および使用者

「労基法」・「労組法」の労働者

労働基準法上

否定	肯定
横浜南労基署長事件 (傭車運転手)	新宿労基署長事件 (映画撮影技師)
藤沢労基署長事件 (一人親方)	関西医科大学事件 (研修医)

労働組合法上
労務供給者の労働者性

- CBC管弦楽団事件
  (楽団員)
  「自由出演契約」
  (肯定)

  ↕ ↕

- 新国立劇場運営財団事件
  (オペラ合唱団員)
  「基本契約・個別出演契約」
  (否定)

- INAXメンテナンス事件
  (カスタマーエンジニア)
  「業務委託契約」
  (否定)

1 労働法上の労働者，使用者とは

1 労　働　者

　戦後日本において日本国憲法が制定され，憲法27条2項は，「賃金，就業時間休息その他の勤務条件に関する基準は法律でこれを定める」とし労働者保護法である労働基準法が成立する。また憲法28条は勤務者に労働基準権を保障するとし，これに照応して労働組合法が成立する。労働法はこれらの二つの法律を軸に多くの労働法規を含むものであるが，これらの労働法規の適用の対象(法律の効果を受ける) となる労働者はどのようなものかが画定される必要がある。すなわち労働者保護法や集団的労働法の適用を受ける者，これらの法律の規定の適用対象者の要件が学説，判例，命令上議論されてきた。

　労働基準法は，同法の適用を受ける労働者について「職業の種類を問わず，事業又は事務所……に使用される者で，賃金を支払われる者をいう」(同法9条)とする。労働契約法2条1項は，同法の労働者を「使用者に使用されて労働し，賃金を支払われる者をいう」とする。労基法とほぼ同様の定義であるが，ここでは事業性がない場合も使用者である。

　また，労働安全衛生法では2条2項で，最低賃金法では2条1項で同法らにいう労働者が労基法上の「労働者」であることを明文で規定する。さらに労災保険法（3条），男女雇用機会均等法，労働者派遣法等の労働者も，明文による規定はないものの，これまで判例上，また学説上も労基法上の「労働者」と同義であると考えられている。

　そして労組法3条は，同法の適用を受ける「労働者」について「職業の種類を問わず，賃金，給料その他これに準ずる収入によって生活をする者をいう」とする。この定義は労組法の関連法規である労働関係調整法の適用にも妥当する。

　労基法上の労働者と労働契約上の労働者はほぼ一致すると考えられているが，異なったものと考えてよいとの見解もある。

　これに対して労組法上の労働者には失業者も含まれるし労基法では自営業者

とされ、その適用から除外される者も労組法上の労働者に含まれるものが存在すると考えてよい。

本章においては、最初にこれまで紛争となり、労働法上も主要なテーマである、労基法上、労組法上の労働者の適用が問題となる裁判例を取り上げることになる。

2 使　用　者

使用者は労働者と労働関係に立つ相手方であり、労働法の適用においてはその責任の帰属主体でもある。労働契約法上の使用者は、労働契約の相手方であるから、「労働者」（同法2条1項）と照応して「その使用する労働者に対して賃金を支払う者をいう」と定義している。

この適用に当たっても、派遣関係における派遣先や出向関係における出向先が労働者の労働契約上の使用者となるかどうかが問題となる。労基法10条は、使用者とは「事業主又は事業の経営担当者その他その事業の労働者に関する事項について、事業主のために行為をするすべての者をいう」としており、広い定義になっている。これは法定の労働基準の最低限を職場において尊守させるため指揮監督や労務管理を行う者にも労基法上の刑事責任を問うことによりその実効性を確保しようとする立法政策による。

また労働組合法は、労働者と異なって使用者については定義を置いていないが労組法7条の不当労働行為の責任主体である「使用者」についてはその「拡大」が活発に議論され命令、裁判例においても確認されてきた。この点については本書**23**章*2*で取り上げる。

本章においては紙幅の関係もあり、使用者について裁判例においても焦点となっている違法派遣関係における派遣先の使用者性、法人格否認の法理が適用となる支配企業の労働契約上の使用者性について取り上げる。

2 労基法上の労働者性について

(1) 当該労務提供者が労基法の適用を受ける「労働者」は、労務供給契約の

名称・形式（雇用・請負・委託）ではなく，労務給付の実態に則して当事者間に「使用従属関係」が成立しているかによって判断するのが判例法理である。

つまり，実質（態）的な使用従属関係の有無によって判断するのである。

(2) そこで具体的にどのような場合に使用従属関係があるといえるのかである。従来の裁判では，業務遂行過程において「使用者の指揮監督下の労働」であるか，報酬が「労務の対償的性格」を持っているかを中心に，①仕事の依頼，業務従事の指示等に対する諾否の自由の有無，②業務遂行上の指揮監督の有無，③業務の内容および遂行方法に関する指揮命令の有無等，④勤務場所，勤務時間に関する「拘束性の有無」，⑤労務提供の「代替性の有無」，の判断要素等があげられ，「労働者性」の補強要素として⑥仕事の機械用具等を使用者が提供するか，報酬の額（事業者性の有無），⑦専属性の程度などの点から総合考慮していると考えられる（1985年労働基準法研究会報告参照）。

(3) しかし，具体的にどの要素を重視するかによって「労働者」性の判断が分かれることになる。自己の計算危険で事業を営む独立した自営業者には労働者性が認められないことは明らかであるが，判例においては，フリーカメラマンである映画撮影技師にも労働者性が認められる（新宿労基署長事件）一方で，傭車運転手では労働者性が否定されている（横浜南労基署長事件）。

なお一人大工の労働者性については，工務店はもとより，内装請負会社の指揮監督の下に労務を提供していたものと評価することはできず，内装請負会社から支払われた報酬は，仕事の完成に対して支払われたものであり，労基法上の労働者に該当しないとした藤沢労基署長事件・最一小判平成19．6．28（労判940号11頁）がある。

争点の中心になるのは，労務供給が相手方の指揮監督下にあったのか，報酬の性格はどうであったのかである。

判例 1-1
横浜南労基署長（旭紙業）事件 最一小判平成8．11．28労判714号14頁

【事実の概要】
　Xは，自己所有トラックを持ち込み（傭車運転手），A会社B工場において，

A会社の製品の運送業に従事していた。Xは，その積込みの作業中に足を滑らせて転倒し，傷害を負った。そこで，Xは，Y（横浜南労基署長）に対し労災保険法所定の療養補償給付と休業補償給付の請求をしたところ，YはXが「労働者」に当たらないことを理由に各給付を支給しない処分をした。XはYの不支給処分の取消しを求めて，訴えを提起した。第一審はXの請求を認容したが，原審は第一審判決を取り消して，Xの請求を棄却した。そこで，Xが上告した事案である。

【判旨】（労基法上の労働者性を否定）

「右事実関係の下においては，Xは，業務用機材であるトラックを所有し，自己の危険と計算の下に運送業務に従事していたものである上，A会社は，運送という業務の性質上当然に必要とされる運送物品，運送先及び納付時刻の指示をしていた以外には，Xの業務の遂行に関し，特段の指揮監督を行っていたとはいえず，時間的，場所的な拘束の程度も，一般の従業員と比較してはるかに緩やかであり，XがY会社の指揮監督の下で労務を提供していたと評価するには足りないものといわざるを得ない。そして，報酬の支払方法，公租公課の負担等についてみても，Xが労働基準法上の労働者に該当すると解するのを相当とする事情はない。そうであれば，Xは，専属的にA会社の製品の運送業務に携わっており，同社の運送係の指示を拒否する自由はなかったこと，毎日の始業時刻及び終業時刻は，右運送係の指示内容のいかんによって事実上決定されることになること，右運賃表に定められた運賃は，トラック協会が定める運賃表による運送料よりも１割５分低い額とされていたことなど原審が適法に確定したその余の事実関係を考慮しても，Xは，労働基準法上の労働者ということはできず，労働者災害補償保険法上の労働者にも該当しないものというべきである。」

判例 1−2

関西医科大学事件 最二小判平成17．6．3民集59巻5号938頁

【事実の概要】

Aは，医師国家試験に合格後医師として登録されて，大学病院Yの耳鼻咽喉科において研修医として臨床研修を受けていた。Aは，休診日を除き，原則的に午前7時30分から午後10時まで，Y病院内で指導医の指示に従って臨床研修に従事すべきこととされていたが，研修期間中，奨学金として月額6万円の金員および1回当たり1万円の副直手当を支払っていた。Yは，これらの金員は，給与所得として，源泉徴収を行っていた。ところが，Aは死亡した。

Aの親であるXは，Aは労基法9条の労働者であり，最低賃金法2条1項所定の労働者に当たるにもかかわらず，上記支払いのみでは，最低賃金額を下回る

給与額しか受けていないとして，Ｙに対して，その差額分等を求めて提訴した。第一審，原審ともにＸの主張を認めた。そこで，Ｙが上告した。
【判旨】（労基法上の労働者性を肯定）
「研修医は，教育的な側面を有しているが，そのプログラムに従い，臨床研修指導医の指導の下に，研修医が医療行為等に従事することを予定している。そして，研修医がこのようにして医療行為等に従事する場合には，これらの行為等は病院の開設者のための労務の遂行という側面を不可避的に有することとなるのであり，病院の開設者の指揮監督の下にこれを行ったと評価することができる限り，上記研修医は労働基準法9条所定の労働者に当たるというべきである。本件病院の耳鼻咽喉科における臨床研修のプログラムは，研修医が医療行為等に従事することを予定しており，Ａは，本件病院の休診日等を除き，Ｙが定めた時間及び場所において，指導医の指示に従って，Ｙが本件病院の患者に対して提供する医療行為等に従事していたというのであり，これに加えて，Ｙは，Ａに対して奨学金等として金員を支払い，これらの金員につき給与等に当たるものとして源泉徴収まで行っていたというのである。そうすると，Ａは，Ｙの指揮監督の下で労務の提供をしたものとして労働基準法9条所定の労働者に当たり，最低賃金法2条所定の労働者に当たるというべきである。」

判例1−3

新宿労基署長（映画撮影技師）事件

【事実の概要】
本件は，映画撮影技師（カメラマン）である亡Ｘが映画撮影中（昭和61年2月19日）の早朝宿泊していた秋田県湯沢市所在の旅館で倒れ同月23日入院先病院で脳梗塞で死亡した。Ｘの子が亡Ｘの死亡が業務に起因するものとして，新宿労働基準監督署長であるＹに対し，労災保険法に基づいて遺族補償費の給付を請求したところ，亡Ｘは労基法9条の「労働者」でないとして不支給処分を受けたため，その取消しを求めた事案である。

東京地判平成13．1．25労判802号10頁（労働者性を否定）
【判旨】
「個々の仕事の諾否の自由の制約や，時間的・場所的拘束性の高さは，使用従属関係の徴表とみるよりは映画の製作・撮影という仕事の性質ないし特殊性に伴う当然の制約であって，亡Ｘの撮影業務遂行上，同人には相当程度の裁量があり，使用者による指揮監督があったとは認め難いこと，亡Ｘの本件報酬は仕事の請負に対する報酬とみられるし，所得申告上も事業所得として申告され，青銅

> プロも事業報酬である芸能人報酬として源泉徴収を行なっていること，亡Xの青銅プロへの専属制は低く，青銅プロの就業規則も適用されていないこと等を総合して考えれば，亡Xは自己の危険と計算で本件映画の撮影業務に従事していたものと認めるのが相当であり，使用者との使用従属関係の下に労務を提供していたとはいえない。」
>
> 東京高判平成14.7.11労判832号13頁（労働者性を肯定，国の上告なく確定）
> 【判旨】
> 「映画製作は監督の指揮監督の下におこなわれるものであり，撮影技師は監督の指示に従う業務があること，本件映画の製作においても同様であり，高度な技術と芸術性を評価されていた亡Xといえどもその例外ではなかったこと，また，報酬も労務提供期間を基準にして算定して支払われていること，個々の仕事についての諾否の自由が制約されていること，時間的・場所的拘束性が高いこと，労務提供の代替性がないこと，撮影機材はほとんどが青銅プロのものであること，青銅プロが亡Xの本件報酬を労災保険料の算定基礎としていること等を総合して考えれば，亡X，使用者との使用従属関係の下に労務を提供していたものと認めるのが相当である。」

3 労組法上の労働者性について

　憲法28条に「勤労者」という言葉があり，労働者の団結権と団体行動権そして団体交渉による労働条件の向上を目的として労働組合法が制定された。ここでは労働者は，職業の種類を問わず賃金，給与その他これに準じる収入によって生活する者（同法3条）とされており，使用関係より社会経済的な地位を重視したものといえる。すなわち，自らの労働力（労働能力）を処分することによって得る対価で生活する者という意味である。裁判例においても労基法上の「労働者」と労組法上の「労働者」の基準を共通にするものもみられるが，それは労務供給者が特定の相手方と特定の契約関係に入ったなかで，労働者が労働組合を結成し，団体交渉を求めた際に，この契約関係を形式（請負，委託といった）ではなく，実態においてみる場合に使用従属関係をメルクマールとすることが労働者性判断に有用（効）なものと弁護士と裁判官が考えてきた結果でもある。しかし労基法上の労働者と労組法上の労働者は実は重なり合いなが

らも異なった面があり，労組法上の「労働者」はより広い概念である。憲法28条の意義，労組法の趣旨，目的から「労組法上の労働者」とは，憲法が保障した団結権等で保護する必要がある者，すなわち，社会的経済的弱者として使用者による労働条件の一方的決定を受け入れざるをえず，相手方から得る収入に依存して生計を維持する者ということになる。

　そして，その具体的な判断要素としては，使用者の企業組織に組み入れられ，使用者が必要とするときに必要な労働力を提供させられる関係にあるか（「事実上，諾否の自由がない」），労務遂行に当たって使用者の指揮命令・監督に服従すべき関係にあるかどうかなどが検討されることになる。

　なお，この判断要素については，労基法上や労契法上の労働者の判断基準と重なるところがあるが，労組法上の労働者の判断に当たっては，最低労働条件の確保を主たる目的とする労基法や，労働契約の基本ルールを定める労契法と同一に解する必要はなく，労組法の目的から，すなわち団結権を保障され，団体交渉で解決することが必要かつ相当な関係であるか否かという視点から，より広く，実質的かつ具体的に判断されるべきであろう。

　こうした労働者性の判断要素とその適用は，唯一の最高裁判決である中部日本放送・CBC管弦楽団事件（最一小判昭和51．5．6民集30巻4号437頁）をはじめ，近年の裁判例，命令例，大方の学説に共通するところである。そこでは，一般に，①その者が当該企業の事業遂行に不可欠な労働力として企業組織に組み込まれている，②契約の内容が一方的に決定される，③業務遂行の日時，場所，方法などにつき指揮監督を受ける，④業務の発注に対し諾否の自由がないなどの基準があげられ，このような基準のいくつかを備える限り，当該労務供給契約の形式が雇用，請負，委託，無名契約のいずれかを問わないとされている。しかしながら，労組法上の労働者については，これを認めたいくつかの労働委員会命令が司法判断（東京地裁・同高裁）において取り消される状況（新国立劇場運営財団事件，INAXメンテナンス事件，ビクター・サービスエンジニアリング事件）がうまれており，再度これを深く検討することが求められている。このためには労基法上の使用従属関係から，団結権保障の関係に視点を転換することが必要であると思われる。

判例 1-4

CBC管弦楽団事件 最一小判昭和51.5.6判時813号3頁

【事実の概要】

X労働組合は，放送会社であるA社と出演契約を結んで音楽演奏に従事していた楽団員らが組織したものである。X労働組合は，A社に団体交渉を申し入れたが，A社が拒否したことを理由にY労働委員会に不当労働行為の救済申立てをした。しかし，Yは楽団員の労組法上の労働者性を否定した。そこで，X組合は取消訴訟を提起した。第一審は，X組合の請求を認容し，原審もYからの控訴を棄却したのでYが上告した。

なお，A社と楽団員との放送出演契約は，当初は「専属出演契約」で報酬は定額の「契約金」と出演時間に応じて支払われる「出演料」からなっていたが，その後，他社出演を認める「優先出演契約」，最終的には「自由出演契約」に改められたが，報酬のうち「契約金」は存置されていた。

【判旨】（労働者性を肯定）

「楽団員は，演奏という特殊な労務を提供する者であるため，必ずしもA社から日日一定の時間的拘束を受けるものではなく，出演に要する時間以外の時間は事実上その自由に委ねられているが，右のように，A社において必要とするときは随時その一方的に指定するところによって楽団員に出演を求めることができ，楽団員が原則としてこれに従うべき基本的関係がある以上，たとえA社の都合によって現実の出演時間がいかに減少したとしても，楽団員の演奏労働力の処分につきA社が指揮命令の権能を有しないものということはできない。また，自由出演契約に基づき楽団員に支払われる出演報酬のうち契約金が不出演によって減額されないことは前記のとおりであるが，楽団員は，いわゆる有名芸術家とは異なり，演出についてなんら裁量を与えられていないのであるから，その出演報酬は，演奏によってもたらされる芸術的価値を評価したものというよりも，むしろ，演奏という労務の提供それ自体の対価であるとみるのが相当であって，その一部たる契約金は，楽団員に生活の資として一応の安定した収入を与えるための最低保障給たる性質を有するものと認めるべきである。」

判例 1-5

国・中労委（新国立劇場運営財団）事件 東京高判平成21.3.25労判981号13頁

【事実の概要】

新国立劇場運営財団では，オペラ公演に出演する合唱団員について，原則とし

て年間シーズンの全公演に出演可能な「契約メンバー」と，財団がその都度指定する公演に出演が可能な「登録メンバー」とを試聴会により選抜していた。

基本契約には，当該メンバーの出演の有無等が記載された「出演公演一覧」等が添付され，基本契約または個別出演契約に関する債務不履行があった場合の解除および損害賠償に関する規定があったが，個別公演出演契約締結の義務づけや財団以外が主催する音楽活動の禁止・制限を明記する規定はなかった。日本音楽家ユニオンは，財団が，①組合員であるＡを契約メンバーに合格させなかったこと，②組合からＡの次期シーズンの契約に関する団体交渉を申し入れたにもかかわらずこれに応じなかったこと，がいずれも不当労働行為であるとして救済申立てをした。東京都労働委員会は，①は，その申立てを棄却し，②は団体交渉に応じることおよびこれに関する文書の交付等を財団に対して命じた。ユニオンは，申立棄却部分につき，財団は救済を命じた部分につき，それぞれ再審査を申し立てたが，中央労働委員会は双方の再審査申立てを棄却した。本件は，財団とユニオンが，それぞれ中央労働委員会の再審査申立棄却命令の取消しを求めた事案である。

高裁は第一審（東京地判平成20.7.31労判967号5頁）の判断を認めて労働者性を否定した。

【判旨】（労働者性を否定）

「契約メンバーの歌唱技能という債務の提供はオペラ公演における各メンバーの持ち場（合唱団におけるパート等）が自ずと決まっており，被控訴人が契約メンバーの労働力を事業目的の下に配置利用する裁量の余地があるとは考えられないところである。そして，既に説示のとおり，契約メンバーが個別公演出演契約を締結してひとたび当該オペラ公演に参加することとした場合においては，オペラ公演のもつ集団的舞台芸術性に由来する諸制約が課せられるということ以外には，法的な指揮命令ないし支配監督関係の成立を差し挟む余地はない上，契約メンバーには個別公演出演契約を締結するかどうかの自由すなわち公演ごとの労務提供の諾否の自由がある。」

「個別公演出演契約を締結した結果契約メンバーが受けることとなる種々の拘束はいずれも先述したオペラ公演の本質に由来する性質のものであること，契約メンバーの被控訴人からの報酬等に対する収入の依存度といった経済的な側面についてみても，上述のとおり各契約メンバーがその自由な意思で個別公演出演契約の締結を判断する過程で考慮される一要素にすぎない。」

判例1−6

INAXメンテナンス事件

【事実の概要】

原告であるX社は，親会社製品のエンドユーザに対する修理サービスを行う会社である。本件は，Xと個人業務委託契約を締結して業務に従事するカスタマーエンジニア（以下「CE」という。）らが結成した組合分会らに対する団交拒否が争われた事案である。中央労働委員会は，同人らを労組法上の労働者と認めて団交応諾義務等を命じたので，X社がその命令の取消しを求めた。

東京地判平成21．4．22労判982号17頁
【判旨】（労働者性を肯定）

「労組法3条の労働者は，労働組合運動の主体となる地位にあるものであり，単に雇用契約によって使用される者に限定されず，他人との間において使用従属の関係に立ち，その指揮監督のもとに労務に服し，労働の対価としての報酬を受け，これによって生活するものを指すと解するのが相当である。そして，この労組法上の「労働者」に該当するか否かの具体的の（ママ）判断は，労務提供者とその相手方との間の業務に関する合意内容及び業務遂行の実態における法的な従属関係を基礎付ける諸要素（労働力の処分につき指揮命令ないし支配監督を受け，これに対して対価を受けるという関係を基礎付ける諸要素，より具体的には労務提供に業務の依頼に対する諾否の自由があるか否か，労務提供者が時間的・場所的拘束を受けているか否か，労務提供者が業務遂行について具体的指揮監督を受けているか否か，報酬が業務の対価として支払われているか否か等）の有無・程度等を総合考慮して決するべきである。……CEは，原告の事業組織に組み入れられており，その労働力の処分につき原告から支配監督を受け，これに対して対価を受けていると評価することができる。」

同事件・東京高判平成21．9．16労判989号12頁
【判旨】（労働者性を否定）

「CEが控訴人の発注に対し理由なく拒絶しても基本的業務委託契約上の債務不履行とならない。CEは控訴人から受注するほか，自ら営業主体となって修理補修等の業務を行うことができるなどの事情も認められる本件においては，CEが控訴人の労働力として企業組織に組み込まれていると評価することは困難である。」

「顧客と調整をした結果CEの行う業務の日時・場所が定まること，INAX製品の修理等であることからその修理等の方法を控訴人がCEに指定していることなどからの事実が認められ，これを控訴人がCEに一方的に指揮命令していると

> 評価することは可能であるが，いずれの事実も控訴人と CE との業務委託の性質上そのように定めざるを得ないものにすぎず，法的関係において使用従属関係の存在を是認させるものではないから，やはり CE が控訴人の労働者であるとの結論を導くことは困難である。」

なお同じくビクター製品の設置・修理を行う会社の業務受託者の労働者性を否定した事例として国・中央委（ビクターサービスエンジニアリング）事件・東京地判平成21．8．6労判986号5頁，同事件・東京高判平成22．8．16労判1012号86頁がある。

4 労働契約上の「使用者」

労働契約は労働者が使用者に使用されて労働し，使用者がこれに対して賃金を支払うことについて労働者と使用者が合意することによって成立する（労契6条）。使用者とは，「その使用する労働者に対して賃金を支払うものをいう」（同法2条2項）と定義される。

今日，雇用の多様化，弾力化が進むなかで，これまでの労働契約のように，労働者を使用する者が固定的，恒常的，全面的であるというより変動的，一時的，部分的になっているという実態もあり，こうした場面では使用者側に労働法規の脱法目的が存在するケースもある。こうして形式上の当事者以外に労働契約上の使用者責任を負担させる事例が，判例上登場することになる。また企業を支配している者が法形式を悪用して責任回避をしようとする場合に，契約上の一方当事者でないものに使用者としての責任を追及すべき場合がある。前者は黙示の労働契約の認定であり，後者は法人格否認の法理の適用である（他にも事業譲渡の場合の合理的意思解釈による労働契約の承継の場合がある。→9章3）。

1 黙示の労働契約の成立が認められる場合

労働契約も契約である以上，明示でも黙示でも成立する。争われてきたのは黙示の事例である。偽装請負や違法派遣の場合に注文主なり派遣先と労働者と

の間にこれが認められるかどうかである。

　労働者派遣法が制定されたが，派遣が可能な業種にもかかわらず，請負や業務委託の形式（偽装請負）をとる企業もなお広範に存在している。それは，労働者派遣法上の元企業への規制および派遣先企業が労基法，労働安全衛生法そして労組法上の責任を回避しようと考えるからである。「派遣切り」にみられる派遣労働者の派遣先からの排除，派遣元からの解雇が規制緩和，不況の下ですすんでいるとともに職業安定法の禁止する労働者供給の実態がなお相当数存在する。

　こうした労務供給のための三面関係において先企業と労働者の間の黙示の労働契約の成否については，派遣法制定前の，いわゆる事業場内下請労働者と元請企業との労働契約の成否が争われた一連の裁判例がある（新甲南鋼材事件・神戸地判昭和47．8．1判時687号96頁，近畿放送事件・京都地決昭和51．5．10労判252号16頁，サガテレビ事件・佐賀地判昭和55．9．5労判352号62頁，同事件・福岡高判など）。派遣法制定後においても黙示の労働契約の成立を認める裁判例（センエイ事件・佐賀地武雄支決平成9．3．28労判719号38頁，ナブテスコ事件・神戸地明石支判平成17．7．22労判901号21頁，安田病院事件・大阪高判平成10．2．18労判744号63頁，同事件・最三小判平成10．9．8労判745号7頁）が存在する一方，これを否定する裁判例も存在する（一橋出版・マイスタッフ事件・東京高判平成18．6．29労判921号5頁，伊予銀行・いよぎんスタッフサービス事件・高松高判平成18．5．18労判921号33頁，同事件・最二小決平成21．3．27労判1991号14頁，パナソニックディスプレイ〔パスコ〕事件）。このなかでは，注文主と労働者との間の黙示の労働契約の成立を認めた最初の高裁判決である大阪高判を破棄自判した最二小判平成21.12.18が注目される。大阪高判は，労働者のパナソニックディスプレイでの就労開始時（2004〔平成16〕年1月20日）には製造業への労働者派遣は禁止されていたことから労働者と受託業者，受託業者とパナソニックディスプレイとの間の各契約は，派遣法に適合せず，脱法的な労働者供給契約として，職安法44条および労基法6条に違反し無効であり，この違法無効を引き継ぐとした。

　これに対し，最二小判は，労働者供給の三面関係は違法派遣であり，注文主は採用に関与せず給与の額を決定した事情もないとして黙示の労働契約の成立

派遣を否定した。偽装請負（職安法44条違反）と違法派遣の関係，違法派遣の場合の派遣元と労働者間の雇用契約の有効性，規範的解釈としての黙示の労働契約の要件，労務供給三面関係に対する法的評価等について課題を提起したものである。

判例 1-7

サガテレビ事件 福岡高判昭和58.6.7労判410号29頁

【事実の概要】（黙示の労働契約を否定）
　Xは印刷会社A社に雇用され，A社とテレビ放送会社Y社間の業務委託契約に基づきY社に派遣されて，Y社の放送編成業務等に従事していた。
　XはY社との間に事実上の使用従属関係が存在し，黙示の労働契約関係が成立しているとして地位の保全を求めて仮処分の申請をした。第一審はXの請求を認容したため，Y社が控訴した。

【判旨】
　「労働契約といえども，もとより黙示の意思の合致によっても成立するものであるから，事業場内下請労働者の如く，外形上親企業の正規の従業員と殆んど差異のない形で労務を提供し，したがって，派遣先企業との間に事実上の使用従属関係が存在し，しかも，派遣元企業がそもそも企業としての独自性を有しないとか，企業としての独立性を欠いていて派遣先企業の労務担当の代行機関と同一視しうるものである等その存在が形式的名目的なものに過ぎず，かつ，派遣先企業が派遣労働者の賃金額その他の労働条件を決定していると認めるべき事情のあるときには，派遣労働者と派遣先企業との間に黙示の労働契約が締結されたものと認めるべき余地がある。……A会社は，Y会社からまったく独立した企業であって，Y会社からもXらからも契約締結の相手方とされ，現にXら従業員の採用，賃金その他の労働条件を決定し，身分上の監督を行っていたものであり，したがって，派遣先企業であるY会社の労務担当代行機関と同一視しうるような形式的，名目的な存在にすぎなかったというのはあたらない。Y会社がXら派遣労働者の賃金額を実質上決定していたということもできない。」

判例 1-8

パナソニックディスプレイ（パスコ）事件

【事実の概要】
　PDPパネル製造をしていたY社は，A社との間で業務請負契約を締結してい

た。XはA社の従業員とし、Y社の工場に勤務していたが、その勤務形態はいわゆる偽装請負と目されるものであった。XおよびXが所属する労働組合はY社に直接雇用を求めて交渉を行い、労働局の指導もありY社はA社との業務請負契約を解消し、労働者派遣に切り替えることとした。Xは派遣労働者とはならずY社との間で期間工としての雇用契約に署名押印したが、Y社はXに対して雇用契約の終了を通知した。

これを受けて、XはY社に対し、XY間の黙示の労働契約、労働者派遣法に基づく労働契約の成立、雇止め無効等の確認および損害賠償を求めて訴えを提起した。第一審はXの請求（損害賠償）を一部認容したので、XY双方が控訴した。

大阪高判平成20.4.25民集63巻10号2859頁
【判旨】（黙示の労働契約を認める）

「仮に、前者を労働者派遣契約、後者を派遣労働契約と見得るとしても……［当時は］物の製造業務への労働者派遣及び受入は一律に禁止され、その違反に対しては……派遣元事業者に対する刑事罰が課せられるなどされていたものであって、各契約はそもそも同法に適合した労働者派遣たり得ないものである。そうすると、いずれにしろ、脱法的な労働者供給契約として、職業安定法44条及び中間搾取を禁じた労働基準法6条に違反し、強度の違法性を有し公の秩序に反するものとして……無効というべきである」。

「そうすると無効である前記各契約にもかかわらず継続したX・Y間の上記実体関係を法的に根拠づけ得るのは、両者の使用従属関係、賃金支払関係、労務提供関係等の関係から客観的に推認されるX・Y間の労働契約のほかなく、両者の間には黙示の労働契約の成立が認められるというべきである」。

同事件・最二小判平成21.12.18労判993号5頁
【判旨】（黙示の労働契約を否定）

「請負人による労働者に対する指揮命令がなく、注文者がその届屋内において労働者に直接具体的な指揮命令をして作業を行わせているような場合には、たとえ請負人と注文者との間において請負契約という法形式が採られていたとしても、これを請負契約と評価することはできない。そして、上記の場合において、注文者と労働者との間に雇用契約が締結されていないのであれば、上記3者間の関係は、労働者派遣法2条1号にいう労働者派遣に該当すると解すべきである。そして、このような労働者派遣も、それが労働者派遣である以上は、職業安定法4条6項にいう労働者供給に該当する余地はない。」

「労働者派遣法の趣旨及びその取締法規としての性質、さらには派遣労働者を保護する必要性等にかんがみれば、仮に労働者派遣法に違反する労働者派遣が行われた場合においても、特段の事情のない限り、そのことだけによっては派遣労

> 働者と派遣元との間の雇用契約が無効になることはないと解すべきである。そして，被上告人とＣとの間の雇用契約を無効と解すべき特段の事情はうかがわれない。」「上告人はＣによる被上告人の採用に関与していたとは認められないというのであり，被上告人がＣから支給を受けていた給与等の額を上告人が事実上決定していたといえるような事情もうかがわれず，かえって，Ｃは，被上告人に本件工場のデバイス部門から他の部門に移るよう打診するなど，配置を含む被上告人の具体的な就業態様を一定の限度で決定し得る地位にあったものと認められる。」

2　法人格否認の法理

　法人格否認に関する最高裁判決（山世志商会事件・最一小判昭和44.2.27民集23巻2号511頁）によれば，法人格否認が認められる場合として，①一人会社の場合，②法人格が形骸にすぎない場合，③法人格が法律の適用を回避するために濫用された場合，の3類型をあげている。②の「形骸にすぎない場合」とは，両会社の財産の混同，取引，業務活動の混同と継続，株主総会の不開催など一方の会社の業務が他方の業務に埋没や吸収されているような場合であり，これが争いになった事例はあまり存在しない（後掲・黒川建設事件）。

　③の「濫用の場合」には，「支配」の要件と「目的」の要件が必要である。「支配」とは一方の法人が他方の個人なり法人によって実態的に支配されていることであり，資本関係，役員関係，業務上なり人事上の支配などが考えられる。「目的」とは，違法，不当な目的のために被支配企業を支配企業，個人が利用することであり，典型事例としては，支配企業・個人が被支配企業に存在する労働組合を嫌悪し，その壊滅のために被支配企業を解散させる場合である。不当な目的としては，解雇規制や労働条件変更についての労働法上の規制の回避などもありうる。法人格の濫用が認められる場合の効果は，被支配企業の法人格が労働者との間で，否認され存在しないものとして扱われるのであるから，支配企業と労働者の間に労働契約の存在（承継）が認められることになる。「法人格否認の法理」を労働関係にはじめて適用したのは，賃金仮差押事件である川岸工業事件・仙台地判昭和45.3.26（労民集21巻2号330頁）であり，「支配」と「不当な目的」を要件に労働契約上の地位を親会社に認めたのは，船井電機・

徳島船井電機事件・徳島地判昭和50.7.23（労判232号24頁）である。裁判例のなかには，被支配企業が真実解散されて被支配企業の業務が存在しなくなる場合に支配企業の責任を認めないもの（布施自動車教習所・長尾商事事件・大阪高判昭和59.3.30労判438号53頁）があるが，法人格濫用（否認）法理としては，不徹底なものといえよう。また偽装解散の場合に法人格を否認し，支配企業の雇用責任を認めた第一交通産業ほか（佐野第一交通）事件がある（会社の事業を引き継いだ別会社への労働者の地位を認めた一審判決が否定され支配企業の責任が認められている）。

> 判例1-9

第一交通ほか（佐野第一交通）事件 大阪高判平成19.10.26労判975号50頁（平成20年5月1日最高裁で不受理・棄却で確定）

【事実の概要】
　全国のタクシー事業を買収している第一交通産業（株）が買収した佐野第一交通に存在する労働組合が賃金減額を内容とする新たな賃金体系の提案を二度にわたり反対するなかで，第一交通の傘下の御影第一（神戸市）が泉州交通圏への事業区域拡張を申請し，平成15年2月16日以降これに賛成する従業員を移籍し，営業を開始（泉南営業所）するとともに，同年4月3日に佐野第一交通を解散し同月15日に組合員らを解雇したものである。

【判旨】
　「資本主義経済の下で，憲法22条1項は，職業選択の自由の一環として企業廃止の自由を保障しており，企業の存続を強制することはできない。
　したがって，たとえ労働組合を壊滅させる等の違法，不当な目的で子会社の解散決議がされたとしても，その決議が会社事業の存続を真に断念した結果なされ，従前行われてきた子会社の事業が真に廃止されてしまう場合（真実解散）には，その解散決議は有効であるといわざるをえず，当該子会社はもはや清算目的でしか存在しないこととなり，子会社の従業員は，親会社に対し，子会社解散後の継続的，包括的な雇用契約上の責任を追及することはできないというべきである。親会社による子会社の実質的・現実的支配がなされている状況の下において，労働組合を壊滅させるなどの違法・不当な目的で子会社の解散決議がなされ，かつ，子会社が真実解散されたものではなく偽装解散であると認められる場合，すなわち，子会社の解散決議後，親会社が自ら同一の事業を再開継続したり，親会社の支配する子会社によって同一の事業が継続されているような場合には，

子会社の従業員は，親会社による法人格の濫用の程度が顕著かつ明白であるとして，親会社に対して子会社解散後も継続的，包括的な雇用契約上の責任を追及することができるというべきである。」

判例 1-10
黒川建設事件 東京地判平成13.7.25労判813号15頁

【事実の概要】
　Xらは，S企画設計事務所を退職したが退職金が支払われなかった。そこで，Xらは，S企画設計事務所の法人格はまったくの形骸にすぎないとして，Sグループの社主（Y_1）とS企画設計事務所の親会社である黒川建設（Y_2）を被告として未払賃金，退職金の支払いを求める訴えを提起した。

【判旨】（法人格の形骸化を認め，退職金等を認める）
　「A会社は，外形的には独立の法主体であるとはいうものの，実質的には，設立の当初から，事業の執行及び財産管理，人事その他内部的及び外部的な業務執行の主要なものについて，極めて制限された範囲内でしか独自の決定権限を与えられていない会社であり，その実態は，分社・独立前，A会社の建設本部に属する設計部であったときと同様，Aグループの中核企業であるY建設の一事業部門と何ら変わるところはなかったというべきである。そして，Y_1は……，A会社の社主として，直接自己の意のままに自由に支配・操作して事業活動を継続していたのであるから，A会社の株式会社としての実体は，もはや形骸化しており，これに法人格を認めることは，法人格の本来の目的に照らして許すべからざるものである。」

2章 採用・内定・試用

採用内定取消

始期	対象	理由	救済
	《試用》三菱樹脂事件		
	新規大卒	過激な学生運動関与の秘匿	地位確認

← 留保解約権の行使の理は採用内定にも妥当・就労始期

始期	対象	理由	救済
	大日本印刷事件		
就労開始	新規大卒	グルーミーな性格	地位確認+慰謝料

← 高校既卒にも適用／契約効力始期→就業規則不適用

始期	対象	理由	救済
	電電公社近畿電通局事件		
契約効力	高校既卒	無届デモ参加	地位確認×

← 中途採用にも適用／整理解雇法理により判断

始期	対象	理由	救済
	インフォミックス事件		
就労開始	中途採用	**採用予定業務の見直し**	賃金仮払い

← 内定前でも期待権侵害による不法行為の可能性

始期	対象	理由	救済
	《内々定》B金融公庫事件		
	新規大卒	プライバシー侵害	損害賠償

← 不法行為に基づく損害賠償による救済

始期	対象	理由	救済
	プロトコーポレーション事件		
不明	中途採用	採用予定業務の見直し	損害賠償

← 派遣労働者にも適用／社会通念上相当な理由と認める

始期	対象	理由	救済
	パソナ（ヨドバシカメラ）事件		
契約効力	派遣労働者	派遣契約の未成立	地位確認×

← 債務不履行に基づく損害賠償による救済

始期	対象	理由	救済
	オプトエレクトロニクス事件		
就労開始	中途採用	悪い噂など	損害賠償

← 効力始期として内定期間中における内定者の研修参加義務を否定

始期	対象	理由	救済
	宣伝会議事件		
契約効力	大学院博士	研修不参加	損害賠償

1 採用の自由

1 採用の自由の根拠

　三菱樹脂事件（最大判昭和48.12.12民集27巻11号1536頁）によれば，憲法22条・29条等に基づき，企業者は，「経済活動の一環としてする契約締結の自由を有し，自己の営業のために労働者を雇傭するにあたり，いかなる者を雇い入れるか，いかなる条件でこれを雇うかについて，法律その他による特別の制限がない限り，原則として自由にこれを決定することができ」，「企業者が，労働者の採否決定にあたり，労働者の思想，信条を調査し，そのためその者からこれに関連する事項についての申告を求めることも」許されるとして，企業の採用の自由を広く認めている（採否決定の理由を明示，公開しないことの自由については，慶応大学付属病院事件・東京高判昭和50.12.22判時815号87頁）。

2 採用の自由に対する制約

　ただし，「法律その他による特別の制限」がある場合，採用の自由も制限される。たとえば，不当労働行為（労組7条1号）を理由とする採用差別（中労委〔青山会〕事件・東京高判平成14.2.27労判824号17頁は〔→判例23-3〕同号の適用を認めるが，JR北海道・日本貨物鉄道事件・最一小判平成15.12.22民集57巻11号2335頁は同号の適用を否定した），性別を理由とする採用差別（均等5条），年齢を理由とする採用差別（雇対10条）は禁止されており，また，間接的な制約として，障害者を一定率以上雇用すること（未達成の場合に納付金の徴収を行うこと）を義務づける障害者雇用促進法（43条等）がある。

　そして，不当な採用拒否については，当該採用拒否理由が，採否決定の一要素もしくは間接の原因となっているということだけでは足りず，「それが採用を拒否したことの直接，決定的な理由となっている場合であって，当該行為の態様，程度等が社会的に許容される限度を超えるものと認められる場合でなければならない」（慶応大学付属病院事件）。

2 契約締結過程における当事者の義務

1 求職者の期待や信頼の保護

　新規学卒者の入社に至るプロセスは，企業による募集，労働者の応募，面接，筆記等による採用試験の実施，企業による選考，内々定，企業の最終的な採否決定と内定通知，内定に係る諸手続（誓約書の提出等），内定期間を経た後の入社式の実施と就労の開始，一定の試用期間を経たうえでの本採用，という一連の手続が踏まれることが多い。

　このうち，契約成立前の段階（募集・選考段階，内々定など）は，原則として，採用の自由が支配する領域である。しかしながら，契約締結過程において，当事者間には，一定の合理的期待や信義則上保護すべき信頼関係が生じる場合があり，かかる期待や信頼関係が侵害されたときには，信義則違反の不法行為が成立する余地がある。後掲・B金融公庫事件では，「雇用契約の成立が確実であると相互に期待すべき段階」に至っていないとされたが，採用内定通知書交付の日程が決まり，そのわずか数日前に内々定を取り消した事案につき，内々定者の「労働契約が確実に締結されるであろうとの……期待は，法的保護に十分に値する程度に高まっていた」として，不法行為の成立を認めたものがある（コーセーアールイー事件・福岡地判平成22．6．2労判1008号5頁）。同判決では，期待的利益・期待権の侵害として，慰藉料（他社への就職ができなかった者に100万円，別事件で内々定取消後他社へ就職した者に70万円）等（弁護士費用等）を認めたものの，賃金相当の逸失利益や就職活動費の請求については棄却した。

判例 2－1

B金融公庫（B型肝炎ウイルス感染検査）事件 東京地判平成15．6．20労判854号5頁

【事実の概要】
　当時大学生のXは，金融機関であるY社の平成9年度採用選考に応募した。Xは，同年5月12日から同月31日にかけて順次行われた応募者面接（支店職員），1次面接（支店長），2次面接（人事部職員），3次面接（人事部次長ら），4次

面接（人事部長，理事ら）を受け，4次面接終了後に，Y社職員から「おめでとう。一緒にがんばろう。」等と告げられ，注意事項書という文書に捺印してY社に提出した。同年6月1日に適性検査を，同月2日に健康審査を受けた後，1次審査に当たったX所属の大学のOBで応募者面接を担当したAから「おめでとう」等と声をかけられ，同月5日，AとXは会食した。Xは他に2社から口頭で内定を告げられていたが，同月下旬までにいずれにも採用選考の辞退を伝えた。Y社から他社の採用選考を辞退させる働きかけがされたことはなかった。Y社の職員から精密検査を勧められたXは，同年7月9日に受診し，同月23日にB型肝炎ウイルス感染の診断結果を知らされた。同年9月30日，XはY社から不採用通知を受けた。当時，就職協定は廃止されていたが，採用内定は10月1日以降とする自主的な規律があった。そこで，Xは，Y社に対して，不法行為に基づく損害賠償等を求めて提訴した。

【判旨】

「XとY社との間で，6月1日時点において，始期付解除権留保付雇用契約が成立し，採用内定の関係が生じたということはできないというべきである。」「他方，始期付解除権留保付雇用契約が成立（採用内定）したとはいえない場合であっても，当事者が前記雇用契約の成立（採用内定）は確実であると期待すべき段階に至った場合において，合理的な理由なくこの期待を裏切ることは，契約締結過程の当事者を規律する信義則に反するというべきであるから，当事者が雇用契約の成立（採用内定）が確実であると相互に期待すべき段階において，企業が合理的な理由なく内定通知をしない場合には，不法行為を構成するというべきである。」「6月1日の段階では，Y社はXに内定の予告をしたものの，実質的な採用選考として健康診断が残されており，この結果によって採否の予定が変更される可能性があることはXにも了知されていたというべきであるし，かつ，Y社の立場からすれば，Xが他社を選ぶ可能性を否定し得ない状況であったというべきであるから，6月2日の健康診査の受検前に，XとY社とが，雇用契約の成立（採用内定）が確実であると相互に期待すべき段階に至ったとは，認められないというべきである。」

「特段の事情がない限り，企業が，採用にあたり応募者の能力や適性を判断する目的で，B型肝炎ウイルス感染について調査する必要性は，認められないというべきである。また，調査の必要性が認められる場合であっても……企業が採用選考において前記調査を行うことができるのは，応募者本人に対し，その目的や必要性について事前に告知し，同意を得た場合に限られるというべきである。」

　求人情報における募集条件は，労働契約の申込みの誘引にすぎず，それがそ

のまま労働契約の内容になるわけではない（八州事件・東京高判昭和58．12．19労判421号33頁，これとは異なるものとして，千代田工業事件・大阪高判平成2．3．8労判575号59頁）。しかし，採用後の労働条件について，企業は，労基法15条1項の規定するところに違反しないよう説明すべきであり，労働契約締結に至る過程における信義誠実の原則に反する場合には，不法行為に基づく損害賠償責任を負う（日新火災海上保険事件・東京高判平成12．4．19労判787号35頁）。なお，企業には，労働者の「信頼に応えて，自らが示した雇用条件をもって……雇用を実現し雇用を続けることができるよう配慮すべき信義則上の注意義務があ」り，「信頼したことによって発生することのある損害を抑止するために，雇用の実現，継続に関係する客観的な事情を説明する義務」を負うとするものがある（わいわいランド事件・大阪高判平成13．3．6労判818号73頁）。また，労働契約法4条は，「使用者は，労働者に提示する労働条件及び労働契約の内容について，労働者の理解を深めるようにするものとする」と定め（1項），契約当事者は，できる限り書面により，労働契約の内容を確認するものとされる（同条2項）。

2 プライバシー・個人情報の保護

プラバシーや個人情報保護の動きを受けて，厚労省「雇用に関する個人情報の適正な取扱いを確保するために事業主が講ずべき措置」（平成16．7．1厚労告259号，雇用管理指針），労働省「労働者の個人情報保護に関する行動指針」（平成12.12.20，行動指針）では，一定の範囲で，企業による個人情報の収集を制限している。また，B金融公庫事件でも，労働者の同意なく収集された健康情報に関して，その違法性を指摘している（東京都警察学校・警察病院事件・東京地判平成15．5．28労判852号11頁なども同旨）。

3 採用内定

1 採用内定の法的性質

採用内定取消しは，経済不況が悪化した際に（オイルショックやバブル崩壊後など），あるいは1960年代においては，過激な学生運動に関わった者を締め出

すために行われ，問題となってきた。近年の経済危機に際しても，大量の内定取消しが問題となっている。そして，その法的性質については，学説上，予約説や労働契約締結過程説などが主張され，これらによれば，労働契約自体は成立しておらず，採用内定取消しが違法な場合であっても，損害賠償しか認められず，労働契約上の地位の確認ができないという問題があった。これに対して，労働契約成立説は，採用内定取消しが違法とされた場合，内定取消しが無効となり，地位確認が認められる点に大きな特徴がある。

判例2-2

大日本印刷事件 最二小判昭和54.7.20民集33巻5号582頁

【事実の概要】

Y社は，S大学に推薦を依頼し，求人の募集をしたところ，昭和44年3月卒業予定の学生であったXは，大学の推薦を得て，Y社の右求人募集に応じ，昭和43年7月2日に筆記試験および適格試験を受け，同月5日に面接試験および身体検査を受け，同月13日，Y社から採用内定通知を受けた。そして，Xは，5項目の採用内定取消理由の記載された誓約書をY社に送付した。S大学では，就職についての大学推薦について「二社制限，先決優先主義」をとっていたため，Xは，Y社からの採用内定通知を受けた後，S大学に報告し，訴外A社に対する大学推薦による応募を辞退した。ところが，Y社は，昭和44年2月12日になって，突如として，Xに対して採用内定を取り消す旨通知した。この通知には取消理由は示されていなかったが，訴訟において，採用事務を担当していたBは，「面接試験における印象が悪く，陰うつ（グルーミー）な性格と感じた」と証言していた。一審および二審ともに，Xの従業員たる地位の確認等の請求を認めたため，Y社が上告したが，最高裁は，次のように判断して，グルーミーな性格という取消事由は，客観的合理的理由にならないと判断した。

【判旨】

採用内定の制度「の実態は多様であるため，採用内定の法的性質について一義的に論断することは困難というべきであ」り，「当該企業の当該年度における採用内定の事実関係に即して検討する必要がある」。「本件採用内定通知のほかには労働契約締結のための特段の意思表示をすることが予定されていなかつたことを考慮するとき，Y社からの募集（申込みの誘引）に対し，Xが応募したのは，労働契約の申込みであり，これに対するY社からの採用内定通知は，右申込みに対する承諾であって，Xの本件誓約書の提出とあいまつて，これにより，XとY社との間に，Xの就労の始期を昭和44年大学卒業直後とし，それまでの間，本件

> 誓約書記載の5項目の採用内定取消事由に基づく解約権を留保した労働契約が成立したと解するのを相当」である。
> 「採用内定の取消事由は、採用内定当時知ることができず、また知ることが期待できないような事実であって、これを理由として採用内定を取消すことが解約権留保の趣旨、目的に照らして客観的に合理的と認められ社会通念上相当として是認することができるものに限られると解するのが相当である。」

2　採用内定法理適用対象の拡大

　採用内定の法的性格は、一義的に判断できず、個々の事案によって異なる。大日本印刷事件は、二社制限・先決優先主義の大学推薦を前提とした大学新卒者という事実関係に基づく判断である。これ以降、高校卒業後、定時制高校の事務職員として1年3か月勤務して退職し、電通局の社員公募に応じた者（電電公社近畿電通局事件・最二小判昭和55．5．30民集34巻3号464頁）や博士課程の大学院生（宣伝会議事件・東京地判平成17．1．28労判890号5頁）、中途採用者（インフォミックス事件・東京地決平成9．10．31労判726号37頁、プロトコーポレーション事件・東京地判平成15．6．30労経速1842号13頁、オプトエレクトロニクス事件・東京地判平成16．6．23労判877号13頁）、派遣社員（パソナ〔ヨドバシカメラ〕事件・大阪地判平成16．6．9労判878号20頁）についても同法理の適用を認めている。

3　労働契約の成立

　労働契約の成立について、大日本印刷事件では、労働者の申込みに対して、使用者の内定通知が承諾に当たり、さらに、労働者の誓約書の提出と「あいまつて」労働契約が成立するとしている。これに対して、採用通知により労働契約の成立を認めるものも少なくない。また、新卒の長期雇用を前提とする場合など、必ずしも労働条件の具体的内容まで、当事者間で合意されているとはいえないこともあろう。採用内定（労働契約成立）時に、賃金等が具体的に定まることを要するかについて、採用内定法理は、採用内定者の法的地位を保護することに主眼があることから、必ずしも、労働条件のすべてが確定している必要はないと解される（前掲・八州事件）。他方で、中途採用の場合には、職種や

労働条件について、当事者間で比較的詳細に交渉が行われることもあり、これらの事情を労働契約の成立において、どのように反映させるかが問題となる。

たとえば、中途採用の事案に関して、オリエントサービス事件（大阪地判平成 9 . 1 . 31労経速1639号22頁）では、具体的業務の内容や勤務開始時期の取決めがなく、給与について具体性のある金額が決められていなかった事情などから、また、富士電機冷機株式会社事件（東京地判平成8.10.22労経速1626号24頁）でも、採用を確信させるような言動がなかったことなどから、採用内定の成立が否定されている（なお、雇用契約の成立には、「特段の事情のない限り、就労の場所、就労の態様、賃金等の雇用契約の重要な要素について確定的な合意がされることが不可欠である」とするものとして、生協イーコープ・下馬生協事件・東京地判平成 5 . 6 . 11労判634号21頁、日本周遊観光バス事件・大阪高判昭和61. 4 .24労判479号85頁も同旨）。中途採用者と長期雇用を前提とした新規学卒者では、労働契約成立時点での労働条件等の合意の内容・程度には違いがありうる。

4　始　期

始期について、就労を除く権利義務関係は生じているとする就労の始期と解する考え方と、始期まで権利義務関係の効力が生じないとする契約の効力始期とする見解がある。一般的にいえば、就労開始前の内定期間中に、内定者が研修参加やレポート提出などの義務を負うか等について違いが生じる。たとえば、宣伝会議事件では、契約効力の始期と解し、研修参加拒否等を理由とする採用内定取消しを違法とした。また、同様に解した電電公社近畿電通局事件では、就業規則上の見習社員に対する解雇制限規定の適用を否定している。

判例 2 - 3
宣伝会議事件 東京地判平成17. 1 .28労判890号 5 頁

【事実の概要】
　大学院博士課程の学生であったXは、平成14年 6 月17日、Y社から平成15年 4 月 1 日を入社日とする内定通知を受け、その際、Y社の担当者Aから、 2 週間に 1 回 2 ～ 3 時間程度の研修に参加しなければならないなどの説明を受け、これに同意した。しかし、同年12月以降、博士論文作成のため、研修を欠席するよ

うになり，研修が遅れていることから，平成15年3月28日，Aから「試用期間の延長か中途採用試験の再受験」の選択を求められ，Xはこれを拒否したところ，Aは内定を取り消す旨の意思表示をした。Xは，平成15年5月1日から平成16年3月31日までB研究所に非常勤職員として勤務した。Xは，違法に内定を取り消されたとして，債務不履行に基づき，Y社に損害賠償を求めた。

【判旨】

「効力始期付の内定では，使用者が，内定者に対して，本来は入社後に業務として行われるべき入社日前の研修等を業務命令として命ずる根拠はないというべきであり，効力始期付の内定における入社日前の研修等は，飽くまで使用者からの要請に対する内定者の任意の同意に基づいて実施されるものといわざるを得ない。」「Xが……入社前研修に参加する義務はなかったのであるから，入社前研修への不参加を理由に本件内定を取り消すことはできない。」

「本件内定取消しは違法であるところ，Y社は，内定者に対して，違法な内定取消しを行わないよう注意すべき義務を負っているにもかかわらず，これを怠ったものとして，債務不履行（誠実義務違反）に基づき，本件内定取消しと相当因果関係があるXの損害を賠償すべき義務を負う。」

5　内定取消事由

　大日本印刷事件では，試用に関する三菱樹脂事件判決における留保解約権行使の理は採用内定にも妥当するとして，採用内定の取消事由は，採用内定当時知ることができず，また知ることが期待できないような事実であって，これを理由として採用内定を取り消すことが解約権留保の趣旨，目的に照らして客観的に合理的と認められ社会通念上相当として是認することができるものに限られると判断している。

　具体的には，病気等により就労が困難になった場合，内定者が学校を卒業できない場合などが取消事由になりうる。また，労働者の非違行為に関する事実を秘匿して採用内定を受けていた場合に取消事由となる（就労後においても，経歴詐称の問題を生じうる）。電電公社近畿電通局事件は，無届デモへの参加により公安条例違反等の現行犯として逮捕され起訴猶予処分を受けるなどの違法行為をしたことを理由とする採用取消しを有効とした。また，学校法人帝京科学大学事件・甲府地都留支判平成9.3.28労経速1636号12頁では，大学運営や教

育カリキュラム編成等に対する非協力的な態度，同僚となるべき教員との融和を欠く態度，大学に対する給与や設備等についての非常識的な要求への固執などを理由とする「教員採用予定契約」の撤回をやむを得ないと判断した。

他方で，グルーミーな印象なので最初から不適格と思いながら採用を内定したがその後この不適格性を打ち消す材料が出なかったことを理由としたもの（大日本印刷事件），前の会社で悪い噂があるといった程度の理由しかなかったもの（オプトエレクトロニクス事件），事前の研修に不参加であることを理由としたもの（宣伝会議事件）について，内定取消しが違法・無効とされている。

また，当初予定した業務の見直しや廃止などの使用者の経営上の都合による場合もありうるが，パソナ（ヨドバシカメラ）事件では，予定していた労働者派遣契約の未成立により，限定されていた就業場所・職種での就労が不能になったとして，また，わいわいランド事件では，就労が予定されていた業務の委託契約が成立せず，労働者も当該就労場所を予定して労働契約を締結していたことから，解約がやむを得ないものと判断している。他方で，インフォミックス事件は，整理解雇の法理（4基準による有効性判断の枠組）を用いて内定取消しを違法と判断している。また，プロトコーポレーション事件では，ある特定業務（旅行情報誌の発行）への従事を予定して中途採用の内容を受けた者について，当該事業の見直し（その後，2か月遅れ事業は実施された）に伴い他業務へ配転を打診したところ，これに同意しなかったことから，内定を取り消した事案について，内定取消しに合理的理由が認められないとして，不法行為の成立を認めている。

6 救済の方法

内定取消し（解約権行使）が違法な場合の法的効果（救済方法）について，労働契約成立説は，地位確認を認めることに大きな意義があり，実際に，地位確認が認められた事例が少なくない（なお，インフォミックス事件は，賃金仮払いは認められたが，地位保全の必要性は否定されている）。また，大日本印刷事件では，地位確認だけでなく，大学を卒業しながら他に就職することもできず，本件訴訟を提起・維持しなければならなかったことについての精神的な苦痛に対し

第Ⅰ編　個別労働関係の成立・展開・終了

て，就職時以降の賃金相当額の支払いを受けたとしても治癒されるものではないとして，100万円の慰謝料を認めた控訴審の判断を是認している。

他方で，内定取消し後，他社に就職している場合も少なくなく，地位確認を求めず，違法な内定取消しについて，不法行為または債務不履行に基づく損害賠償を求める事案もみられる。これらの事案では，再就職までの失業期間の賃金相当額等が認容されている（プロトコーポレーション事件は前職の7.5か月分，オプトエレクトロニクス事件では2.5か月分＋慰謝料100万円，宣伝会議事件では1か月分＋50万円）。また，労働契約の成立が認められなかったケース（わいわいランド事件）でも，「雇用の場を得て賃金を得ることができた法的地位を違法に侵害した不法行為」として，6か月分の賃金相当額＋慰謝料40万円の損害賠償を認めている。損害賠償請求においては，厳密に内定（労働契約）の成立の認定がなされなくとも，実質的な救済が可能であり，内定に至らない内々定の場合でも，不法行為に基づく損害賠償の余地はある（コーセーアールイー事件）。

4 試　用

労働者の職務能力や業務適格性などを判断するため，「試用期間」を定めることが多く，その法的性質について争いがあったが，三菱樹脂事件判決は，解約権留保付労働契約であるとの判断を示した。そして，その解約権の行使について，「客観的に合理的な理由が存し社会通念上相当として是認されうる場合」に認められるとし，その後，一連の最高裁判例において，通常の解雇の場合や採用内定取消しの場合の理由としても，このフレーズが用いられている。

判例 2-4

三菱樹脂事件　最大判昭和48. 12. 12民集27巻11号1536頁

【事実の概要】

　Xは昭和38年にY社に採用され，3か月間の試用期間満了直前に，本採用拒否が通知された。Y社主張によれば，Xは大学在学中，無届のデモや集会，ピケ等の違法な活動を行っていたが，Xが身上書に虚偽の記載をし，または記載すべき事項を秘匿し，面接試験でも虚偽の回答を行ったことが本採用拒否の理由で

あった。そこで，Ｘが労働契約関係存在確認を請求し，一審および二審ともに，Ｘの請求を認容したため，Ｙ社が上告したのが本件である。

【判旨】

「本件雇傭契約においては，右のように，Ｙ社において試用期間中にＸが管理職要員として不適格であると認めたときは解約できる旨の特約上の解約権が留保されているのであるが……右の留保解約権に基づく解雇は，これを通常の解雇と全く同一に論ずることはできず，前者については，後者の場合よりも広い範囲における解雇の自由が認められてしかるべきものといわなければならない。」

「企業者が，採用決定後における調査の結果により，または試用中の勤務状態等により，当初知ることができず，また知ることが期待できないような事実を知るに至った場合において，そのような事実に照らしその者を引き続き当該企業に雇傭しておくのが適当でないと判断することが，上記解約権留保の趣旨，目的に徴して，客観的に相当であると認められる場合には，さきに留保した解約権を行使することができる」。

本採用拒否としての留保解約権に基づく解雇は，通常の解雇よりも広い範囲における解雇の自由が認められる。他方，採用内定における留保解約権との違いは明らかではないが，企業との結びつきの度合いを考慮すると，採用内定取消しの場合に比して，厳格に判断すべきものと解される。

また，労働契約において，職務や業務内容，地位を特定している場合には，「適格性の審査を十分に行うため試用期間を設けて解約権を留保するのは，このような雇用形態を採らない場合に比し，より強い合理性を有するものということができ，本件契約において留保された解約権の行使は，ある程度広くこれを認めることができるというべきである」とされる（欧州共同体委員会事件・東京高判昭和58.12.14判タ515号137頁）。このように，近年増えつつある即戦力重視の中途採用のケースでは，長期雇用慣行の新卒採用者とは異なる判断がなされることもあろうが（新光美術事件・大阪地判平成12.8.18労判793号25頁），その場合でも，一定の能力を求める以上，その程度や内容について明確にし，適正な評価基準を示すことが使用者に求められるといえよう。

3章 有期雇用

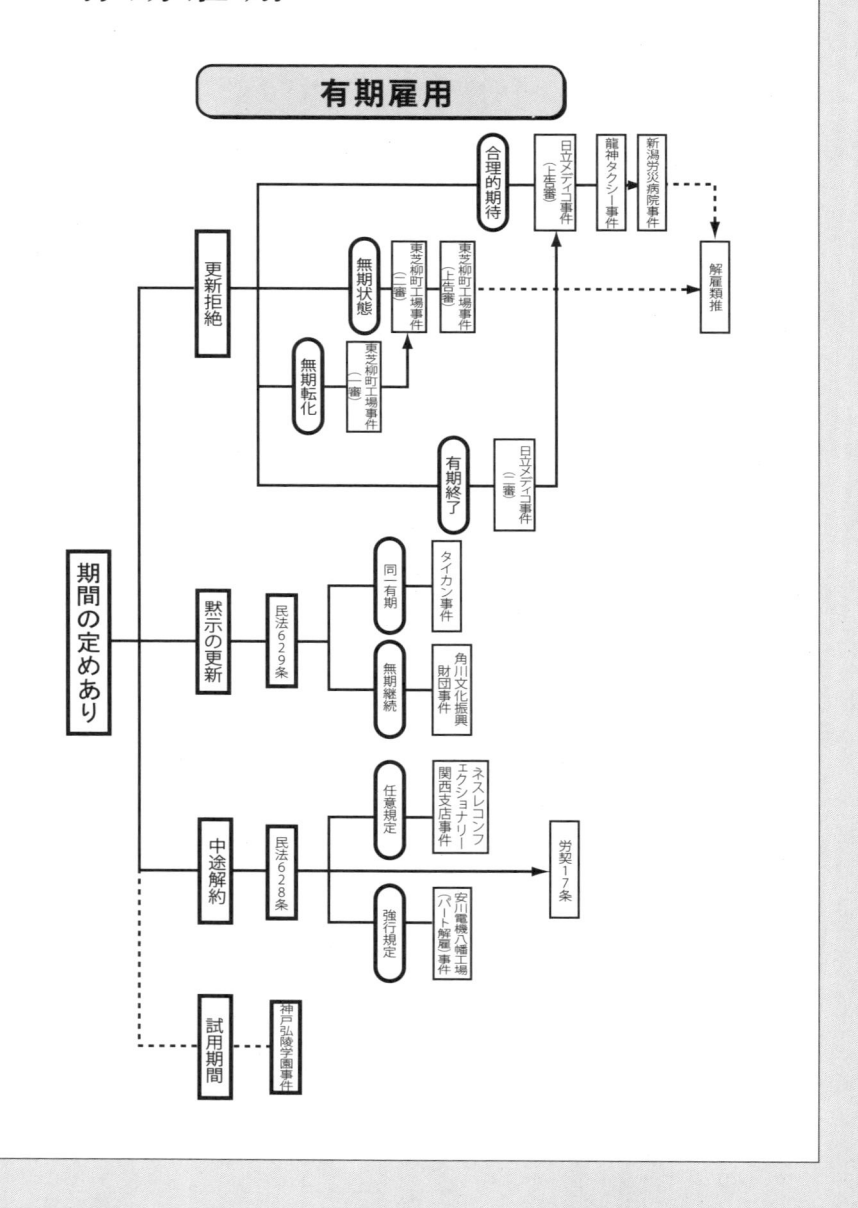

```
                    ┌─────────┐
                    │ 有期雇用 │
                    └─────────┘

                                              ┌─────────┐  ┌──────────┐  ┌──────────┐
                                         ┌──→ │合理的期待│→│日立メディコ│→│龍神タクシー│
                                         │    │         │  │事件(上告審)│  │事件      │
                                         │    └─────────┘  └──────────┘  └──────────┘
                                         │                                    │
                                         │                                    ↓
                   ┌────────┐            │    ┌────────┐  ┌──────────┐  ┌────────┐
              ┌──→ │更新拒絶│──┬────────→│    │無期状態│→│東芝柳町工場│  │新潟労災│
              │    └────────┘  │         │    │        │  │事件(二審)│  │病院事件│
              │                │         │    └────────┘  └──────────┘  └────────┘
              │                │         │         ↑       ┌──────────┐       ↓
              │                │         │         │       │東芝柳町工場│  ┌────────┐
              │                │         │         └───────│事件(上告審)│──│解雇類推│
              │                │         │                 └──────────┘  └────────┘
              │                │         │    ┌────────┐  ┌──────────┐
              │                │         └──→ │無期転化│→│東芝柳町工場│
              │                │              │        │  │事件(一審)│
              │                │              └────────┘  └──────────┘
              │                │
              │                │              ┌────────┐  ┌──────────┐
              │                └────────────→ │有期終了│→│日立メディコ│
              │                               │        │  │事件(一審)│
              │                               └────────┘  └──────────┘
  ┌────────┐  │
  │期間の定│  │                              ┌──────┐  ┌──────────┐
  │めあり  │──┤    ┌────────┐  ┌────────┐  ┌→│同一有期│→│タイカン事件│
  │        │  │    │黙示の更新│→│民法629条│──┤  └──────┘  └──────────┘
  │        │  ├──→│          │  │        │  │  ┌──────┐  ┌──────────┐
  │        │  │    └────────┘  └────────┘  └→│無期継続│→│角川文化振興│
  │        │  │                                 │      │  │財団事件    │
  │        │  │                                 └──────┘  └──────────┘
  │        │  │
  │        │  │                              ┌──────┐  ┌──────────────┐
  │        │  │                           ┌→│任意規定│→│ネスレコンフェ│
  │        │  │                           │  │      │  │クショナリー  │
  │        │  │    ┌────────┐  ┌────────┐  │  │      │  │関西支店事件  │      ┌──────┐
  │        │  ├──→│中途解約 │→│民法628条│──┤  └──────┘  └──────────────┘ ──→ │労契17条│
  │        │  │    └────────┘  └────────┘  │  ┌──────┐  ┌──────────────┐      └──────┘
  │        │  │                           └→│強行規定│→│安川電機八幡工 │
  │        │  │                              │      │  │場パート解雇   │
  │        │  │                              └──────┘  │事件          │
  │        │  │                                        └──────────────┘
  │        │  │
  │        │  │    ┌────────┐  ┌──────────┐
  │        │  └‥→│試用期間│→│神戸弘陵学園│
  └────────┘      └────────┘  │事件      │
                               └──────────┘
```

1 はじめに

　労働契約は，期間の有無や長短にかかわらず，本来，継続的性格を帯びている。また，労働者は，労働契約を通じて得られる賃金を生活の糧にしており，生活が継続的である以上，それを支える労働契約も継続性が保障される必要がある。しかし，法律上は，労働契約に期間を付すこと（以下，これを有期契約という）も付さないことも可能であり，特に日本の法制度では，期間の上限に規制があるだけで，期間を付す場合に何らの理由も求めていない。その一方，契約に期間を付している場合の途中の解雇や，期間の定めがない場合に，一方的に契約を解消する解雇については，一定の保護が及んでいる（特に労契法16条，17条が重要である）。

　このような法制度であるため，業務自体に時間的な限定がないにもかかわらず，解雇の制約を免れるため有期契約が活用され，バブル経済の崩壊以降，その傾向が強まっている。正規雇用と非正規雇用という区別が行われる場合，後者の最も中心となる性格は，有期雇用という点であり，そのことが不安定雇用としての性格を付与することになる。

　有期雇用は，契約の継続の保障がないだけでなく，使用者の必要に応じて更新され，突然更新が拒否されると，労働者の期待や生活に対する打撃は，それだけ強くなる。そのため，有期雇用に対して，どのような規制を及ぼすかは，極めて重要な課題であり，すでに政府においても検討を開始している（厚労省の「有期労働契約研究会」が2009年2月に設けられ，2010年9月10日に報告を行った）。本章では，このような有期雇用の問題と現状を前提に，この問題に関する裁判例の展開を整理しておきたい。

2 期間に関する法的問題

1 契約期間の制限

　労基法14条は，労働契約に期間を付す場合，その上限を3年（2003〔平成15〕

年に改正されるまでは1年）としている。これに違反すると，使用者は30万円以下の罰金に処せられる（労基120条）。

　では，このような制限を超える期間を定めた労働契約の効力はどうなるのか。この点について，違反した期間は無効になるので，期間が空白になり，その結果，期間の定めのない契約になるとする説がある（無効説）。また，上限を超える期間も，雇用保障期間としては有効であり，労働者はその労働契約を有効と主張できるが，使用者がそれを主張することはできないという考え方も唱えられたことがあった（片面的効力説）。しかし，多数説および判例は，法定の上限の期間に短縮されると考えている。なぜなら，労基法13条によれば，労基法で定める基準に違反している場合，その基準は無効になり，無効となった部分は労基法が定める基準によるとしているからである。

　判例 3－1
読売日本交響楽団事件 東京地判平成2．5．18労判563号24頁

【事実の概要】
　チェロの演奏家であるXは，楽団Yと期間2年の労働契約を締結した（第1契約）。その終了前に，報酬などを改定して，新たに期間2年の労働契約を締結した（第2契約）。さらにその終了前に，報酬などを改定し，今度は期間1年の労働契約を締結した。この期間の満了を理由にYが雇止めをしたので，Xは労働契約上の地位の確認を求めた。

【判旨】
　「以上のとおり第一契約は二年間の契約期間の定めがあったが，右は，労働基準法一四条に違反し，同法一三条により一年を超える部分は無効となり，期間は一年に短縮されるのであり，右一年の期間経過後も労働関係が継続している場合には，民法六二九条一項により期間の定めがない契約として継続されているものと解するのが相当である。」「しかし，……第一契約締結後それが漫然と継続されているのではなく，その後に第二及び第三契約が締結されていること，原告と被告との間には，第一契約の締結に際し，契約が永続すべきものとして締結された事情は認められないこと，右各契約においては，単に期間についての定めのほかに，……労働契約の重要な部分についての交渉がなされ，そのうえで書面によって各契約が締結されていること，したがって，単一の契約が継続しているものとはいえないこと，以上の経緯については，原告はこれを明確に認識したうえで契約に臨んでいるものと評価されること等を考え併せると，第一契約が期間の定め

のないものとなり，その状態が継続し，第二及び第三契約は単に労働条件を改定したにすぎないものと解することは相当でなく，第二契約が締結されたことにより，第一契約が解消され，第一契約とは異なる内容の契約が新たに締結され，更に，第三契約が締結されたことにより，第二契約（第一契約と同様一年経過後に期間の定めのない契約となった。）が解消され，新たに第二契約とは異なる内容の契約が締結されたものと解するのが相当である。」「したがって，原告と被告の契約関係は，第三契約で定められた一年の期間の満了により，終了したものということができる。」

2　期間の意味

　労働契約に期間を付す場合，現行法上，その理由や目的を必要としていない。したがって，その理由や目的を根拠に，付された期間の効力を云々することはできない。そして，期間は，通常の契約法理によれば，契約の存続期間であるから，期間満了により契約関係は終了することになる。しかし，労働契約の場合，それを契約の存続期間ではなく，試用期間と解し，期間の満了により契約関係が終了しないと解しうる余地がある。そのような例が以下の判例である。

判例 3-2

神戸弘陵学園事件　最三小判平成 2 . 6 . 5 民集44巻 4 号668頁

【事実の概要】
　Xは，学校法人Yが運営する新設高校の社会科担当の教員（常勤講師）として採用された。その際，Yの理事長から，契約期間は「一応」1年とすること，1年間の勤務状態を見て再雇用するか否かの判定をすることなどの説明を受けた。そして，勤務開始後，「期限が満了したときは……期限満了の日に当然退職の効果を生ずること」などが記載された契約書に署名押印した。その後，期限満了直前の3月18日に，雇用契約は3月31日をもって雇用期限の到達により終了する旨の通知を受けた。そこで，地位確認等の訴えを提起したところ，一審は，期間の満了により雇用契約は終了したとし，二審もこれを維持した。そこでXが上告した。

【判旨】
　「使用者が労働者を新規に採用するに当たり，その雇用契約に期間を設けた場合において，その設けた趣旨・目的が労働者の適正を評価・判断するためのものであるときは，右期間の満了により右雇用契約が当然に終了する旨の明確な合意

が当事者間に成立しているなどの特段の事情が認められる場合を除き，右期間は契約の存続期間ではなく，試用期間であると解するのが相当である。」
　そこで，特段の事情が認められるかどうかであるが，それが認められるとすることにはなお疑問が残るといわざるを得ないから原判決は破棄を免れず，さらに審理を尽くさせるために本件を原審に差し戻す。

3　期間途中の解約

　労働契約に期間の定めがある場合，労使それぞれがその期間に拘束されるのが原則である。しかし，民法628条では，「やむを得ない事由」がある場合に即時解約を認めている。そして，労契法17条では，特に使用者側から中途解約をする場合について，「やむを得ない事由」がある場合でなければ解雇することができない旨を定めている。
　そこで問題になるのが，「やむを得ない事由」の意味である。この点について，裁判例に異なった理解がみられる。

判例3－3
安川電機八幡工場（パート解雇）事件　福岡高決平成.14.9.18労判840号52頁

【事実の概要】
　X_1，X_2はY会社に雇用期間3か月とするパートタイマーとして雇用され，それぞれ14年間，17年間，同様の労働契約が更新されてきた。パートタイマーの就業規則9条には，「事業の縮小その他やむを得ない事由が発生したとき」，「契約期間中といえども解雇する」旨の定めがあった。ところが，Y会社は，世界的半導体不況を理由に，雇用期間中にX_1，X_2を解雇したので，地位保全の仮処分を申し立てたところ，地裁で却下されたので，抗告したのが本件である。

【決定要旨】
　「期間の定めのある労働契約の場合は，民法628条により，原則として解除はできず，やむことを得ざる事由ある時に限り，期間内解除（ただし，労働基準法20，21条による予告が必要）ができるに止まる。したがって，就業規則9条の解雇事由の解釈にあたっても，当該解雇が，3か月の雇用期間の中途でなされなければならないほどの，やむを得ない事由の発生が必要であるというべきである。ところで，……人員整理の必要性が存したことは認められるが，本件解雇により解雇されたパートタイマー従業員は，合計31名であり，残りの雇用期間は約2か月，

抗告人らの平均給与は月額12万円から14万5000円程度であったことや相手方の企業規模などからすると、どんなに、相手方の業績悪化が急激であったとしても、労働契約締結からわずか5日後に、3ヶ（ママ）月間の契約期間の終了を待つことなく解雇しなければならないほどの予想外かつやむをえない事態が発生したと認めるに足りる疎明資料はない。相手方の立場からすれば、抗告人らとの間の労働契約を更新したこと自体が判断の誤りであったのかもしれないが、労働契約も契約である以上、相手方は、抗告人らとの間で期間3か月の労働契約を更新したことについての責任は負わなければならないというべきである。したがって、本件解雇は無効であるというべきである。」

判例3-4

ネスレコンフェクショナリー関西支店事件 大阪地判平成17.3.30労判892号5頁

【事実の概要】

X_1〜$_5$（以下、「Xら」という）は、菓子類の製造・販売などを業とするY社に雇用され、販売促進業務に従事してきた。Xらのうち、X_1〜$_4$は、当初、Y社と親会社が共通のA社に雇用され、その後、A社の事業を承継するために設立されたY社が契約上の地位を承継した。そして、A社およびY社との間で、X_1〜$_4$は3回ないし11回にわたり契約を更新してきた。また、X_5は、Y社に雇用され、契約を1回更新してきた。Xらの契約期間は1年（ただし、X_3〜$_5$の一部の契約には、1年未満の期間のものがある）であり、その契約書には、XらまたはY社の都合により、契約期間内においても解約することができるとの条項（以下、「本件解約条項」という）があった。ところが、Y社は、Xらの担当していた業務を外注化することにし、それに伴いXらを解雇する意思表示（予備的に期間満了により更新しない旨の雇止めの通知）をしたので、雇用契約上の権利を有する地位にあることなどの確認を求めたところ、Y社は、本件解雇ないし雇止めは約定解除権を行使したもので有効などと主張した。

【判旨】

判決では、整理解雇の判断枠組にほぼ従い、本件の解雇および雇止めを無効としたが、以下では、本件解約条項の効力に関する部分のみ引用する。

「民法は、雇用契約の当事者を長期に束縛することは公益に反するとの趣旨から、期間の定めのない契約については何時でも解約申入れをすることができる旨を定める（同法627条）とともに、当事者間で前記解約申入れを排除する期間を原則として5年を上限として定めることができ（同法626条）、同法628条は、その場合においても、『已ムコトヲ得サル事由』がある場合には解除することができる旨を定めている。

そうすると，民法628条は，一定の期間解約申入れを排除する旨の定めのある雇用契約においても，前記事由がある場合に当事者の解除権を保障したものといえるから，解除事由をより厳格にする当事者間の合意は，同条の趣旨に反し無効というべきであり，その点において同条は強行規定というべきであるが，同条は当事者においてより前記解除事由を緩やかにする合意をすることまで禁じる趣旨とは解し難い。

　したがって，本件解約条項は，解除事由を『已ムコトヲ得サル事由』よりも緩やかにする合意であるから，民法628条に違反するとはいえない。

　この点，原告らは，……民法628条は労働者が期間中に解雇されないとの利益を付与したものであると主張するが，それは，むしろ民法626条の趣旨というべきであり，民法628条は合意による解約権の一律排除を緩和するために置かれた規定と解すべきであるから，原告らの主張は採用することができない。

　また，雇用期間を信頼した労働者保護の要請については，解雇権濫用の法理を適用することにより考慮することができるから，このように解したとしても，不当な結果を招来するわけではない。」

3 　有期契約の更新

1 　黙示の更新と中途解約

　労働契約に期間の定めがある場合，期間の満了後に労働者が従来どおり労務の提供をしているのに使用者が何らの対応もしないような場合，労働者としては，今までどおり働くことができると考えるのが道理である。民法629条1項は，このような場合，「従前の雇用と同一の条件で更に雇用したものと推定する」としている。これを黙示の更新という。

　この場合，問題となるのは，更新後の労働契約の性質如何である。法文上は「従前と同一条件」としているので，更新後の雇用も有期雇用と解するのが素直な解釈であるが，民法629条1項は，先の条文に続けて，「この場合において，各当事者は，第627条の規定により解約の申入れをすることができる」と定めていることから，見解の対立を生んでいる。なぜなら，民法627条は期間の定めのない場合の解約に関する定めであるから，これを適用するということは，黙示の更新後の契約は期間の定めのない契約となる（転化する）ことを前提と

していると解されるからである。しかし，このような解釈に対しては，今日，解雇は自由でなく，かつ反復更新の場合に解雇権濫用の保護が及ぶから，たとえば3か月の期間が黙示の更新で一気に無期になるのは過剰な効果であるとして，更新後は従前の期間となるとの見解もある（菅野和夫『労働法〔第9版〕』〔弘文堂，2010年〕190頁）。裁判例も転化を認める場合と否定する場合に分かれている。

判例3-5

角川文化振興財団事件 東京地決平成11.11.29労判780号67頁

> 【事実の概要】
> 　Xらは，財団法人の編纂室の編集者として勤務してきたところ，訴外K書店からの業務委託契約が打ち切られたことに伴う編纂室の閉鎖を理由に解雇された。Xらは，契約期間3年または2か月とし，必要があれば更新するという形態で雇用され，4年から10年勤続してきた。そこでXらが労働契約上の権利を有する地位の確認を求めて仮処分の申立てをしたのが本件である。
>
> 【決定要旨】
> 　申立ては却下されたが，黙示の更新に関する判断部分は以下のとおりである。
> 「1年を超えない期間を定めた労働契約の期間満了後に労働者が引き続き労務に従事し，使用者がこれを知りながら異議を述べないときは，民法629条1項により黙示の更新がされ，以後期間の定めのない契約として継続されるものと解され，また，1年を超える期間を定めた労働契約は労働基準法14条，13条により一定の事業の完了に必要な期間を定めるものの外は期間が1年に短縮されるが，その期間満了後に労働者が引き続き労務に従事し，使用者がこれを知りながら異議を述べないときは，民法629条1項により黙示の更新がされ，以後期間の定めのない契約として継続されるものと解される。」

判例3-6

タイカン事件 東京地判平成15.12.19労判873号73頁

> 【事実の概要】
> 　X（原告）はゴルフ場などを経営するY社（被告）に契約社員として採用された。XY間の雇用契約書には，契約期間について，1年間（平成12年9月11日から平成13年9月10日），その他として，「契約期間満了時双方の希望により更新又は正社員登用もありうる。」と記載されていた。そして，Xは平成13年9月11日

以降も就労を継続するとともに、平成13年12月27日にＡ労働組合に加入し、平成14年１月６日に加入がＹ社に通知された。ところが、平成14年１月10日、Ｙ社は、経営悪化のため本社事務所の移転と人員整理の必要が生じたことを理由にＸを同年３月31日付けで解雇する旨の意思表示をした。そこで、Ｘは、本件解雇は無効であるとして、従業員としての地位の確認などを求めたのが本件である。

【判旨】

「原告と被告会社間の労働契約は、期間を１年と定めて締結されたものにすぎず、期間満了後も原告が終了（ママ）を継続したことにより、黙示の更新がされたと推定されるにとどまるというべきである（民法629条）。そして、この場合の更新後の契約期間は、同条の文言どおり、従前の契約と同一条件であり、１年間と推定するのが相当であ」る。「原告と被告会社間の労働契約は、平成13年９月11日以降、平成14年９月10日までの間存続することになったと認められる。」

2　不更新条項

　有期契約を締結する場合、あらかじめ契約の更新をしない合意をすることは可能である。むしろ、そのような合意は、紛争を予防することにもなり、厚生労働省告示（「有期労働契約の締結、更新及び雇止めに関する基準」（平成15.10.22厚労告357号、最終改正：平成20.1.23厚労告12号）では、契約締結に当たり、更新の有無を明示することを義務づけている。しかし、契約の当初ではなく、何回も更新をしてきた後に改めて更新しない旨の条項を含む有期契約を締結し、期間の満了を理由に雇止めをする場合、これと同列に論じることはできない。以下の裁判例は、このような雇止めを認めたが、疑問のある判断である。

判例 3－7

近畿コカ・コーラボトリング事件　大阪地判平成17.1.13労判893号150頁

【事実の概要】

　原告Ｘら（３名）は、清涼飲料水の製造販売などを営む被告Ｙ社にパートとして平成元年ないし平成５年に雇用され、自動販売機のメンテナンスなどの業務に従事してきた。ＸＹ間の当初の雇用契約における期間の定めの有無は不明確であったが、平成７年に１年の雇用期間の定めのあるパートナー社員労働契約書が作成された。そして、その中に契約期間を更新しないとする旨の規定はなく、その後、厳格な更新手続もなく更新が繰り返された。ところが、平成14年１月以降、

経営構造改革の一環として，Xらの従事する業務を子会社に委託するという事情の変化の下で，平成14年1月1日から12月末までのパートナー労働契約書では，「本契約期間については，更新しないものとする。」との条項（以下，「不更新条項」という）が付加されており，Xらは，この契約書に署名押印するとともに，確認印も押印した。そして，Yは，Xらに，平成14年12月末をもって雇止めする旨の意思表示をしたので，従業員としての地位にあることの確認などを求めて訴えを提起した。

【判旨】

「被告と原告らとの間においては，平成14年12月末日をもって本件各雇用契約を終了させる旨の合意が成立していたというべきであり，これを覆すに足りる証拠はない。

なお，原告らは，1年後に退職する旨の明確かつ客観的な意思表示がないなどと主張するが，被告は，前記のとおり，事前に説明会を開いて説明した上で，不更新条項の記載のある本件各契約書を原告らに交付し，原告らはこれに署名押印した上，確認印も押印しているのであるから，その意思表示は明確かつ客観的なものというべきである。

また，原告らは，不更新条項について，公序良俗に反して無効である旨主張するが，これを無効とする根拠はなく，原告らの主張を採用することはできない。

よって，本件各雇用契約は，これを終了させる旨の被告と原告らの間の合意に基づき，平成14年12月末日をもって終了したというべきである。

また，原告らがかかる合意をしたことにかんがみれば，本件各契約書の作成後については，本件各雇用契約について，その継続が期待されていたということはできないから，解雇に関する法理を類推適用する余地はなく，この点からも，本件各雇用契約は，期間満了により，平成14年12月末日をもって終了したというべきである。」

4 更新拒絶（雇止め）問題

1 雇止めの救済法理

有期雇用に関する最大の問題は，反復更新された後に，期間の満了を理由に雇止めされた場合，雇用の継続をどのように実現するかである。使用者は景気の調節弁として自由に雇止めを図ろうとするのに対し，労働者は，必要なときだけ利用していらなくなったら期間の満了という形式的な理由を根拠に雇止め

されることに納得がいかないからである。また，この問題には，雇止めは意思表示でなく，単に期間の満了という事実の通告にすぎないので，解雇のようにその有効・無効を論じることはできないのではないか，という問題も含まれている。

この問題について，①あくまで期間の定めのある契約のままであり，期間の満了により契約は終了するという考え方，②反復更新してきた場合，期間の定めのない契約に転化するという考え方（転化説），③実質的には期間の定めのない契約とみて，解雇法理を類推適用する考え方（状態説），に分かれた。第3の考え方を最高裁で採用したのが，以下の事例である。

判例3-8

東芝柳町工場事件 最一小判昭和49．7．22民集28巻5号927頁

【事実の概要】
被上告人Ｘら（7名）は，上告人Ｙ社と契約期間を2か月とする労働契約を締結して入社した基幹臨時工であるが，採用の際，長期継続雇用，本工への登用を期待させるような言動がＹの担当者にあり，Ｘらも継続雇用を信じ，かつ本工への登用を希望していた。その後，本契約は5回ないし23回にわたって更新されたが，Ｙ社は，必ずしも契約期間満了の都度，ただちに新契約締結の手続をとっていたわけでもなかった。ところが，その後，Ｘらは，勤務成績不良，人員削減などを理由に契約の更新拒絶（雇止め）をされたので，労働契約の存在の確認などを求めたのが，本件である。

第一審（横浜地判昭和43．8．19民集28巻5号953頁）は，「漸次その臨時性を失い本件各雇止めの当時にはすでに存続期間の定めのない労働契約……に転移したものと解するのが相当」であり，更新拒絶の意思表示は法律上解雇の意思表示とみるべきとした。これに対し，第二審（東京高判昭和45．9．30民集28巻5号995頁）では，「当然更新を重ねて，恰も期間の定めなき契約と実質的に異ならない状態で存続していた」と認定のうえ，本件雇止めは臨時工就業規則の定める解雇の意思表示であるとし，「理論上，右事由に形式的に該当するときでも，それを行使すること著しく苛酷にわたる等相当でないときは会社は解雇権を行使し得ないと解するのが相当」とした。

【判旨】
最高裁は，原審の認定判断は首肯できるとして，以下のように判示した。
「以上の事実関係からすれば，本件各労働契約においては，上告会社としても

> 景気変動等の原因による労働力の過剰状態を生じないかぎり契約が継続することを予定していたものであって，実質において，当事者双方とも，期間は一応二ヶ月と定められてはいるが，いずれかから格別の意思表示がなければ当然更新されるべき労働契約を締結する意思であったものと解するのが相当であり，したがって，本件各労働契約は，期間の満了毎に当然更新を重ねてあたかも期間の定めのない契約と実質的に異ならない状態で存在していたものといわなければならず，本件各雇止めの意思表示は右のような契約を終了させる趣旨のもとにされたのであるから，実質において解雇の意思表示にあたるとするのであり，また，そうである以上，本件各雇止めの効力の判断にあたっては，その実質にかんがみ，解雇に関する法理を類推すべきであるとするものであることが明らかであ」る。
>
> 　本件各労働契約では，「単に期間が満了したという理由だけでは上告会社においては雇止めを行わず，被上告人らもこれを期待，信頼し，このような相互関係のもとに労働契約関係が存続，維持されてきた」。「このような場合には，経済事情の変動により剰員を生じる等上告会社において従来の取扱いを変更して右条項（臨就規8条で定める基幹臨時工の解雇事由としての契約期間の満了：引用者）を発動してもやむをえないと認められる特段の事情が存しないかぎり，期間満了を理由として雇止めをすることは，信義則上からも許されない」。認定した事実に拠れば，「本件雇止めは臨就規8条に基づく解雇としての効力を有」しない。

　このような判断枠組は，長期にわたりあいまいな手続で何回も更新を繰り返してきた事案であれば適用可能であるが，そこに至らないような場合にどうなるかが問われた。その解決策は，継続雇用に対する期待を法的に保護するという考え方である。それを採用した判例が以下である。もっとも，この判例は，整理解雇に当たり，有期契約の労働者を正規従業員に先立って雇止めすることを認める点で，雇用形態による差別に無批判的であり，問題を含んでいる。

判例3-9

日立メディコ事件 最一小判昭和61.12.4労判486号6頁

> 【事実の概要】
> 　上告人（原告）Xは，期間2か月の労働契約を5回更新されてきた臨時員である。臨時員は雇用調整のために設けられ，面接のみで採用された。臨時員は一般に単純な作業などに従事し，Xも比較的簡易な作業に従事していた。本件の契約更新は，いずれも期間満了の都度新たな契約を締結する旨を合意して行われてきた。ところが，不況に伴う業務上の都合を理由に更新を拒否されたので，労働契

約の存在の確認などを求めたのが本件である。第一審（千葉地松戸支判昭和52.1.27労民集31巻6号1253頁）では，採用時に契約期間の明示がなく，契約更新は預けていた印鑑を用いて事務員が行っていたとして，本件契約を期間の定めのない契約とし，更新拒否を端的に解雇とみて，解雇権の濫用を認定した。これに対し，第二審（東京高判昭和55.12.16労判354号35頁）では，更新が本人の意思を確認して行われていたとし，「転化説」および「状態説」のいずれも排斥し，さらに，本工との間で解雇について合理的差異があるとして，解雇を有効とした。

【判旨】

最高裁は，まず，契約の更新時の手続（本人の意思を確認し，当初の契約書に順次雇用期間を記入して預かっていた印鑑を庶務係が押していた）から，「本件労働契約の更新は，いずれも期間満了の都度新たな契約を締結する旨を合意することによってなされてきた」とする。ここから，①期間の定めは民法90条に違反しない，②期間の定めのない契約に転化もしていない，③「期間の定めのない労働契約が存在する場合と実質的に異ならない関係が生じたということもできない」とする。

次に，雇止めの効力の判断について，原審の判断を是認するとしているが，その論旨は以下のとおりである。すなわち，臨時員は，「その雇用関係はある程度の継続が期待され」「5回にわたり契約が更新されている」から，「このような労働者を契約期間満了によって雇止めにするに当たっては，解雇に関する法理が類推され，解雇であれば解雇権の濫用，信義則違反又は不当労働行為などに該当して解雇無効とされるような事実関係の下に使用者が新契約を締結しなかったとするならば，期間満了後における使用者と労働者間の法律関係は従前の労働契約が更新されたのと同様の法律関係となるものと解せられる。」しかし，簡易な手続で採用された雇用関係であるから，「雇止めの効力を判断すべき基準は，……期間の定めのない労働契約を締結している……本工を解雇する場合とはおのずから合理的差異があるべきである。」したがって，人員削減の必要性があり，配転の余地もなく，「臨時員全員の雇止めが必要であると判断される場合には，これに先立ち，期間の定めなく雇用されている従業員につき希望退職募集の方法による人員削減を」しなくても，不当，不合理とはいえず，先に「臨時員の雇止めが行われてもやむを得ない」し，雇止めをするやむを得ない事情があった。

第3章　有期雇用

2　合理的期待の有無とその判断基準

継続雇用への期待がどのような場合に認められるかに関する例が、以下である。

判例 3-10

新潟労災病院事件　新潟地高田支決平成6．8．9労判659号51頁

【事実の概要】
　債権者Xら4名は、債務者である総合病院に職種や更新期間の制限もない看護職の臨時職員ないし嘱託職員（勤務時間は一般の職員より短い）として採用され、契約期間に違いはあるが、更新の時、事前の交渉も期間満了で辞めることになる説明もなく、また、辞令の交付なども更新日とずれることもある形で、それぞれ3回、5回、12回、30数回にわたり契約を更新し、それぞれ1年11か月、3年、6年3か月、18年7か月継続勤務してきたところ、看護婦の確保によりXらが余剰人員になったとして雇止めをされたので、地位保全の仮処分を申請した。

【決定要旨】
　「債権者らと債務者との雇用関係は期間の定めのない契約と実質的に異ならない状態となったとまではいえないものの、雇用関係を継続することが期待される関係であって、雇用期間の満了により雇止めをするに当たっては、解雇に関する法理が類推され、雇止めが客観的に合理的理由がなく社会通念上妥当なものとして是認することができないときには、その雇止めは信義則上許されないものとなる関係にあると認めるのが相当である。そして、その場合には期間満了後における債務者と債権者らの法律関係は従前の労働契約が更新されたと同様の法律関係になると解するのが相当である。」（なお、決定では、雇用契約上の地位は認めず、賃金の仮払いのみ認めた。）

重要な点は、このような期待は、更新の回数で決まるわけではないということである。1回も更新されていないのに、このような期待を認めたのが以下の例である。

判例 3-11

龍神タクシー事件 大阪高判平成3.1.16労判581号36頁

【事実の概要】

申請人は被申請人タクシー会社に臨時雇運転手として，契約期間平成元年1月22日から平成2年1月20日までとして採用されたが，平成2年1月20日に更新拒絶の意思表示を受けた。そこで，従業員としての地位保全等の仮処分を申請したところ，第一審決定は雇用期間の満了を理由にこれを却下したが，第二審決定ではこれを認容した。これに対する異議事件判決でも第二審決定を維持したので，これに対してした抗告審の判決が本判決である。

ところで，本件タクシー会社では，本雇運転手と臨時雇運転手がいたが，前者の場合，労働時間は固定化され，賃金も固定給などからなるが，後者は，自由勤務で毎月の売り上げ高の40％というオール歩合給制であった。また，後者の雇用期間は契約書上は1年と定められているが，従来，更新拒絶をした例はなく，更新に当たり契約書が取り交わされたものの，その締結手続は期間満了の都度行われていたわけではない。また，本雇運転手の欠員が生じたら，希望する臨時雇運転手から補充してきた。さらに，契約締結に当たり，1年限りで辞めてもらう話はなく，自動更新されていることを申請人は知しており，自分も当然更新されるものと思って稼動してきた。なお，平成元年11月22日，申請人他の臨時雇運転手で労働組合の分会を結成し，会社に団体交渉の申入れをしたという事実があった。

【判旨】

「被申請人における臨時雇運転手にかかる雇用契約の実態に関する諸般の事情……に照らせば，その雇用期間についての実質は期間の定めのない雇用契約に類似するものであって，申請人において，右契約期間満了後も被申請人が申請人の雇用を維持するものと期待することに合理性を肯認することができるものというべきであり，このような本件雇用契約の実質に鑑みれば，前示の臨時雇運転手制度の趣旨，目的に照らして，従前の取扱いを変更して契約の更新を拒絶することが相当と認められるような特段の事情が存しないかぎり，被申請人において，期間満了を理由として本件雇用契約の更新を拒絶することは，信義則に照らし許されないものと解するのが相当である」。被申請人には，人員削減を必要とする経営不振もなく，申請人は勤務成績も不良でないなど，上記特段の事情は認められない。そうとすれば，「申請人の就労期間が1年にすぎず過去に契約の更新を受けたことがないとの点は，右の判断を左右するに足るものではない」。したがって，被申請人は，平成3年1月20日までの間，臨時雇運転手の地位にあるべきものということができる。

反対に，このような期待が否定された例が，以下である。

判例 3-12

ロイター・ジャパン事件 東京地判平成11.1.29労判760号54頁

【事実の概要】

通信社Y（被告）に新聞の募集広告を見て応募し，雇用期間1年とする通知書をもって契約社員（翻訳担当記者）として採用されたX（原告）が，1年で雇用契約が終了することを確認する通知を受けたので，主位的には，本件雇用契約は期間の定めのないものであり，通知は解雇権の濫用で無効であるとし，予備的請求として，期限付きの労働契約であるとしても，更新拒絶は信義則上許されないとして，労働契約上の地位の確認を求めた。判決は，本件雇用契約を期間の定めのある契約としたうえで，予備的請求について，以下のとおり判断した。

【判旨】

「期限付き雇用契約の更新拒絶等が信義則上許されないのは，当該雇用契約について，労働者に契約更新を期待する合理的理由がある場合であることは確立した判例であり，当該労働者の期待が合理的かどうかは，当該雇用契約時の状況，就業実態や待遇，契約更新の手続等の事情を総合的に考慮して決すべきものと解せられるところ」，本件の場合，そのような事情はない。

判例 3-13

丸島アクアシステム事件 大阪高決平成9.12.16労判729号18頁

【事実の概要】

ダム等の水利関係施設の製造業である会社（相手方・原審債務者）に嘱託職員として期間の定めのある雇用契約を締結して採用されたX（抗告人・原審債権者）は，6か月の雇用期間が10回にわたり反復更新され，5年余り雇用されていたところ，勤務成績不良や業績の悪化を理由に雇止めされた。本件は，地位保全および賃金仮払いの仮処分の申立てを却下した原審決定に対する即時抗告の控訴審決定である。

【決定要旨】

「期間の定めのある雇用契約の期間の満了による雇止めの効力の判断に当たっては，当該労働者の従事する仕事の種類，内容，勤務の形態，採用に際しての雇用契約の期間等についての使用者側の説明，契約更新時の新契約締結の形式的手続の有無，契約更新の回数，同様の地位にある他の労働者の継続雇用の有無等を考える必要がある。これらに鑑み，期間の定めのある雇用契約があたかも期間の定めのない雇用契約と実質的に異ならない状態で存在していたか，あるいは，労働者が期間満了後の雇用の継続を期待することに合理性が認められる場合には，

解雇に関する法理を類推適用すべきである……。」本件の場合、採用時に長期雇用を期待させる言動はなかった、更新の際、実質的な審査が行われていた、抗告人の勤務成績・態度に問題があったことなどから、本件即時抗告を棄却する。

4章 就業規則と労働契約

就業規則の拘束力

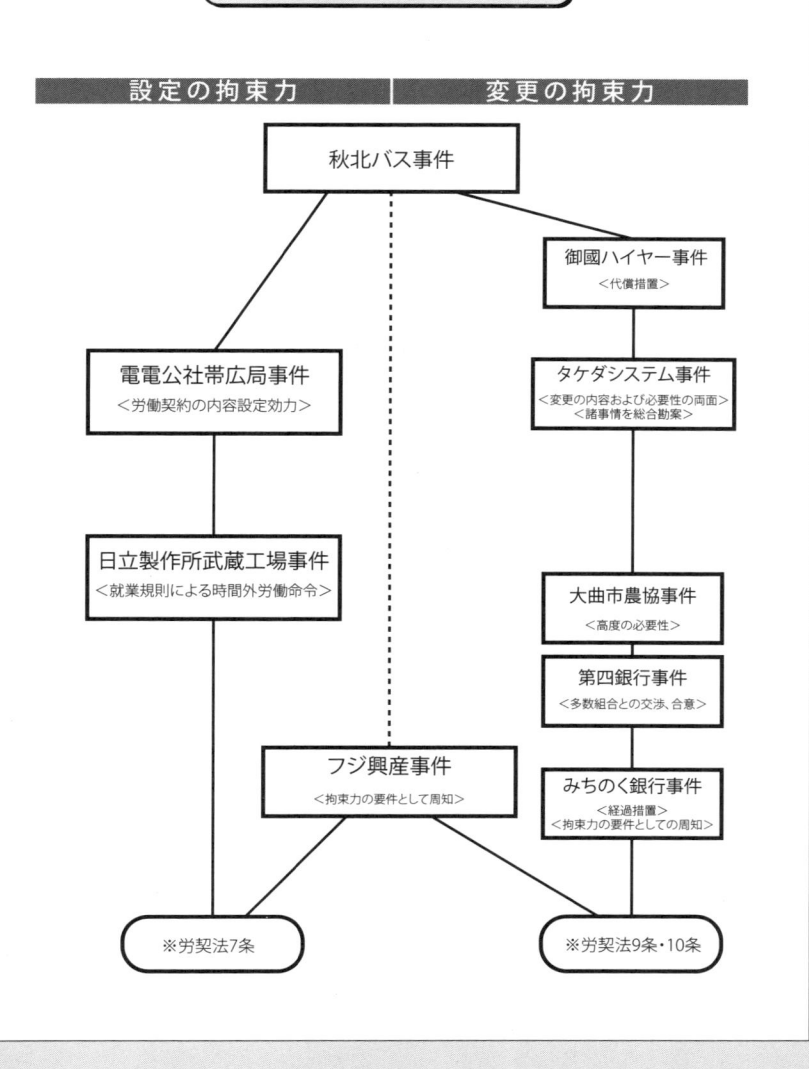

設定の拘束力 | 変更の拘束力

秋北バス事件

- 設定の拘束力系統：
  - 電電公社帯広局事件
    〈労働契約の内容設定効力〉
  - 日立製作所武蔵工場事件
    〈就業規則による時間外労働命令〉
  - フジ興産事件
    〈拘束力の要件として周知〉
  - ※労契法7条

- 変更の拘束力系統：
  - 御國ハイヤー事件
    〈代償措置〉
  - タケダシステム事件
    〈変更の内容および必要性の両面〉
    〈諸事情を総合勘案〉
  - 大曲市農協事件
    〈高度の必要性〉
  - 第四銀行事件
    〈多数組合との交渉、合意〉
  - みちのく銀行事件
    〈経過措置〉
    〈拘束力の要件としての周知〉
  - ※労契法9条・10条

1 就業規則の「拘束力」

1　最低基準効と拘束力

　労働契約法は，就業規則の効力（あるいは就業規則と労働契約の関係）について，体系的な規定を設けている。まずは，このことを確認しておこう。

　(a)　最低基準効

　就業規則の効力は，まず最低基準効と拘束力とに分けられる。最低基準効は，労契法12条で定める効力であり，「就業規則で定める基準に達しない労働条件を定める労働契約」について無効とし，「無効となった部分は，就業規則で定める基準による」と定める。したがって，就業規則は労働契約に対して，最低限を支える（保障する）効力を持つことになる。

　(b)　拘　束　力

　これに対して，就業規則の拘束力は，最低限を支えるのではなく，当事者が特段の個別合意をしない限り労働契約の内容は就業規則によるものとする効力であり，その意味で当事者を拘束する効力である。当事者の意思を推定する意思解釈の基準ではなく，特段の合意がない限り契約当事者は就業規則に拘束されるとするのである。

　この拘束力について，労契法は，二つの規定を設けている。まず，労契法7条によれば，「労働契約を締結する場合」に，合理的な内容を持つ就業規則が周知されていれば，労働契約の当事者は就業規則に拘束される。これにより，労働契約の内容は就業規則により設定されるのであり，これを「設定の拘束力」と呼ぶことができよう。次に，労契法10条によれば，「使用者が就業規則の変更により労働条件を変更する場合」に，就業規則の変更が合理的であり変更後の就業規則が周知されていれば，やはり当事者は変更後の就業規則に拘束される。労働契約の内容は就業規則により変更されるのであるから，これを「変更の拘束力」と称することができる。

2 最高裁判例の系譜

　以上二つの効力のうち，最低基準効は，昭和21年公布の労基法に最初から定められており（労基93条参照），それが平成17年公布の労契法12条に移設されたものである。これに対して，拘束力のほうは，これまで労契法の制定以前には法的な根拠規定は存在せず，最高裁を中心とする判例法で形成されてきた法理である。同法の施行通達も，このことを確認しており，特に10条については，「同本文は，判例法理に沿ったものであること」を明らかにしている（平成20.1.23基発0123004号「労働契約法の施行について」）。

　すなわち，同基発も明らかにするように，7条の「設定の拘束力」については，秋北バス事件最高裁判決を端緒に，それが電電公社帯広局事件最高裁判決に受け継がれ，さらに日立製作所武蔵工場事件等の判例に広がっていく。また，同条にいう「周知」の要件については，フジ興産事件最高裁判決の趣旨を受け継いだものである。

　また，10条の「変更の拘束力」については，やはり秋北バス最高裁判決を出発点として，特にこの拘束力の要件である「合理性」をめぐる，タケダシステム事件，大曲市農協事件，第四銀行事件，みちのく銀行事件その他多数の最高裁判決による，法理の発展を受け継いだものである。また，同条の「周知」要件も，フジ興産事件最高裁判決の趣旨による（各判決はいずれも後掲）。

　そこで，2以下では，これらの判例の発展を各効力について再確認しつつ，それらの集大成である労契法7条と同10条の規定の意義を検討しよう。

2 設定の拘束力

1 就業規則の法的規範性

　就業規則の法理の基盤となったのは，上述のように，昭和43年の秋北バス事件大法廷判決である。それ以前の代表的判例としては，従業員就業規則改正の効力停止の仮処分特別抗告事件である三井造船玉野分会事件（最二小決昭和27.7.4民集6巻7号635頁）をあげることができよう。これは，労使間の合意により，就業規則中に「就業規則の改正は労働組合との協議によって行う」旨定

めていたという事実の下で，協議を経ないでした規則の改正であっても無効とはいえないと判断したものであった。同判決は，その根拠として，「就業規則は本来使用者の経営権の作用としてその一方的に定めうるところであって，このことはその変更についても異るところがない（労働基準法90条参照）」と判示している。このように，同判決は就業規則の作成権限を使用者の「経営権」に求めているのが，第1の特色である。さらに第2に，就業規則の変更権限の根拠につき労基法90条が参照されている点も注目すべきである。このことは，同判決が，労基法上の就業規則の変更権限（労基90条）と，変更が労働契約に及ぼす拘束力とを，明確に区別していないという疑いを抱かせる。

こうした理論状況を一変して，就業規則の労働契約に対する「法的規範性」すなわち拘束力を明らかにしたのが，秋北バス事件最高裁判決である。

判例4-1

秋北バス事件 最大判昭和43.12.25民集22巻13号3459頁

【事実の概要】

Y社就業規則には，「従業員は，満50歳を以って停年とする」旨の規定があったが，同規定は主任以上の地位にある者については適用がないものとされていた。そこでY会社は，右規定を，「従業員は，満50歳を以って停年とする。主任以上の職にあるものは満55歳をもって停年とする」と改正し，同条項に基づきすでに満55歳に達していたXに退職を命ずる旨の解雇の通知をした。

【判旨】

元来，「労働条件は，労働者と使用者が，対等の立場において決定すべきものである」（労働基準法2条1項）が，多数の労働者を使用する近代企業においては，労働条件は，経営上の要請に基づき，統一的かつ画一的に決定され，労働者は，経営主体が定める契約内容の定型に従って，附従的に契約を締結せざるを得ない立場に立たされるのが実情であり，この労働条件を定型的に定めた就業規則は，一種の社会的規範としての性質を有するだけでなく，それが合理的な労働条件を定めているものであるかぎり，経営主体と労働者との間の労働条件は，その就業規則によるという事実たる慣習が成立しているものとして，その法的規範性が認められるに至つている（民法92条参照）ものということができる。

［労基法89条，90条，106条1項，91条，92条］の定めは，「いずれも，社会的規範たるにとどまらず，法的規範として拘束力を有するに至っている就業規則の実態に鑑み，その内容を合理的なものとするために必要な監督的規制にほかなら

> ない。このように，就業規則の合理性を保障するための措置を講じておればこそ，同法は，さらに進んで，『就業規則で定める基準に達しない労働条件を定める労働契約は，その部分については無効とする。この場合において無効となった部分は，就業規則で定める基準による。』ことを明らかにし（93条），就業規則のいわゆる直律的効力まで肯認しているのである。」
>
> 「右に説示したように，就業規則は，当該事業場内での社会的規範たるにとどまらず，法的規範としての性質を認められるに至っているものと解すべきであるから，当該事業場の労働者は，就業規則の存在および内容を現実に知っていると否とにかかわらず，また，これに対して個別的に同意を与えたかどうかを問わず，当然に，その適用を受けるものというべきである。」

　このように，最高裁の立場は，①労働条件の決定は労使の対等決定（労基2条1項）を原則とするが，②労働条件は，統一的・画一的に決定するという経営上の要請から，「定型に従って，附従的に契約を締結せざるを得ない」のであるから，③就業規則は「それが合理的な労働条件を定めているものであるかぎり」，労働条件は就業規則によるという事実たる慣習が成立するものとして，「法的規範性」が認められ，④労働者の知不知にかかわらず，同意の有無にかかわらず，当然に適用を受ける，とするものである。

　この判断は，②の根拠づけから明らかなように，普通契約約款に関する法理を就業規則に応用したものと理解されている。すなわち，保険契約や運送契約などの普通契約約款については，契約内容はその約款によるという事実たる慣習があって，③に示された事前の開示と内容の合理性を条件に，各利用者の知不知を問わず契約としての拘束力が生じるとされる。最高裁はこの考え方を就業規則に当てはめることにより，「法的規範性」を認めたと理解するのであり，定型契約説と呼ばれた。

2　労働契約の具体的内容設定

　この定型契約説の立場からすれば，就業規則は単に労働契約の内容を推定するにとどまるのではなく，直接に労働契約の内容そのものを設定することを意味する。このことを確認して，「合理的なものであるかぎり……労働契約の内

容になる」と判示したのが,昭和61年の電電公社帯広局事件最高裁判決である。また,同判決は,就業規則は労働契約そのものだけでなく,労働契約に基づく業務命令権限の設定も可能にすることを明らかにした。

> **判例 4－2**
> **電電公社帯広局事件** 最一小判昭和61.3.13労判470号6頁
>
> 【事実の概要】
> 　Yの就業規則と健康管理規程には,職員は自己の健康の保持増進に努め,健康管理従事者の指示・指導を誠実に守り,心身の故障により療養,勤務軽減の措置を受けたときには,健康管理従事者の指示に従い自己の健康の回復に努めるべきことが定められていた。そのうえで,頸肩腕症候群発症後3年以上回復しない長期罹患者については,2週間程度入院させて総合精密検診を受診させることとし,Xについても,この検診を受けるよう業務命令を発した。これに対し,Xは会社の指定病院は信頼できないとして検診を拒否したため,YがXを戒告処分に処した。このため,Xは懲戒処分の無効確認を求める訴えを提起した。
>
> 【判旨】
> 　「労働条件を定型的に定めた就業規則は,一種の社会的規範としての性質を有するだけでなく,その定めが合理的なものであるかぎり,個別的労働契約における労働条件の決定は,その就業規則によるという事実たる慣習が成立しているものとして,法的規範としての性質を認められるに至つており,当該事業場の労働者は,就業規則の存在及び内容を現実に知つていると否とにかかわらず,また,これに対して個別的に同意を与えたかどうかを問わず,当然にその適用を受けるというべきであるから(…秋北バス事件…),使用者が当該具体的労働契約上いかなる事項について業務命令を発することができるかという点についても,関連する就業規則の規定内容が合理的なものであるかぎりにおいてそれが当該労働契約の内容となつているということを前提として検討すべきこととなる。換言すれば,就業規則が労働者に対し,一定の事項につき使用者の業務命令に服従すべき旨を定めているときは,そのような就業規則の規定内容が合理的なものであるかぎりにおいて当該具体的労働契約の内容をなしているものということができる。」
> 　Yの就業規則および健康管理規程の内容は,「職員が労働契約上その労働力の処分をYに委ねている趣旨に照らし,いずれも合理的なものというべきであるから」,右の職員の健康管理上の義務は労働契約の内容となっているものと見るべきである。

定型契約説の立場は，就業規則から当事者の合理的意思を推測するというのではなく，就業規則の定めがただちに労働契約の内容になるとするものであり，その「決めつけ」があまりに意思主義に反しているという批判を招く。また，大量取引を短期間で処理するための契約に用いられ普通契約約款の法理を，労働契約における労働条件の設定・変更の場面に応用するのが妥当かという疑問もある。

　しかし，同説は，その後の最高裁判決のなかで繰り返し確認され，判例法理として定着するに至る。たとえば，日立製作所武蔵工場事件（最一小判平成3．11．28民集45巻8号1270頁）は，「使用者が当該事業場に適用される就業規則に当該三六協定の範囲内で一定の業務上の事由があれば労働契約に定める労働時間を延長して労働者を労働させることができる旨定めているときは，当該就業規則の規定の内容が合理的なものである限り，それが具体的労働契約の内容をなすから，右就業規則の規定の適用を受ける労働者は，その定めるところに従い，労働契約に定める労働時間を超えて労働をする義務を負う」と判示する。また，大和銀行事件（最一小判昭和57．10．7労判399号11頁）は「右規則……改訂は単に……慣行を明文化したにとどまるものであって，その内容においても合理性を有するというのであり，右事実関係のもとにおいては，上告人は，被上告銀行を退職したのち……を支給日とする各賞与については受給権を有しない」と判断している。

3　合理性の意義

　判例においては，設定の拘束力を有するには，就業規則の内容が「合理的」であることが唯一の要件である（労契法7条では「周知」要件が加わる）。合理的とは何を意味するだろうか。

　それは，既得の権利を奪うことが問題になっているわけでないから，次にみる労契法10条の合理性の水準まで要請されるわけでない。他方で，単に強行法規・労働協約や公序に反しないというレベルにとどまらないことも当然である。ここでの合理性とは，法律の趣旨や社会通念に照らして，統一的規制として妥当であることをいうものといえよう。下級審の裁判例では，「労働契約を

規律する雇用関係についての私法秩序に適合している労働条件を定めていること」をいい、「具体的な状況に照らして極めて苛酷なもので、……法の目的に反するものであってはならないことも、雇用関係についての私法秩序に含まれる」とするものがある（協和出版事件・東京高判平19.10.30労判963号54頁）。

3 変更の拘束力

1 定型契約説による論拠

就業規則の変更の労働契約に対する拘束力についても、判例法理の端緒となるのは、秋北バス事件最高裁判決である。同判決は、次のように判断した。

判例4-3

秋北バス事件 最大判昭和43.12.25民集22巻13号3459頁

> 【事実の概要】 判例4-1を参照。
> 【判旨】
> 「就業規則は、経営主体が一方的に作成し、かつ、これを変更することができることになつているが、既存の労働契約との関係について、新たに労働者に不利益な労働条件を一方的に課するような就業規則の作成又は変更が許されるであろうか、が次の問題である。
> おもうに、新たな就業規則の作成又は変更によつて、既得の権利を奪い、労働者に不利益な労働条件を一方的に課することは、原則として、許されないと解すべきであるが、労働条件の集合的処理、特にその統一的かつ画一的な決定を建前とする就業規則の性質からいつて、当該規則条項が合理的なものであるかぎり、個々の労働者において、これに同意しないことを理由として、その適用を拒否することは許されないと解すべきであり、これに対する不服は、団体交渉等の正当な手続による改善にまつほかはない。そして、新たな停年制の採用のごときについても、それが労働者にとつて不利益な変更といえるかどうかは暫くおき、その理を異にするものではない。」

この判断を要約すると、①就業規則の改定による労働条件の一方的不利益変更は許されないのが「原則」であるが、②労働条件の統一的・画一的処理という就業規則の性質からいつて、③変更された規則が「合理的」なものである限

り，労働者の同意なしに実施することができる。

　しかし，この法理には，労働契約の内容は相手方の同意なくしては変更できないという契約法の基本原則（①）が，就業規則の実務上の要請から（②），規則条項の「合理性」という基準を満たすことで簡単に放棄されてしまう（③）ことに，最大の理論的問題がある。これでは，労働契約の基本原理である，契約の強制力や「合意の原則」が容易に軽視されてしまう。しかし，判例実務では，最高裁をはじめとする判例の積み重ねにより，この「合理性」の存否を中心に据えた判断の手法が形成された。

2　合理性の判断方法

　上記判断からすると，就業規則の変更が拘束力を持つかの判断は，ひとえに変更された就業規則条項が「合理的」であるかにかかることになる。

(a)　判断の基本方針

　合理性は，基本的な判断方法として，「変更の必要性」および「変更の内容」の両面から検討し，それらの相対比較の視点から判断される。そして，賃金，退職金など労働者にとって重要な権利・労働条件の変更については，「そのような不利益を労働者に法的に受忍させることを許容できるだけの高度の必要性」が要件となる。

判例 4 - 4

大曲市農協事件　最三小判昭和63. 2. 16民集42巻 2 号60頁

【事実の概要】

　Y組合は，昭和48年に 7 つの農協の合併により新設された農協である。Xらは，旧A農協から引き続きY組合に勤務し，定年退職した職員である。Xらの退職金は，合併前は旧A組合の就業規則の適用を受けていたが，合併後はY組合の就業規則が遡及適用され，それにより退職金の支給倍率が，64から55.55に変わるなど低減するところとなった。ただ，給与については最も高額であった旧農協に準拠して調整することとし，給与調整等により増額された。しかし，Xらは，調整増額された給与に，旧A農協において定められた支給倍率を乗じて算定される金額と，現に受領した退職金との差額が未払いであるとして，その支払いを請求した。

【判旨】

「[秋北バス最高裁判決]の判断は，現在も維持すべきものであるが，右にいう当該規則条項が合理的なものであるとは，当該就業規則の作成又は変更が，その必要性及び内容の両面からみて，それによって労働者が被ることになる不利益の程度を考慮しても，なお当該労使関係における当該条項の法的規範性を是認できるだけの合理性を有するものであることをいうと解される。特に，賃金，退職金など労働者にとって重要な権利，労働条件に関し実質的な不利益を及ぼす就業規則の作成又は変更については，当該条項が，そのような不利益を労働者に法的に受忍させることを許容できるだけの高度の必要性に基づいた合理的な内容のものである場合において，その効力を生ずるものというべきである。」

(b) 判断要素

合理性の具体的な判断要素として，最高裁は，次のような基準を立てた。

判例 4-5

タケダシステム事件 最二小判昭和58.11.25労判418号21頁

【事実の概要】

Yは，電子測定器棟の製造販売を業として，従業員46名を雇用する会社であり，Xら9名はいずれもその従業員である。Y会社の旧就業規則では，「女子従業員は毎月生理休暇を必要日数だけとることができる。そのうち年間24日を有給とする。」との定めがあり，同日数の生理休暇については，本給1日分の100％が支払われていた。しかし，昭和49年1月23日より，これを「女子従業員は毎月生理休暇を必要日数だけとることができる。そのうち月2回を限定とし，1日につき基本給1日分の68％を補償する。」との定めに変更した。Xらは，この変更は効力を生じないものとし，減額分を未払い賃金として請求した。

【判旨】

「本件就業規則の変更がXらにとって不利益なものであるにしても，右変更が合理的なものであれば，Xらにおいて，これに同意しないことを理由として，その適用を拒むことは許されないというべきである。そして，右変更が合理的なものであるか否かを判断するに当たっては，変更の内容及び必要性の両面からの考察が要求され，右変更により従業員の被る不利益の程度，右変更との関連の下に行われた賃金の改善状況のほか，上告人主張のように，旧規定の下において有給生理休暇の取得について濫用があり，社内規律の保持及び従業員の公平な処遇のため右変更が必要であったか否かを検討し，更には労働組合との交渉の経過，他の従業員の対応，関連会社の取扱い，我が国社会における生理休暇制度の一般的

状況等の諸事情を総合勘案する必要がある。」

このように，最高裁は，①就業規則の変更によって労働者が被る不利益の程度，②使用者側の変更の必要性の内容・程度，③変更後の就業規則の内容自体の相当性，④代償措置その他関連する他の労働条件の改善状況，⑤労働組合等との交渉の経緯，⑥他の労働組合または他の従業員の対応，⑦同種事項に関するわが国社会における一般的状況等の事情を総合考慮すべきであるとしている。

なお，労契法10条では，合理性の判断要素として，①，②，③，⑤を列挙し，④，⑥，⑦は掲げられていない。しかし，同条は判断要素を限定する趣旨ではないので，後三者も必要に応じて当然に判断要素となる。

(c) 代償措置・経過措置

その際に，多数の労働者の労働条件を改善するものであっても，特定の層の労働者に不利益が集中する場合には，その労働者について不利益を緩和するための経過措置が必要とされる。

> 判例4－6

みちのく銀行事件 最一小判平成12．9．7民集54巻7号2075頁

【事実の概要】
60歳定年制を採用していたY銀行において，行員の高齢化，経営の低迷等の事情から，従業員の73％を組織する労働組合の同意を得て，昭和61年に「専任職」という職階を導入し，55歳に達した管理職は原則として専任職階に移り，基本給を55歳到達直前の額で凍結することとした。さらに昭和63年には，専任職手当を廃止して，賞与や業績給の大幅減額をもたらす旨の就業規則の提案を行い，これを実施した。それらの結果，Xらの賃金は，33％ないし56％の削減となった。このため，Xらが，右措置に関連する就業規則規定の変更が適用されないことを前提とする，未払賃金等を請求した。

【判旨】
「本件就業規則等変更は，多数の行員について労働条件の改善を図る一方で，一部の行員について賃金を削減するものであって，従来は右肩上がりのものであった行員の賃金の経年的推移の曲線を変更しようとするものである。もとより，このような変更も，前述した経営上の必要性に照らし，企業ないし従業員全

体の立場から巨視的,長期的にみれば,企業体質を強化改善するものとして,その相当性を肯定することができる場合があるものと考えられる。しかしながら,本件における賃金体系の変更は,短期的にみれば,特定の層の行員にのみ賃金コスト抑制の負担を負わせているものといわざるを得ず,その負担の程度も前示のように大幅な不利益を生じさせるものであり,それらの者は中堅層の労働条件の改善などといった利益を受けないまま退職の時期を迎えることとなるのである。就業規則の変更によってこのような制度の改正を行う場合には,一方的に不利益を受ける労働者について不利益性を緩和するなどの経過措置を設けることによる適切な救済を併せ図るべきであり,それがないままに右労働者に大きな不利益のみを受忍させることには,相当性がないものというほかはない。」

「本件では,行員の約七三パーセントを組織する労組が本件第一次変更及び本件第二次変更に同意している。しかし,上告人らの被る前示の不利益性の程度や内容を勘案すると,賃金面における変更の合理性を判断する際に労組の同意を大きな考慮要素と評価することは相当ではないというべきである。」

(d) **労働組合との対応**

使用者が労働者の多数を組織する労働組合と交渉・合意を経たうえで就業規則を変更したときには,「変更後の就業規則の内容は労使間の利益調整がされた結果としての合理的なものといちおう推測することができる」(第四銀行事件)。しかし,不利益の程度や内容いかんでは,「変更の合理性を判断する際に労組の同意を大きな考慮要素と評価することは相当ではない」(前掲・みちのく銀行事件)。

> **判例 4 − 7**

第四銀行事件 最二小判平成 9 . 2 . 28民集51巻 2 号705頁

> 【事実の概要】
>
> Y銀行の改正前就業規則では,定年は55歳とされていたが,「但し,願出により引続き在職を必要と認めた者については 3 年間を限度として」在職が認められており,男性の93％が55歳以降も在職していた。ところが,Yは,行政の強い要請があったことから,60歳定年制を導入することとし,行員の約90％で組織する組合との団体交渉を経て労働協約を締結したうえで,就業規則を変更して平成 5 年から60歳定年制を導入し,同時に,55歳以降の給与・賞与等を大幅に減額した。Xは,平成 6 年に当時55歳になったが,この改正により,年間賃金が54歳当

時の63〜67％に減額となった。ただ，定年の延長の結果，退職金等が約24万円余り増額となった。Xは，一方的な就業規則の不利益変更であるとして，変更前の賃金との差額を請求した。

【判旨】
「本件就業規則の変更は，行員の約90パーセントで組織されている組合（記録によれば，第一審判決の認定するとおり，50歳以上の行員についても，その約6割が組合員であったことがうかがわれる。）との交渉，合意を経て労働協約を締結した上で行われたものであるから，変更後の就業規則の内容は労使間の利益調整がされた結果としての合理的なものであると一応推測することができ，また，その内容が統一的かつ画一的に処理すべき労働条件に係るものであることを考え合わせると，被上告人において就業規則による一体的な変更を図ることの必要性及び相当性を肯定することができる。上告人は，当時部長補佐であり，労働協約の定めにより組合への加入資格を認められておらず，組合を通じてその意思を反映させることのできない状況にあった旨主張するが，本件就業規則の変更が，変更の時点における非組合員である役職者のみに著しい不利益を及ぼすような労働条件を定めたものであるとは認められず，右主張事実のみをもって，非組合員にとっては，労使間の利益調整がされた内容のものであるという推測が成り立たず，その内容を不合理とみるべき事情があるということはできない。

以上によれば，本件就業規則の変更は，それによる実質的な不利益が大きく，55歳まで1年半に迫っていた上告人にとって，いささか酷な事態を生じさせたことは想像するに難くないが，原審の認定に係るその余の諸事情を総合考慮するならば，なお，そのような不利益を法的に受忍させることもやむを得ない程度の高度の必要性に基づいた合理的な内容のものであると認めることができないものではない。」

3 合理性の具体的判断

判例における具体的な判断の動きを，最高裁を中心にみておこう。

(a) 退職金の減額

七つの農協の合併に際して，1農協の従業員の退職金支給倍率を他の6農協の基準に合わせて引き下げることは，給与額の増額により現実の支給額の低下は小さいという事実，合併に伴う統一の必要性，合併の結果として他の労働条件が有利になった事実などから，合理性が認められる（前掲・大曲市農協事件）。

退職金の算定基礎となる勤続年数を頭打ちとする変更は，その代償となる労

働条件が提供されず，その他に不利益変更を正当化する事情もないときには，合理性は認められない（御國ハイヤー事件・最二小判昭和58．7．15民集50巻4号1008頁）。

定年年齢を63歳から57歳に引き下げ，すでに57歳に達している「特別社員」の給与を大幅に減額して退職金の額を引き下げることは，内容において合理性を有するとは認められない（朝日火災海上〔石堂〕事件・最一小判平成9．3．27労判713号27頁〔→判例20-2〕）。

しかし，経営危機からの企業再建のために，就業規則の退職金に関する規定を改定して，退職金を半額に減額したとしても，倒産により清算的処理をするか，再建の方策を採るかの二者択一を迫られ，倒産により見込まれる労働債権の配当率が上記の低い水準にとどまる以上，その変更は合理性を有する（日刊工業新聞事件・東京高判平成20．2．13労判956号85頁）。

(b) 賃金の減額

タクシー運賃改定に伴い歩合給の計算方式を不利益に変更した場合も，その歩合給の性質や交渉の経緯から変更の必要性が肯定される（第一小型ハイヤー事件・最二小判平成4．7．13労判630号6頁）。

就業規則では55歳定年であったが，実際には58歳まで勤務する取扱いが長年なされていたときに，60歳定年とするが55歳以降の賃金を大幅に引き下げることは，相当の不利益変更であるが，高度の必要性があり合理性を欠くとはいえない（前掲・第四銀行事件）。

職能資格制の賃金制度を成果主義型賃金制度に改めることを目的に就業規則を変更した結果，原告らの基本給が20％程度減額したとしても，2年間の経過措置でこれを行ったことはいささか性急で柔軟性に欠けるきらいがないとはいえないが，不利益を法的に受忍させることもやむを得ない程度の，高度の必要性に基づいた合理的な内容であるといわざるをえない（ノイズ研究所事件・東京高判平成18．6．22労判920号5頁）。

しかし，満55歳に達した者は役職から外れて「専任職」に移行することとし，その後に専任職手当を廃止して賞与や業績給の大幅な減額をもたらす旨の就業規則の変更は，賃金の下げ幅が大きく，不十分な代償措置を加味しても内容の

相当性を肯定することはできない（前掲・みちのく銀行事件）。

(c) 労働時間の延長

完全週休二日制の導入に伴い、1日の労働時間を60分または10分延長する変更は、週単位・年単位の所定労働時間は減少し、必然的に時間外手当の減収を招くともいえないから、その不利益は「全体的、実質的にみた場合には」大きいとはいえない（羽後〔北都〕銀行事件・最三小判平成12.9.12労判788号23頁）。

同じく完全週休二日制の導入により、平日の労働時間を25分延長したとしても、全体的・実質的理由な不利益が大きいとはいえず、労働組合が反対していることを考慮しても、「不利益を受忍させることもやむを得ない程度の必要性のある合理的内容」がある（函館信用金庫事件・最二小判平成12.9.22労判788号17頁）。

(d) その他の労働条件

主任以上の職にある従業員に対して55歳定年制を新設することは、定年制の企業運営上の意義、定年制についての当時の事情、一般職種の従業員との比較、嘱託としての再雇用の可能性などの事実から、不合理とはいえない（前掲・秋北バス事件）。

有給の生理休暇を年24日から月2回に変更し、有給率を100％から68％に変更することは、不利益の程度の僅少さ、賃金の大幅改善、生理休暇の取得濫用の実態、組合との交渉の経緯、生理休暇の根拠についての社会的理解などの理由から、合理性が認められる（前掲・タケダシステム事件）。

4 周知の要件

就業規則については、使用者は労基法上の義務として、周知が義務づけられている（労基106条の1、労基則52条の2）。この周知義務に違反した場合について、昭和27年の朝日新聞社事件判決（最大判昭和27.10.22民集6巻9号857頁）は、「罰則の適用問題を生ずるは格別、そのため就業規則自体の効力を否定するの理由とはならない」と判示していた。ただ、ここで効力が認められたのは、労基法上の就業規則の効力（93条）であり、たしかに周知を怠った使用者が、就

業規則の最低基準効を否定する主張を認めるのは適切ではなかったであろう。

これに対して，就業規則の拘束力については，別の考えが必要である。すなわち，使用者が周知義務に違反したために労働者が就業規則の内容を知ることができないにもかかわらず，その就業規則に拘束力を認めるのは妥当とはいえないであろう。平成15年のフジ興産事件最高裁判決は，こうした考え方に基づくものといえよう。

> **判例 4-8**
>
> **フジ興産事件** 最二小判平成15. 10. 10労判861号 5 頁
>
> 【事件の概要】
> 　訴外A社は，化学プラントなどの設計・施工を目的とする会社であり，平成4年に本社以外に「センター」を開設し，Xは設計業務に従事していた。Yらは，A社の代表者である。A社は，同6年4月1日から，旧就業規則を変更した新就業規則を実施することとし，同年6月2日，労働者の代表の同意を得たうえで，同月8日労基署長に届け出た。新旧いずれの就業規則にも，懲戒解雇事由を定め，所定の事由があった場合に懲戒解雇をすることができる旨を定めている。Yは，同月15日，Xが得意先とトラブルを発生させたり，上司に反抗的態度をとるなどをしたことを理由に，新就業規則を適用して，Xを懲戒解雇した。Xは，この懲戒解雇以前に，Yの取締役に，センターに勤務する労働者に適用される就業規則について質問したが，この際には旧就業規則はセンターに備え付けられていなかった。そこで，Xは，Yらが違法な懲戒解雇に関与したとして，不法行為に基づく損害賠償を請求した。
>
> 【判旨】
> 　「使用者が労働者を懲戒するには，あらかじめ就業規則において懲戒の種別及び事由を定めておくことを要する（……［国鉄札幌駅事件最高裁判決］参照）。そして，就業規則が法的規範としての性質を有する（……［秋北バス事件最高裁判決］）ものとして，拘束力を生ずるためには，その内容を適用を受ける事業場の労働者に周知させる手続が採られていることを要するものというべきである。
> 　原審は，D社が，労働者代表の同意を得て旧就業規則を制定し，これを大阪西労働基準監督署長に届け出た事実を確定したのみで，その内容をセンター勤務の労働者に周知させる手続が採られていることを認定しないまま，旧就業規則に法的規範としての効力を肯定し，本件懲戒解雇が有効であると判断している。原審のこの判断には，審理不尽の結果，法令の適用を誤った違法があ」る。

これにより，両最高裁判決によれば，周知手続を履行していない就業規則は，強行的効力（最低基準としての効力）は否定されないが，拘束力は否定されることになる。

　なお，この周知については，退職金規程の変更にかかる就業規則に「実質的周知」がされたとはいえないとして，退職金規定の変更の効力を否定する裁判例もみられ（中部カラー事件・東京高判平成19.10.30労判964号72頁），労契法4条の「内容理解促進義務」とあいまって，要求される周知が実効的なものであることが要請されている。

5 むすび——合意の原則と拘束力

　以上のように，就業規則の合理性をめぐる判例の発展は，一方で定型的・統一的労働条件の設定・変更という企業運営上の要請に応えつつ，労働契約における合意の強制効を，内容面と手続面でできるだけ組み入れようとする苦心の所産であった。設定および変更における「合理的」という判断基準は，これら相矛盾する要請を振り分けるための調整原理を集中的に表現したものにほかならない。

　上述のように，労契法7条および9条・10条は，これらの発展を踏まえ規定されたものである。したがって，その解釈適用に当たっては，判例の発展と同法に貫徹する「合意の原則」を基礎に据える必要がある。たとえば，労契法9条は，字義どおりの解釈（反対解釈）をするならば，使用者が労働者と就業規則の変更に合意さえすれば，どのような労働条件の不利益変更もできるように読める。しかし，就業規則の内容設定が労働者の合意を前提とするものではない以上（同7条），これを合意により変更できるという理屈にはなりえない（協愛事件・大阪地判平成21.3.19労判2009号80頁参照）。「合理性」という，判例の形成してきたぎりぎりの調整原理を尊重すべきであり，これを取り外した変更法理を導くべきではない。

5章
配　　転

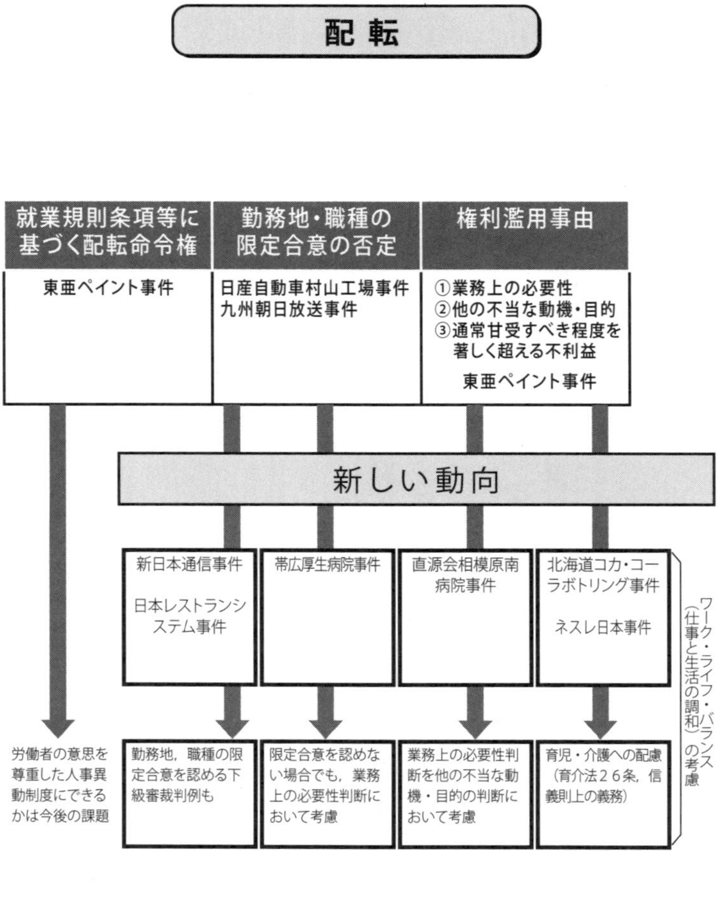

配転
就業規則条項等に基づく配転命令権
勤務地・職種の限定合意の否定
権利濫用事由
東亜ペイント事件
日産自動車村山工場事件
九州朝日放送事件
①業務上の必要性
②他の不当な動機・目的
③通常甘受すべき程度を著しく超える不利益
東亜ペイント事件
新しい動向
新日本通信事件
日本レストランシステム事件
帯広厚生病院事件
直源会相模原南病院事件
北海道コカ・コーラボトリング事件
ネスレ日本事件
ワーク・ライフ・バランス（仕事と生活の調和）の考慮
労働者の意思を尊重した人事異動制度にできるかは今後の課題
勤務地，職種の限定合意を認める下級審裁判例も
限定合意を認めない場合でも，業務上の必要性判断において考慮
業務上の必要性判断を他の不当な動機・目的の判断において考慮
育児・介護への配慮（育介法２６条，信義則上の義務）

1 配転命令権をめぐる判例の動向

　配置転換（配転）とは，労働者の職種，職務内容，もしくは勤務場所（勤務地）を同一企業内で変更する人事異動である。同一企業内の人事異動でも，短期間の異動である出張等は，配転ではない。配転のうち勤務場所の変更を転勤という。

　配転をめぐっては，第１に，使用者が配転命令権を有しているか否かが問題となり（配転命令権の法的根拠），第２に，配転命令権が認められれば，配転命令権行使の次元で権利濫用と評価されないかが問題となる。初期の裁判例のなかには，労働者の個別同意がないため，配転をなしえないとするものもあったが，その後，就業規則等に配転命令条項があれば，使用者は配転命令権を有するとの判断がしだいに増え，最高裁も，東亜ペイント事件・最二小判昭和61．7．14労判477号６頁においてこうした立場を採用した。こうした判例法理が定着した背景には，定年まで雇用保障をする代わりに使用者の人事権限を広範に認め，頻繁に人事異動を行ってきた日本的雇用慣行の存在がある。また，勤務地や職種の限定合意を広範に認めれば，使用者が解雇を回避するための選択肢が狭まり，解雇を誘発するおそれがあることも考慮されたといえる。

　このように配転命令権は，就業規則等の配転命令条項に基づき容易に認められることが多いため，配転をめぐる裁判の焦点は，配転命令権の濫用判断に移っていったが，配転命令を行う業務上の必要性が乏しい場合や労働者の不利益性が相当大きい場合でも，権利濫用と判断されることは少なかった。しかし，近年は，育児介護に関する配慮など使用者の配慮義務の履行状況を考慮し，権利濫用を認定することもあり，配転をめぐる裁判は新しい動きをみせつつある。これは，ワーク・ライフ・バランス（仕事と生活の調和）といった法理念が，育児介護休業法の制定，改正などを通じて明確になったことの影響があったとみることができる。

2 配転命令権の法的根拠

1 学説と判例

　配転命令権の法的根拠については，包括的合意説，労働契約説，特約説などの学説が存在する。包括的合意説は，労働契約は，労働者が具体的労働の給付を約するのではなく，労働力の使用を包括的に使用者に委ねる内容を持っていると考え，労働の種類・態様・場所が特に合意されていない限り，その個別的決定の権限は使用者に委ねられているとする見解である。また，労働契約説は，職務内容・勤務場所は重要な労働条件であり，労働契約において両当事者が合意すべきとする見解であるが，一定の包括的な合意でも足りるとする立場もありうる。さらに，特約説は，使用者が労働者に対して配転を命じうるのは，労働者が使用者に職務内容・勤務場所の決定・変更を委ねる旨の特約がある場合に限る見解である。特約説を徹底させた見解として配転命令権否認説があるが，この見解によれば，配転はあらゆる意味で契約内容の変更の申込みに当たり，労働者の個別同意がない限り許されないことになる。

　これに対し，転勤命令権の法的根拠について，前掲・東亜ペイント事件・最二小判は，使用者は「個別的同意なしに……勤務場所を決定し，これに転勤を命じて労務の提供を求める権限を有する」と判断した。また，最高裁は，職種の変更についても，日産自動車村山工場事件・最一小判平成元.12.7労判554号6頁において，職種を特定する特段の合意がない限り，就業規則等における配転命令条項に基づいて配転命令権が成立するという立場を採用している。

> **判例 5-1**
> **東亜ペイント事件** 最二小判昭和61.7.14労判477号6頁
>
> > 【事実の概要】
> > 　神戸営業所に勤務していたXは，広島営業所への転勤を内示され，これを拒否したところ，今度は名古屋営業所への転勤命令が発令されたが，これに応じなかった。Xは，高齢の母親（71歳），保母をしている配偶者，幼い子ども（2歳）とともに大阪府堺市内に居住していたため，家族との別居を余儀なくされるから

である。しかし，会社Ｙは転勤命令の拒否を理由として懲戒解雇を行った。原審（大阪高判昭和59．8．21労判477号15頁）は，本件転勤命令について，当該労働者でなければならない事情がなく，Ｘに相当の負担を強いることから，権利の濫用であるとして，従業員としての地位確認等を認めていた。

【判旨】
　破棄差戻し。「労働協約及び就業規則には，Ｙは業務上の都合により従業員に転勤を命ずることができる旨の定めがあり，現にＹでは，全国に十数か所の営業所等を置き，その間において従業員，特に営業担当者の転勤を頻繁に行っており，Ｘは大学卒業資格の営業担当者としてＹに入社したもので，両社の間で労働契約が成立した際にも勤務地を大阪に限定する旨の合意はなされなかったという……事情の下においては，Ｙは個別的同意なしにＸ……に転勤を命じて労務の提供を求める権限を有するものというべきである。」
　「当該転勤命令につき業務上の必要性が存しない場合又は業務上の必要性が存する場合であっても，当該転勤命令が他の不当な動機・目的をもってなされたものであるとき若しくは労働者に対し通常甘受すべき程度を著しく超える不利益を負わせるものであるとき等，特段の事情の存する場合でない限りは，当該転勤命令は権利の濫用になるものではないというべきである。」
　「右の業務上の必要性についても，当該転勤先への異動が余人をもっては容易に替え難いといった高度の必要性に限定することは相当でなく，労働力の適正配置，業務の能率増進，労働者の能力開発，勤務意欲の高揚，業務運営の円滑化など企業の合理的運営に寄与する点が認められる限りは，業務上の必要性の存在を肯定すべきである。」
　「Ｘの家族状況に照らすと，名古屋営業所への転勤がＸに与える家庭生活上の不利益は，転勤に伴い通常甘受すべき程度のものというべきである。」

2　配転命令権と労働契約法

　こうした判例の特徴は，就業規則等の配転命令条項を重視したことにある。したがって，労契法制定後は，就業規則の配転条項の合理性と周知性（7条・10条）のみを問題として，配転命令権の存否を認めるという考え方も成り立ちうる。しかし，最高裁は，東亜ペイント事件において，就業規則条項以外に，会社内で転勤が頻繁に行われていること，大学卒業資格の営業担当者として入社したことおよび勤務地を限定する旨の合意がないといった事情も併せ考慮して，配転命令権を認定している。すなわち，労契法制定以前の判例は，配転命

令条項が合理的であるか否かを審査してきたのではなく，就業規則条項なども考慮して「当事者の合理的意思」を解釈していたと解することもできるのである。後者の立場を重視するのであれば，こうした諸事情を労契法上の合理性（7条・10条）審査をする際に考慮することが求められることになる。

3 勤務地や職種の限定合意の有無

　判例は，勤務地や職務内容が労働契約上特定されている場合，配転命令権は及ばないとの立場を採用している（前掲・東亜ペイント事件）。裁判例のなかには，職種等の合意がある場合でも，配転命令権をひとまず肯定する例もあるが（東京海上日動火災保険事件・東京地判平成19．3．26労判941号33頁など），これは妥当ではない。使用者と労働者が勤務地や職種を限定することに合意していた場合，就業規則等の配転条項が及ぶ余地はなく，使用者は，労働者の同意を得ない限り，労働者を配転することはできないからである。これは，現在では，一方的変更権限を定めた就業規則条項よりも，個別の特約が優先することを定めた労契法7条但書や10条但書に明示されている。

　このように特約が優先するとしても，日本では，勤務地や職種を限定する明示的な合意を交わさずに労働契約を締結することが多い。このため，勤務地等について黙示合意の成立が認められるか否かが重要な論点となる。

　この点について，日産自動車村山工場事件・東京高判昭和62．12．24労判512号66頁は，10数年から20数年間ほぼ継続して機械工として就労していたケースでも，「右事実のみから直ちに……機械工以外の職種には一切就かせないという趣旨の職種限定の合意が明示又は黙示に成立したとまでは認めることができない」とし，前掲・日産自動車村山工場事件・最一小判もこれを維持した。また，放送局のアナウンサー募集に応じて採用され，24年間アナウンサーとして勤務した場合でも，「アナウンサー以外の職種には一切就かせない」という趣旨の合意が成立したとは認めないという判断も下されている（九州朝日放送事件・福岡高判平成8．7．30労判757号21頁，同事件・最一小判平成10．9．10労判757号20頁）。

こうした先例の影響もあり，勤務地あるいは職種の限定合意が裁判で認められることは少ない。しかし，近年は，裁判例の動向に変化もみられる。たとえば，労働者が転勤できない旨明示して雇用契約の申込みをしたのに対し，使用者がこれに何らの留保を付することなく現地採用していた場合（新日本通信事件・大阪地判平成9．3．24労判715号42頁）や，採用時に家族状況を理由として関西地区以外の勤務に難色を示していたことを使用者が了承したうえで，調理師資格を有する管理職候補として現地採用（中途採用）していた場合（日本レストランシステム事件・大阪高判平成17．1．25労判890号27頁）には，勤務地限定の合意が認定されている。また，勤務地や職種の限定合意を明確に認めなかったとしても，後述する配転命令の権利濫用性を審査する際，職種がある程度特定されてきたことを考慮し，異動の必要性がないと判断して，権利濫用を認める例もあらわれている（帯広厚生病院事件・釧路地帯広支判平成9．3．24労判731号75頁，Ｘ社事件・東京地判平成22．2．8労経速2067号21頁など）。

4 権利濫用の判断基準

1 権利濫用該当事由

最高裁は，配転命令権（特に問題になってきたのは転勤命令権）の権利濫用が認められる特段の事情として，①当該配転命令に業務上の必要性がない場合，②または業務上の必要性がある場合でも，当該配転命令が他の不当な動機・目的を持ってなされたものであるとき，もしくは③労働者に対し通常甘受すべき程度を著しく超える不利益を負わせるものであるときをあげてきた（前掲・東亜ペイント事件）。

2 業務上の必要性

前掲・東亜ペイント事件の原審である大阪高判昭和59．8．21労判477号15頁は，他の従業員を転勤の対象とすることもできたため，余人をもって容易に替え難いほどの必要性がない限り転勤命令できないと判断した。これに対し，最高裁は，「転勤先への異動が余人をもっては容易に替え難いといった高度の必

要性に限定することは相当でなく，労働力の適正配置，業務の能率増進，労働者の能力開発，勤務意欲の高揚，業務運営の円滑化など企業の合理的運営に寄与する点が認められる限りは，業務上の必要性の存在を肯定すべきである」とした。この結果，配転命令の権利濫用を判断する際に求められる業務上の必要性は，ローテーション人事の一環として行われるなど，わずかな必要性しか認められない事案でも権利濫用としない傾向が強まった。しかし，その後の裁判例のなかには，転勤を行う業務上の必要性が乏しければ，次に述べる他の不当な動機・目的が存したことを裏づけると判断するなど，他の権利濫用事由の判断においてこうした事情を重視する例もある（直源会相模原南病院事件・東京高判平成10.12.10労判761号118頁〔最二小決平成11.6.11労判773号20頁で確定〕など）。

3 不当な動機・目的

配転が，何らかの差別目的や報復目的で行われる場合，労組法7条（労働組合所属等を理由とする差別の禁止）などの差別禁止規定に該当しなくとも，東亜ペイント事件で示された「他の不当な動機・目的」に該当すると判断される。この場合も，配転命令権の行使は，権利濫用に当たり，無効となる。

4 通常甘受すべき程度を著しく超える不利益

前掲・東亜ペイント事件は，転勤した場合，単身赴任せざるをえないという事情が存したにもかかわらず，「通常甘受すべき程度を著しく超える不利益」を認めていない。裁判例は，古くから，転勤に伴う不利益性を否定し，権利濫用を認めない傾向が強いのである。たとえば，妻の妊娠中の配転（川崎炉材事件・大阪高判昭和51.11.26労判266号27頁など），新居購入直後の配転（日新化学研究所事件・大阪地決昭和57.11.19労判401号36頁など），単身赴任（帝国臓器製薬事件・東京高判平成8.5.29労判694号29頁〔最二小判平成11.9.17労判768号16頁で維持〕），片道1時間45分を要する勤務地への配転（ケンウッド事件・最三小判平成12.1.28労判774号7頁）なども権利濫用でないと判断されている。

しかし，最近の裁判例のなかには，「通常甘受すべき程度を著しく超える不利益」であると認めた例もある。たとえば，子ども2人が病気で，両親も体調

不良である場合（北海道コカ・コーラボトリング事件・札幌地決平成9.7.23労判723号62頁）や，共働きで，子ども2人が病気のため週2回の通院をしている場合（明治図書出版事件・東京地決平成14.12.27労判861号69頁）に，使用者が遠隔地配転を命じたときである。こうしたケースにおいては，子どもへの介護の必要があったという事情が重視されている。2001（平成13）年の育児介護休業法（育介法）改正によって転勤の際の配慮規定（26条）が明記されたが，使用者がこの配慮を怠れば，配転命令権の権利濫用性を判断する際に考慮されると解されているのである（ネスレ日本事件・神戸地姫路支判平成17.5.9労判895号5頁，同〔控訴〕事件・大阪高判平成18.4.14労判915号60頁）。

また，結論的には権利濫用でないと判断されているが，使用者は単身赴任をもたらす転勤に際し，信義則上，労働者の不利益を軽減する措置をとるよう配慮する義務（不利益軽減措置義務）があると判示するものもある（前掲・帝国臓器製薬事件・東京高判〔結論的には手当を支給したことによってこの配慮義務を尽くしたと判断〕）。そして，配転が本人およびその家族に相当な不利益を強いるものである場合，配転が必要とされる理由，配転先における勤務形態や処遇内容，配転前の勤務地への復帰の予定等について，詳細な説明を尽くすべき義務（前掲・ネスレ日本事件など）や，労働者本人の健康に配慮する義務（損害保険リサーチ事件・旭川地決平成6.5.10労判675号72頁）を使用者が負うと判示する例もあり，近年は，配転命令権の行使に当たり，使用者に信義則上の配慮義務を課す傾向が強まっている。

判例5-2

北海道コカ・コーラボトリング事件 札幌地決平成9.7.23労判723号62頁

【事実の概要】
　会社Yは，経営合理化の一環として，工場の統合を機に人員配置を行うこととし，Yの従業員Xを含む数名が転勤を内示された。Xは転勤命令を拒否し続けると，重大な不利益を被るおそれがあると判断し，単身赴任した。Xは妻，長女，二女と同居し，隣接地で生活する両親の面倒をみてきたところ，長女は躁うつ病で治療を続け，二女は脳炎による後遺症があったため，Xが面倒をみなければならなかった。このため，Xは，配転の無効を求めて提訴した。

【判旨】

Xの「長女については,躁うつ病(疑い)により同一病院で経過観察することが望ましい状態にあり,二女については脳炎の後遺症によって精神運動発達遅延の状況にあり,定期的にフォローすることが必要な状態であるうえ,隣接地に居住する両親の体調がいずれも不良であって稼業の農業を十分に営むことができないため,Xが実質上面倒をみている状態にあることからすると,Xが一家で札幌市に転居することは困難であり,また,Xが単身赴任することは,Xの妻が,長女や二女のみならずXの両親の面倒までを一人で見なければならなくなることを意味し,Xの妻に過重な負担を課すことになり,単身赴任のため,種々の方策がとられているとはいえ,これまた困難であると認められる」。

Yは,「Xの転勤を避けることも十分可能であったと認められるから,Yは,異動対象者の人選を誤ったといわざるをえず,Xを札幌へ異動させることは,Xに対し通常甘受すべき程度を著しく超える不利益を負わせるものであるというべきである」。

判例 5-3

ネスレ日本事件 大阪高判平成18.4.14労判915号60頁

【事実の概要】

Xは,Yの姫路工場で現地採用され,30年勤務してきた。Yは,霞ヶ浦工場への転勤を命じたが,妻が精神病を抱えていたうえ,実母が要介護度2と認定を受け,介護が必要であったため,転勤命令を拒否した。原審(神戸地姫路支判平成17.5.9労判895号5頁)は,当該配転命令は権利の濫用であると判断していた。Yが控訴。

【判旨】

育介法26条の「配慮の有無程度は,配転命令を受けた労働者の不利益が,通常甘受すべき程度を著しく超えるか否か,配転命令権の行使が権利の濫用となるかどうかの判断に影響を与えるということはできる」。

労働者の「不利益が通常甘受すべき程度を超える否かについては,その配転の必要性の程度,配転を避ける可能性の程度,労働者が受ける不利益の程度,使用者がなした配慮及びその程度等の諸事情を総合的に検討して判断する」。

5 ワーク・ライフ・バランスの原則と配転法理

判例は,育介法26条など,使用者の配慮義務の懈怠を認定できる限定的なケー

スに限り，配転命令権の濫用を認めてきた。しかし，配転命令権を原則として認め，例外的に権利濫用を認めるという考え方は，労働法の重要な法理念となりつつあるワーク・ライフ・バランス（仕事と生活の調和）の考慮原則（労契3条3項）に反する。勤務地や職種は中核的な労働条件であり，本来は労働契約当事者の合意に基づいて決定されるものであり，使用者は，できる限り，労働者の承諾を得て配転すべきだからである。こうした法理が定着するか否かは，日本の雇用社会像，特に正社員労働者像の転換という大きな課題と関係している。

5 配転をめぐるその他の論点

1 降格を伴う配転

資格等級を引き下げる降格については，就業規則等の特別の根拠規定を要する（アーク証券〔仮処分〕事件・東京地決平成8.12.11労判711号57頁など）。また，降格を伴う配転により大幅に賃金が減額される場合，賃金減額の程度は配転命令権の濫用判断において考慮されると解されている（日本ガイダント仙台営業所事件・仙台地決平成14.11.14労判842号56頁〔大幅な賃金減額を伴う降格の違法性を認める判断〕）。

2 懲戒解雇の有効性

使用者は，配転命令を拒否した労働者を，業務命令違反を理由に懲戒解雇することが多いが，配転命令権の行使が適法と判断された場合でも，懲戒解雇は権利の濫用（労契15条・16条）と判断されることもある。たとえば，使用者が配転に伴う損失に関する情報を十分に提供していなかった場合に，懲戒解雇の有効性が否定されたことがある（メレスグリオ事件・東京高判平成12.11.29労判799号17頁）。

3 不当配転と損害賠償責任

配転命令権が濫用に当たると判断された場合，労働者は慰謝料等の損害賠償

請求をすることもできる（NTT東日本〔北海道配転〕事件・札幌高判平成21.3.26労判982号44頁〔介護負担の重い1名のみ150万円〕，NTT西日本〔大阪・名古屋配転〕事件・大阪高判平成21.1.15労判977号5頁〔17名に総額900万円。最三小決平成21.12.8判例集未登載で確定〕）。嫌がらせの要素を伴う降格的な配転についても，人格権の侵害を理由にして慰謝料請求（100万円）が認容されている（バンク・オブ・アメリカ・イリノイ事件・東京地判平成7.12.4労判685号17頁）。

4　雇用機会均等法の間接差別禁止規定

2006（平成18）年に改正され，2007（平成19）年4月から施行された雇用機会均等法において，間接性差別の規定（7条）が導入された。同法施行規則2条によれば，①労働者の身長，体重または体力に関する事由を募集，採用の要件とすること，②コース別雇用管理において住居の移転を伴う配転に応じることを要件とすること，③労働者の昇進につき，配転経験を要件とすることが間接性差別になると定められており，②と③は配転に関係する。雇用機会均等法7条は，配転の違法性あるいは配転に係る法律行為の無効を導く根拠規定にもなりうるのである。

6章 出向・転籍

出向・転籍

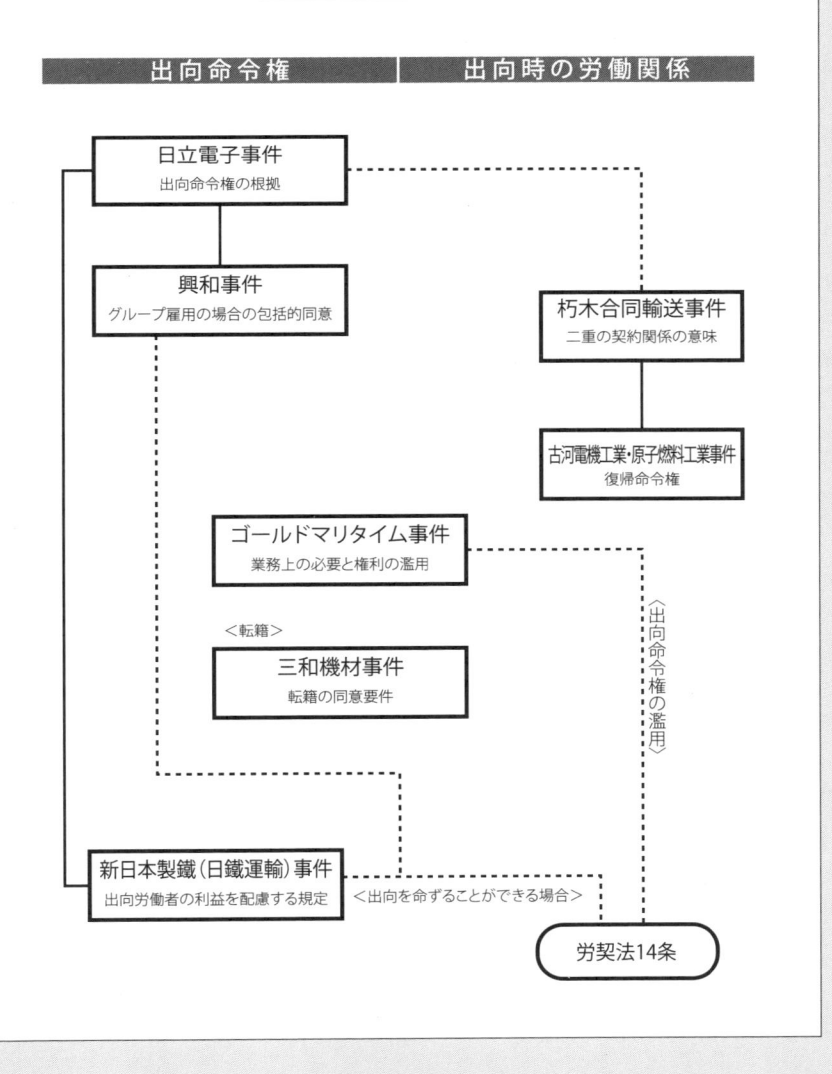

| 出向命令権 | 出向時の労働関係 |

日立電子事件
出向命令権の根拠

興和事件
グループ雇用の場合の包括的同意

朽木合同輸送事件
二重の契約関係の意味

古河電機工業・原子燃料工業事件
復帰命令権

ゴールドマリタイム事件
業務上の必要と権利の濫用

〈転籍〉

三和機材事件
転籍の同意要件

〈出向命令権の濫用〉

新日本製鐵(日鐵運輸)事件
出向労働者の利益を配慮する規定

〈出向を命ずることができる場合〉

労契法14条

1 出向・転籍の法律問題

1 出向とは？転籍とは？

わが国で発達した雇用慣行の一つに，出向がある。これは，元の企業での雇用関係を維持したまま，別の企業でその使用者による指揮命令を受けながら，ある程度長期にわたり勤務するという形態をいうものである。当初は管理職や技術職の派遣などを目的とすることが多かったが，現在はグループ企業内部での会社間人事異動，分社化による労働者の異動，あるいは合理化目的の子会社勤務など，多様な目的で実施される。

一方，転籍は，元の企業での雇用関係を終了させて，別企業で労働契約を締結させるものをいう。これは，事業譲渡により分社化した場合に，譲渡先会社に労働者を移籍させる場合などに実施される。ただ，一部の転籍では，元の企業との関係が完全に断ち切られるのではなく，一定の条件で元の企業に復帰が約束されている場合もある。

このように，出向（在籍出向ともいわれる）と転籍（移籍ともいわれる）は，いずれも広い意味では一種の人事異動といえるが，新しい使用者の下で勤務させるという，本来の労働契約の枠組を超えた異動である。ただ，分社化や事業譲渡などの企業再編が進行するにつれ，いっそう頻繁に利用される状況にある。

2 判例にあらわれた主要論点の発展

(a) 出　　向

出向は，頻繁に実施される雇用慣行であるだけに，判例でも初期の頃から多様な局面について論議が積み重ねられてきた。第1の論点は，使用者は労働者に対して，出向を命じることができるのか，命じうるとしたらいかなる根拠に基づくかという「出向命令権」の問題であった。この問題は，後掲の昭和41年日立電子事件が理論上の出発点であるが，その後も重要な判例の発展を遂げている。第2に，使用者に出向命令権が存在する場合にも，なお「出向命令権の濫用」の成否が問題となるが，これは2007（平成19）年に制定された労働契約

法14条の定めに基づき，今後は重要度を増してくる論点であるが，これも判例法理を前提とするものである。第3に，出向をめぐる，労働者，出向元会社，出向先会社の「三者間の契約関係」も，事案に応じて重要な課題となる。理論的に十分解明されていない分野であるが，出向の本質を考えるうえで重要である。

(b) 転　籍

出向に比べると，転籍についての判例の考え方は，一貫したものがある。これについては，判例の基本的な考え方を理解しておきたい。

以下，これらの論点について，判例の流れを順次検討する。

2 出向命令権

1 原則：「当該労働者の承諾その他これを法律上正当づける特段の根拠」

使用者は，労働契約に基づき労働者を雇用しているのであるから，これと異なる第三者のためにその指揮命令を受けて勤務を命じることはできない。昭和41年の日立電子事件判決は，このような労働契約における人的関係，および民法625条に示された労働契約の一身専属的な特質から，「当該労働者の承諾その他これを法律上正当づける特段の根拠なくして」労働者に出向を命じることはできない旨判断した。また，就業規則に出向に関する定めがあるとしても，それが直接に出向義務を定めるものではなく，休職事由の一つとして定められている限りは，就業規則により出向義務が創設されたとはいえないとした。

判例 6-1

日立電子事件 東京地判昭和41．3．31労民集17巻2号368頁

【事実の概要】

XはYに技術者として雇用されていたところ，福岡市にある同系列A会社の九州営業所に出向させる旨の内示を受けた。そこで，Xは，同命令が不当労働行為に当たるとして，地位保全仮処分を申請した。Yは，同仮処分の裁判結果が出るまで出向命令を延期してほしい旨のXの要求を容れたが，その後仮処分申請が却下されるや，Xを業務命令違反を理由に懲戒解雇処分に処した。そこで，X

は，遠隔地の別会社で営業職で勤務することは，契約内容を変更するものであること等を理由に，懲戒解雇の無効を主張して訴えを提起した。なお，Yの就業規則には，「社員を社命により社外の業務に専従させた場合は専従期間休職させる」旨の規定があった。

【判旨】

「労働力の処分利用を目的とする雇傭契約は，……目的たる給付の性質上使用者と労務者との間における命令服従の人的関係をその基盤とするものであつて，右契約の特質に鑑みれば，労務者は別段の特約がない限り当該使用者の指揮命令下において使用者のためにのみ労務提供の義務を負担し，使用者が労務者に求め得るところも自己の指揮命令下に自己のためにする労務の給付にとどまるものと解するのが相当であり，民法625条が使用者の第三者への権利譲渡，労務者の第三者による労務提供につきいずれも相手方の承諾を要する旨規定した趣旨も，上述したような労務給付義務（又はこれに対応する権利）の一身専属的な特質を考慮したものといえる。……［また，労基法15条，労基則5条］の精神からいっても，使用者は労働契約に際し明示した労働条件の範囲を超えて当該労働者の労働力の自由奔恣な使用を許すものではなく，当該労働者の承諾その他これを法律上正当づける特段の根拠なくして労働者を第三者のために第三者の指揮下において労務に服させることは許されないものというべきである。」

「仮に就業規則に契約変更の効力を認める見解をとるとしても，その根拠規定は規則上明白なものであることを要するものというべく，出向義務に関する直接規定もなしに休職事由の規定中……不明確な定めがあるからといつて，就業規則上出向義務を創設したものと解することはとうてい困難である。」

2 何が「特段の根拠」となりうるか

このように，使用者が労働者を出向させるには，その承諾または同意が必要であるというのが原則であるが，例外的に，「その他これを法律上正当づける特段の根拠」により使用者は当該労働者の個別同意がなくても出向を命じうると解しうる。この「特段の根拠」は，どのような場合に認められるだろうか。

(a) 就業規則の定め

かつての裁判例では，就業規則に「従業員は正当な理由なしに転勤，出向または職場の変更を拒んではならない」旨の規定があるときに，「右規定に基づき個別的同意を必要とすることなく，出向・配転を命ずることができる」旨判断するものがみられた（日本ステンレス・日ス梱包事件・新潟地高田支判昭和61.10.

31労判485号43頁）。ただ，同判示は，出向先が完全子会社，本店が同一場所，指揮監督・人事権も親会社と同一，賃金，労働時間も同一という実態の下で，「実質的には出向労働者の給付すべき義務の内容の変更は配転の場合と特段の差違を生じない」ことを前提とした解釈と読むことができる。このように，出向先やそこでの労働条件が明らかで，大きな変更がないという前提の下で，出向を命じる就業規則の定めをもって，「特段の根拠」に当たると解するいくつかの裁判例がある（川崎製鉄事件・大阪高判平成12．7．27労判792号70頁など）。

そうした前提がない場合，使用者は本来的に出向命令権を有していないのであるから，そのような定め自体は「合理的な労働条件」とはいえず（労契7条），労働契約の内容として労働者を拘束するとする判断は慎重であるべきであろう。

(b) グループ雇用の場合の「包括的同意」

グループ企業において，人事そのものが「一括求人・採用方式」がとられており，さらに採用時にその旨の説明がなされ，労働者が同意していたときには，採用時になされた暗黙の「包括的同意」であっても，労働者の同意と認められる。これを明らかにしたのが，昭和55年の興和事件であり，出向がグループ企業内で実施されることとが多いだけに，実務上重要な意義を持つ。

 判例6－2

興和事件 名古屋地判昭和55．3．26労判342号61頁

【事実の概要】
　Y会社は，20数社の関連会社が形成している通称「コーワ・グループ」の中核3社の一つであり，これらの本店は同一の場所にあり，その業務は実質的に一体として行われている。また就業規則をはじめとする3社の各諸規則のほとんどが3社共通に作成適用され，3社の従業員は，3社間を異動してもその労働条件において大部分が共通である。また3社は，「一括求人・採用方式」をとり，3社を同一の経営体とみてY会社の人事部が主体になって同一基準で求人，選考，採用を行い配属を決める方式をとっていた。この方式は，求人の際に応募者に対しても明示されて，Xも，入社時にその説明を受け，当初いずれの事業所に配属されるかわからないが，勤務先が当初の事業所に特定されるわけではなく，会社の他の事業所あるいは，他の2社に転勤を命ぜられるかもしれない旨説明され，

Xはこれに対し、よくわかったと返事した。ところが、Xは、採用の約5年後に、3社のうちの別会社の大阪支店勤務を命じる旨の内示を受けたため、同命令の効力を仮に停止する仮処分申請をした。

【判旨】
「Xは採用の際に会社の出向制度を理解し、将来における興和新薬等への出向について予め包括的同意を会社に与えたものということができる。」

「3社の実質的一体性が高度であり、実質上同一企業の1事業部門として機能していて、いわゆる親子会社における関係以上に密接不可分の関係にあること、又統一的な人事部門によりほぼ統一的な人事労務管理がなされ、従前3社間の人事異動は、転勤とみなされていた実態等があること、このような実態を背景として、Xは、細部にわたって詳細にとは云えないまでも、右の基本的構造を、採用時に説明を受け、これを了承して入社したものと認められるから、右Xの採用時の右包括的同意に基づき使用者たる会社は、Xに関する将来の他の2社のうちのいずれかへの出向を命ずる権限を取得したものといわねばならない。」

「労働者の出向を拒む利益、即ち契約における当初の使用者のもとで労務に服する利益を、一身専属的なものとみて、これを放棄または他に委ねるには、当該権利者の同意を必要とするという趣旨に解するならば、それは真に同意に価するものである限り、明示とか個別的なものに限る理由なく、暗黙或いは包括的態様のものでも足ると解すべきである。」

(c) 「出向労働者の利益を配慮した詳細な規定」による出向

さらに最高裁は、いわゆる業務のアウトソーシングに伴い同業務に従事していた労働者に出向を命じる場合に、労働協約である社外勤務協定に「出向労働者の利益を配慮した詳細な規定」が設けられている事情を考慮して、個別同意なしに出向を命じうるものと判断している。

> 判例 6-3

新日本製鐵（日鐵運輸）事件 最二小判平成15.4.18労判847号14頁

【事実の概要】
Xらは、製鉄業を営むY会社の従業員であって、製鉄所の鉄道輸送部門の職務に従事しており、また従業員で組織するA労組の組合員であった。Yの就業規則には、「会社は従業員に対し業務上の都合によって社外勤務を命じることがある」旨の規定があり、またXらに適用される労働協約である「社外勤務規定」において、詳細な規定が設けられていた。Yは、製鉄所の鉄道輸送部門の一定の

業務を協力会社である訴外B運輸に業務委託することを決定し，これに伴い委託される業務に従事していたXらに在籍出向を命じた。Xらは不同意のままBに赴任し，本件出向命令の効力を争った。

【判旨】

「原審の適法に確定した事実関係等によれば，(1)本件各出向命令は，Yが八幡製鐵所の構内輸送業務のうち鉄道輸送部門の一定の業務を協力会社であるB社に業務委託することに伴い，委託される業務に従事していたXらにいわゆる在籍出向を命ずるものであること，(2)Xらの入社時及び本件各出向命令発令時のYの就業規則には，『会社は従業員に対し業務上の必要によって社外勤務をさせることがある。』という規定があること，(3)Xらに適用される労働協約にも社外勤務条項として同旨の規定があり，労働協約である社外勤務協定において，社外勤務の定義，出向期間，出向中の社員の地位，賃金，退職金，各種の出向手当，昇格・昇給等の査定その他処遇等に関して出向労働者の利益に配慮した詳細な規定が設けられていること，という事情がある。

以上のような事情の下においては，Yは，Xらに対し，その個別的同意なしに，Yの従業員としての地位を維持しながら出向先である日鐵運輸においてその指揮監督の下に労務を提供することを命ずる本件各出向命令を発令することができるというべきである。」

(d) まとめ

以上の傾向を総括すると，判例が「特段の根拠」ありとして，労働者の個別同意がなくして出向命令権を認めているのは，出向が詳細な規定に基づいている場合やグループ会社間異動である場合など，出向命令に応じても労働条件や将来の雇用上の地位などに大きな変化がなく，または予測可能なときに限られる。これとは逆に，出向先の実情や，出向後の労働条件・雇用上のキャリアが不明であるときには，出向命令権に関する就業規則の定めがあっても，労働者の個別同意が条件となる。

3 出向命令権の濫用

1 労契法14条

使用者が出向命令権を有する場合でも，「当該出向の命令が，その必要性，対象労働者の選定に係る事情その他の事情に照らして，その権利を濫用したも

のと認められる場合には，当該命令は，無効とする」(労契14条)。すなわち，*2*でみた条件を満たして，使用者が出向命令権を有する場合でもなお，その必要性や人選上の合理性を欠くときには，出向命令権の濫用として無効となることがある。

2 業務上の必要性・人選上の合理性

出向命令権の濫用という考え方は，労契法14条の制定（平成17年）に先立つ，平成2年のゴールド・マリタイム事件大阪高判において明らかにされている。

判例6-4

ゴールド・マリタイム事件 大阪高判平成2．7．26労判572号114頁

【事実の概要】
　XはY会社の管理責任者の地位にあったが，Yは，Xがしばしば無断早退や職場離脱があり管理者としての責任を全うしてないとして，懲戒解雇処分に処した。しかし，この解雇について，裁判所で地位保全仮処分申請が認容されると，YはXを職場に復帰させ配置を検討した。しかし，各部署で受け入れを拒否されたため，XをYの下請け先であるA社に出向させることとした。しかし，Xは，この出向に撤回を求め，面談においても承諾をしなかった。そこで，YはXが出向先に着任しなかったことを理由に解雇の意思表示をした。

【判旨】
　「Yのなした本件出向命令には，その業務上の必要性，人選上の合理性があるとは到底認められず，むしろ，協調性を欠き勤務態度が不良で管理職としての適性を欠くと認識していたXを，出向という手段を利用してYの職場から放逐しようとしたものと推認せざるを得ない。」
　「そうすると，本件出向命令は業務上の必要があってなされたものではなく，権利の濫用に当たり，同命令は無効というべきである。」

4 出向労働関係

1 三者間の契約関係

　出向期間中には，出向元会社，出向先会社および労働者の三者間で，一定の

契約関係が形成されている。まず，出向労働者は出向元会社との雇用関係（＝労働契約関係）を維持しているのが前提である（その点で，転籍と区別される）。次に，出向元会社と出向先会社との間には，労働者の出向をめぐる取決めがなされ（出向契約），出向期間，賃金等の労働条件，勤務内容や処遇等が決定されている。そこで問題は，労働者と出向先会社との関係であり，そこに労働契約が存在するのか，存在するとしてもどのような内容の契約なのか，争点とされてきた。

なお，労働者派遣法では，労働者派遣の意義として，派遣先に「雇用させることを約してするものを含まない」と定めており（同法2条1号），派遣の場合に派遣先と労働契約があってはならないことは定義上明らかである。しかし，だからといって，出向の場合に必ず出向先との間に労働契約が存在しなければならないことにはならない。

また，出向労働者の労働契約が単純に「二重の労働契約」であると解することにも，疑問の余地がある。この点につき，労働者の出向先会社との関係を，「出向労働関係」と称し，これを出向元との「基本的在籍関係」を前提として成立する関係と判示して注目されたのが，栃木合同輸送事件である。

判例6-5

栃木合同輸送事件 名古屋地判昭和56.12.25労判380号43頁，名古屋高判昭和62.4.27労判498号36頁

【事実の概要】
XはA海運会社に雇用されて艀船員として勤務していたが，その後Y会社に在籍出向し，Yの指揮監督の下で労働に従事していた。Xは，名古屋港の海運会社に勤務する労働者によって結成されたZ労働組合に加入していたところ，同組合を脱退して全国組織のB組合に加入ししたため，ユニオン・ショップ協定に基づきA会社により解雇された。そこで，Xが解雇の効力を争ってYにおける労働契約上の地位の確認を求めて訴えを提起した。

【判旨】
「以上によるとXはA海運との間ではXを労働者，A海運を使用者とする労働契約締結の当事者としての関係（基本的在籍関係），Yとの間ではXを出向労働者，Yを右出向労働者に対し労務指揮をし賃金支払をする者とする出向労働に

おける指揮従属の関係（出向労働関係）が複合的に成立し，右出向労働関係は基本的在籍関係を前提として成立する関係にあつたとみるのが相当である。

Xは出向労働関係成立後Yとの間で労働契約が成立したと主張するが同事実を認定するに足る証拠はない。

……Xは出向後被告の指揮監督を受けて艀船員としてYに対し労務を提供し，Yから右労務提供の対価として賃金を受けてきた事実が認められるが，これらは出向労働関係の内容をなすものであり，右事実があるからといつてXとA海運との間の労働契約（基本的在籍関係）と並んでXとYとの間にも出向と同時若しくはその後に労働契約が二重に成立したものと認めることはできない。」

「Xらの本訴請求は，……XがYに対し出向労働者としての権利を有する地位にあることの確認を求め……る限度で理由がある」。

2 出向労働者の復帰

このように，出向においては，出向元の労働契約を重視し，これが出向先と労働者との関係を規定する。したがって，労働者の復帰の場合には，単に出向元との労働契約が通常の形態にもどるにとどまるから，あらためて労働者の同意を要するわけではない。

判例 6-6

古河電気工業・原子燃料工業事件 最二小判昭和60．4．5民集39巻3号675頁

【事実の概要】

Y_1会社は，同社の原子燃料部門を独立させ，訴外A社の同種部門と合併した新会社を設立した。Y_2会社としては，当座の操業に支障を生じないようにするため，Y_1とAから拠出された人的・物的施設をそのまま引き継ぎつつ有機的に統合し，かつ両社からの出向者がほぼ同数になるように人員を調整することを予定していた。また，Y_1は，Y_2が独立の企業としての基盤を持つに至るまでの間は，出向者をY_2における人員調整，適切な人員配置等の人事上の都合により自社に復帰させることがありうることを予定して従業員に出向を命じ，従業員もそのことを予定して出向に同意した。ところが，Y_1が復帰を命じたところ，Xがこれを拒否したため，Y_1はXを懲戒解雇処分に処した。そこで，Xが，Y_1およびY_2の両方に雇用関係があること，およびY_1で勤務する義務のないことの確認を求めて訴を提起した。

【判旨】
> 「出向(いわゆる在籍出向)が命じられた場合において,その後出向元が,出向先の同意を得た上,右出向関係を解消して労働者に対し復帰を命ずるについては,特段の事由のない限り,当該労働者の同意を得る必要はないものと解すべきである。けだし,右の場合における復帰命令は,指揮監督の主体を出向先から出向元へ変更するものではあるが,労働者が出向元の指揮監督の下に労務を提供するということは,もともと出向元との当初の雇用契約において合意されていた事柄であつて,在籍出向においては,……特段の事由がない限り,労働者が出向元の指揮監督の下に労務を提供するという当初の雇用契約における合意自体には何らの変容を及ぼさず,右合意の存在を前提とした上で,一時的に出向先の指揮監督の下に労務を提供する関係となつていたにすぎないものというべきであるからである。」

3 出向労働者への懲戒

　出向先会社は,出向労働者の非違行為があったとき,その就業規則に基づき,戒告や出勤停止などの懲戒処分を行うことができる。これに対して,労働者の出向元での労働契約上の地位に変更をもたらす処分(懲戒解雇等)をなしうるのは,出向元に限られよう。この点に関連して,出向労働者の出向先における上司への侮辱的言動等を理由に,①出向元 Y_1 会社が降格処分を,②派遣先 Y_2 会社が降格と出勤停止処分を,いずれも Y_1 会社の就業規則に基づき,同一日付で行ったという事案の裁判例がある(勧業不動産販売・勧業不動産事件・東京地判平成4.12.25労判650号87頁)。これについて,判決は,Y_1 は「出向元会社の立場から」処分をなしうるだけでなく,Y_2 は Y_1 社の子会社としての密接な関係,実質的な営業一部門であったこと,Y_2 は就業規則作成義務のない従業員10名未満の会社であったこと等の事情から,Y_1 社の就業規則に基づき懲戒処分をなしうると判断した。しかし,この判断は,出向元と出向先との高度の一体性を前提とするものであり,一般的に応用することは難しいであろう(懲戒処分について厳格な就業規則準拠を判断した,フジ興産事件・最二小判平成15.10.10労判861号5頁〔判例4-8〕も参照)。

5 転　籍

1 転籍における労働者の同意要件

　転籍は，労働者が元会社との労働契約を解約（辞職または労働契約の合意解約）して別会社に籍を移すものであるから，ほんらい労働者の主体的意思の発動が前提となっている。したがって，労働者の同意要件は必須であって，出向の場合のように「特段の根拠」により個別同意に代えるという例外は認められない。この同意の要件は強固であり，たとえ会社が倒産して再建計画の一環として転籍を命じたときも同様である。

判例 6-7

三和機材事件 東京地判平成 7 . 12. 25労判689号31頁

> 【事実の概要】
> 　Y会社は，倒産し，裁判所で認可された和議条件を履行中に，会社の営業部門を分離してA会社を設立し，当該部門の従業員全員を転籍させることとした。しかし，労働組合の書記長であったXのみが，転籍命令を拒否した。Yは説得を試みたが，応じないので，就業規則の懲戒事由に該当するとして，懲戒解雇した。
>
> 【判旨】
> 　「右転籍出向命令は，会社再建のための経営上の措置として必要であったということができる。しかしながら，本件転籍命令は，XとYとの間の労働契約関係を終了させ，新たにサンワマトロンとの間に労働契約関係を設定するものであるから，いかにYの再建のために業務上必要であるからといって，特段の事情のない限り，Xの意思に反してその効力が生ずる理由はなく，Xの同意があってはじめて本件転籍命令の効力が生ずるものというべきである。」

2 復帰に関して明確な定めがある転籍の場合

　転籍をした後は，転籍先との間に限り，一つの労働契約が存在することになる。しかし，移籍期間を定め，延長された場合にも復帰について明確な約束があるときには，元の会社との何らかの関係が維持されており，労働者の復帰申

出により労働関係が復活する（京都信用金庫事件・大阪高判平成12. 6. 15労判847号69頁）。

6 まとめ──出向における判例の流れ

　以上のように，出向をめぐる判例は，昭和41年の東京地裁判決である日立電子事件の，出向命令権をめぐる考え方から出発している。この判決から40年以上の期間を経過するなかで，企業活動はグローバリゼーションにより，国際化，分社化，グループ化など，大きな変容を遂げており，それに応じて会社間人事異動の実情も変化してきた。しかし，判例は，基本的には，日立電子事件の立てた原則に依拠しつつ，これを，会社間人事異動の実情にいかに適合させるかという方向で，発展を遂げてきた。

　ただ，労契法16条は，出向の問題処理について，権利濫用法理を用いることを原則としているようにも解釈できる。その意味で，同法は，判例の形成してきた出向命令権をめぐる法理を後退させ，権利濫用法理で解決を図る動きを前面に引き出す効果を持つとも考えられる。安易に権利濫用法理に依拠すべきではなく，判例法理が蓄積してきた利益調整の法理を尊重すべきであろう。

7章 解雇

解雇予告・解雇権濫用

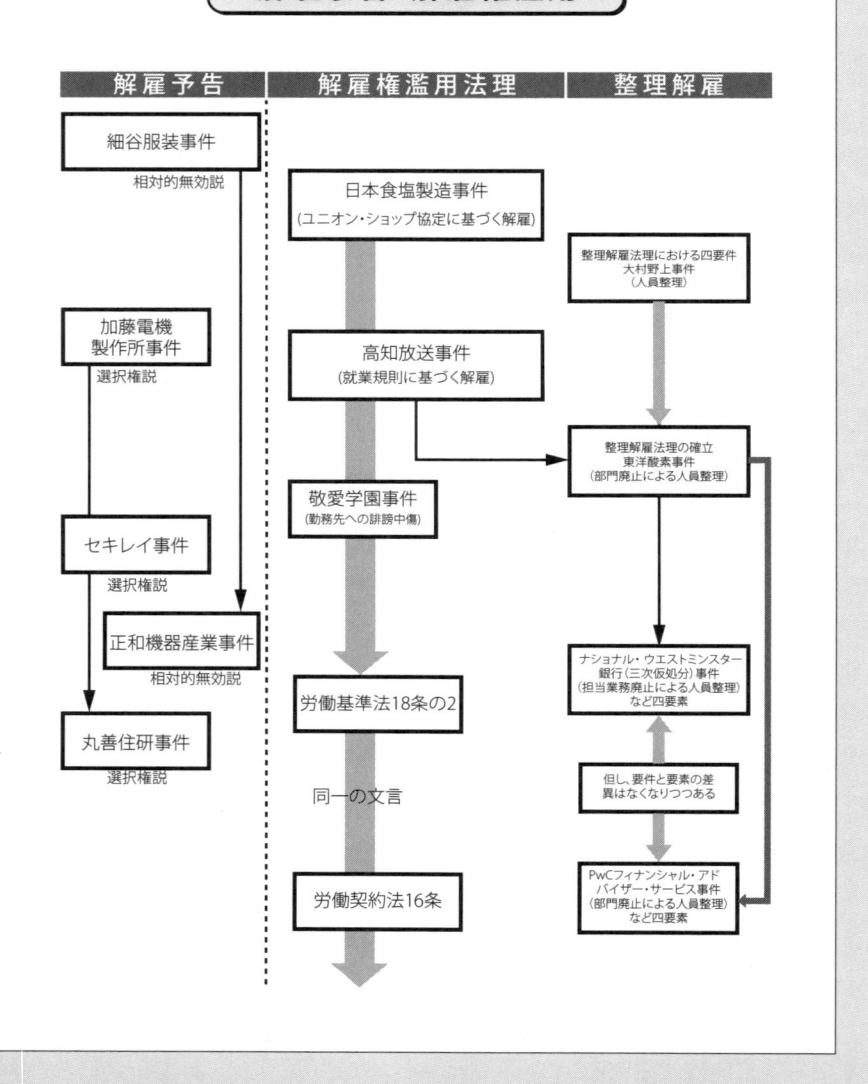

解雇予告	解雇権濫用法理	整理解雇

解雇予告
- 細谷服装事件 — 相対的無効説
- 加藤電機製作所事件 — 選択権説
- セキレイ事件 — 選択権説
- 正和機器産業事件 — 相対的無効説
- 丸善住研事件 — 選択権説

解雇権濫用法理
- 日本食塩製造事件（ユニオン・ショップ協定に基づく解雇）
- 高知放送事件（就業規則に基づく解雇）
- 敬愛学園事件（勤務先への誹謗中傷）
- 労働基準法18条の2
- 同一の文言
- 労働契約法16条

整理解雇
- 整理解雇法理における四要件　大村野上事件（人員整理）
- 整理解雇法理の確立　東洋酸素事件（部門廃止による人員整理）
- ナショナル・ウエストミンスター銀行（三次仮処分）事件（担当業務廃止による人員整理）など四要素
- 但し、要件と要素の差異はなくなりつつある
- PwCフィナンシャル・アドバイザー・サービス事件（部門廃止による人員整理）など四要素

第 7 章　解　　雇

1　解雇規制の法的意義

　解雇とは，使用者側からの労働契約の解約である。民法627条1項は，期間の定めのない労働契約は「各当事者は，いつでも解約の申入れをすることができる」と定め，労働者の「辞職の事由」とともに，使用者の「解雇の自由」を認めている。しかしながら，現実には，相対的に立場が強い使用者からの一方的な労働契約の解約は，他方当事者である労働者に生活の糧を失わせるなどの甚大な不利益を与える。のみならず，人間が労働することは，単なる労働力の売買関係以上の意義を有し，キャリア形成の場であるとともに，人間関係を結び，人格的発展を図る行為として，生活の大部分を占める領域でもある。解雇は，使用者の一方的な意思により，これらを剥奪するものである。それゆえ，労働法には，「解雇の自由」に対する一定の制約を課すという使命が課せられている。

　解雇は，特定の事由について法令上の規制（労基3条・19条1項，労組7条，均等6条・8条，育介10条・16条など）があるほか，就業規則・労働協約などの自治的規制に服することにも留意すべきである。本書では，判例法理が重要な役割を果たした，①解雇予告制度，②解雇権濫用法理，③整理解雇法理，という三つの論点について，順次検討することにしたい。とりわけ，解雇一般を規制する②の判例法理は，平成15年の労基法改正で成文化（旧労基18条の2，現在は労契16条）されるまでの間，長らく重要な役割を担ってきた。同法理が明文化された現在においても，その形成過程を知ることの重要性は，なお失われていない。労働法の多くの問題は解雇法制と深く関連しており，解雇法制の歴史的・理論的な意義を検討することは，労働法全体を理解するためにも不可欠である。

2　解雇予告制度

　使用者は，労働者を解雇しようとするときには，少なくとも30日前に解雇の

予告をしなければならない（労基20条1項）。30日前に予告をしない使用者は，30日分以上の予告手当を支払わなければならず，予告期間と予告手当とは相互に代替することができる（労基20条2項）。同条違反の私法的効果について，立法当初は解雇無効となると考えられていたようであるが（無効説），それでは同条違反について付加金を規定している114条の規定と矛盾してしまう。そこで，解雇自体は有効との見解もあるが（有効説），そうすると労基法のなかで同条のみが強行法規でなくなるとの批判がある。昭和35年の最高裁は，無効説・有効説のいずれとも異なる見解を示した。

判例7－1

細谷服装事件 最二小判昭和35．3．11民集14巻3号403頁

> 【事実の概要】
> Y会社は，その従業員であるXに対して，昭和24年8月4日，予告手当を支給することなく解雇した。Xは未払賃金と予告手当の支払いを求め，昭和25年3月に本件訴訟を提起した。地裁（横浜地判昭和26．3．19民集14巻3号412頁）と高裁（東京高判昭和29．10．30民集14巻3号414頁）は，いずれもXの請求を棄却した。そこで，Xが上告したのが本件である。
>
> 【判旨】
> 「使用者が労働基準法20条所定の予告期間をおかず，または予告手当の支払をしないで労働者に解雇の通知をした場合，その通知は即時解雇としては効力を生じないが，使用者が即時解雇を固執する趣旨でない限り，通知後同条所定の30日の期間を経過するか，または通知の後に同条所定の予告手当の支払をしたときは，そのいずれかのときから解雇の効力を生ずる」。

この最高裁判決（相対的無効説）に対し，学説は総じて批判的である。たとえば，「解雇の効力発生の有無の判定を，もっぱら使用者の意思表示の内容にかからしめ，その結果労働者が，本来無効な即時解雇を言い渡されたにもかかわらず，解雇の効力の帰趨に何ら関与できない」（野田進「解雇」日本労働法学会編『現代労働法講座（10）労働契約・就業規則』〔総合労働研究所，1982年〕221頁）といった批判があり，労働者の地位を不安定にするという結果をもたらす。すなわち「即時解雇に固執する」という証明が困難な場合にしか，労働者は予告手

当を請求することができなくなるのである。

　労基法20条違反の私法的効果については、いずれの説にも難があることから、昭和41年には以上の３説に加えて新たな見解（選択説）が裁判例としても登場した。

> **判例７－２**
>
> **加藤電機製作所事件**　東京地判昭和41.４.23判時446号58頁
>
> 【事実の概要】
> 　Ｘは昭和16年２月21日にＹ会社に入社した。ＹはＸに対して、昭和33年５月19日付解雇通知書により、同月20日限りで企業整備を理由に解雇する旨の意思表示を行った。そこで、Ｘは解雇予告手当を含む未払い賃金の支払いを求めて、本件訴訟を提起した。
>
> 【判旨】
> 　「労働基準法第20条によれば、使用者が労働者を解雇しようとする場合において、30日前にその予告をするか、それとも所定の予告手当を支払つて即日解雇するか、この二つの方法のいずれをとるかは、もつぱら使用者の選択にまかせられている。そこで使用者が解雇の予告であるとも言わず、また予告手当の支払もしないで解雇の意思表示をした場合には、その意思表示をどのように受取るかは労働者の選択にまかされていると解するのが相当であるから、労働者は解雇の予告がないとしてその無効を主張することもでき、また解雇の無効を主張しないで予告手当の支払を請求することもできるというべきである。けだし、このように労働者が解雇の有効無効を決定することにより、毫も労働者の保護に欠けるところはないと考えられるからである。」

　ここで示されたのは、20条違反の解雇は、使用者が解雇予告をするか、予告手当を支払うかの選択権を放棄した事態であるとして、選択権を当該労働者に転化させ、労働者は予告のないことを理由に解雇無効を主張するか、あるいは予告手当に加えて付加金の支払いを請求するかを選択できるという理論構成である（選択権説）。学説上は、多数の論者が選択権説を支持しており、いわば通説となっている。

　近年の裁判例では、選択権説と同様の効果を認めたもの（セキレイ事件・東京地判平成４.１.21労判605号91頁、丸善住研事件・東京地判平成６.２.25労判656号84頁

など）があり，実務上でも選択権説が注目されつつある。

3 | 解雇権濫用法理

1 黎明期の裁判例

　昭和22年に制定された労基法は，差別的事由による取扱い（労基3条），業務上災害による療養中およびその後30日間，ならびに産前産後休業中およびその後30日間における解雇（同法19条1項），といった特別の事由に限り，解雇を規制した。そこで，労基法の制定間もない時期には，使用者は解雇を自由に行うことができるとの裁判例（大津キャンプ解雇事件・大津地判昭和28.3.14労民集4巻1号50頁）も散見された（解雇自由説）。これとは正反対に，解雇には正当な理由を必要とするとの裁判例（東京生命事件・東京地決昭和25.5.8労民集1巻2号230頁）も同時期に登場している（正当事由説）。さらには，「解雇の意思表示は……法律に特別の制限なき限り契約当事者の自由に行使し得る権利である」と述べながら，「解雇に相当の事由のない限り解雇権の濫用」とするとの裁判例（中外製薬事件・東京地決昭和26.8.8民集14巻6号913頁）もあらわれた（権利濫用説）。これらの対立は，学界でも「解雇権論争」と呼ばれる大論争となった。

2 判例法理としての確立

　その後，裁判例では徐々に権利濫用説が優勢となり，昭和40年代には完全に主流を占めるようになった。こうした下級審裁判例の流れを受け入れ，最高裁としての見解を示したのが，昭和50年の日本食塩製造事件である。

> **判例 7－3**
>
> **日本食塩製造事件** 最二小判昭和50.4.25民集29巻4号456頁
>
> 【事実の概要】
> 　XはY会社の従業員で組織するA組合の執行委員であった。昭和38年よりYとAとの間で紛争が生じたが，昭和40年に労働委員会において和解が成立した。

和解の条件は，和解成立の日にXが退職することであったが，XはAの説得によっても退職しなかったため，AはXを離籍処分とした。Yは，Aとの間で締結した「会社は組合を脱退しまたは除名された者を解雇する」とのユニオン・ショップ協定に基づいて，Xを解雇した。Xは解雇の無効を求めて訴えを提起し，地裁（横浜地判昭和42．3．1民集29巻4号468頁）は請求を認容したが，高裁（東京高判昭和43．2．23判タ222号200頁）が棄却した。そこで，Xが上告したのが本件である。

【判旨】

「使用者の解雇権の行使も，それが客観的に合理的な理由を欠き社会通念上相当として是認することができない場合には，権利の濫用として無効になると解するのが相当である。……労働組合から除名された労働者に対しユニオン・シヨツプ協定に基づく労働組合に対する義務の履行として使用者が行う解雇は，ユニオン・シヨツプ協定によつて使用者に解雇義務が発生している場合にかぎり，客観的に合理的な理由があり社会通念上相当なものとして是認することができるのであり，右除名が無効な場合には，……使用者に解雇義務が生じないから，かかる場合には，客観的に合理的な理由を欠き社会的に相当なものとして是認することはできず，他に解雇の合理性を裏づける特段の事由がないかぎり，解雇権の濫用として無効であるといわなければならない。」

この最高裁判決によって，解雇権濫用の成否に関わる要件が明確に示され，解雇権濫用法理の基盤が形成された。さらに最高裁は，就業規則による解雇を争った昭和52年の高知放送事件でも，同様の理論構成を示した。

判例7－4

高知放送事件 最二小判昭和52．1．31労判268号17頁

【事実の概要】

Xは，放送事業を営むY会社でアナウンサーとして勤務していた。昭和42年2月22日午後6時から翌23日午前10時までの間ファックス担当放送記者と宿直勤務に従事したが，23日午前6時20分頃まで仮眠していたため，同日午前6時から10分間放送されるべきラジオニュースをまったく放送することができなかつた（第一事故）。また，同年3月7日から翌8日にかけて，宿直勤務に従事したが，寝過したため，8日午前6時からの定時ラジオニュースを約5分間放送することができなかった（第二事故）。これらXの行為について，Yは本来であれば就業規則所定の懲戒事由に該当するので懲戒解雇とすべきところ，本人の将来等を考

慮して普通解雇とした。Xは地位確認等の請求訴訟を提起し，地裁（高知地判昭和48.3.27判例集未登載）も高裁（高松高判昭和48.12.19労判192号39頁）も，これを認めたため，Yが上告したのが本件である。

【判旨】

「普通解雇事由がある場合においても，使用者は常に解雇しうるものではなく，当該具体的な事情のもとにおいて，解雇に処することが著しく不合理であり，社会通念上相当なものとして是認することができないときには，当該解雇の意思表示は，解雇権の濫用として無効になるものというべきである。……本件事故は，いずれもXの寝過しという過失行為によって発生したものであって，悪意ないし故意によるものではなく，……本件第一，第二事故ともファックス担当者においても寝過し，定時にXを起こしてニュース原稿を手交しなかったのであり，事故発生につきXのみを責めるのは酷であること，Xは，第一事故については直ちに謝罪し，第二事故については起床後一刻も早くスタジオ入りすべく努力したこと，第一，第二事故とも寝過しによる放送の空白時間はさほど長時間とはいえないこと，上告会社において早朝のニュース放送の万全を期すべき何らの措置も講じていなかったこと，……Xはこれまで放送事故歴がなく，平素の勤務成績も別段悪くないこと，第二事故のファックス担当者Aはけん責処分に処せられたに過ぎないこと，上告会社においては従前放送事故を理由に解雇された事例はなかったこと，第二事故についても結局は自己の非を認めて謝罪の意を表明していること，等の事実があるというのであって，右のような事情のもとにおいて，Xに対し解雇をもってのぞむことは，いささか苛酷にすぎ，合理性を欠くうらみなしとせず，必ずしも社会的に相当なものとして是認することはできないと考えられる余地がある。」

両最高裁判決により，解雇権濫用法理は一般的な解雇規制としての地位を確立し，以後の裁判例における規範となった。解雇権濫用法理は，整理解雇の判断基準（→本章4　整理解雇），有期契約が反復更新された後の雇止め（→本書3章3）などにも応用され，労働法全体にも大きな影響を及ぼし続けることになる。

3　解雇権濫用法理の明文化

解雇権濫用法理（整理解雇法理を含む）は，裁判所や研究者の間では広く認識されたものの，あくまで判例法であることから，一般の労働者や使用者にとっ

て，同法理の存在自体を認識すること自体が困難であった。そこで，1980年代より，立法化によって明確にすべきであると主張が目立つようになり，1990年代に入ると立法論的な検討がいっそう活発となった。時を同じくして，使用者側や一部の経済学者から，解雇権濫用法理に対して，自由な労働市場の形成あるいは国際競争の障害になっているとの批判が強まってきた。このため，立法化の過程では，条文の位置づけや文言などをめぐり，激しい対立が生じた。

最終的には，すでに確立した解雇権濫用法理の中核部分のみを立法化することで合意が成立し，平成15年に解雇権濫用法理は労基法18条の2として成文化に至った。同条の新設に際しては，「解雇権濫用の評価の前提となる事実のうち圧倒的に多くのものについて使用者側に主張立証責任を負わせている現在の裁判上の実務を変更するものではない」との付帯決議がなされ，判例法理の成文化である旨の立法者意思が確認された。その後，労基法18条の2は，平成19年の労契法制定に伴い，同一の文言のまま労契法16条へと移行した。

4 解雇権濫用の判断基準

労契法16条は，「客観的に合理的な理由を欠き，社会通念上相当であると認められない場合」，解雇権の濫用となることを定める。①客観的な合理性，②社会通念上の相当性，の両者を明確に区別することが困難なケースもあるが，①と②を独立の要件（＝双方を満たす必要がある）と解する立場が有力である。このことを前提に，解雇事由の類型ごとに，解雇権濫用法理の成否を検討する。

(a) 労働能力不足・成績不良

労働能力の不足により職務が遂行できず向上の見込みがない場合，就業規則に定める解雇事由に該当する可能性がある。もっとも，相対評価基準によって平均的な成績に達しないだけでは不十分である。なぜならば，「常に相対的に考課順位の低い者の解雇を許容するものと解することはできないからである」（セガ・エンタープライゼス事件・東京地決平成11. 10. 15労判770号34頁）。

特定の資質が求められるような専門職では，適格性欠如を理由とする普通解雇事由に該当する場合，客観的な合理性が認められやすい（日水コン事件・東京地判平成15. 12. 22労判871号91頁，プラウドフットジャパン事件・東京地判平成12. 4. 26

労判789号21頁など）。

(b) **傷病・健康状態**

　私傷病のため勤務できないことを理由とする解雇については，債務の本旨に従った労務の提供ができるか否か（→片山組事件〔判例10-1〕）が焦点となる。ただちに従前の業務に対応できない場合であっても，基本的な労働能力に低下がなく，訓練等により比較的短期間で業務に対応できる能力を習得することが可能であるときは，解雇権の濫用となる（全日本空輸〔退職強要〕事件・大阪高判平成13. 3. 14労判809号61頁）。

　しかし，頸椎症性脊髄症により歯口清掃検査を行うことができない状態にあるとされた歯科衛生士（横浜市学校保健会〔歯科衛生士解雇〕事件・東京高判平成17. 1. 19労判890号58頁），脳出血治癒後に実技が困難となった保健体育教諭（北海道龍谷学園事件・札幌高判平成11. 7. 9労判764号17頁），の事案は解雇権濫用に該当しないと判断されている（ただし，後者の地裁判決は反対の結論。北海道龍谷学園事件・札幌地小樽支判平成10. 3. 24労判738号26頁）。

(c) **職場規律違反・非違行為**

　労働者の職場規律違反や，非違行為（企業外での犯罪など）は，懲戒処分としての解雇に該当する場合が多い。昭和52年の前掲・高知放送事件も，本類型の解雇に該当し，社会的相当性から解雇を是認できないと判示した。平成6年の最高裁判決は，解雇権濫用法理の理論的枠組を確認のうえ，労働者と使用者との「信頼関係」という判断要素に依拠し，解雇理由の客観性を検討している。

判例7-5

敬愛学園事件 最一小判平成6. 9. 8労判657号12頁

【事実の概要】
　Y法人が経営する高校の社会科教員であったXは，A校長の学校運営をめぐって対立するようになった。昭和62年2月，度重なる遅刻，試験用紙の配布ミス，業務命令拒否などを理由に，Xは解雇された（第一次解雇）。Xは，弁護士会と同会長にYとAを非難する文書を送り，週刊アキタの記者には同文書の説明を行い，同誌に記事として掲載された。Yは，これらの行為が就業規則の所定解雇事由に該当するとして，解雇の意思表示を行った（本件解雇）。Xが解雇無効の

訴えを提起し，地裁（秋田地判平成２.５.18労判657号37頁）と高裁（仙台高秋田支判平成５.２.24労判657号15頁）は解雇権濫用に当たると判断した。そこで，Ｙが上告したのが本件である。

【判旨】

「Ｘは，[文書により]Ｙの学校教育及び学校運営の根幹にかかわる事項につき，虚偽の事実を織り混ぜ，又は事実を誇張わい曲して，Ｙ及び校長を非難攻撃し，全体としてこれを中傷ひぼうしたものといわざるを得ない。さらに，Ｘの『週刊アキタ』誌の記者に対する……情報提供行為は，……問題のある情報が同誌の記事として社会一般に広く流布されることを予見ないし意図してされたものとみるべきである。以上のようなＸの行為は，校長の名誉と信用を著しく傷付け，ひいてはＹの信用を失墜させかねないものというべきであって，Ｙとの間の労働契約上の信頼関係を著しく損なうものであることが明らかである。第一次解雇が校長の学校運営に批判的で勤務状況にも問題のあるＸを排除しようとして性急にされたうらみがないではないことや，Ｘが，……各文書を交付したのが第一次解雇の効力をめぐる紛争中のことであったことを考慮しても，右の評価が左右されるものとはいえない。そして，Ｘの勤務状況には[遅刻が多い等の]問題があったことをも考慮すれば，本件解雇が権利の濫用に当たるものということはできない。」

4 整 理 解 雇

1 整理解雇法理

　整理解雇とは，経営上の理由により，余剰人員の整理として行う解雇である。使用者側に起因する解雇理由であり，解雇権濫用法理の一環として，その判断を行うための独自の判例法理（整理解雇法理）が形成されてきた。その背景には，昭和48年末からのオイルショックにより，多くの企業で大規模な雇用調整が行われ，人員整理をめぐる紛争が増加したことがあげられる。昭和50年の大村野上事件（長崎地大村支判昭和50・12・24労判242号14頁）は，「不況下であればある程労働者の再就職は困難で，解雇が労働者に及ぼす影響は更に甚大なものとなるのである」として，整理解雇が権利濫用となるか否かについて，厳格な要件を示した。それは，①人員整理について「企業の維持存続が危殆に瀕する

程度にさし迫った必要性」があり、②他の方法による「余剰労働力を吸収する努力」を行い、③組合や労働者に対して説明し「労働者側の納得が得られるよう努力」し、④選定基準や人選が「客観的・合理的」なこと、の四つである。

これに続く、昭和54年の東洋酸素事件も、大村野上事件と同様の4基準を——ただし、①の人員整理の必要性という要件については緩和して——示した。

判例7−6

東洋酸素事件 東京高判昭和54.10.29労判330号71頁

【事実の概要】

Xら13名は、高圧ガス販売会社であるYのアセチレン部門で勤務していた。同部門は、昭和44年に大幅な累積赤字を計上しており、川崎工場の同部門閉鎖が決定された。昭和45年、就業規則の「やむを得ない事業の都合による」という規定に基づき、Xらを含む同部門の従業員を解雇した。Xらは、地位保全仮処分等を求める訴訟を提起した。地裁（東京地判昭和51.4.19判例集未登載）が、Xの請求を認容したため、Yが控訴したのが本件である。

【判旨】

「第一に、右事業部門を閉鎖することが企業の合理的運営上やむをえない必要に基づくものと認められる場合であること、第二に、右事業部門に勤務する従業員を同一又は遠隔でない他の事業場における他の事業部門の同一又は類似職種に充当する余地がない場合、あるいは右配置転換を行つてもなお全企業的に見て剰員の発生が避けられない場合であつて、解雇が特定事業部門の閉鎖を理由に使用者の恣意によつてなされるものでないこと、第三に、具体的な解雇対象者の選定が客観的、合理的な基準に基づくものであること、以上の三個の要件を充足することを要し、特段の事情のない限り、それをもって足りるものと解するのが相当である。……なお、解雇につき労働協約又は就業規則上いわゆる人事同意約款又は協議約款が存在するにもかかわらず労働組合の同意を得ず又はこれと協議を尽くさなかつたとき、あるいは解雇がその手続上信義則に反し、解雇権の濫用にわたると認められるとき等においては、いずれも解雇の効力が否定されるべきであるけれども、これらは、解雇の効力の発生を妨げる事由であつて、その事由の有無は、就業規則所定の解雇事由の存在が肯定されたうえで検討されるべきものであり、解雇事由の有無の判断に当たり考慮すべき要素とはならないものというべきである。」

同事件は、高裁判決ながら、整理解雇法理の4要件を確立した判例であると

位置づけられている。すなわち，整理解雇を行うには，①人員整理の必要性があること，②解雇回避努力を尽くしたこと，③被解雇者の人選が客観的・合理的な基準によりなされること，④労働組合・被解雇者への説明・協議したこと，という各要件をすべて満たす必要がある。

2 判例法理の動揺——要件と要素の違い

整理解雇における四つの基準は，平成11年に至るまでは，四つをすべて満たさなければ解雇権は無効になるという意味での「要件」と位置づけられてきた。ところが，平成12年初頭のナショナル・ウエストミンスター銀行（三次仮処分）事件は，4基準を「要件」ではなく「要素」であると明言し，大きな波紋を投げかけた。

判例7-7

ナショナル・ウエストミンスター銀行（三次仮処分）事件 東京地決平成12. 1. 21 労判782号23頁

【事実の概要】
Xは，英国法人であるY銀行の東京支店で，アシスタント・マネージャーの地位にあった。平成9年3月，Yは日本を含むアジアで行ってきた貿易金融業務から撤退することを決定し，Xの担当業務は消滅した。同年4月，YはXに対し，一定額の金銭の支給および再就職活動の支援を内容とする退職条件を提示し，雇用契約の合意解約を申し入れたが，XはYでの雇用の継続を望んだ。次に，YはXの所属する労働組合と団体交渉を行い，クラーク（一般事務）のポジションを提案したが，Xは受け入れなかった。同年9月，YはXを解雇した。そこで，Xが地位保全仮処分を申請したところ，第一次申請・第二次申請が認容され，第三次申請に至ったのが本件である。

【判旨】
「Xは，本件解雇が解雇権の濫用に当たるかどうかについては，いわゆる整理解雇の四要件を充足するかどうかを検討して判断すべきである旨主張するが，いわゆる整理解雇の四要件は，整理解雇の範疇に属すると考えられる解雇について解雇権の濫用に当たるかどうかを判断する際の考慮要素を類型化したものであって，各々の要件が存在しなければ法律効果が発生しないという意味での法律要件ではなく，解雇権濫用の判断は，本来事案ごとの個別具体的な事情を総合考慮し

> て行うほかない」。

　同判決以降，整理解雇の4基準を，総合考慮すべき4要素であると解するか（4要素説），一つでも欠くことのできない要件とするか（4要件説），下級審の裁判例は分裂している。同事件と近接した時期の東京地裁判決であっても，PwCフィナンシャル・アドバイザー・サービス事件（東京地判平成15.9.25労判863号19頁）は，「本件解雇については，人員整理の必要性は認められるものの，解雇回避努力義務及び被解雇者選定の合理性のいずれの点においても，十分な努力及び合理性があるとは認められないというべきである。したがって，本件解雇は，解雇手続の相当性について判断するまでもなく，……解雇権を濫用したものとして，無効である」として，4要件説を堅持した。

　もっとも，4要件説を採用しながら各要素を総合判断する裁判例（シンガポール・デベロップメント銀行〔本訴〕事件・大阪地判平成12.6.23労判786号16頁）がみられる反面，4要素説であると述べながら一つの要素をまったく満たしていない場合に解雇権の濫用を認める裁判例もある（労働大学〔第2次仮処分〕事件・東京地決平成13.5.17労判814号132頁）。

5　解雇における主要判例の流れ

　労基法20条違反の私法的効力について，昭和35年の最高裁判決である細谷服装事件は相対的無効説の立場を表明したが，ほどなく選択権説を取り入れた裁判例が登場し，学説の多くも選択権説を支持した。そして，近年になり，選択権説の立場を採用する裁判例が徐々に台頭してきている。クリティカルな学説や裁判例の蓄積によって，最高裁判例としての先例拘束力が，事実上，及ばなくなってきているともいえよう。

　チャート右側に示した，昭和50年の日本食塩製造事件と昭和52年高知放送事件という両最高裁判決による解雇権濫用法理の確立，その後の同法理に関する裁判例の蓄積，解雇権濫用法理の一環として形成されてきた整理解雇法理（とりわけ昭和54年の東洋酸素事件），という一連の流れは，労働法を学ぶ際の必須論

点である。そもそも，解雇権濫用法理の形成過程を知らなければ，同法理の中核部分のみを抜き出して成文化した労契法16条を理解することは困難であろう。また，整理解雇法理については，いまだに立法化が実現していないため，現在でも判例が重要な役割を果たしている。そして，平成12年のナショナル・ウエストミンスター事件を嚆矢として，整理解雇の4基準を，「要件」と位置づけるか，総合考慮すべき「要素」と解するかについて，裁判例が分かれている。これらは，解雇権濫用法理が抱える課題の一端にすぎない。まずは判例法理をじっくり考究のうえ，さらに解雇権濫用法理の再構成を試みる学術論争に接してほしい。

8章 退職

退職

退職の申出の撤回

- **全自交広島タクシー支部事件**
  明確な意思表示でない限り,辞職の意思表示でなく,合意解約の申込と扱う

  ↓

- **岡山電気軌道事件**
  信義に反する特段の事情のない限り,合意解約の申込の撤回を認める

  ↓

- **大隈鐵工所事件**
  人事部長の受理をもって合意解約が成立したと判断

退職の意思表示の無効,取消

心裡留保	昭和女子大学事件
錯誤	昭和電線電纜事件
強迫	ニシムラ事件

損害賠償責任

退職勧奨の違法性	下関商業高校事件
職場環境配慮義務違反	福岡セクシュアル・ハラスメント事件

↓

逸失利益を請求する事案の増加

第 8 章 退　　職

1 退職に関する法規制の概要と論点

1 退職の自由

　期間の定めのない労働契約を締結した労働者は，使用者の承諾が得られなくとも，退職できる。民法は，労働者に，「いつでも（どのような理由でも）」退職できる，「退職（辞）の自由」を保障しているからである。ただし，労働者が使用者の承諾を得ずに辞める場合，労働者は，2週間の予告期間をおかなければならない（民627条1項）。また，月給制の場合，労働者が当月の前半に予告した場合に限り，当月中の辞職が可能となると定められている（同条2項）。さらに，6か月を超える期間で報酬が決定されている場合（たとえば年俸制）には，同条3項を根拠に，3か月前の予告を必要とするとの見解もある（菅野和夫『労働法〔第9版〕』〔弘文堂，2010年〕459頁，土田道夫『労働契約法』〔有斐閣，2008年〕270頁）。しかし，労基法上（24条2項），賃金は1か月に1回支払うことが義務づけられているのであるから，6か月を超える期間の報酬と解する必要はない（盛誠吾「年俸制・裁量労働制の法的問題」日本労働法学会誌89号〔1997年〕53頁）。また，2週間の予告期間をもって辞職できる旨の規定があれば，その規定が優先され，民法627条2項が適用されるのではない。

　これに対し，期間の定めのある労働契約を締結した労働者は「やむを得ない事由」がなければ，期間途中に退職することはできない（民628条）。ただし，労基法137条は，「一定の事業の完了に必要な期間を定めるものを除き，その期間が1年を超える」場合には，民法628条の規定にかかわらず，1年を経過後，労働者はいつでも退職することができる，と定めている。

2 判例の動向と法的論点

　労働者は，使用者から退職勧奨等を受け，真意に反して退職を強いられることがある。こうした場合，労働契約上の地位の確認あるいは使用者の損害賠償責任が成立するかが問題となる。初期の裁判例は，合意解約の成立，あるいは，労働者が退職の意思表示を撤回できるかを主として問題としてきたが，近年

は，退職の意思表示の有効性や，退職に至るまでの使用者の対応について損害賠償責任（職場環境配慮義務違反）を問う事案が増えている。また，労働者が退職後，従前の会社と競業する行為をした場合，競業避止義務の存否やその範囲が問題となりうる。

2 労働者の撤回の可否

1 辞職と合意解約の区別

退職には，労働者による一方的解約である「辞職」と，労働者と使用者とが合意することによって労働契約を解約する「合意解約」とがあるが，両者には以下のような相違がある。

辞職の場合，労働者の辞職の意思表示が使用者に到達した時点で効力が生じ，労働者はそれ以降撤回することができない（株式会社大通事件・大阪地判平成10.7.17労判750号79頁）。辞職の意思表示は単独行為であり，その行為のみで効力が生じるからである。したがって，期間の定めのない労働契約においては，辞職の時期を特定しない限り，労働者が辞職の意思表示をしてから2週間を経過した時点で労働契約は終了する。

これに対し，合意解約の申込みの場合，信義に反すると認められる特段の事情がない限り，労働者は，使用者の承諾の意思表示があるまで撤回できると解されている。民法521条以下によれば，相手方の信頼を保護することを目的として，隔地者間の契約の申込みも当事者を拘束するとしているため，労働者は合意解約の申込みも撤回できないことになる。しかし，退職に際し，労働者が申込みを撤回しても，使用者に不測の損害を与えることは少ない。したがって，判例は，「使用者に不測の損害を与えるなど信義に反すると認められるような特段の事情がない限り」，労働者は申込みを撤回できるとしているのである（岡山電気軌道事件・岡山地決昭和63.12.12労判533号68頁など）。

「退職願」等を使用者に手渡した労働者自身でさえ，辞職と合意解約の申込みを区別していないことが多いと思われるが，両者の間には，労働者の撤回の可否に関わって前述のような相違がある。このため，判例は，労働者が確定的

に労働契約を終了させる意思を明らかにしていない限りは合意解約の申込みと解し、労働者の撤回を認める傾向にある。たとえば、組合の書記が「今月いっぱいで辞めさせていただきます」と発言したことにつき、組合（被告）が同人を退職したものと扱った点が問題となった全自交広島タクシー支部事件・広島地判昭和60.4.25労判487号84頁（同事件・広島高判昭和61.8.28労判487号81頁で維持）は、辞職と合意解約の申込みの識別について、「当事者の言動等により判断されることであるが、労使関係は信頼の重視されるべき継続的契約関係であり、一般的には労働者は円満な合意による退職を求めるし、使用者も同様であると推測されること（本件においても、……被告は原告の申出を受理するとの対応をしている）等を考慮すると、労働者が使用者の同意を得なくても辞めるとの強い意思を有している場合を除き、合意解約の申込みであると解するのが相当である」と判示している。

2 いつでも撤回可能であるか

労働者が退職の申出をした場合、それが合意解約の申込みと解されれば、労働者は、使用者の承諾があるまでは撤回できる。これに対し、合意解約が成立すれば、労働者が退職の申出を撤回しても、退職の効果は失われない。このため、実務上問題となるのは、使用者の承諾があると認められ、合意解約が成立した時点がいつかである。

この点について大隈鐵工所事件・最三小判昭和62.9.18労判504号6頁においては、人事部長の退職届の受領をもって、雇用契約の解約申込みに対する承諾の意思表示とみることができるかが論点となった。

判例 8-1

大隈鐵工所事件 最三小判昭和62.9.18労判504号6頁

> 【事実の概要】
> 人事部長の退職届の受領をもって、雇用契約の解約申込みに対する承諾の意思表示とみることができるかが争点となった事案。原審（大隈鐵工所事件・名古屋高判昭56.11.30判時1045号130頁）は、人事部長による退職届の受理は、意思表示の受諾にすぎないと判断し、申込みの撤回を認めた。

【判旨】
　破棄差戻し。「被上告人の退職願の承認に当たり人事部長の意思のみによって上告人の意思が形成されたと解することはできないとした原判決には，採証法則違背ないし審理不尽の結果，証拠に基づかない判断をした違法がある」。
　「部長に被上告人の退職願に対する退職承認の決定権があるならば，原審の確定した前記事実関係のもとにおいては……部長が被上告人の退職願を受理したことをもって本件雇用契約の解約申込に対する上告人の即時承諾の意思表示がされたものというべく，これによって本件雇用契約の合意解約が成立したものと解するのがむしろ当然である」。

　原審は，新規採用については，人事部長だけでなく，副社長等4名の総合評価によって決定していたという事情があったため，人事部長による退職届の受理は，意思表示の受諾にすぎず，会社による承諾はいまだなされていないと判断した。これに対し，最高裁は，「労働者の退職願に対する承認はこれと異なり，採用後の当該労働者の能力，人物，実績等について掌握し得る立場にある人事部長に退職承認についての利害得失を判断させ，単独でこれを決定する権限を与えることとすることも，経験則上何ら不合理なことではな」く，「被上告人の採用の際の手続から推し量り，退職願の承認について人事部長の意思のみによって上告人の意思が形成されたと解することはできないとした原審の認定判断は，経験則に反する」とした。そのうえで，「部長が被上告人の退職願を受理したことをもって……本件雇用契約の合意解約が成立したものと解するのがむしろ当然」といった判断を示し，破棄差戻しをしたのである。
　ただし，本件は，事案を詳細にみると，政治活動を一緒にしていた同僚の失踪に関わり，人事部長が，まず，失踪と関係していないことや内容に偽りがあれば自分から身を引くことを記した「詫び書き」を提出させたうえ，翌日さらに同僚の失踪について指摘をしたため，労働者は一旦署名捺印し，退職願を提出したが，その翌日始業前には人事部長に退職願の撤回を申し入れていた。このため，原審は「詫び書き」への誓約違反が動機ではないため，「動機の錯誤」（民95条）ではないとしたが，使用者に政治活動のメンバーであることが知られたことによる心理的衝撃があったという事情や退職の申込みの日時と撤回の

日時が近接しているといった事情を重視し，上記のように判断したのである。これに対し，最高裁は，新規採用と退職の決定権者は同一でなければならないという原審の論拠を否定することに重点を置き，この点に関する最終的な判断を下すため，審理を尽くすよう差戻しをした。したがって，人事部長が退職願を受理すれば，常に使用者の承諾があったと解すべきだとしたのではない。実際，これまでの裁判例をみると，営業所長（昭和自動車事件・福岡高判昭和53．8．9労判318号61頁），校長・教頭（泉州学園事件・大阪地決昭和57．8．25労経速1134号12頁），常務取締役観光部長（前掲・岡山電気軌道事件）など，人事責任者の受理をもって使用者の承諾と評価しなかった例は多数存在する。

　合意解約の成立について判例がむしろ重視してきたのは，誰が退職願を受理したか否かではなく，どのような態様で退職の手続がなされたかである。たとえば，労働者に対し文書で健康保険証と鍵の返還を求めたという事情があった事案（東洋建材興業事件・東京地判平成4．10．26労経速1500号21頁）や，使用者が文書をもって退職を容認する趣旨の通知を送付した事案（シンアイ事件・東京地決平成9．9．25労経速1650号15頁）などでは合意解約の成立が認められているが，他方で，配転を拒否するなら退職するしかない旨の使用者の発言に対し，半ば呆れて，「グッド・アイデアだ」と返答しただけの事案（株式会社朋栄事件・東京地判平成9．2．4労判713号62頁）や，退職を前提に業務の引継ぎをしていたとしても，退職に関する正式な書面が交わされていない事案（フリービット事件・東京地判平成19．2．28労判948号90頁）では，合意解約の成立が否定されている。

3 退職の意思表示の無効や取消し

1 総　　論

　辞職の意思表示をした場合や合意解約が成立した場合，労働者は退職の申出を撤回することはもはやできない。しかし，意思の欠缺あるいは意思表示に瑕疵があると判断されれば，退職の効果の取消しあるいは無効が認められる。それが認められるケースとしては，次のようなものが考えられる。

2 心裡留保

　まず，心裡留保が認められれば，退職の意思表示は無効となることがある。意思表示に真意が反映していなかったとしても，意思表示者はその無効を主張しえないが（民93条），相手方がこれを知っているか，あるいは知りうべき場合は無効を主張できるからである（同条但書）。裁判例のなかには，反省の色が最も強い文書として退職願を提出しただけであったのに，退職扱いされた点が問題となった昭和女子大学事件・東京地判平成4.12.21労判623号36頁は，退職願は退職を回避しようとして作成されたものにすぎず，大学がこれを承知していたことが明らかであるとして，民法93条但書の適用を認め，退職の意思表示を無効とした。ただし，心裡留保に関する規定は，当事者の真意を保障することを目的としたものであるが，心裡留保の適用を認めたのは一部に限られている。労働者が抗議行動として辞職願を提出した事件において，「債権者らに真実退職する意思がなかったとして，心裡留保に該当するとしても，本件辞職願の無効を主張しうるものではない」と判示されたことがあるように，使用者が労働者の真意を把握できない場合，同条但書の適用は否定されることもある（穂積運輸倉庫事件・大阪地決平成8.8.28労経速1609号3頁）。

3 錯　誤

　法律行為の要素に錯誤があり，そのことに重過失がない場合には退職の意思表示は錯誤を理由に無効となる（民95条）。裁判例のなかには，勤務成績不良や業務上の解雇事由が存在しないにもかかわらず退職願を提出しなければ解雇されると労働者が誤信し，その錯誤につき重大な過失はなかったとして退職の無効を認めたものもある（昭和電線電纜事件・横浜地川崎支判平成16.5.28労判878号40頁など）。

　その一方で，定年年齢を65歳から60歳に引き下げる就業規則変更の効力が有効であると誤って退職の申出をした場合は，就業規則変更の有効性は承諾の主たる動機を形成したものとは認められず，黙示的に表示されたということもできないとして，錯誤に当たることを否定されている（ヴァリグ事件・東京地判平成11.12.27労経速1752号3頁）。

判例 8-2

昭和電線電纜事件 横浜地川崎支判平成16.5.28労判878号40頁

【事実の概要】
　Xが，仕事上のミスを理由に訴外Aから退職勧奨を受け，退職しなければ会社Yから解雇されるものと思い，自己都合退職した。しかし，後になって解雇が許されない可能性が高かったことを知り，退職の無効（錯誤），取消し（詐欺等）を求めた。

【判旨】
　「Xが本件退職合意承諾の意思表示をした時点で，Xには解雇事由は存在せず，したがってXがYから解雇処分を受けるべき理由がなかったのに，XはAの本件退職勧奨等により，YがXを解雇処分に及ぶことが確実であり，これを避けるためには自己都合退職をする以外に方法がなく，退職願を提出しなければ解雇処分にされると誤信した結果，本件退職合意承諾の意思表示をしたと認めるのが相当であるから，本件退職合意承諾の意思表示にはその動機に錯誤があったものというべきである」。
　「Xのした本件退職合意承諾の意思表示は法律行為の要素に錯誤があったから，本件退職合意は無効である」。

4　強　迫

　使用者が，労働者に畏怖を生じさせて退職させ，かつ，その目的や手段が社会的に相当でない場合，強迫に該当するため，労働者は退職の意思表示を取り消すことができる（民96条）。たとえば，懲戒解雇あるいは横領罪としての告訴がありうることを告知して退職願を提出させた場合は強迫であると認められている（ニシムラ事件・大阪地決昭和61.10.17労判486号83頁）。この事件は，従来，会社の保管金で買い置かれた来客用のお茶やインスタントコーヒーを従業員が一時的にこれを飲むことが長年許されていたにもかかわらず，突如2名の女性職員に対し，使用者が，「これは横領だ。責任をとれ。告訴や懲戒解雇ということになれば，困るだろう。任意に退職するなら，次の就職先からの問い合わせや社員達に対しても家庭の事情で辞めたことにしてやる」などと述べて退職届を提出させた事案であり，強迫と判断したことは当然のことであった。この

判断以降，懲戒解雇に相当する事由がないにもかかわらず，解雇を告知し，退職願を提出させることは，労働者を畏怖させる違法な害悪の告知に当たり，強迫に該当するとの判断枠組が判例として定着している（澤井商店事件・大阪地決平成元．3．27労判536号16頁など）。

ただし，労働者を畏怖させたとしても，懲戒解雇に相当する事由があれば，強迫に該当するとは判断されない（東京都中央卸売市場足立市場事件・東京地判昭和60.11.29労判465号15頁など）。また，諸般の事情から，労働者の畏怖が認定できない場合も強迫と認められない。たとえば，ネスレ日本（合意退職）事件・水戸地竜ヶ崎支決平成12.8.7労判793号42頁は，暴力事件を理由として，工場長らが懲戒解雇を含む懲戒処分に及ぶことを告知した点を強迫に当たると判断したが，同事件の本訴事件である水戸地竜ヶ崎支判平成13．3．16労判817号51頁や東京高判平成13．9．12労判817号46頁は，工場長との面談時の状況から労働者が終始冷静に判断し行動していたと認定し，正常な判断能力を失っていなかったと判断している。

4 損害賠償責任

退職したことが有効と判断される場合でも，使用者の退職勧奨行為等に違法性が認められれば，労働者は使用者に対し損害賠償請求することができる（下関商業高校事件・最一小判昭和55．7．10労判345号20頁〔執拗な退職勧奨行為を不法行為と認め，慰謝料を認容〕）。また，退職勧奨等が行われなかった事案でも，労働者が，セクシュアル・ハラスメントなどを受けたことを契機に退職を余儀なくされた場合，使用者の職場環境配慮義務違反を理由に，損害賠償請求できる（福岡セクシュアル・ハラスメント事件・福岡地判平成4．4．16労判607号6頁〔不法行為法上の注意義務〕。三重セクシュアル・ハラスメント事件・津地判平成9．11．5労判729号54頁〔労働契約上の配慮義務〕。均等21条）。同義務は，労働者が意に反して退職することのないよう職場環境を整える義務を含むと解されているからである（京都セクシュアル・ハラスメント事件・京都地判平成9．4．17労判716号49頁）。職場環境配慮義務は，セクシュアル・ハラスメントに関係しない事案でも認めら

れている（エフピコ事件・水戸地下妻支判平成11．6．15労判763号7頁。ただし，同事件・東京高判平成12．5．24労判785号22頁は使用者の責任を否定している）。

　労働者が退職について損害賠償を求める場合，慰謝料以外に，逸失利益も請求可能である。180日分（前掲・京都セクシュアル・ハラスメント事件）や1年分（岡山セクシュアル・ハラスメント事件・岡山地判平成14．5．15労判832号54頁）の賃金相当額，あるいは会社都合の退職金額（ダイヤモンド・ピー・アール・センター事件・東京地判平成17.10.21労経速1918号25頁）などが損害として認められている。

5 ｜ 早期退職制度

　割増退職金を支給するなど退職条件を優遇し，労働者の早期退職等を奨励する制度を早期退職優遇制度という。希望したにもかかわらず，この制度の適用を受けることができなかった労働者が，早期退職金の支払いを求めることができるかが問題となることがある。判例は，制度の通知が申込みの誘引にすぎない場合，労働者の申請は申込みと解されるため，使用者が退職の申出を承諾しなければ，割増退職金債権の発生を伴う退職の効果は発生しないとしている（神奈川信用金庫協同組合事件・最一小判平成19．1．18労判931号5頁）。

6 ｜ 競業避止義務

　労働者は，退職後に，従前の使用者と競合する業務を行わない義務を負うことがある。これを競業避止義務という。ただし，退職者に競業避止義務を課すことは，使用者に競業制限に関する利益が認められたとしても，退職者の職業選択の自由（憲22条1項）の侵害となるおそれが高い。このため，競業避止義務は，以下の要件を充足した場合にはじめて認められると解されている。

　第1に，退職後の競業制限については，明示の特約や就業規則規定を要するということである。裁判例のなかには，「合理性」があることを条件に，就業規則を根拠にこうした義務を認めるものがある（東京ゼネラル事件・東京地判平成12．1．21労判788号84頁など）。これに対し，学説上は退職者の重要な権利を制

限するものであるため，個別特約が不可欠と解する見解も主張されている（西谷敏『労働法』〔日本評論社，2008年〕195頁など）。

　第2に，競業避止の範囲が合理的であることである。合理性の有無は，①使用者が競業を制限する目的や必要性（使用者の正当な利益の存否），②労働者の地位，③競業制限の職種・期間・地域，④代償の有無・内容を総合考慮して判断する。たとえば，競業避止が時間的，職業的，場所的範囲を逸脱している場合には，特約を交わしたケースでも，公序良俗に反し無効になると判断されている（A特許事務所事件・大阪高決平成18.10.5労判927号23頁など）。また，使用者が正当な利益を有する範囲は，使用者の保有する「特有の技術上又は営業上の情報等」に限定され，労働者が習得できる一般的知識・技能は除外されている（アートネイチャー事件・東京地判平成17.2.23労判902号106頁）。最近は，事前に競業することを告げないまま，退職後に競業他社の代表取締役に就任し，従前の顧客を奪取した場合でも，従前の会社の営業秘密に係る情報を用いたり，信用をおとしめたりするなどの不当な営業方法ではなく，退職から一定期間経過した後に得た取引相手であるならば，「社会通念上自由競争の範囲を逸脱した違法なものということはでき」ないとの判断が示されており，競業行為の不法行為責任を限定する方向が強まっている（三佳テック事件・最一小判平成22.3.25労判1005号5頁）。

　労働者が競業避止義務に違反した場合，使用者は退職者に損害賠償請求することができる。また，使用者は競業行為それ自体の差止めを求めることも可能である。ただし，差止めは，退職者の職業選択の自由を直接侵害する行為であるため，合理的範囲に限定されている（差止めの肯定例：フォセコ・ジャパン・リミテッド事件・奈良地判昭和45.10.23判時624号78頁，新大阪貿易事件・大阪地判平成3.10.15労判596号21頁など。否定例：東京リーガルマインド事件・東京地決平成7.10.16労判690号75頁）。

9章 企業組織の変動と労働契約の承継

労働契約の承継

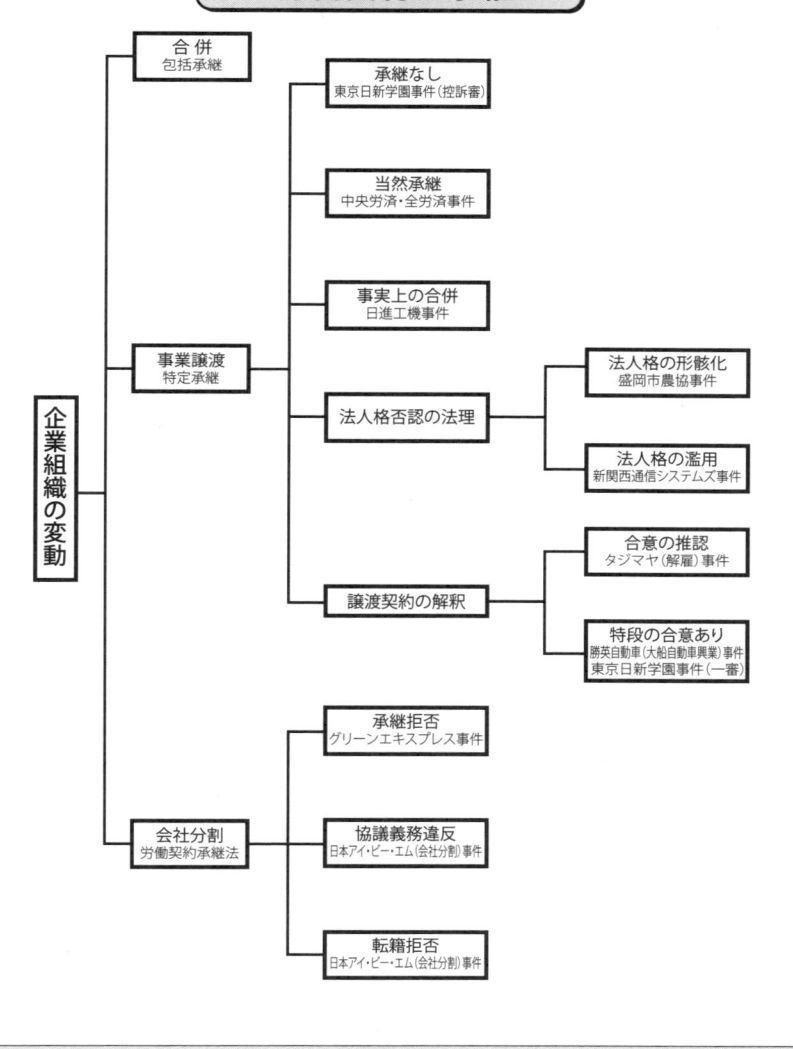

- 企業組織の変動
  - 合併（包括承継）
  - 事業譲渡（特定承継）
    - 承継なし
      東京日新学園事件（控訴審）
    - 当然承継
      中央労済・全労済事件
    - 事実上の合併
      日進工機事件
    - 法人格否認の法理
      - 法人格の形骸化
        盛岡市農協事件
      - 法人格の濫用
        新関西通信システムズ事件
    - 譲渡契約の解釈
      - 合意の推認
        タジマヤ（解雇）事件
      - 特段の合意あり
        勝英自動車（大船自動車興業）事件
        東京日新学園事件（一審）
  - 会社分割（労働契約承継法）
    - 承継拒否
      グリーンエキスプレス事件
    - 協議義務違反
      日本アイ・ビー・エム（会社分割）事件
    - 転籍拒否
      日本アイ・ビー・エム（会社分割）事件

1 企業再編の背景と方法

　90年代後半以降，グローバル化の進展の下で，国際的な経済競争に勝ち抜くため，合併や会社分割などが積極的に行われるようになった。このような企業組織の再編は，当然，そこで働いている労働者の労働条件や地位に影響を及ぼすことから，多くの紛争が生じ，裁判例が積み上げられてきた。以下では，このような判例の展開を整理することにする。

　ところで，企業組織の再編の方法は多様であるが，主要には，合併，事業譲渡，会社分割が利用される。このうち，合併（吸収合併〔会社 2 条27号・749条以下〕と新設合併〔会社 2 条28号・753条以下〕）は，財産，債権，債務の包括承継（会社750条 1 項〔吸収合併〕，754条 1 項〔新設合併〕）であることから，労働契約関係は労働条件の内容も含めて承継の対象になる。したがって，労働者の契約上の地位に不利益は発生せず，合併の際に行われる人員削減や労働条件の引下げについては，それぞれ整理解雇法理や労働条件の不利益変更法理で解決されることになる。これに対し，事業譲渡は取引行為と考えられていることから，何を譲渡の対象とするかは個別の合意（事業譲渡契約）によって決せられることになる（これを特定承継という）。そこで，事業譲渡契約で労働者の承継が排除されているような場合，どのように雇用上の地位を確保するかが問題となる。

　なお，2005年の会社法制定の際，従来の「営業」という用語が「事業」に変更された（会社467条 1 項・468条・309条 2 項11号）が，内容上基本的な違いはないと考えられるので，最初に従来の「営業」概念の解釈を参照しておきたい。

判例 9 – 1

富士林産鉱業事件 最大判昭和40. 9 .22民集19巻 6 号1600頁

【判旨】
　「商法245条 1 項 1 号によって特別決議を経ることを必要とする営業の譲渡とは，同法24条以下にいう営業の譲渡と同一意義であつて，営業そのものの全部または重要な一部を譲渡すること，詳言すれば，一定の営業目的のため組織化され，有機的一体として機能する財産（得意先関係等の経済的価値のある事実関係を含

> む。）の全部または重要な一部を譲渡し，これによって，譲渡会社がその財産によって営んでいた営業的活動の全部または重要な一部を譲受人に受け継がせ，譲渡会社がその譲渡の限度に応じ法律上当然に同法25条に定める競業避止義務を負う結果を伴うものをいうものと解するのが相当である。」（条数は旧商法のものである）

　もう一つの会社分割とは，会社のある部門を切り離して新会社を設立したり（新設分割），既存の別の会社に承継させること（吸収分割）をいう。2000年の商法改正により，会社分割制度が創設され，その後，会社法に継承された（会社757条以下）。会社分割に伴う労働契約および労働協約の帰趨については，労働契約承継法を制定することで立法的に解決が図られたが，後掲のとおり，いくつかの紛争事例がある。

2 企業の倒産と解散

1 企業の倒産

　企業間競争の激化の下で，倒産する企業が多数生まれている。倒産に伴い，賃金債権確保や労働者の地位の帰趨が問題となる。企業が倒産した場合，それに続いて清算される場合と再建される場合がある。清算される場合，破産管財人が解雇するか労働者が退職してはじめて労働契約は終了する。他方，再建される場合，労働契約関係は当然継続する。しかし，従来どおりの雇用の維持が困難であるとして行われる解雇は整理解雇であるから，その法理（整理解雇の4要件）に服することになる。

2 真実解散

　憲法上，財産権や職業選択の自由，営業の自由が保障されていることから，起業も廃業も原則として自由である。仮に企業の廃止により労働者が解雇されても，廃業が真実である限り，やむを得ない。しかし，その場合でも解雇権濫用法理は適用されるというべきである。このような判断を示した例に以下がある。

判例9-2
三陸ハーネス事件 仙台地決平成17.12.16労判915号152頁

【事実の概要】
　自動車部品メーカーY社（債務者）は，海外との製造コストの競争に太刀打ちできないという理由で親会社であるZ社がY社との委託加工契約を解除したことに伴い，唯一の工場を閉鎖し，全従業員の解雇を行った。親会社が委託を打ち切った理由は，海外（中国）に生産拠点を移すことにあった。この経営判断は，人件費コストを考慮したものである。本件は，解雇されたXら（債権者）が，解雇の効力を争い，雇用契約上の権利を有する地位にあることの仮処分等を求めたものである。

【決定要旨】
　「およそ使用者がその事業を廃止するか否かは，営業活動の自由（憲法22条1項）として，使用者がこれを自由に決定できる権利を有するものというべきである。しかしながら，事業の廃止によって労働者を解雇する場合に当該解雇が有効であるか否かという点はこれと別問題であると考えられる。すなわち，事業の廃止が自由であるからといって労働者の解雇もまた自由であるということはできず，『客観的に合理的な理由を欠き，社会通念上相当であると認められない場合』には，権利を濫用したものとして無効であると判断すべきである（労働基準法18条の2）。」本件のように使用者が全ての事業を廃止することにより全従業員を解雇する場合に用いるべき判断基準としては四つの事項（必要性，回避努力，選定基準，手続きの妥当性）に着目した判断が裁判例において定着しているが，「事業廃止により全従業員を解雇する場合には，上記の4事項を基礎として解雇の有効性を判断するのではなく，①使用者がその事業を廃止することが合理的でやむを得ない措置とはいえず，又は②労働組合又は労働者に対して解雇の必要性・合理性について納得を得るための説明等を行う努力を果たしたか，解雇に当たって労働者に再就職等の準備を行うだけの時間的余裕を与えたか，予想される労働者の収入減に対し経済的な手当を行うなどその生活維持に対して配慮する措置をとったか，他社への就職を希望する労働者に対しその就職活動を援助する措置をとったか，等の諸点に照らして解雇の手続が妥当であったといえない場合には，当該解雇は解雇権の濫用として無効であると解するべきである。そして，全ての事業を廃止することにより全従業員を解雇する場合の解雇の有効性の判断に当たっては，上記①及び②の双方を総合的に考慮すべきであり」，本件事実関係によれば，本件解雇は解雇権濫用とは認められない。

3 偽装解散

真実解散と異なり，会社の解散が形式にすぎず，実質的には事業が別の会社に引き継がれているような場合を偽装解散ないし偽装倒産という。典型的なケースは，その不当労働行為性が問題となる場合であるが，そうではない事例として以下がある。

判例 9 − 3

ジップベイツ事件 名古屋高判平成16.10.28労判886号38頁

【事実の概要】
　釣具製造販売会社Ｙ（被告・控訴人）の従業員（営業部長）であるＸ（原告・被控訴人）は，職務遂行能力の不足や勤務成績不良その他を理由に解雇されたので，労働契約上の地位の確認等を求めて訴えたところ，第一審はこれを認容した。控訴審で，控訴人は新たに会社解散を理由に解雇した旨主張した（以下では，この点の判断のみ引用する）。

【判旨】
　「控訴人と被控訴人との間の雇用契約は，法人である控訴人が会社として営業を継続していることを前提とするものであることは自明のことであり，法人としての控訴人自体が消滅する場合には，もはや雇用関係を継続する基盤がなくなるものといえるから，これが解雇事由になり得ることはいうまでもない。しかし，単に従業員を解雇するためなどの目的から濫用的に会社の解散が行われ，これを理由として解雇がなされた場合には，これらの事情が認められる限り，客観的に合理的な理由があるとはいえず，社会通念上相当であると認められないから，解雇権の濫用として，解雇の無効を主張し得るものと解される。」（判決では，解雇権の濫用を認めた）

3 事業譲渡と労働契約の承継

1 労働契約の承継問題

　前述のように，事業譲渡は特定承継なので，個々の権利義務関係の移転は承継に関する個別の合意に基づくことになる。そのため，その合意で移転の対象にされなかった場合，当該労働者は雇用上の地位を失うことになる（後掲・東

京日新学園事件参照)。もちろん，民法625条により雇用上の地位の移転には労働者の同意が必要であるから，移転を望まない場合，同意しなければよい。問題は，移転を望んでいるにもかかわらず，その対象から排除された場合である。この問題については，実定法を欠いているので，法解釈によって解決を図るしかない。以下のように，様々な法理が生み出されてきた。

2　雇用関係当然承継説

　一つの考え方は，労働者も事業概念に含まれるから，事業の継続に必要な労働者や代替性のない労働者の地位も譲受会社に移転するというものである。この考え方に基づく以下のような裁判例がある。ただし，この判決では，民法625条1項が無視されている。

判例9－4

中央労済・全労済事件　横浜地判昭和56．2．24労判369号68頁

【事実の概要】
　原告Xらは被告中央労働者共済生活協同組合連合会（中央労済）Y_1の従業員であるが，中央労済と訴外近畿労済，全国32の都道府県単位の労済（単協）とともに，被告全国労働者共済生活協同組合連合会（全労済）Y_2に組織統合され，Y_1，近畿労済，単協の従業員は全労済の従業員として雇用されるものとされた。そこで，Xらは，配置転換や一時金の減額などを懸念し，Xらと全労済との雇用関係不存在および中央労済との雇用関係の存在の確認をそれぞれ求めた。

【判旨】
　本件組織統合の法的性質について，「本件では，消費生活協同組合法所定の合併手続がとられておらず，譲渡人たる右連合会（中央労済および訴外近畿労済：引用者）及び単協は，組織統合後も消滅することなく存続するのであるから，営業譲渡に準ずる『事業の譲渡』と解するのが相当である。」「右原告らは，一定規模の企業活動を営む被告中央労済の企業組織の中に有機的に組み入れられ，組織づけられた一員たる地位にあったものと考えるのが相当である。」「ところで，営業譲渡とは，一般にかかる有機的一体をなした企業そのものの譲渡に他ならず，本件もまたその一場合であると解されるところ，このような場合，右原告らと企業そのものとの一体性に鑑み，右原告らの雇用契約関係も当然に被告中央労済から被告全労済に譲渡されたものと考えるのが相当である……。」

なお，最近の裁判例でも，当然承継の考え方のものがある。すなわち，「そもそも使用者がその営業を他に譲渡した場合には，使用者と営業譲渡の対象とされた業務に従事していた被用者との間の労働契約上の地位は，営業譲渡当事者間において特段の定めをしない限り，譲受会社に承継され」る（エーシーニールセン・コーポレーション事件・東京高判平成16.11.16労判909号77頁）。

3 事実上の合併説

　上記のような雇用関係当然承継説もあるが，事業の人的要素は，経営首脳およびその補助者とするのが一般的な理解なので，事業譲渡に当たって自動的に譲受会社に労働契約関係が移転するということは困難である。そこで，今日では，事業譲渡における労働契約の帰趨について個々的に検討する立場が一般的である。その場合，一旦，譲受会社に労働者が移転した後，そこで解雇される場合には，通常の解雇法理で対処すればよい。実際に問題となるケースは，多くの場合，事業譲渡に当たり，譲渡会社で労働者が一旦解雇され，一部の労働者を除いて譲受会社で再雇用されるという場合である。

　このような場合について，一つの考え方は，全営業を譲受会社に譲渡して清算・解散して消滅するような場合には，それを「事実上の合併」とみて，譲受会社に労働契約関係が承継されるとする考え方である。この考え方と共通する裁判例に以下がある。

判例9－5

日進工機事件 奈良地決平成11.1.11労判753号15頁

【事実の概要】
　Ｘら（債権者）は訴外Ｚ社の従業員であった。Ｚ社は土木工事用の機械器具の製造会社であり，Ｚ社の実質的な経営者であるＡが代表取締役であるＹ社（債務者）がこれを販売し，別にＡは訴外Ｗ社も経営していたところ，Ｚ社は企業の廃止を理由にＸらを全員解雇し，その後，Ｚ社は解散された。これに対し，Ｘらは，Ｚ社の営業はＹ社に譲渡されたものであり，解散も偽装であって無効な整理解雇であるとして，Ｙ社との間の労働契約上の地位保全等を求めた。

【決定要旨】
　「企業に雇用される労働者の労働契約は，企業の解散決議によって当然終了す

るものではないから……，企業の解散に先立って労働者に対する解雇が行われるときは，解散の効果とは別に当該解雇の効力を吟味することが必要になる。」「Z社がした本件解雇は債務者の主張によれば企業廃止に基づく従業員の全員解雇であるというのであるが，実質的にはこれと一体となってAが采配する……Y社にその営業は継承されるものと認められるのであって，その企業廃止という前提は廃止を仮装したものであると一応認められる。そうすると本件解雇は無効であるというほかない。」「本件解雇は無効であると言うべきところ，Z社の営業は，これと実質的一体性を有するY社に継承されるものであること前認定のとおりであるから，債務者らとZ社との間の労働関係も，債権者らとY社との間の労働関係として継承されるものと言うべきである。」

4 法人格否認法理説

以下のように，法人格否認の法理を用いる場合もある。

判例9-6

盛岡市農協事件 盛岡地判昭和60.7.26労判461号50頁

【事実の概要】

Xらは，被告Y農協が出資して設立した有限会社のスーパーマーケット（エーコープ店）の従業員である。エーコープ店は，徐々に業績を上げてきていたが，Xらが労働組合に加入して分会を結成すると，Y農協から出向しているエーコープ店の店長などが脱退を働きかけ，組合活動の規制を強めるなどした。そして，エーコープ店は，会社を解散し，それを理由にXらを解雇した。そこで，Xらは，Y農協の従業員としての権利を有する地位にあることの確認などを求めた。

【判旨】

店長による「右一連の行為がエーコープ店によるXらの団結権に対する侵害として不当労働行為に当たることは明らかというべきである。」そして，「本件の会社解散及びそれに基づくXらの解雇の背景には，上堂店分会の解体を目的とした不当労働行為意思が働いていたものとみるのが相当である。」「企業の維持存続が可能であるのに労働組合の壊滅を図るために企業を解散し，解散を理由として労働者を解雇するのは，団結権の侵害として不当労働行為に該当し，その解散及び解雇は，経営裁量の合理的な範囲を逸脱し正当な理由を欠くものとして，特別の例外的事情が存しない限り，無効というべきである。」本件の解散および解雇は無効である。「ところで，形式上独立の法人格を有する団体であっても，①その法人格が全くの形骸にすぎない場合，または②それが法律の適用を回避する

ために濫用される場合においては，法人格付与の法目的に反するものとして，その法人格を否認し，特定の法律関係につき具体的妥当な救済を図ることが許されるものと解される……。そして，両法人間の資本の保有関係，役員の兼任，人的構成及び物的施設・資産の共有性，経理・帳簿の混同，経営方針・人事管理等運営の実質的決定権の所在，その他の事情に照らし，両法人が組織的経済的に単一体を構成し，支配法人の従属法人に対する管理支配が現実的統一的で，社会的にも企業活動に同一性が認められる場合には，従属法人は支配法人の一営業部門にすぎないというべく，したがって従属法人の法人格は全くの形骸として否認するのが相当と解される。」結局，エーコープ店は，Ｙ農協の一営業部門にすぎず，その法人格は形骸化していたから，エーコープ店の解散および本件解雇が無効である以上，労働契約上の義務は，Ｙ農協が負担しなければならない。

判例 9-7
新関西通信システムズ事件 大阪地決平成 6．8．5 労判668号48頁

【事実の概要】
債務者Ｘは，訴外Ａ社の従業員であった。Ａ社は，業績不振と経営陣内の不和が発生したことから，結局，解散のうえ，全従業員を解雇した。そして，Ａ社は，債務者Ｙを設立してこれに営業譲渡し，Ｙ社はＡ社の大半の従業員を採用した。しかし，この解散に先立って進められていた合理化案に反対して地域労組に加入し交渉を求めるなど活動をしていたＸは採用されなかった。そこで，Ｘは，Ｙ社に対し，労働契約上の地位にあることを仮に求める仮処分を申し立てた。

【決定要旨】
「債権者としては，労働契約が債務者に承継されることを期待する合理的な理由があり，実態としてもＡ社と債務者に高度の実質的同一性が認められるのであり，債務者がＡ社との法人格の別異性，事業廃止の自由，新規契約締結の自由を全面的に主張して，全く自由な契約交渉の結果としての不採用であるという観点から債権者との雇用関係を否定することは，労働契約の関係においては，実質的には解雇法理の適用を回避するための法人格の濫用であると評価せざるをえない。したがって，Ａ社における解雇及び債権者の不採用は，Ａ社から債務者への営業等の承継の中でされた実質において解雇に相当するものであり，解雇に関する法理を類推すべきものと解する。」「本件債権者の解雇（不採用）は，……整理解雇の実質を有するものと認められ」，その有効性を満たさず，無効である。

5 事業譲渡契約の解釈による場合

　事業譲渡に当たり締結される契約の解釈により，労働契約の承継を導く法理がある。しかし，この法理は，当該契約に明確な承継否定の定めがあるような場合には採用しがたいので，さらに以下にみるような別の法理が編み出された。

判例 9−8

タジマヤ（解雇）事件 大阪地判平成11.12.8労判777号25頁

【事実の概要】
　原告Xは，訴外A社の従業員であった。A社は，経営不振に陥ったので，主要な資産を被告Y社に売却する売買契約を締結したうえで解散した。その後，Y社は，A社の営業を行っている。ところで，Xは，解散の前に，A社から事業縮小などを理由に解雇された（第一解雇）ので，これを不服として申し立てた仮処分が認められた。この後さらにA社は，Xに解雇通告をした（第二解雇）。一方，解散時，A社に在籍していた従業員は全員Y社が雇用した。そこで，Xは，A社はY社と実質的に法人格が同一であり，また，A社の営業は包括的にY社に譲渡されているところ，本件解雇は無効であるとして，Yに対し労働契約上の権利を有する地位にあることの確認などを求めた。

【判旨】
　第一解雇，第二解雇は，整理解雇としての有効要件を満たすものとはいい難く，解雇権の濫用であって無効である。「A社が実質的にはY社と同一でその一営業部門に過ぎなかったということはできず，したがって，A社の法人格が形骸化していたとは認められない。また，そうである以上，A社の営業をY社が継続しているからといって，A社とXとの間の雇用契約までY社が当然に承継しなければならないとする理由はなく，従って，Y社がXとの間の労働契約関係を否定することが法人格の濫用になるとは認められない。」「Xは，Y社がA社から営業（有機的かつ組織的一体としての会社財産）譲渡を受けたことによって，XとA社間の雇用契約も承継したと主張するが，営業譲渡がなされたからといって，譲渡人とその従業員との雇用契約が当然に譲受人に承継されるというものではない。従って，Y社とA社間において，Xとの雇用契約を含む営業譲渡がなされたと認めることができるか否かが問われなければならない。」「A社とY社との間では，営業譲渡という契約形態こそとられていないが，……単にその経営主体がA社からY社に代わったに過ぎないというべきである。そうすると，A社の資産売却がなされた頃，A社からY社へ営業譲渡がなされたものと認める

のが相当である。」「そして，Ｙ社がＡ社に在籍した従業員全員を雇用していることからすると，譲渡の対象となる営業にはこれら従業員との雇用契約をも含むものとして営業譲渡がなされたことを推認することができる。」「Ａ社がＸに対してした本件各解雇はいずれも無効であり，右営業譲渡がなされた当時，ＸはなおＡ社に在籍したものと扱われるべきであるから，右営業譲渡によって，ＸとＡ社との間の雇用契約もＹ社に承継されたものと解される。」

判例 9-9

勝英自動車（大船自動車興業）事件 横浜地判平成15. 12. 16労判871号108頁

【事実の概要】

Ｘらは自動車教習所を経営するＯ社従業員であった。Ｏ社は経営状況が悪化傾向にあることから事業に見切りをつけ，同じく自動車教習所を経営するＹ社に営業譲渡し，解散を決議した。この営業譲渡契約には，「乙（Ｙ社）は，営業譲渡日以降は，甲（Ｏ社）の従業員の雇用を引き継がない。ただし，乙は，甲の従業員のうち平成12年11月30日までに乙に対して再就職を希望した者で，かつ同日までに甲が乙に通知した者については，新たに雇用する。」との規定が含まれていた。Ｏ社は，解散に先立ち，従業員に対し，再雇用後の労働条件の低下を告知しながら，「従業員全員に退職してもらい，再雇用するので，従業員に退職届を提出してもらいたい」「退職届を提出した者はＹ社の従業員として雇用するが，退職しない者は同年12月15日付けで解雇する」などと説明した。労働条件の低下に反対であったＸらが退職届を出さなかったところ，会社解散を理由に解雇されたが，退職届を出した者は全員が再雇用された。そこで，Ｘらは，Ｙ社に対し労働契約上の地位の確認を求めた。

【判旨】

「Ｏ社及びＹ社は，Ｏ社と従業員との労働契約を，本件営業譲渡に伴い当然必要となる……事業にこれら従業員をそのまま従事させるため，Ｙ社との関係で移行させることを原則とする，ただし，賃金等の労働条件が……改訂されることに異議のある……従業員については上記移行を個別に排除する，この目的を達成する手段としてＯ社の従業員全員に退職届を提出させ，退職届を提出した者をＹ社が再雇用するという形式を採るものとし，退職届を提出しない従業員に対しては，Ｏ社において会社解散を理由とする解雇に付する，との内容の合意を，遅くとも本件譲渡契約の締結時までに形成したものと認めることができる。」「本件解雇は，一応，会社解散を理由としているが，実際には，（上記排除の：引用者）目的で行われたものということができるが，このような目的で行われた解雇は，……解雇権の濫用として無効になるというべきである。」なお，上記合意部分お

よび譲渡契約の上記規定は，民法90条に違反するものとして無効になる。「結局，上記合意は，O社と従業員との労働契約を……Y社との関係で移行させるとの原則部分のみが有効なものとして残存することとなるものである。」「そうすると，……本件解雇が無効となることによって本件解散時においてO社の従業員としての地位を有することとなるXら……については，……Y社に対する関係で，本件営業譲渡が効力を生じる同年12月16日をもって，本件労働契約の当事者としての地位が承継されることとなるというべきである。」

なお，本件控訴審（東京高判平成17.5.31労判898号16頁）も，第一審判断を維持した。

判例 9-10

東京日新学園事件 さいたま地判平成16.12.22労判888号13頁

【事実の概要】
本件は，経営が破綻した訴外学校法人A学園が設置していた専門学校の経営を新設学校法人の原告Xが引き継いだ際，A学園に専任教員として雇用されていた被告YをXが雇用（採用）しなかった。これに対してY（他2名）が不当労働行為であるとして救済申立をした。そこでXがこれに対抗してYとの雇用関係不存在の確認請求をしたので，Yが反訴として雇用関係の存在確認などを求めたものである。

【判旨】
「事業の全部譲渡に伴い，雇用関係が事業と一体として承継されていると評価できる場合には，事業に現に従事する労働者が事業の譲受人に採用されないということは，事業に従事する当該労働者にとっては，実質的には解雇と同視すべきことであり……，事業譲受人の採用の自由を理由に，事業譲渡の当事者間の合意のみ，あるいは譲受人の意思のみによって，いかようにもその処遇が決められること，すなわち事業の譲受人による事業に従事する労働者に対する完全に自由な採否を容認するのは，雇用関係の承継を含む事業譲渡において恣意的な解雇を許すのと同様の結果を招き，労働者保護に欠けると言わざるを得ない。他方，譲受人は，その事業をその労働力とともに譲り受け，それを使用した運営によって利益を享受することになるのであるから，労働力を使用する立場をも承継した者として，労働者保護法理に基づく一定の責任は当然負担すべきであり，新規採用との法形式を採用したとの一事をもってかかる負担を免れることは，それらの法理の不当な僭脱として許されないと言うべきである。したがって，労働力と一体として行われたと認められる事業全部の譲渡において，事業の譲受人が，当該事業

譲渡時点において譲渡人と雇用関係にあり，かつ，譲受人との雇用関係のもとに引き続き当該事業に労働力を提供することを希望する労働者を，当該事業における労働力から排除しようとする場合には，解雇権濫用法理に準じ，当該排除行為が新規採用における採用拒否，あるいは雇用契約承継における承継拒否等，いかなる法形式でされたかを問わず，それについて客観的に合理的な理由を要し，かかる理由のない場合には，解雇が無効である場合と同様，当該労働者と事業譲受人との間に，労働力承継の実態に照らし合理的と認められる内容の雇用契約が締結されたのと同様の法律関係が生じるものと解するのが相当である……。」（なお，判決では，本件の不採用は整理解雇の実質があるとして，整理解雇の4要件に基づいて判断し，その結果，客観的・合理的理由はないとした。）

これに対し，高裁では，以下のように，承継を否定した。

判例9-11
東京日新学園事件 東京高判平成17.7.13労判899号19頁

【判旨】
「控訴人と（訴外：引用者）法商学園との間に，法的に教職員の雇用契約関係の承継を基礎づけ得るような実質的な同一性があるものと評価することはできない……。」「旧法人の解散と新法人の設立が，労働組合の壊滅その他一定の労働者を排除するためにされるなど，法人格が濫用されていると認められる場合には，法人格否認の法理の適用により，新旧法人の同一性を認めて，旧法人のした解雇を無効とし，新法人に雇用契約関係の承継を認めることがあると考えられる。」しかし，このような事実関係を認めるに足りる証拠はない。「学校教育事業の承継が営業譲渡に類似する行為であるとしても，営業譲渡契約は，債権行為であって，契約の定めるところに従い，当事者間に営業に属する各種の財産（財産価値のある事実関係を含む。）を移転すべき債権債務を生ずるにとどまるものである上，営業の譲渡人と従業員との間の雇用契約関係を譲受人が承継するかどうかは，譲渡契約当事者の合意により自由に定められるべきものであり，営業譲渡の性質として雇用契約関係が当然に譲受人に承継されることになるものと解することはできない。……営業譲渡において，原則的に従業員が営業の構成部分（有機的一体としての財産）として譲受人に移転されるべきことを根拠づけるような実定法上の根拠はない。」そして，「法商学園と新法人（控訴人）との間に，その雇用契約関係を承継しない旨の合意があったことが明らかである。」「もっとも，上記のとおり，営業譲渡契約において，雇用契約関係を引き継がない合意をすることが自由であるとしても，その合意が，労働組合を壊滅させる目的でされたり，

> 一定の労働者につきその組合活動を嫌悪してこれを排除する目的でされたものと認められる場合には，そのような合意は，公序（憲法28条，労働組合法 7 条）に反し，無効であるというべきである。しかし，本件合意については，……無効事由があるものと認めることはできない。」（なお，不採用も，面接結果が最下位であることなどによるものであり，不当労働行為ではないとした。）

　他方，病院事業の経営譲渡に際して行われた職員の採用を譲受病院の専属事項とする合意は，労組法 7 条 1 号の適用を免れるための脱法手段であり，採用の実態に照らすと新規採用というより雇用関係の承継とみるべきであり，組合員だけを不採用としたことは組合活動を嫌悪して解雇したに等しいとして不当労働行為性を認めた例もある（中労委〔青山会〕事件・東京高判平成14. 2 .27労判824号17頁〔→判例23- 3 〕）。

4 労働条件の変更問題

　事業（営業）譲渡に際し，労働契約の承継が認められる場合でも，さらに問題となるのは，この承継に伴い労働条件の変更が行われた場合の効力如何である。この点が争われた広島第一交通事件（広島地決平成10. 5 .22労判751号79頁）では，次のように判断された。すなわち，別のタクシー会社 A から営業譲渡を受けた債務者 Y が，平均して約 4 割減額になる賃金体系を導入し，それに基づく賃金を支払ったので，タクシー運転手である債権者らが旧賃金体系に基づく賃金の仮払いなどを求めたものである。A は営業譲渡の通知の際，従業員らの組織する三つの労働組合に対し，従業員は営業譲渡の日をもって Y に転籍して雇用する，労働条件は現行制度を適用すると通知したが，右営業譲渡後，Y は，三つの労働組合に対し，従業員を一旦退職扱いとして，新賃金体系の下で再雇用する新方針を伝え，一つの組合とは新方針で合意できたが，債権者らの組合とは合意のないまま新賃金体系で賃金を支払った。したがって，本件では，営業譲渡先との間の労働契約の承継の有無が争われているわけではない。決定では，賃金体系という労働者にとって重要かつ核心的な権利に関する変更に際しては，従前の協定等の内容は相当程度尊重されるべきであり，就業

規則および労働協約の変更については，高度の必要性に基づく合理性が要求されるべきであり，「債権者らが旧賃金体系に基づく賃金を請求することが信義則に反するとは言い難い」として，申立てを認めた。

5 会社分割と労働契約承継法

1 労働契約の承継問題

会社分割を行う経営判断には，大きく分けて二つある。一つは，不採算部門を切り離して経営効率を高める場合であり，この場合には，承継会社が倒産して労働者が解雇されたり，労働条件が引き下げられる場合もありうる。もう一つは，採算部門の重点化を図り，企業業績を向上させようとする場合である。このように，分割された会社の将来に不安があるものの，労働契約は，労働契約承継法により，一定の場合，労働者の意思に関係なく承継される(承継3条)。

2 承継手続と効果

新設分割にあっては「新設分割計画」，吸収分割にあっては「吸収分割契約」(承継2条)において，労働契約の承継について記載されることになる。この記載に当たり，分割計画書などでは，どの労働者を承継の対象とするかは自由であることから，それから排除される労働者を保護するために労働契約承継法を制定して，立法的に解決が図られた。この場合，分割される部門か否か，記載があるか否かに応じて，労働契約の承継が決められている。

すなわち，①承継されるのは，承継される事業に「主として従事する」労働者で，分割契約等で承継する旨の定めがあるものであり，このものは同意なしに当然承継され，承継されない場合，異議申出権が認められ，結局は承継されることになる。次に，承継されないのは，承継される事業に「主として従事するもの」から除外されたものであり，そのうち，「承継される旨の定め」がある場合には，異議申出をして残留が可能であるが，「承継する旨の定め」がないものについては，承継されない。以上以外の場合，通常の転籍として扱われることになる。

そこで，もし分割会社の承継される事業に所属していたにもかかわらず，移籍から除外されれば，当然，新設会社における労働者の地位が認められる。この点が問題となったケースに以下がある。

判例9-12
グリーンエキスプレス事件 札幌地決平成18.7.20労旬1647号66頁

【事実の概要】
債権者Xらは，運送事業を営む申立外A社のトラック運転手であった。A社は運輸現業部門をB社に営業譲渡したが，XらはA社に在籍してB社に出向していたところ，A社は会社を分割してY社（債務者）を設立した。ところが，A社は，その後，解散を決議し，それを理由にB社との出向契約を解除し，かつXらを解雇したので，Xらは労働契約承継法によりA社との雇用契約はY社に承継されたとして地位保全等の仮処分を申請した。

【決定要旨】
「A社から出向していた配車係の雇用契約等は，本件会社分割により，Y社に承継されているのであるから，これらの契約関係等が属する運送営業は，本件会社分割によりY社に承継される本件営業に含まれると解される。そうであれば，Xらの雇用契約も，配車係の従業員の雇用契約等が属する運送営業に属するのであるから，本件会社分割により，Y社に承継されると解することが自然であり，これを否定する合理的な理由も認められない。」

労働契約承継法のねらいは，労働者の同意なしに労働契約を承継できる点にある。ただし，労働者の理解と協力および事前協議の努力義務が使用者に課されている（承継7条。7条措置と呼ばれる。同法施行規則4条）。また，分割計画書などについて，事前に労働者側と協議することが義務づけられている（商法改正附則5条。5条協議と呼ばれる）。これを怠れば，会社分割自体が無効になる。この点が問題となったのが以下のケースである。

> 判例 9-13
> **日本アイ・ビー・エム（会社分割）事件** 最二小判平成22．7．12労判1010号５頁

【事実の概要】
　被上告人Y社（一審被告・被控訴人）は，HDD事業部門を会社分割して設立会社とし，その全株式を訴外H社と設立したA社に譲渡した。そこで，設立会社へ承継される営業に含まれるとして分割計画書に記載された上告人労働者Xら（一審原告・控訴人）は，この会社分割による労働条件の引下げや設立会社の経営不安を懸念し，本件会社分割が，その手続に違法な瑕疵があり，また権利濫用・脱法行為に当たるなどとして，Y社に対し労働契約上の地位にあることの確認などを求めた。一審（横浜地判平成19．5．29労判942号５頁）は，「労働契約承継法７条……でいう『理解と協力』……は，努力義務を課したに止まると解される。」「仮に７条措置の不履行が分割の無効原因となり得るとしても，分割会社が，この努力を全く行わなかった場合又は実質的にこれと同視し得る場合に限られ」，また，５条協議についても，同様であるところ，本件会社分割は，これに当たらないとして請求を棄却した。控訴審（東京高判平成20．6．26労判963号16頁）も，協議がまったく行われなければ分割は無効だが，それだけでなく，協議が不十分のため当該会社分割によって通常生じる不利益を著しく超える不利益を労働者が被る場合には，分割計画書に記載する要件を欠き，当該労働者の労働契約の承継についてのみ無効になりうるとしながらも，本件はこれに当たらないとして控訴を棄却した。そこで，Xらが上告した。

【判旨】
　５条協議は，「分割会社が分割計画書を作成して個々の労働者の労働契約の承継について決定するに先立ち，承継される営業に従事する個々の労働者との間で協議を行わせ，当該労働者の希望等をも踏まえつつ分割会社に承継の判断をさせることによって，労働者の保護を図ろうとする趣旨に出たものと解される。」「５条協議の趣旨からすると，承継法３条は適正に５条協議が行われ当該労働者の保護が図られていることを当然の前提としているものと解される。……５条協議が全く行われなかったときには，当該労働者は承継法３条の定める労働契約承継の効力を争うことができるものと解するのが相当である。
　また，５条協議が行われた場合であっても，その際の分割会社からの説明や協議の内容が著しく不十分であるため，法が５条協議を求めた趣旨に反することが明らかな場合には，分割会社に５条協議義務の違反があったと評価してよく，当該労働者は承継法３条の定める労働契約承継の効力を争うことができるというべきである。」
　他方，承継法７条は「分割会社に対して努力義務を課したものと解され，これ

> に違反したこと自体は労働契約承継の効力を左右する事由になるものではない。7条措置において十分な情報提供等がされなかったがために5条協議がその実質を欠くことになったといった特段の事情がある場合に，5条協議義務違反の有無を判断する一事情として7条措置のいかんが問題になるにとどまるものというべきである。」本件では，7条措置および5条協議のいずれも不十分であったとはいえない（上告棄却）。

　なお，問題となるのは，分割会社への転籍拒否の効果である。前掲・日本アイ・ビー・エム（会社分割）事件・地裁・高裁判決では，「分割会社の労働者は，会社分割の際に設立会社等への労働契約の承継を拒否する自由としては，退社の自由が認められるにとどまり，分割会社への残留が認められる意味での承継拒否権があると解することはできない」とした。この点，前記・最高裁判決は，Y社が在籍出向などの要求に応じなかった点について，本件では相応の理由があるとして退けているのであるから，個別の事情によっては可能な人事異動が認められる場合があることを否定していない。

第Ⅱ編

労働条件の諸問題

10章 賃金（賞与・退職金）請求権

退職金の減額不支給

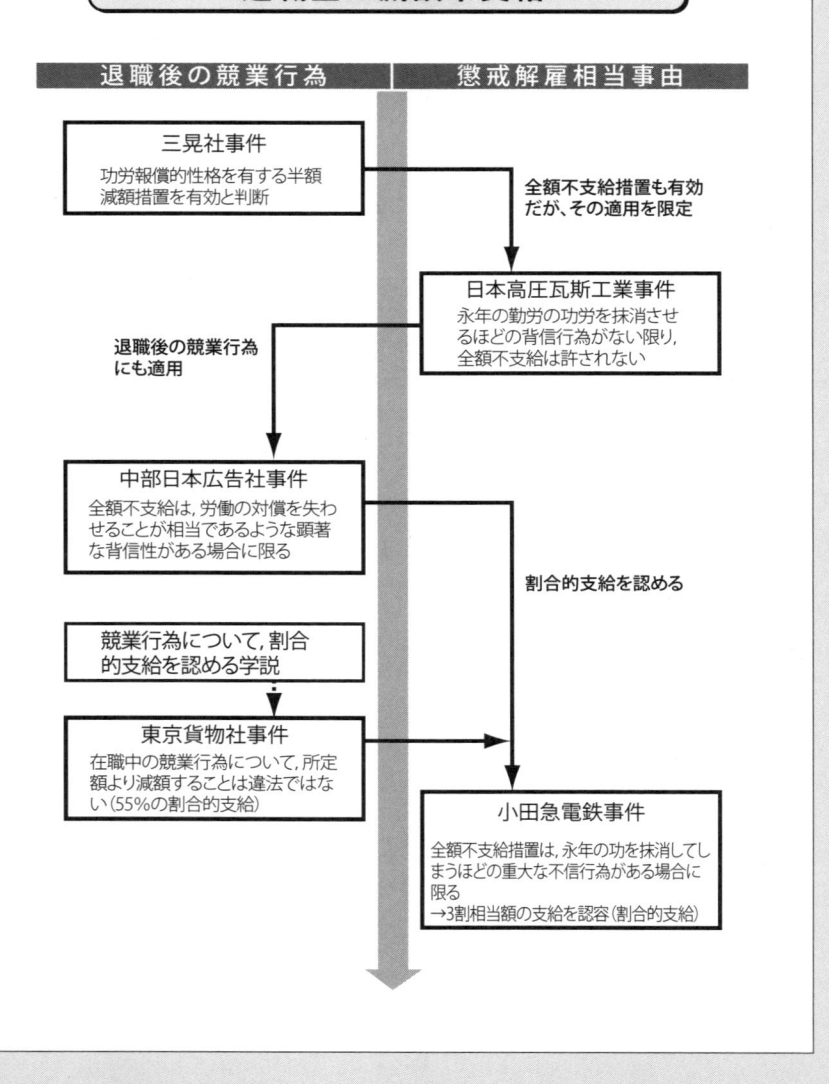

退職後の競業行為	懲戒解雇相当事由

三晃社事件
功労報償的性格を有する半額減額措置を有効と判断

→ 全額不支給措置も有効だが、その適用を限定

日本高圧瓦斯工業事件
永年の勤労の功労を抹消させるほどの背信行為がない限り、全額不支給は許されない

退職後の競業行為にも適用

中部日本広告社事件
全額不支給は、労働の対価を失わせることが相当であるような顕著な背信性がある場合に限る

割合的支給を認める

競業行為について、割合的支給を認める学説

東京貨物社事件
在職中の競業行為について、所定額より減額することは違法ではない（55％の割合的支給）

小田急電鉄事件
全額不支給措置は、永年の功を抹消してしまうほどの重大な不信行為がある場合に限る
→3割相当額の支給を認容（割合的支給）

1 賃金請求権の発生

　賃金請求権は，履行の提供によってはじめて発生する。労務の提供に当たっては，債務の本旨に従った履行の提供でなければならない。日本の雇用慣行では，職種や業務内容を特定せずに雇用することが多く，通常，使用者は，労働契約の枠内で労働者が行う労働の種類・場所・遂行方法などを決定し，必要な指揮監督を行うことになる。

　そして，職種や業務が特定されていない場合，病気や障害などによりそれまでの業務を完全に遂行できないときは，それまでと異なる労務の提供およびその申出を行い，実際には配置可能な業務がある場合には，債務の本旨に従った労務の提供があったものとみなすことができ，その結果，労働者は賃金請求権を失わないことになる（後掲・片山組事件）。うつ病などで休職した労働者の復職の可否が問題となることがあるが，自律神経失調症で休職中の労働者からの復職申出について，残業の少ない他部門への配置を検討することなく，これを拒否した事案において，労働契約に従った労務の提供があったとして，賃金請求権を認めたものがある（キヤノンソフト情報システム事件・大阪地判平成20．1．25労判960号49頁）。

　これに対して，業務内容の特定がある場合として，たとえば，業務内容がトラック運転手に特定されていた事案では，労働者がそれまでの業務を通常の程度に遂行することができなくなった場合には，原則として，特定された職種の職務に応じた労務の提供をできない状況にあるものと解される（カントラ事件・大阪高判平成14．6．19労判839号47頁）。

> 判例10-1
>
> **片山組事件**　最一小判平成10．4．9労判736号15頁
>
> > 【事実の概要】
> > 　Xは昭和45年3月Y社に雇用され，建設工事現場における現場監督業務に従事していた。平成2年夏，Xは，バセドウ病にり患している旨の診断を受け，以

後通院治療を受けながら，平成3年2月まで現場監督業務を続けた。Xは，平成3年8月から現場監督業務に従事すべき旨の業務命令を受けたが，病気のため現場作業に従事できないこと，残業は1時間に限り可能なこと，日曜日・休日の勤務は不可能であることなどを申し出，Y社の要請に応じて診断書を提出した。そこで，Y社は平成3年9月30日付の指示書で，Xに対し10月1日から当分の間自宅で病気治療すべき旨の命令を発した。その後，平成4年2月5日に現場監督業務に復帰するまでの期間中，Y社はXを欠勤扱いとし，その間の賃金を支給せず，平成3年12月の賞与も減額した。そこで，Xは欠勤扱い期間中の賃金と12月賞与の減額分をY社に請求して提訴した。

【判旨】
「労働者が職種や業務内容を特定せずに労働契約を締結した場合においては，現に就業を命じられた特定の業務について労務の提供が十全にはできないとしても，その能力，経験，地位，当該企業の規模，業種，当該企業における労働者の配置・異動の実情及び難易等に照らして当該労働者が配置される現実的可能性があると認められる他の業務について労務の提供をすることができ，かつ，その提供を申し出ているならば，なお債務の本旨に従った履行の提供があると解するのが相当である。そのように解さないと，同一の企業における同様の労働契約を締結した労働者の提供し得る労務の範囲に同様の身体的原因による制約が生じた場合に，その能力，経験，地位等にかかわりなく，現に就業を命じられている業務によって，労務の提供が債務の本旨に従ったものになるか否か，また，その結果，賃金請求権を取得するか否かが左右されることになり，不合理である。」

また，賃金請求権の有無が問題となったものとして，組合活動をめぐるものも散見される。つまり，労働者が通常とは異なる態様で労務の提供を行ったり，使用者の指示に反する行動をとったりした場合である。たとえば，出張や外勤を拒否し内勤のみに従事する組合活動について，債務の本旨に従った労務の提供とはいえず，使用者はあらかじめ受領を拒否していたといえるので，賃金請求権は生じない（水道機工事件・最一小判昭和60.3.7労判449号49頁）。また，新幹線運転士による減速闘争について同様の判断をしたもの（東海旅客鉄道事件・東京地判平成10.2.26労判737号51頁）などがある。

2 賃金の決定・変更

1 賃金の決定・減額

　賃金は，労働者にとって最も重要な労働条件であり，民法623条や労契法6条の規定からも，労働契約において，賃金は本質的な要素といえる。そして，賃金は，本質的かつ重要な要素であるからこそ，最低賃金や賃金支払いの原則に違反する場合や，男女差別などの合理的理由のない賃金格差は違法となる場合があるものの，その額や決定の方法は，原則として，労働協約や就業規則の下で当事者の自由により決定される。一旦決定された賃金は，労働契約の重要な内容として，原則として，使用者によって一方的に不利益変更することはできず（労契9条），合意による場合（同法8条）も，明確な同意が求められ（更生会社三井埠頭事件・東京高判平成12.12.27労判809号82頁〔判例11-3〕），就業規則による変更も高度の必要性に基づいた合理性が求められる（同法10条）。

　日本の多くの企業でみられる職能資格制度は，仕事遂行能力や従事可能な職位を基準に資格等級を設け，資格等級に対応する賃金を定めるものである。同制度下では，職能資格・等級の変更が賃金の変更につながるため，人事権を基礎づける法的根拠（就業規則・合意）に基づく一定の制約を受け，人事権の行使としての格付けも，その根拠である就業規則や労働者の同意の趣旨に反してはならない（イセキ開発工機〔賃金減額〕事件・東京地判平成15.12.12労判869号35頁）。そして，格付けを新たに行う場合や変更して賃金などの処遇に不利益が生じるような場合，その可能性が予定されその権限が使用者に根拠づけられていることが必要となる（アーク証券〔仮処分〕事件・東京地決平成8.12.11労判711号57頁）。判例は，減額変更については，就業規則上にその権利の根拠を求め，その権利行使を制限する傾向にある。

2 年俸額の決定・変更

　年俸制は，年単位で賃金を支払う仕組みであるが，期間の定めのないまたは1年以上の労働契約の場合，契約関係は存続しているものの，年俸額の合意が

調わない事態も生じうる。このような場合，就業規則等で定められた年俸制の仕組みの解釈によって決せられる。

> 判例10-2
> **日本システム開発研究所事件** 東京高判平成20．4．9労判959号6頁
>
> 【事実の概要】
> 　Y社では，20年以上前から就業規則を変更することなく，主に40歳以上の研究職職員を対象として，年俸制度を導入していた。Y社と労働者との年俸交渉は毎年6月に行われ，その年度（当年4月1日から翌年3月31日まで）の年俸を決めることとし，その際，5月中旬頃まで個人業績評価を行い，非年俸者の給与改定基準表を参考に，Y社の役員が交渉開始の目安となる提示額を計算し，1人当たり30分から1時間ほどの交渉が行われ，役員と労働者が協議して最終的な合意額と支払方法を決定していた。ところが，平成15年・16年において，業績評価の基となる資料の提出を研究室長らが拒んだことから，業績評価ができず，平成14年度の給与のままとされた。その後，Y社の経営が悪化したことなどから，給与の見直しを行い，平成17年度には，Y社の役員が作成した評価に基づく業績評価を行い，個別の交渉を行ったが，年俸額が大幅に引き下げられていたことから，合意に至らなかった。Y社は，今後の交渉による確定・清算を予定しつつも，暫定的に算定した額に基づき賃金を支払った。そこで，年俸制の適用を受けていた4名の原告Xらが，従前の賃金との差額等を求めて提訴した。
>
> 【判旨】
> 　「Y社における年俸制のように，期間の定めのない雇用契約における年俸制において，使用者と労働者との間で，新年度の賃金額についての合意が成立しない場合は，年俸額決定のための成果・業績評価基準，年俸額決定手続，減額の限界の有無，不服申立手続等が制度化されて就業規則等に明示され，かつ，その内容が公正な場合に限り，使用者に評価決定権があるというべきである。上記要件が満たされていない場合は，労働基準法15条，89条の趣旨に照らし，特別の事情が認められない限り，使用者に一方的な評価決定権はないと解するのが相当である。」「年俸額についての合意が成立しない場合に，Y社が年俸額の決定権を有するということはでき」ず，「前年度の年俸額をもって，次年度の年俸額とせざるを得ない」。

　年俸額が合意できない場合でも，当然に，使用者が一方的に決定できるわけではなく，そうした年俸額決定権限を就業規則等に定め，その内容が公正であ

ることが求められ，そうでない場合には，使用者による一方的決定はできず，合意が成立しないときには，従前の年俸額に据え置かれるとするものがある（日本システム研究所事件）。他方で，年俸制導入の経緯（事実関係）から，労働者の同意なく，使用者が年俸額を決定できる年俸制が合意されている場合には，たとえ減額されたときでも，労働者は，減額された年俸額に基づく賃金を受領するほかないとするものもある（中山書店事件・東京地判平成19．3．26労判943号41頁）。そのうえで，年俸額決定の根拠となった査定（成果・業績の評価等）などについて，使用者の裁量権が逸脱したかどうかを争うことになる。

3 一時金（賞与）

　賞与は，労使間の合意ないし使用者の決定により当事者が自由に定めることができるため，多様な性格と実態を有している。一般に，賃金後払い的性格とともに，月例賃金を補う生活補塡的性格，従業員の貢献に対する功労報償的性格，将来の労働に対する勤労奨励的性格，企業業績の収益分配的性格など多様な性格を併せ持つとされている。そして，賞与などの臨時の賃金を制度として支給する場合には，就業規則にその支払いに関する規定を置く必要があるが，具体的な賞与額の決定について，使用者の決定や労使の合意・慣行等がある場合にはじめて，賞与請求権が発生するとされている。
　賞与の支給要件は，労使間の合意ないし使用者の決定により自由に定めることができる。そこで，しばしば問題となるのが，「支給日に在籍する者」といった「支給日在籍要件」の有効性である。一般に，支給日在籍要件は不合理といえず，賞与の不支給も有効であると解されている（大和銀行事件・最一小判昭和57．10．7労判399号11頁）。
　また，支給の要件として，最低出勤率や支給対象期間などが定められる場合がある。賞与の功労報償的・勤労奨励的性格から「出勤率90％」という支給要件は不合理とはいえないが，算定に当たって，労働者が法律で認められた権利・利益としての不就労日を欠勤扱いにし，これを理由に不利益な取扱いをすることができるかが問題となる。そして，支給要件に関しては，産前産後休業，育

児時間などの労基法等で認められた権利ないし法的利益に基づく不就労に対して不利益な取扱いをすることは，権利等の行使を抑制し，労基法等がそのような権利等を保障した趣旨を実質的に失わせるものと認められる場合，そのような支給要件は無効となる。他方で，具体的な支給額の算定に立って，不就労日を欠勤扱いとすることは，法律等が権利・利益を保障した趣旨を実質的に失わせるものとは認められないので，有効であると判断されている（東朋学園事件・最一小判平成15.12.4労判862号14頁）。均等法9条3項（平成18.10.10厚労告614号）によれば，不就労期間分を超えて不支給とすることは禁止されている。

4 退職金

1 退職金の法的性格と減額・不支給

　退職金に関する事項は，就業規則の相対的必要記載事項であり（労基89条3号の2），就業規則等で支払条件が明確に定められていれば，労基法11条の「労働の対償」としての賃金に該当し，退職金請求権は労基法上の保護を受ける。そして，退職金には，賃金後払い的性格や功労報償的性格があるとされ，その減額・不支給がしばしば問題となる。減額・不支給の理由としては，退職後同業他社に就職した場合や懲戒解雇された（それに相当する事由がある）場合がある。最高裁は，退職後同業他社に就職した場合の半額への減額について，功労報償的性格を強調して，「制限違反の就職をしたことにより勤務中の功労に対する評価が減殺され」ることから，そのような取扱いも認められている。

> **判例10-3**
>
> **三晃社事件** 最二小判昭和52.8.9労経速958号25頁
>
> 【事実の概要】
> 　X社は広告代理店であり，YはXに入社し，約10年勤務した後，X社を退職した。X社の就業規則によれば，勤続3年以上の社員が退職したときは退職金を支給することとされ，退職後同業他社へ転職のときは自己都合退職の2分の1の乗率で退職金が計算されることとされていた。退職に当たって，Yは就業規則の自己都合退職乗率に基づき計算された退職金64万8000円を受領したが，その際，

今後同業他社に就職した場合には、就業規則に従い受領した退職金の半額32万4000円を返還する旨を約束した。しかし、Yは退職後、同業他社へ入社し、これを知ったX社は、支払済み退職金の半額に当たる32万4000円の返還を求めた。

【判旨】
「X社が営業担当社員に対し退職後の同業他社への就職をある程度の期間制限することをもって直ちに社員の職業の自由等を不当に拘束するものとは認められず、したがって、X社がその退職金規則において、右制限に反して同業他社に就職した退職社員に支給すべき退職金につき、その点を考慮して、支給額を一般の自己都合による退職の場合の半額と定めることも、本件退職金が功労報償的な性格を併せ有することにかんがみれば、合理性のない措置であるとすることはできない。すなわち、この場合の退職金の定めは、制限違反の就職をしたことにより勤務中の功労に対する評価が減殺されて、退職金の権利そのものが一般の自己都合による退職の場合の半額の限度においてしか発生しないこととする趣旨であると解すべきであるから、右の定めは、その退職金が労働基準法上の賃金にあたるとしても、所論の同法3条、16条、24条及び民法90条等の規定にはなんら違反するものではない。」

2 重大な不信行為

　退職金が功労報償的性格を有することから、懲戒解雇に相当するような背信行為があった場合、退職金不支給を認める裁判例も多い（ソニー生命保険事件・東京地判平成11.3.26労判771号77頁など）。また、そのような行為があった場合、退職金請求が権利の濫用になる場合もある（高蔵工業事件・名古屋地判昭和59.6.8労判447号71頁、アイビ・プロテック事件・東京地判平成12.12.18労判803号74頁）。

　これに対して、退職金は賃金の後払い的性格も有することから、懲戒解雇の場合でも、永年の功労を抹消させるほどの重大な背信行為がある場合でなければ、退職金の不支給は認められないとするものがある（高蔵工業事件、日本高圧瓦斯工業事件・大阪高判昭和59.11.29労民集35巻6号641頁、日本コンベンションサービス事件・大阪高判平成10.5.29労判745号42頁、後掲・小田急電鉄事件）。

　こうした懲戒解雇の場合の退職金不支給の有効性判断に関して、重大な背信性を求める判例の流れは、競業行為の場合の不支給にも適用されるに至っている。すなわち、「労働の対償を失わせることが相当であると考えられるような

……顕著な背信性がある場合に限る」としたうえで，「不支給条項の必要性，退職従業員の退職に至る経緯，退職の目的，退職従業員が競業関係に立つ業務に従事したことによって……被った損害などの諸般の事情を総合的に考慮すべきである」とする裁判例がある。(中部日本広告社事件・名古屋高判平成2.8.31労判569号37頁)。もちろん，かかる不支給規定自体が不合理なものとして無効になるのではなく，規定自体は有効であって(労契法7条により労働契約の内容になる)，その適用が「顕著な背信性がある場合」に限定されるということである。

判例10-4
小田急電鉄事件 東京高判平成15.12.11労判867号5頁

【事実の概要】
　鉄道会社であるY社では，痴漢撲滅に取り組んでいたところ，Y社の従業員であるXは，休日に他社の鉄道の車内において，痴漢行為（迷惑防止条例違反）で逮捕された。身元引き受けのため，会社の社員が警察署で面会し，事情を聞いたところ，以前にも2回，同様の事件で逮捕されていたことがわかった。その後，Y社は，Xを懲戒解雇し，就業規則の規定（「懲戒解雇により退職するもの，または在職中懲戒解雇に該当する行為があって，処分決定以前に退職するものには，原則として，退職金は支給しない。」）に基づき，退職金（勤続約20年のXには約920万円の支給が予定されていた）を不支給とした。一審（東京地判平成14.11.15労判844号38頁）は懲戒解雇および退職金の不支給について，いずれも有効と判断したため，Xは控訴した。

【判旨】
　懲戒解雇を有効と判断したうえで，退職金の不支給について，次のとおり判断した。「このような賃金の後払い的要素の強い退職金について，その退職金全額を不支給とするには，それが当該労働者の永年の勤続の功を抹消してしまうほどの重大な不信行為があることが必要である。ことに，それが，業務上の横領や背任など，会社に対する直接の背信行為とはいえない職務外の非違行為である場合には，それが会社の名誉信用を著しく害し，会社に無視しえないような現実的損害を生じさせるなど，上記のような犯罪行為に匹敵するような強度な背信性を有することが必要であると解される。」「このような事情がないにもかかわらず，会社と直接関係のない非違行為を理由に，退職金の全額を不支給とすることは，経済的にみて過酷な処分というべきであり，不利益処分一般に要求される比例原則

にも反すると考えられる。」

「本件行為が，……相当強度な背信性を持つ行為であるとまではいえないと考えられ……そうすると，Y社は，本件条項に基づき，その退職金の全額について，支給を拒むことはできないというべきである。しかし，他方，上記のように，本件行為が職務外の行為であるとはいえ，会社及び従業員を挙げて痴漢撲滅に取り組んでいるYにとって，相当の不信行為であることは否定できないのであるから，本件がその全額を支給すべき事案であるとは認め難」く，「本来支給されるべき退職金のうち，一定割合での支給が認められるべきである。」とし，結論として，支給額の3割に相当する額の支払いを認めた。

3 退職金の減額率の調整

学説上は，競業行為の場合の減額について，競業の及ぼした影響との均衡を考慮して，裁判所が減額率を減らす操作ができると考えるべきであるとの主張がある（たとえば，岩村正彦「競業避止義務」『労働法の争点〔第3版〕』〔有斐閣，2004年〕148頁など）。これまでの裁判例が，「顕著な背信性」の有無により，当事者間で定められた条項（就業規則規定）の適用の可否を判断したのに対して，裁判所の裁量により合理的解釈を通じた割合的減額を許容する見解と解される。もちろん，あくまでも競業の範囲を懲戒解雇に匹敵するような不公正な競業等があった場合に限定したうえで，具体的な損害の発生を要件として，その損害等の程度に応じて，退職金の額を調整すべきと考えられる。

こうした退職金の減額率を調整しようという試みは，懲戒解雇の不支給事案において，いくつかの裁判例がみられる（古くは，橋元運輸事件・名古屋地判昭和47．4．28判時680号88頁があり，最近のものとして，小田急電鉄事件，ヤマト運輸事件・東京地判平成19．8．27労経速1985号3頁〔33％相当額〕，東京貨物社事件・東京地判平成15．5．6労判857号64頁〔55％相当額〕）。小田急電鉄事件では，一切支給しないことは不利益処分一般に要求される「比例原則」に反すること，過去に懲戒解雇の場合であっても一定の割合で減額された退職金を支給した例があったこと，事件後設けられた諭旨解雇の制度において退職金の一定割合の支給が認められていることなどが理由とされている。より一般的に，信義則を用いて，金額の調整を行う解釈も成り立ちうる（留学費用の返還額について，信義則の観点か

ら，裁判所が，その額の範囲を限定すべき場合があることを指摘したものとして，長谷工コーポレーション事件・東京地判平成9.5.26労判717号14頁がある）。

4　退職金をめぐる判例の流れ

　三晃社事件は，退職後の競業行為を理由とする「半額」減額の事案について，合理的な措置と判断した。これに対して，懲戒解雇の場合の「全額」不支給の事案について，日本高圧瓦斯工業事件等で，高度の背信性がある場合に限るとする限定的な解釈が示され，退職後の競業行為に関する「全額」不支給事案である中部日本広告社事件でも同様の考え方が採用された。そして，競業行為を理由とする退職金の減額・不支給について，割合的支給を主張する学説がみられたが，東京貨物社事件では，在職中の競業行為を理由とする懲戒解雇の事案において，所定額よりも低額に認定することは違法ではないとし，懲戒解雇をめぐる小田急電鉄事件でも，割合的減額（支給）を認めた。さらに，近年の裁判例の中には，同業他社への転職の場合の半額減額の事案についても，「勤続の功を抹消ないし減殺する程度の背信性」を求める裁判例もある（キャンシステム事件・東京地判平成21.10.28労判997号55頁）。

11章 労基法による賃金の保護

全額払いの原則の効果

関西精機事件
労基法24条1項が相殺禁止の趣旨を含むことを判断
労働者の債務不履行(職務の懈怠)を理由とする損害賠償債権との相殺の禁止

← 不法行為を原因とする債権であっても,相殺禁止

日本勧業経済会事件
労働者の不法行為(背任)を理由とする損害賠償債権との相殺の禁止

← 全額払い原則の趣旨から,賃金債権の放棄の意思表示は,労働者の自由な意思に基づくことが明確でなければならない

シンガー・ソーイング・メシーン事件
労働者による既発生の賃金債権を放棄する意思表示は,自由な意思に基づくものであることがであると認めるに足る合理的な理由が客観的に存在しなければならない

← 同意を得てなす相殺についても意思表示の明確性を要件として労基法24条違反としない

日新製鋼事件
労働者の同意を得てした相殺は,右同意が労働者の自由な意思に基づいてされたものであると認めるに足りる合理的な理由が客観的に存在するときは許されるが,その判断は厳格かつ慎重に行われなければならない

← 減額同意を賃金の一部放棄とみなして,賃金債権放棄に関する判断基準を適用

更生会社三井埠頭事件
就業規則に基づかない賃金の減額・控除に対する労働者の承諾の意思表示は,賃金債権の放棄と同視すべきものであることに照らし,それが労働者の自由な意思に基づいてされたものであると認めるに足りる合理的な理由が客観的に存在するときに限り,有効である

1 労基法上の賃金

労基法11条にいう「賃金」について，一般に，就業規則等において，支給条件が明確に規定されて，使用者がその支給を約束しているときには，その支給金は「労働の対償」であり，賃金と理解されている（シンガー・ソーイング・メシーン事件・最二小判昭和48.1.19民集27巻1号27頁）。したがって，基本給や所定外賃金だけでなく，手当の多くも賃金であり，たとえば，家族手当も，上記要件を満たす限り賃金と解される。

これに対して，明確な支給条件が規定されず，任意的・恩恵的な性格を持つものは賃金ではない。たとえば，慶弔金や会社の創設記念日等に臨時に支給される祝儀金などは，賃金とはいえず，法的な性格は贈与に当たると解される。

そして，労基法は，労働者の有する賃金についての権利を確保するための諸規定（12条・15条・17条・23条・24条など）を置いており，労基法上の賃金は，その適用対象を確定するための定義である。他方で，労働契約に基づき労働者が請求できる賃金（使用者が支払義務を負う賃金）の内容や範囲は，当該労働契約の定めにより確定されるものであり，労基法上の賃金とは必ずしも同じではない。なお，労基法所定の賃金（退職手当を除く），災害補償その他の請求権の時効は2年間，退職手当は5年間である（労基115条）。

2 賃金支払いの諸原則

1 通貨払い・直接払い・全額払いの原則

労基法24条1項は，通貨で，直接労働者に，その全額を支払わなければならいと定めている。通貨払いの原則は，現物支給による弊害を防止し，労働者にとって最も安全で便利な支払方法を命じたものである。ただし，労働協約で別段の定めをするときには通貨以外のもので支払うことが認められ，当該組合の組合員にのみ通貨払いの原則の免除の効果が及ぶ。また，賃金の口座振込等については，労基則7条の2で認められている。そして，会社が従業員に支給す

る自社株式について，労働契約において賞与として支給することを確約した場合には具体的な請求権として「労働の対償」と解することができるが，通貨払いの原則に反するとする裁判例がある（ジャード事件・東京地判昭和53．2．23労判293号52頁）。

次に，賃金は，労働者に直接支払わなければならない。第三者のピンハネを防止する趣旨である。したがって，労働者の親権者その他の法定代理人や任意代理人に支払うことは本条違反になる（未成年者については，労基59条）。賃金債権は，社会保険の受給権と異なり，譲渡が許されないわけではないが，労働者が賃金の支払いを受ける前に債権を他に譲渡した場合でも，使用者は直接労働者に対して賃金を支払わなければならず，譲受人が使用者に支払いを求めることは許されない（小倉電話局事件・最三小判昭和43．3．12民集22巻3号562頁，伊予相互金融事件・最三小判昭和43．5．28労時519号89頁）。

そして，使用者は当該計算期間の労働に対して約束した賃金の全額を支払わなければならず，賃金からの控除は原則として許されない。例外として，法令により別段の定めがある場合（給与所得税の源泉徴収，社会保険料の控除など）や事業場協定を締結した場合（社宅や寮などの費用，各種ローンの支払い，労働組合費のチェック・オフなど）には賃金の一部を控除して支払うことができる（全額払いの原則の免除の効果は当該事業場の全労働者に及ぶ）。全額払い原則の趣旨は，使用者が一方的に賃金を控除することを禁止し，もって労働者に賃金の全額を確実に受領させ，労働者の経済生活を脅かすことのないようにしてその保護を図ろうとするところにある。

2 毎月1回以上・定期払いの原則

賃金は，毎月1回以上，特定した日に支払わなければならない（労基24条2項）。年俸制の場合でも毎月定期払いをする必要がある。ただし，賞与や1か月を超える期間についての手当等はその期間で支払うことができる。

3 非常時払い

使用者は，労働者本人およびその扶養する者が，出産，疾病，災害，結婚，

死亡，やむを得ない事由による帰郷の費用に充てるために，労働者が賃金を請求する場合，支払期日前であっても，すでに履行された労働に対する賃金を支払わなければならない（労基25，労基則9条）。

3 全額払い原則の効果

1 一方的相殺禁止

　全額払いの原則は，使用者による一方的相殺禁止の趣旨も含むと解されている。したがって，労働者の債務不履行（職務の懈怠）を理由とする損害賠償債権との相殺（関西精機事件・最二小判昭和31.11.2民集10巻11号1413頁）や労働者の不法行為（背任）を理由とする損害賠償債権との相殺の場合であっても（日本勧業経済会事件・最大判昭36.5.31民集15巻5号1482頁），使用者による一方的な相殺は全額払い原則に違反する。

　また，過払賃金を後に支払われる賃金から差し引く「調整的相殺」については，過払いのあった時期と合理的に接着した時期において賃金の清算調整が行われ，労働者の経済生活の安定を脅かさない場合（予告がある場合や少額である場合）に認められる（福島県教組事件・最一小判昭和44.12.18民集23巻12号2495頁）。

2 賃金債権の放棄

　労働者が既発生の賃金債権を放棄した場合，使用者は当該賃金を支払わなくても，全額払いの原則に違反しない。賃金債権の放棄が労働者の一方的行為である限り，使用者の行為や意思は介在しておらず，あくまでも労働者の意思によって行われることから，労働者の同意を得てなす使用者の相殺に対する批判（後述）は当たらないことになる。しかしながら，使用者により強要・誘導されるおそれがあり，「相殺と異なり，労働者にとって消滅させるべき自己の債権がなく，失うのみで得るところがない」（シンガー・ソーイング・メシーン事件・色川裁判官反対意見）ことから，こうした労働者の意思の存在については慎重に判断すべきである。同意が明確なものでない場合は，賃金債権の放棄の意思表示としての効力を肯定することはできない（北海道国際航空事件・最一小判平成

15.12.18労判866号14頁)。

> **判例11-1**
>
> **シンガー・ソーイング・メシーン事件** 最二小判昭48.1.19民集27巻1号27頁
>
> > 【事実の概要】
> > 　Xは，A大学英文科とB大学法科を出ており，昭和26年2月にY社に雇用され，昭和41年8月29日に雇用契約を合意解約して退職した。退職当時，Xは，Y社の西日本地区の総責任者という地位にあり，外国人の上司やY社の代表者Cとの応接もすべて英語で遂行する語学力を有していた。調査の結果，Y社に在職中，Xとその部下との旅費等の経費面で書類上つじつまの合わないことが多く，幾多の疑惑がもたれていた。そのため，Xの退職に際して，旅費，電話設置代金等の清算を終えたあと，CはXとの間で，「同日までY社に勤務したが，これに関する一切の支払いを受領した。なお，XはY社に対し，いかなる性質の請求権をも有しないことを確認する。」という趣旨の英文の念書に署名を求め，Xはこれに応じた。Y社の就業規則に基づき計算すれば，Xの退職金は408万2000円であったが，Y社は，右念書を退職金債権の放棄をする意思表示とみなして退職金を支給しなかった。そこで，Xが退職金の支払いを求めて提訴した。
> > 【判旨】
> > 　「労働者たるXが退職に際しみずから賃金に該当する本件退職金債権を放棄する旨の意思表示をした場合に，右全額払の原則が右意思表示の効力を否定する趣旨のものであるとまで解することはできない。もつとも，右全額払の原則の趣旨とするところなどに鑑みれば，右意思表示の効力を肯定するには，それがXの自由な意思に基づくものであることが明確でなければならないものと解すべきである」。「右事実関係に表われた諸事情に照らすと，右意思表示がXの自由な意思に基づくものであると認めるに足る合理的な理由が客観的に存在していたものということができる」。

3　労働者の同意を得てする相殺

　一方的相殺は禁止されるが，労働者の同意を得てする相殺については，シンガー・ソーイング・メシーン事件の判断を受けて，労働者の自由な意思に基づく同意の場合には，24条違反にならないとされている（後掲・日新製鋼事件）。ただし，理論的には，労働者の同意があっても使用者の法違反は成立するのが，労基法24条1項の強行法規（労基法120条による罰則を伴う）としての帰結であり，

過半数代表者等による事業場協定があって初めて例外が認められることから，このような解釈には批判がある。そこで，判例も，自由な意思に基づく同意か否かの判断は，厳格かつ慎重に行われなければならないことはいうまでもないと判示している。たとえば，署名のある念書や清算手続の書類などにより証明できる場合であり，黙示的な同意が容易に認められるわけではない。

判例11-2

日新製鋼事件 最二小判平成2.11.26民集44巻8号1085頁

【事実の概要】

訴外Zは，Y社に在職中，同社の住宅財形融資規程に則り，同社から87万円を，A銀行から263万円をそれぞれ借り入れた。各借入金のうち，Y社への返済については，住宅財形融資規程およびY社とZとの間の住宅資金貸付に関する契約証書の定めに基づき，YがZの毎月の給与および年2回の賞与から所定の元利金等分割返済額を控除するという方法で処理することとされ，Zが退職するときには，退職金その他より融資残金の全額を直ちに返済する旨約されていた。ZがYに退職を申し出たため，Yは，Zに支払われるべき退職金と給与から各借入金を控除し，Zの口座に振り込み，また，Yの担当者の求めに応じ，Zは事務処理上の必要から領収書等に異議なく署名捺印した。その後，Zの申立により，裁判所は破産宣告をし，Xを破産管財人に選任した。そこで，Xは，YがZの退職金につき，以上のような措置をとったことは，労基法24条に違反する相殺措置であるとして，Yに対して退職金の支払を請求した。

【判旨】

労基法24条1項所定の「賃金全額払の原則の趣旨とするところは，使用者が一方的に賃金を控除することを禁止し，もって労働者に賃金の全額を確実に受領させ，労働者の経済生活を脅かすことのないようにしてその保護を図ろうとするものというべきであるから，使用者が労働者に対して有する債権をもって労働者の賃金債権と相殺することを禁止する趣旨をも包含するものであるが，労働者がその自由な意思に基づき右相殺に同意した場合においては，右同意が労働者の自由な意思に基づいてされたものであると認めるに足りる合理的な理由が客観的に存在するときは，右同意を得てした相殺は右規定に違反するものとはいえないものと解するのが相当である（最高裁昭和44年（オ）第1073号同48年1月19日第二小法廷判決・民集27巻1号27頁参照）。もっとも，右全額払の原則の趣旨にかんがみると，右同意が労働者の自由な意思に基づくものであるとの認定判断は，厳格かつ慎重に行われなければならないことはいうまでもないところである。」

4 賃金の個別的減額変更の同意

既発生の賃金債権については，就業規則の遡及適用により処分または変更することは許されないが（香港上海銀行事件・最一小判平成元. 9. 7労判546号6頁，北海道国際航空事件），将来の賃金額について，就業規則を通じて減額変更する場合，その変更が合理的である限り許される（労契10条）。他方で，就業規則や労働協約による定めがない場合には，個別的な合意により賃金額を変更することもできるが（労契8条），かかる合意については，賃金債権の一部について「放棄」させるものと解し，判例でも，シンガー・ソーイング・メシーン事件や日新製鋼事件と同様に慎重に判断され，黙示の同意は認められにくい（更生会社三井埠頭事件，アーク証券〔本訴〕事件・東京地判平成12. 1. 31労判785号45頁）。

判例11-3

更生会社三井埠頭事件 東京高判平成12. 12. 27労判809号82頁

【事実の概要】
　Y社は，平成10年4月30日，額面総額3億4000万円の約束手形の不渡りを出し，これを知った荷主らが一斉に寄託貨物を倉庫から引き上げる等の混乱が生じ，当時の経営陣は，会社経営の方針を検討し，管理従業員に対して，説明を行う場を何度か持った。同年5月13日，Y社の経営陣は，管理職全員を招集し，管理職の賃金を20％カットすることなどを伝えたが，出席者の意思確認をとることはなかったが，管理職であったXら3名の5月分以降の給料は20％減額して支払われた。Xらは平成11年3月31日に希望退職による退職した。そこで，Xらは，平成10年5月〜平成11年3月までの給料の減額分を未払賃金として請求した。

【判旨】
　「労基法24条1項本文はいわゆる賃金全額払の原則を定めているところ，これは使用者が一方的に賃金を控除することを禁止し，もって労働者に賃金の全額を確実に受領させ，労働者の経済生活を脅かすことのないようにしてその保護を図る趣旨に出たものであると解されるから，就業規則に基づかない賃金の減額・控除に対する労働者の承諾の意思表示は，賃金債権の放棄と同視すべきものであることに照らし，それが労働者の自由な意思に基づいてされたものであると認めるに足りる合理的な理由が客観的に存在するときに限り，有効であると解すべきである」。

4 休業手当

1 休業手当の趣旨

　故意・過失などの使用者（債権者）の帰責事由で就業ができなかった場合，労働者（債務者）は，反対給付としての賃金請求権を失わない（民536条2項）。これに対して，使用者の故意・過失または信義則上それらと同視しうる事情に当たらない（当事者双方に帰責しない）事由で，就労できなくなった場合，賃金請求権は発生しない（同条1項）。そこで，労基法26条は，その休業期間中，使用者は労働者に対して平均賃金の6割以上の休業手当を支払うことにより，労働者の生活を保護することを目的として，休業手当の定めを置いている。

　両規定には，第1に，休業手当を支払わないと罰則が科され，付加金の支払いが命じられる場合があること（労基120条1号・114条），第2に，民法536条2項は任意規定であり，これに反する合意は有効であるが，労基法26条は強行規定であり，同条が定める基準を下回る合意は無効となること，第3に，民法536条2項の「債権者の責めに帰すべき事由」と比べて，労基法26条の「使用者の責に帰すべき事由」の範囲のほうが広いこと，などの違いがある。

2 使用者の責めに帰すべき事由

　使用者の帰責事由とは，天災事変のような不可抗力の場合を除いて，使用者側に起因する経営・管理上の障害を含む。具体的には，判例上，以下のような場合等が認められている。

　まず，経営障害である。関連企業の争議による業務停止に起因する休業（扇興運輸事件・熊本地八代支決昭和37.11.27労民集13巻6号1126頁），倒産後の会社からの解雇の予告期間中で就労できなかった場合（東洋ホーム事件・東京地判昭和51.12.14判時845号112頁），雨天の予報のため元請が工事を中止したため下請けの従業員が就労できなかった場合（最上建設事件・東京地判平成12.2.23労判784号58頁），会社が業務を受注できなかったために休業となった場合（大田原重機事件・東京地判平成11.5.21労経速1716号17頁），ゴルフ開発計画の凍結により事務

所を閉鎖したものの担当者からの要請で就職せず待機していた場合(ピー・アール・イー・ジャパン事件・東京地判平成9.4.28労判731号84頁)，派遣先からの差し替え要求により派遣先を失った場合（三都企画建設事件・大阪地判平成18.1.6労判913号49頁）などがある。

　また，争議行為の影響による休業である。組合員の一部がストライキを行った場合（部分スト），ストに参加していない組合員の休業手当請求権は，スト参加者と組織的な一体性があり，スト実施の意思形成に関与しうる立場にあることから，否定されている（ノースウエスト航空事件・最二小判昭和62.7.17民集41巻5号1283頁）。これに対して，当該労働者が所属しない組合のストライキ（一部スト）によって労務の履行が不可能となった場合については，使用者の責めに帰すべき事由の存在を肯定したものがある（明星電気事件・前橋地判昭和38.11.14判時355号71頁）。

3　労基法26条の効果——解雇期間中の中間収入控除の限度

　民法536条2項に基づく使用者の帰責事由で労務の提供ができなかった労働者は，賃金の請求をすることができる。たとえば，解雇が無効と判断された場合，違法解雇期間中の不就労は，債権者（使用者）の責めに帰すべき事由による履行不能とされ，反対給付である（未払い）賃金の支払いを求めることができる。ところが，解雇期間中に他の企業や自営業で稼働し利益（中間収入）を得たときは，使用者に償還しなければならない（同項2文）。労働者が使用者への労務の提供を免れることにより，他から収入を得ることができたのだから，使用者からの賃金の他に二重取りをすることが不合理だからである。

　他方で，労基法26条は，使用者の帰責事由による休業の場合，平均賃金の6割の支払いを保障しており，また，同法24条1項は，賃金全額払いの原則を定めている。そこで，米軍山田部隊事件（最二小判昭和37.7.20民集16巻8号1656頁）は，中間収入が副業的なものであって解雇がなくても当然に取得しうる等特段の事情がない限り，償還の対象となり，使用者は，決裁手続を簡便にならしめるため，償還利益の額をあらかじめ賃金額から控除することができ（相殺しても賃金全額払いの原則に違反せず，別訴の償還請求は必要ない），労基法26条が適用

されることから、解雇期間中の平均賃金の6割までの部分は控除できない（平均賃金の4割までは控除できる）と判断した。

さらに、後掲・あけぼのタクシー事件は、控除の範囲について、中間収入の額が平均賃金の4割を超える場合には、平均賃金の算定基礎に算入されない賃金（労基法12条4項：臨時に支払われた賃金や3か月を超える期間ごとに支払われる賃金等）の全額を対象として収入額を控除することができ、賃金から控除しうる中間収入は、その利益の発生した期間が、賃金の支給対象となる期間と時期的に対応するものであることを要すると判断した。

要するに、［労］使用者の帰責事由による不就労に対する賃金請求（民536条2項）→［使］労働者の解雇期間中の中間収入の償還請求（同条2文）→［労］平均賃金の6割は絶対保障（労基26条）→［使］平均賃金の4割および平均賃金に算入されない一時金を対象に控除可能（労基12条4項）→［労］控除の対象は中間収入の発生と時期的に対応する部分に限定、となる。

［労］は労働者側の主張、［使］は使用者の主張である。

> 判例11-4

あけぼのタクシー事件 最一小判昭和62.4.2労判506号20頁

【事実の概要】

Xら2名は、Y社にタクシー乗務員として雇用され、かつ、会社に勤務するタクシー乗務員で組織するA労組に所属していた。Y社は、Xらに対して、同月21日、懲戒解雇する旨の意思表示をした（本件解雇）。Xらは、同年9月1日より昭和53年2月10日まで別会社でタクシー運転手として就労し収入を得ていたが、労働委員会の緊急命令により、昭和53年3月14日からY社に復帰した。一時金は夏期（対象：12月1日〜翌年5月31日、8月支給）と冬期（対象：6月1日〜11月30日、12月支給）に支給され、Xらは復職後昭和53年夏季一時金（同年3月14日〜5月31日の分）を受領した（なお、差戻審では昭和52年12月1日〜同53年3月13日の分以上の支払いを別途受けていたと認定）。そこで、Xらは、雇用契約上の地位にあることの確認と本件解雇日から職場復帰までの賃金を請求した。一審（福岡地判昭和56.3.31労判365号76頁）・二審（福岡高判昭和58.10.31労民集34巻5・6号914頁）とも、本件解雇は不当労働行為に該当するものとして無効と判断した。他方、解雇期間中の中間収入の控除について、一審が一時金全額を損益相殺の対象としたのに対して、二審は一時金を控除の対象としないと

判断したため，Y社が上告したのが本件である。

【判旨】

> 「使用者の責めに帰すべき事由によって解雇された労働者が解雇期間中に他の職に就いて利益を得たときは，使用者は，右労働者に解雇期間中の賃金を支払うに当たり右利益（以下「中間利益」という。）の額を賃金額から控除することができるが，右賃金額のうち労働基準法12条1項所定の平均賃金の6割に達するまでの部分については利益控除の対象とすることが禁止されているものと解するのが相当である（最高裁昭和36年（オ）第190号同37年7月20日第2小法廷判決・民集16巻8号1656頁参照）。したがって，使用者が労働者に対して有する解雇期間中の賃金支払債務のうち平均賃金額の6割を超える部分から当該賃金の支給対象期間と時期的に対応する期間内に得た中間利益の額を控除することは許されるものと解すべきであり，右利益の額が平均賃金額の4割を超える場合には，更に平均賃金算定の基礎に算入されない賃金（労働基準法12条4項所定の賃金）の全額を対象として利益額を控除することが許されるものと解せられる。そして，右のとおり，賃金から控除し得る中間利益は，その利益の発生した期間が右賃金の支給の対象となる期間と時期的に対応するものであることを要し，ある期間を対象として支給される賃金からそれとは時期的に異なる期間内に得た利益を控除することは許されないものと解すべきである。」

そして，同事件差戻審（福岡高判昭和63.10.26判時1332号142頁）によれば，賃金と一時金のうち中間収入と時期的に対応しない①④⑤⑦から中間収入を控除することはできず，時期的に対応する賃金の6割に当たる③は絶対保障額として，これらの支払いが確定する。そして，時期的に対応する賃金の4割相当の②と時期的に対応する一時金全額の⑥から⑧中間収入額を控除すると，②＋⑥≦⑧となり，Xに対して支払われるのは，①③④⑤⑦となる（ただし，本件で⑦はすでに支払済みとされた）。なお，中間収入と時期的に対応しない賃金や一時金については，平均賃金や査定期間日数を基礎として日割計算されている（次頁図参照）。他方で，賞与査定期間が明らかでない場合には，一時金の支給月に就労がなかったときには，控除の対象とならないとされている（いずみ福祉会事件・最三小判平成18・3・28労判933号12頁参照）。

第Ⅱ編　労働条件の諸問題

図　X_1の遡及払い賃金額

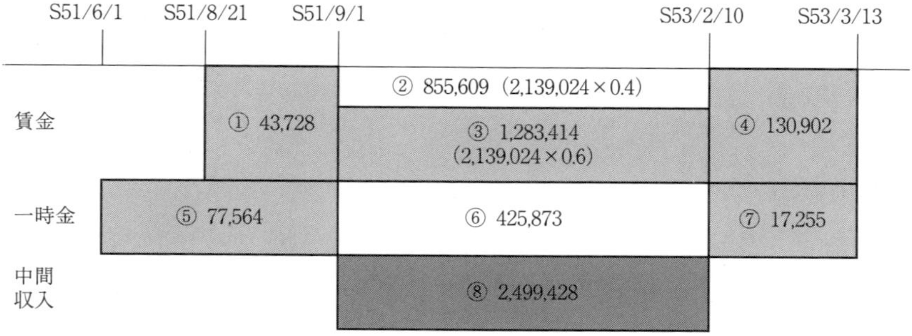

	S51/6/1	S51/8/21	S51/9/1		S53/2/10	S53/3/13
賃金		① 43,728	② 855,609 （2,139,024×0.4）		④ 130,902	
			③ 1,283,414 (2,139,024×0.6)			
一時金	⑤ 77,564		⑥ 425,873		⑦ 17,255	
中間収入			⑧ 2,499,428			

12章 労働時間

労働時間

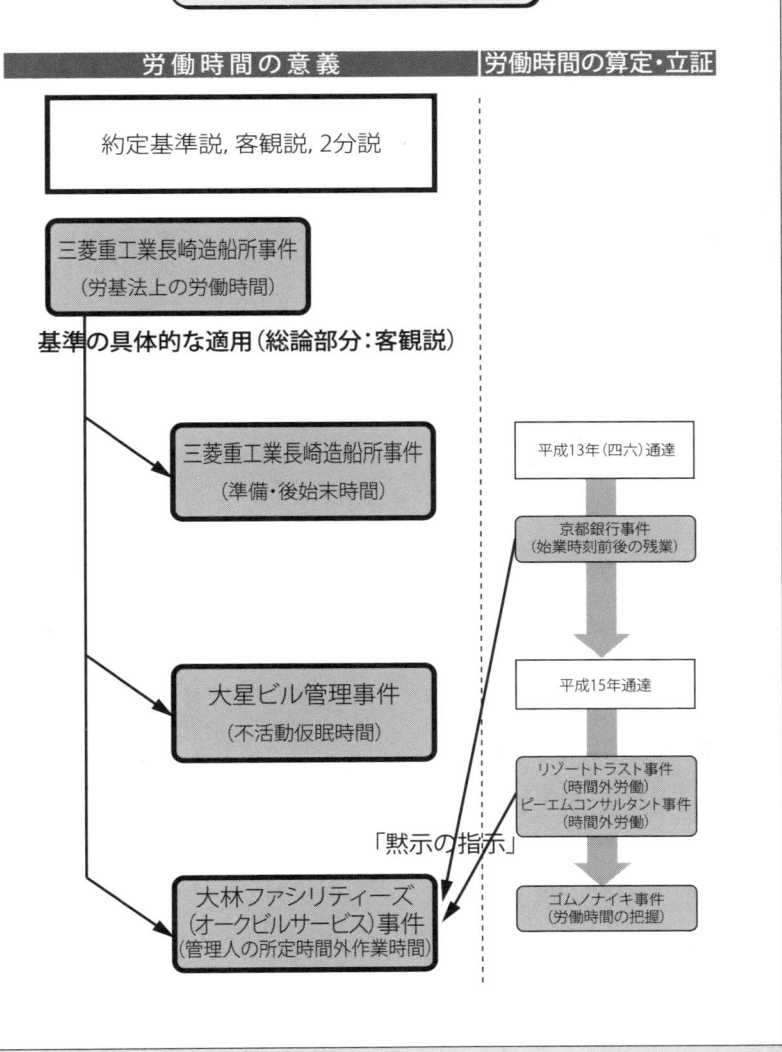

労働時間の意義 | 労働時間の算定・立証

約定基準説, 客観説, 2分説

三菱重工業長崎造船所事件
(労基法上の労働時間)

基準の具体的な適用（総論部分：客観説）

三菱重工業長崎造船所事件
(準備・後始末時間)

大星ビル管理事件
(不活動仮眠時間)

「黙示の指示」

大林ファシリティーズ
(オークビルサービス)事件
(管理人の所定時間外作業時間)

平成13年(四六)通達

↓

京都銀行事件
(始業時刻前後の残業)

↓

平成15年通達

↓

リゾートトラスト事件
(時間外労働)
ピーエムコンサルタント事件
(時間外労働)

↓

ゴムノイナキ事件
(労働時間の把握)

1 労働時間の概念と多様性

　労働時間は，賃金とならんで最も重要な労働条件であるといっても過言ではないだろう。労働時間規制の目的・理念は，国や時代によって大きく変化しており，現代社会においては，①労働者の健康保護，②私生活時間の保障，③ワークシェアリングによる雇用創出，といった多様性を内包している。日本でも，明治44年に制定された工場法が年少者・女性の労働時間を規制し，昭和22年制定の労基法によって全労働者に1日8時間・週48時間・週休1日制の原則が確立された。その後，しばらくは法定労働時間の短縮が進まない状態が続き，昭和62年の労基法改正によって週40時間制が規定された。実際には，数年間隔で段階的に週48時間から週40時間へと移行し，平成9年から完全に実施されている。しかしながら，長時間労働という「実態」には依然として歯止めがかからず，法定労働時間を超えた時間外労働の実効的な規制が課題となっている。

　労働時間の概念には，労基法上の労働時間規制の対象となる「実労働時間」のほかに，当事者の合意によって決せられる「労働契約上の労働時間」がある。前者には厳格な規制が求められる一方で，後者については労使自治の原則が基調となり，両者の理念は相反するようにもみえる。だが，労働時間法による保護法益の重要性や，集団的・画一的規制に適した領域であるとの性格にかんがみるならば，広範な実体的規制が正当化されて然るべきである。

　以下では，これらの概念整理や歴史的展開を踏まえながら，①労働時間の意義，②労働時間の算定と立証，という重要な論点に絞って，判例法理の展開を中心に検討する。

2 労働時間の意義

1 労働時間をめぐる学説の対立

　労基法上の規制対象となる実労働時間については，同法上に明文の定義規定がないため，解釈によって確定する必要があり，判断枠組について有力な二つ

の学説が存在し，さらに一部が枝分かれすることで細分化している。

　一つは，労基法の観点から，労働時間性を客観的に判断しようとする「客観説」という判断枠組がある。客観説は，①客観的に判断する基準について，指揮命令下に置かれているか否かで判断する説（指揮命令下説），②使用者が労務の提供を受領したときから，労働者が履行の提供を終了したときまでとする説（労務受領説）に分かれる。さらに①は，〈指揮命令下〉というファクターの解釈において，単一要件説（通説），部分的二要件説（菅野和夫『労働法〔第9版〕』〔弘文堂，2010年〕287頁），相補的二要件説（荒木尚志『労働時間の法的構造』〔有斐閣，1991年〕258頁），に分かれる。

　これに対し，中核的労働時間を客観的に判断しつつ，周辺的労働時間は当事者の意思などを基準に判断するとの枠組を示すのが「二分説」である。つまり，労働時間の内と外との限界点にあるグレーゾーンを周辺的労働時間と位置づけ，このような時間帯については，当事者の合意に委ねたからといって，労基法の趣旨を著しく逸脱するとまではいえないと解するのである。

　なお，当事者が労働時間性を約定によって決めてよいとの「約定基準説」も理論的にはありうるが，強行法規である労基法の規制自体を否定するもので，これを主張する論者もいないため除外する。

2　判例の判断基準

(a)　客観説の適用（総論）

　労基法上の労働時間の意義について，平成12年の三菱重工業長崎造船所事件は，二分説を明示的に否定し，客観説を定着させた。また，その具体的な判断に当たっては，「義務づけられ，またはこれを余儀なく」された，という基準を用いることを明らかにした（指揮命令下説）。

> **判例12-1**
> **三菱重工業長崎造船所事件**　最一小判平成12．3．9民集54巻3号801頁
>
> 【事実の概要】
> 　Xらは，Y会社の造船所の従業員である。Yは，就業規則の変更により，(イ)始

業前は、始業に間に合うよう更衣などを完了し、作業場に到着する、㈹所定の始業時刻に作業場において実作業を開始する、㈲所定の終業時刻に実作業を中止し、その後食堂・休憩所へ向う、㈲午後の始業前、午後の始業に間に合うよう作業場に到着する、㈹所定の終業時刻に実作業を終了する、㈺終業後　手洗、洗面、入浴、更衣などを行う、などの内容を規定した。Xが実作業を行うに際し、作業服や防護具等の装着を怠った場合、懲戒処分を受け、賃金が減額されることがあった。そこで、Xらは、①入退場門から更衣所までの移動、②作業服・保護具等を装着して準備体操場まで移動、③始業時刻前の準備、④午前の終業時刻後に移動し、作業服等を一時脱離、⑤午後の始業時刻前に移動し、作業服等を再装着、⑥午後の就業時刻後に移動して、作業服等を脱離、⑦手洗い、洗面、洗身入浴後に通勤服を着用、⑧更衣所等から入退場門まで移動、という各時間も労基法上の労働時間に該当するとして、割増賃金の支払いを求める訴訟を提起した。地裁（長崎地判平成元．2．10労判534号10頁）と高裁（福岡高判平成7．4．20民集54巻3号950頁）は、②③⑥を認容した。そこで、Yが上告したのが本件である。

【判旨】

労働基準法上の労働時間とは、「労働者が使用者の指揮命令下に置かれている時間をいい、右の労働時間に該当するか否かは、労働者の行為が使用者の指揮命令下に置かれたものと評価することができるか否かにより客観的に定まるものであって、労働契約、就業規則、労働協約等の定めのいかんにより決定されるべきものではないと解するのが相当である。そして、労働者が、就業を命じられた業務の準備行為等を事業所内において行うことを使用者から義務付けられ、又はこれを余儀なくされたときは、当該行為を所定労働時間外において行うものとされている場合であっても、当該行為は、特段の事情のない限り、使用者の指揮命令下に置かれたものと評価することができ、当該行為に要した時間は、それが社会通念上必要と認められるものである限り、労働基準法上の労働時間に該当すると解される。」

同判決が示した判断基準の適用場面については、次の(b)「準備・後始末時間」、(c)「不活動仮眠時間」、(d)「住込み管理人の所定時間外作業時間」がある。

(b)　準備・後始末時間

三菱重工業長崎造船所事件は、準備・後始末時間について、使用者による「義務付け」の有無というファクターにより、「作業服及び保護具等の装着」と「装着及び更衣所等から準備体操場までの移動」、「副資材等の受出し及び散水」について指揮命令下にあると判断した。

判例12-2
三菱重工業長崎造船所事件 最一小判平成12.3.9民集54巻3号801頁

【判旨】
「Xらは，Yから，実作業に当たり，作業服及び保護具等の装着を義務付けられ，また，右装着を事業所内の所定の更衣所等において行うものとされていたというのであるから，右装着及び更衣所等から準備体操場までの移動は，Yの指揮命令下に置かれたものと評価することができる。また，Xらの副資材等の受出し及び散水も同様である。さらに，Xらは，実作業の終了後も，更衣所等において作業服及び保護具等の脱離等を終えるまでは，いまだYの指揮命令下に置かれているものと評価することができる。」

その一方で，本判決は「手洗・洗面・入浴」については，「洗身入浴をしなければ通勤が著しく困難といった特段の事情」があれば「労務の提供」と解すとの判断基準を示しながら，「特にその洗身をしなければ通勤が著しく困難であったという特段の事情」は認められない，との原審の判断を維持し，労働時間性を否定した。かかる判例の態度は，たとえ「義務付け」ファクターに該当しなくとも特段の事情があれば労働時間に該当しうることを認めるという意味において，労務受領説に近接した見解であるともいえる。いずれにしても，造船所で用いるような危険有害物質を付着させたまま，公共交通機関に乗り，自宅に帰ることは，労働者本人の健康に対する安全配慮義務を欠くことはもとより，家族や一般人に対する「二次被害」の危険性もはらんでおり，結論には疑問が残る。

(c) 不活動仮眠時間

不活動仮眠時間とは，仮眠時間として設定された時間帯のなかでも，実際の作業に従事していない時間を意味する。後掲・平成14年の大星ビル管理事件は，不活動仮眠時間において労働契約の上の役務の提供が義務づけられていると評価される場合には，労働からの解放が保障されているとはいえず，労働者は使用者の指揮命令下に置かれているのが相当であると判断した。

> 判例12-3

大星ビル管理事件　最一小判平成14.2.28民集56巻2号361頁

【事実の概要】

Xらは，ビル管理会社であるYで，受託したビルの管理業務に従事していた。Xらは，毎月数回24時間勤務に従事し，休憩が合計2時間，仮眠時間が連続8時間与えられていた。仮眠時間中は，ビルの仮眠室に待機し，警報が鳴るなどすればただちに所定の作業を行うが，かかる事態が生じない限りは睡眠してよいことになっていた。24時間勤務には，1回につき2,300円の泊まり勤務手当が支給されるほか，仮眠時間については労働時間に算入されていなかった。ただし，仮眠時間中に突発作業が発生し，作業に従事した場合には時間外・深夜手当が支給された。Xらは，仮眠時間中も労働時間に該当するとして，時間外・深夜割増賃金の支払いを求めて提訴した。地裁（東京地判平成5.6.17民集56巻2号425頁）も高裁（東京高判平成8.12.5民集47巻5・6号654頁）も仮眠時間についての労働時間性を認めたが，高裁は労働協約や就業規則に基づく手当の請求については棄却した。そこで，XとYの双方が上告したのが本件である。

【判旨】

不活動仮眠時間「が労基法上の労働時間に該当するか否かは，労働者が不活動仮眠時間において使用者の指揮命令下に置かれていたものと評価することができるか否かにより客観的に定まるものというべきである」（三菱重工業長崎造船所事件を参照）「不活動仮眠時間において，労働者が実作業に従事していないというだけでは，使用者の指揮命令下から離脱しているということはできず，当該時間に労働者が労働から離れることを保障されていて初めて，労働者が使用者の指揮命令下に置かれていないものと評価することができる。したがって，不活動仮眠時間であっても労働からの解放が保障されていない場合には労基法上の労働時間に当たるというべきである。そして，当該時間において労働契約上の役務の提供が義務付けられていると評価される場合には，労働からの解放が保障されているとはいえず，労働者は使用者の指揮命令下に置かれているというのが相当である。」「そこで，本件仮眠時間についてみるに，前記事実関係によれば，Xらは，本件仮眠時間中，労働契約に基づく義務として，仮眠室における待機と警報や電話等に対して直ちに相当の対応をすることを義務付けられているのであり，実作業への従事がその必要が生じた場合に限られるとしても，その必要が生じることが皆無に等しいなど実質的に上記のような義務付けがされていないと認めることができるような事情も存しないから，本件仮眠時間は全体として労働からの解放が保障されているとはいえず，労働契約上の役務の提供が義務付けられていると評価することができる。したがって，Xらは，本件仮眠時間中は不活動仮眠時間

も含めてYの指揮命令下に置かれているものであり，本件仮眠時間は労基法上の労働時間に当たるというべきである。」

　本件で争われた不活動仮眠時間は，指揮命令下説による説明が行いやすい領域であるといわれており，平成12年の三菱重工業長崎造船所事件を明示的に引用のうえで，「義務付け」ファクターによって判断した。以後の仮眠時間を争った下級審裁判例においても，本件と同様の枠組が維持され，結論としても労働時間性が肯定されている（青梅市〔庁舎管理業務員〕事件・東京地八王子支判平成16．6．28労判879号50頁，井之頭病院事件・東京地判平成17．8．30労判902号41頁など）。もっとも，本判決が「実作業への従事［という］必要が生じることが皆無に等しいなど実質的に……義務付けがされていない」場合には，例外的に労働時間性が否定されうることを示唆した点も看過できない。現に，この判示部分を引用し，仮眠時間の労働時間性を認めなかった裁判例もある（ビル代行〔宿直勤務〕事件・東京高判平成17．7．20労判899号13頁，なお上告は棄却された）。

(d)　住込み管理人の所定時間外作業時間

　マンションの住込み管理人の所定時間外における断続的な作業について争われた最高裁判決では，マニュアルの存在，さらには管理日報の提出という事実からすれば，住民等からの要望の対応について本件会社による「黙示の指示」があったと判断した。

判例12-4

大林ファシリティーズ（オークビルサービス）事件　最二小判平成19．10．19民集61巻7号2705頁

【事実の概要】
　X_1とX_2の夫婦（Xら）は，Yと委託契約を結んだマンションで住込み管理人として勤務していた。Xらは，9時から18時の所定時間内における管理業務のほか，管理員室の照明の点灯・消灯，ごみ置き場の扉の開錠・施錠，冷暖房装置の運転，無断駐車への対応を行っていた。また，住民からの呼び出しにも対応し，不在宅配物等の居住者への受渡しも行っていた。一方で，完全に職場を離れて，飼い犬の散歩や，病院への通院も行っていた。Xは，所定時間外の各作業が労働時間に該当するとして，割増賃金や付加金等の支払いを求めた（夫が死亡したた

めX_1のみ提訴)。地裁(東京地判平成15.5.27民集61巻7号2632頁)は全日にわたって7時から22時までを労働時間と認め，高裁(東京高判平成16.11.24民集61巻7号2705頁)も，日曜祝日について1名についてのみ認めると変更したほかは，Xの請求をほぼ認容した。そこで，Yが上告したのが本件である(上告後にYは他社に吸収合併されたが，表記はYとする)。

【判旨】

労基法上の労働時間「とは，労働者が使用者の指揮命令下に置かれている時間をいい，実作業に従事していない時間……が労基法上の労働時間に該当するか否かは，労働者が不活動時間において使用者の指揮命令下に置かれていたものと評価することができるか否かにより客観的に定まるものというべきである」(三菱重工業長崎造船所事件を参照)。「そして，当該時間において労働契約上の役務の提供が義務付けられていると評価される場合には，労働からの解放が保障されているとはいえず，労働者は使用者の指揮命令下に置かれているというのが相当である」(大星ビル管理事件を参照)。「Yは，Xらに対し，所定労働時間外においても，管理員室の照明の点消灯，ごみ置場の扉の開閉，テナント部分の冷暖房装置の運転の開始及び停止等の断続的な業務に従事すべき旨を指示し，Xらは，上記指示に従い，各指示業務に従事していたというのである。また，Yは，Xらに対し，午前7時から午後10時まで管理員室の照明を点灯しておくよう指示していたところ，……マニュアルには，Xらは，所定労働時間外においても，住民や外来者から宅配物の受渡し等の要望が出される都度，これに随時対応すべき旨が記載されていたというのであるから，午前7時から午後10時までの時間は，住民等が管理員による対応を期待し，Xらとしても，住民等からの要望に随時対応できるようにするため，事実上待機せざるを得ない状態に置かれていたものというべきである。さらに，Yは，Xらから管理日報等の提出を受けるなどして定期的に業務の報告を受け，適宜業務についての指示をしていたというのであるから，Xらが所定労働時間外においても住民等からの要望に対応していた事実を認識していたものといわざるを得ず，このことをも併せ考慮すると，住民等からの要望への対応についてYによる黙示の指示があったものというべきである。」

本判決は，①平日の居室におけるXらの不活動時間，②土曜日は1名についての不活動時間，③日曜祝日は具体的な業務を遂行した時間，について「労基法上の労働時間に当たるというべきである」と結論づけた。ただし，病院への通院や犬の運動に要した時間については，「管理員の業務とは関係のない私的な行為」として除外し，当該部分について本件最高裁は破棄・差戻しを命じ

た。差戻し審では，最高裁の判断に従い，病院への通院と犬の運動に要した時間を除き，①②③が労働時間となることが改めて確認された（東京高判平成20.9.9労判970号17頁）。

3 労働時間の算定と立証

1 「黙示の指示」

　前述した労働時間該当性の問題（→本章2 2 ）とは別に，労働時間の算定・立証のレベルでも，指揮命令下にあるという判断基準が，徐々に活用されるようになった。始業時刻前および就業時刻後の残業を労働時間としてカウントすべきかが争われた京都銀行事件（大阪高判平成13.6.28労判811号5頁）では，①大多数の労働者が始業時刻前に出勤していたこと，②事実上出席が義務づけられている性質の会議があったこと，③勤務終了予定時間を記載した予定表，などから「黙示の指示による労働時間と評価」できると判断した。さらに，ピーエムコンサルタント（契約社員年俸制）事件（大阪地判平成17.10.6労判907号5頁）では，上司が当該労働者の「時間外勤務を知っていながらこれを止めることはなかったというべきであり，少なくとも黙示の時間外勤務命令は存在した」として，時間外勤務手当の支払義務を認めた。逆に，リゾートトラスト事件（大阪地判平成17.3.25労経速1907号28頁）では，上司が当該労働者に「早く帰るよう何度も注意したことからすると，……担当業務の処理に必要なもの以外の残業を命じていたとも認められない」し，担当業務をこなすために「休日出勤が必要であったとは認められず，被告が休日出勤を黙示的にも命じていたとは認められないから，休日出勤に係る時間が労働時間であるとは認められない」と判示した。

　これらの裁判例が積み重なることで，最高裁の大林ファシリティーズ（オークビルサービス）事件の判断，すなわち「黙示の指示」を判断基準とするとの結論に結びついたものと考えられる。すなわち，①使用者が，労働の事実を知っていて特に止めなかった場合には「黙示の指示」ありとして労働時間と認められるが，②明示的に残業を禁止した場合，および，残業の必要性がなく残業を

命じていない場合には，時間外に仕事をしても時間外労働とは認められないことになる。もっとも，このように使用者が労働の事実を「認識」しているとの〈主観的〉な要件が，「黙示の指示」を左右するのは，「客観説」の基本理念からは疑問が残るところである。

2 労働時間の立証

労働時間の立証が問題となった裁判例では，労働者がメモに基づいて勤務状況を思い出しながら退職後に作成した記録（東久商事事件・大阪地判平成10.12.25労経速1702号6頁），パソコンの起動・終了を記録したログデータ（PE&HR事件・大阪地判平成18.11.10労判931号65頁），トラックの運行記録であるタコメーターをもとに作成した時間表（大虎運輸事件・大阪地判平成18.6.15労判924号72頁），に証拠能力が認められている。行政解釈は，労働時間の適正な把握のために使用者が講ずべき措置についての平成13年通達（平成13.4.6基発339号）において，使用者は労働時間を適正に把握するなど労働時間を適切に管理する責務を有しているとして，不払い残業を防止すべく，労働時間の適正な把握のために使用者が講ずべき措置を示している。これに続く平成15年通達（平成15.5.23基発0523004号）でも，自己申告制による始業・終業時刻の確認・記録はやむを得ない場合に限られるものであるとされた。

そもそも，労働時間の算定を争わざるえなくなるような事態が生じるのは，「出退勤管理をしていなかった［使用者］の責任によるものであって，これをもって［労働者］に不利益に扱うべきではない」（ゴムノナイキ事件・大阪高判平成17.12.1労判933号69頁）ことから，概括的に労働時間を推認すべきであろう。

4 労働時間における主要判例の流れ

チャート左側で示したように，労働時間の意義について様々な学説が対立していたところ，平成12年の三菱重工長崎造船所事件は，判断の大枠で「客観説」を採用し，具体的には「義務付け」の有無というファクターを示した。この基準は，同事件の準備・後始末事件の判断に適用されたのみならず，不活動仮眠

時間の労働時間性を争った平成14年の大星ビル管理事件，および住込み管理人の所定時間外作業時間が問題となった平成19年の大林ファシリティーズ（オークビルサービス）事件にも適用され，以後の判例の流れを決定づけることになった。

　さらに，チャート右側の労働時間の算定・立証という論点に関する下級審判決の蓄積は，労働時間の意義に関する最高裁判例の枠組に従い，あるいは逆にオークビルサービス事件判決などに影響を与え，指揮命令下における「黙示の指示」の具体性を明らかにしていった。違法な不払い残業を規制する目的で出された平成13年の通達，および同通達を強化すべく出された平成15年の通達は，使用者に労働時間を適正に把握する責任があることを確認している。裁判例（ゴムノナイキ事件）も指摘しているように，使用者が労働時間の把握を怠ったことにより算定不能となった場合，労働者側に立証責任を負わせることは妥当ではない。

13章 年次有給休暇

年次有給休暇

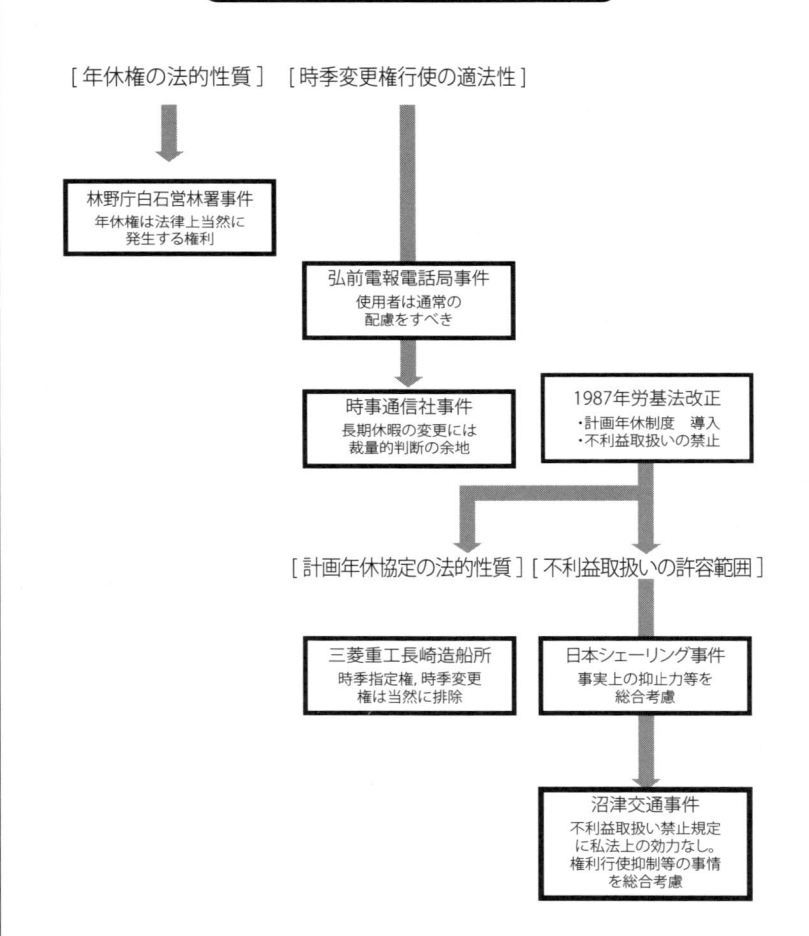

[年休権の法的性質] [時季変更権行使の適法性]

林野庁白石営林署事件
年休権は法律上当然に発生する権利

弘前電報電話局事件
使用者は通常の配慮をすべき

時事通信社事件
長期休暇の変更には裁量的判断の余地

1987年労基法改正
・計画年休制度 導入
・不利益取扱いの禁止

[計画年休協定の法的性質] [不利益取扱いの許容範囲]

三菱重工長崎造船所
時季指定権,時季変更権は当然に排除

日本シェーリング事件
事実上の抑止力等を総合考慮

沼津交通事件
不利益取扱い禁止規定に私法上の効力なし。権利行使抑制等の事情を総合考慮

1 年休の法的性質

年次有給休暇（年休）は，労働者に対し，年間の一定日数の休暇を有給で保障する制度である。労働者の希望に従って休暇日が選択できること，当該期間中において賃金もしくはそれに代わる手当が保障されている点で，休日（労基35条）とは異なる。

労働者は，労基法39条1項ないし2項に規定される，継続勤務要件と8割以上出勤要件を満たせば年休権を取得する。年休権の法的性質については，請求権説（年休権を請求権と解し，労働者の請求に対する使用者の承諾をもって年休が成立するとする見解），形成権説（労働者の一方的意思表示によって年休が成立するとする見解），二分説ないし時季指定権説（年休権を労基法39条1〜3項に対応する抽象的な権利と，5項に対応する具体的な年休日を決定する権利に分けて把握する見解）の対立があったが，最高裁は白石営林署事件において，二分説に則った見解を示し，論争に決着がついた。

また，白石営林署事件は，年休の利用について使用者が干渉することは許されないとする年休自由利用の原則についても明らかにした。

判例13-1

林野庁白石営林署事件 最二小判昭和48．3．2民集27巻2号191頁

【事実の概要】
営林署職員Xが年休を請求して出勤しなかったところ，営林署長が欠勤として処理し賃金を減額したため，減額分の支払いを求めて提訴した。営林署長が休暇を認めなかったのは，Xが他の営林署の争議の応援に行くものと思い，それを阻止するためであった。

【判旨】
(1)「労基法は同条3項〔現行5項〕において『請求』という語を用いているけれども，年次有給休暇の権利は……同条1，2項の要件が充足されることによって法律上当然に労働者に生ずる権利であって，労働者の請求をまって始めて生ずるものではな」い。そして，「休暇の付与義務者たる使用者に要求されるのは，労働者がその権利として有する有給休暇を享受することを妨げてはならないとい

> う不作為を基本的内容とする義務にほかならない。」
> 　(2)「年次有給休暇の権利は、労基法39条1，2項の要件の充足により，法律上当然に労働者に生ずるものであって，その具体的な権利行使にあたっても，年次休暇の成立要件として『使用者の承認』という観念を容れる余地」はなく，「年次休暇の利用目的は労基法の関知しないところであり，休暇をどのように利用するかは，使用者の干渉を許さない労働者の自由である，とするのが法の趣旨である」。

2 時季変更権行使の適法性

1 時季変更権行使の時期，適法性判断の基準

　労働者が年休を指定した場合，使用者は，労働者が当該日に年休を取得できるよう配慮する義務，当該指定日に年休を享受することを妨げてはならないという不作為義務，当該年休日についての賃金または手当の支払義務を負う。

　しかしながら，当該指定日について，年休を与えることが「事業の正常な運営を妨げる場合」には，使用者は他の時季に与えることができる（労基39条5項但書）。法的に問題になるのは，どの時点で時季変更権を行使することが許されるか，および，いかなる場合に使用者は時季変更権を行使することができるかである。

　前者の問題については，代替人員の調整等のために必要と考えられる合理的期間を徒過した後になされた時季変更権の行使は信義則上許されず，無効と解される（広島県三原市事件・広島高判平成17．2．16労判913号59頁，西日本鉄道事件・福岡高判平成12．3．29労判787号47頁）。後者の問題について，一般的には，当該企業の規模や事業内容，年休を請求した労働者の配置，担当業務の内容や性質，業務の繁閑，代替勤務者配置の難易，時季を同じくして請求した労働者の人数など，諸般の事情を考慮して合理的に決定される。弘前電報電話局事件において，最高裁はとりわけ代替勤務者配置の難易について使用者としての「通常の配慮」を求めた。

> **判例13-2**
> **弘前電報電話局事件** 最二小判昭和62.7.10民集41巻5号1229頁
>
> 【事実の概要】
> 　Y社は雇用するXの年次有給休暇の時季指定に対し，成田空港反対集会に参加するおそれがあるとして時季変更権を行使したが，Xがこれを無視して出勤しなかったため，戒告処分および賃金カットを行った。そこで，Xは戒告処分の無効確認および未払い賃金の支払いを求めて提訴した。
>
> 【判旨】
> 　「労基法39条3項ただし書にいう『事業の正常な運営を妨げる場合』か否かの判断に当たって，代替勤務者配置の難易は，判断の一要素となるというべきであるが，特に，勤務割による勤務体制がとられている事業場の場合には，重要な判断要素であることは明らかである。したがって，そのような事業場において，使用者としての通常の配慮をすれば，勤務割を変更して代替勤務者を配置することが客観的に可能な状況にあると認められるにもかかわらず，使用者がそのための配慮をしないことにより代替勤務者が配置されないときは，必要配置人員を欠くものとして事業の正常な運営を妨げる場合に当たるということはできないと解するのが相当である。」

2　長期休暇指定の場合の時季変更権行使

　連続して指定された年休が比較的長期間にわたる場合，事業の正常な運営を妨げる可能性は高くなる。最高裁は，時事通信社事件において，当該休暇の時期，期間につきどの程度の修正，変更を行うかに関し，使用者にある程度の裁量的判断の余地を認めざるをえないとした。

　もっとも同判決については，使用者のその裁量的判断も労基法39条の趣旨から合理的な範囲に制限されると述べている点にも注目する必要があるだろう。ある程度まとまった期間の休暇は，心身をリフレッシュさせ，労働者の私生活を充実したものにする。ILOも年次有給休暇に関する条約（132号，1970年）において，休暇は原則として継続したものでなければならないこと，事情により分割する場合であっても分割された一部は連続2労働週以上でなければならないことを規定している。そういったことにかんがみれば，使用者は，たとえ長

期間にわたる休暇日の指定であっても，労働者の希望する時期に年休を取得できるよう配慮義務を尽くすことが必要である。

判例13－3
時事通信社事件 最三小判平成４．６．23民集46巻４号306頁

【事実の概要】
　Ｙ社の記者であるＸが，連続１か月の年次有給休暇の時季指定をしたところ，Ｙ社は右休暇の後半部分につき時季変更権を行使した。しかし，Ｘは右時季変更権の行使を無視して就業しなかったので，Ｙ社はＸを懲戒処分に処した。Ｘは右懲戒処分の無効確認と不法行為による損害賠償を求めて提訴した。

【判旨】
　「労働者が長期かつ連続の年次有給休暇を取得しようとする場合においては，それが長期のものであればあるほど，使用者において代替勤務者を確保することの困難さが増大するなど事業の正常な運営に支障を来す蓋然性が高くなり，使用者の業務計画，他の労働者の休暇予定等との事前の調整を図る必要が生ずるのが通常である。しかも，使用者にとっては，労働者が時季指定をした時点において，その長期休暇期間中の当該労働者の所属する事業場において予想される業務量の程度，代替勤務者確保の可能性の有無，同じ時季に休暇を指定する他の労働者の人数等の事業活動の正常な運営の確保にかかわる諸般の事情について，これを正確に予測することは困難であり，当該労働者の休暇の取得がもたらす事業運営への支障の有無，程度につき，蓋然性に基づく判断をせざるを得ないことを考えると，労働者が，右の調整を経ることなく，その有する年次有給休暇の日数の範囲内で始期と終期を特定して長期かつ連続の年次有給休暇の時季指定をした場合には，これに対する使用者の時季変更権の行使については，右休暇が事業運営にどのような支障をもたらすか，右休暇の時期，期間につきどの程度の修正，変更を行うかに関し，使用者にある程度の裁量的判断の余地を認めざるを得ない。もとより，使用者の時季変更権の行使に関する右裁量的判断は，労働者の年次有給休暇の権利を保障している労働基準法三九条の趣旨に沿う，合理的なものでなければならないのであって，右裁量的判断が，同条の趣旨に反し，使用者が労働者に休暇を取得させるための状況に応じた配慮を欠くなど不合理であると認められるときは，同条三項ただし書所定の時季変更権行使の要件を欠くものとして，その行使を違法と判断すべきである。」

3 計画年休制度

　労基法39条6項が規定する計画年休制度は，日本における年休取得率の低さを改善するため，1987年の労基法改正の際に新たに導入されたものである。事業場において計画年休制度を実施する場合，使用者は労働者の過半数代表（組合）との間で労使協定を締結しなければならない。このとき，法的には，当該事業場に，労使協定を締結した過半数組合とは別の少数組合がある場合，計画年休の効果はそれら少数組合の組合員にも及ぶかという問題がある。三菱重工長崎造船所事件は，この点について，当該労使協定の効果は，特段の事情がない限り，適用対象とされた事業場の全労働者に及ぶとの原則を提示した。

判例13-4
三菱重工長崎造船所事件　　福岡高判平成6．3．24労民集45巻1・2号123頁

【事実の概要】
　Y社と多数派組合との間で計画年休（2日）に関する労使協定が締結されたことに関して，これに反対する少数派組合の組合員Xらが，その保有年休日数の確認等を求めて提訴した。

【判旨】（地裁判決引用部分）
　「昭和62年の労基法の改正により同法39条5項［現行6項］が新設され，労使協定に基づく計画年休制度が設けられた趣旨は，わが国における年休の取得率が，長期の休暇が普及し年休の完全取得が原則である欧米諸国と比べて極めて低い水準にとどまっていることに鑑み，労働者が事業の繁忙や職場の他の労働者への業務のしわよせ等を気兼ねすることなく年休を取得することを可能にすること，及び，休暇の本来の姿である連続・長期の年休の取得を可能にすることによって，年休の取得率を向上させ，労働時間の短縮と余暇の活用を推進しようとしたことにある。……労基法上，労使協定による計画年休制度が新設されたことにより，年休日の特定を完全に労働者個人の権利としていた従来の建前は改められ，……一旦右労使協定により年休の取得時季が集団的統一的に特定されると，その日数について個々の労働者の時季指定権及び使用者の時季変更権は，共に，当然に排除され，その効果は，当該協定により適用対象とされた事業場の全労働者に及ぶと解すべきである。」もっとも，「いわゆる過半数組合との協定による計画年休において，これに反対する労働組合があるような場合には，当該組合の各組合

> 員を右協定に拘束することが著しく不合理となるような特別の事情が認められる場合や，右協定の内容自体が著しく不公正であって，これを少数者に及ぼすことが計画年休制度の趣旨を没却するといったような場合には，右計画年休による時季の集団的統一的特定の効果は，これらの者に及ばないと解すべき場合」がある。

4 年休取得を理由とする不利益取扱いの許容範囲

　労基法は，労働者の年休権行使を実質的に保障するため，「賃金減額その他不利益な取扱いをしないようにしなければならない」と規定している（労基136条）。同条の法的位置づけについては，学説上，同条を強行法規と解して不利益取扱いを私法上無効とする見解，同条に違反する不利益取扱いは公序良俗に違反するとする見解，同条は労基法39条の年休権保障に含まれる不利益取扱い禁止の私法規範を確認したものと解する見解がある。

　しかし最高裁は，沼津交通事件において，同条は使用者の努力義務を定めたものであって，不利益取扱いを私法上無効とするものとは解されないとの見解を示した。そして，不利益を課す制度（たとえば精皆勤手当の支給基準等）の趣旨，目的，労働者が失う経済的利益の程度，権利行使に対する事実上の抑止力の強弱等諸般の事情を総合考慮して判断するとする。この見解は，すでに最高裁が日本シェーリング事件（最一小判平成元.12.14民集43巻12号1895頁）において示した見解を踏襲したものといえる。しかし，たとえばどの程度の経済的不利益であれば労働者の権利行使を抑制しないといえるのか，その基準は明確ではない。裁判所は，同様の論理を，育児介護休業法上の権利行使についても適用しており，労働者が育児介護休業法上保障された権利行使を躊躇しかねない状況を実質的に作りだしているという大きな問題がある。

> ### 判例13-5
> **沼津交通事件** 最二小判平成5.6.25民集47巻6号4585頁
>
> **【事実の概要】**
> タクシー会社Y社の従業員であるXが，月の勤務予定表の作成後，年次有給休暇を取得したところ，Y社は皆勤手当を減額ないし不支給とした。そこでXは，当該取扱いは労働基準法が禁ずる不利益取扱いであり無効であると主張して，未支給の皆勤手当の支払いを求めて提訴した。
>
> **【判旨】**
> 「労働基準法134条［現行136条］が，使用者は年次有給休暇を取得した労働者に対して賃金の減額その他不利益な取扱いをしないようにしなければならないと規定していることからすれば，使用者が，従業員の出勤率の低下を防止する等の観点から，年次有給休暇の取得を何らかの経済的不利益と結び付ける措置を採ることは，その経営上の合理性を是認できる場合であっても，できるだけ避けるべきであることはいうまでもないが，右の規定は，それ自体としては，使用者の努力義務を定めたものであって，労働者の年次有給休暇の取得を理由とする不利益取扱いの私法上の効果を否定するまでの効力を有するものとは解されない。また，右のような措置は，年次有給休暇を保障した労働基準法39条の精神に沿わない面を有することは否定できないものではあるが，その効力については，その趣旨，目的，労働者が失う経済的利益の程度，年次有給休暇の取得に対する事実上の抑止力の強弱等諸般の事情を総合して，年次有給休暇を取得する権利の行使を抑制し，ひいては同法が労働者に右権利を保障した趣旨を実質的に失わせるものと認められるものでない限り，公序に反して無効となるとすることはできないと解するのが相当である。」

5　今後へむけて

近年，「ワーク・ライフ・バランス」（仕事と私生活の調和）への関心が高まっている（労契3条3項）が，労働者の自由な私生活を確保する手段として，年休の役割は大きい。しかし，日本における年休の取得状況は極めて低調である。その理由としては，同僚への気兼ね，不利益取扱いへのおそれ，あるいは病気やその他突発的な事態に対応する「年休の蓄え」といったことがあげられる。

2010（平成22）年4月1日から施行されている改正労基法においては，年休を時間単位で取得することができるようになった（労基39条4項）。付与された年休の有効利用という点では好意的に評価されようが，その利用目的の多くは，通院，急な子どもの送り迎え，親の介護等，臨時的，突発的な用務に対処することにある。本来，こうした目的の休暇は，病気休暇制度等他の就労免除制度を整備することによって対応すべきである。その意味では，年休の時間単位付与制度はそういった他の制度が整うまでの過渡的な措置として位置づけられよう。

　年休の取得を促進するに当たって，計画年休制度の活用は有効な手段であると考えられる。なぜなら，計画年休制度は，当該年度の事業運営計画のなかに，従業員の年休取得を組み込むことを可能にするからである。年休の持つリフレッシュ効果と，事業の正常な運営を両立させることは，効率的な企業経営にも資するであろう。

　また，年休取得が間接的に労働者に不利益（とりわけ，経済的不利益）を及ぼさないことも重要である。最高裁は，労基法附則136条について私法的効力はないと判断したが，そのような見解は，労基法39条が労働者に対し年休権を保障したことの趣旨を没却しかねない。ワーク・ライフ・バランスの重要性が叫ばれる現在，再考されるべきテーマの一つであると考えられる。

14章 安全配慮義務

安全配慮義務

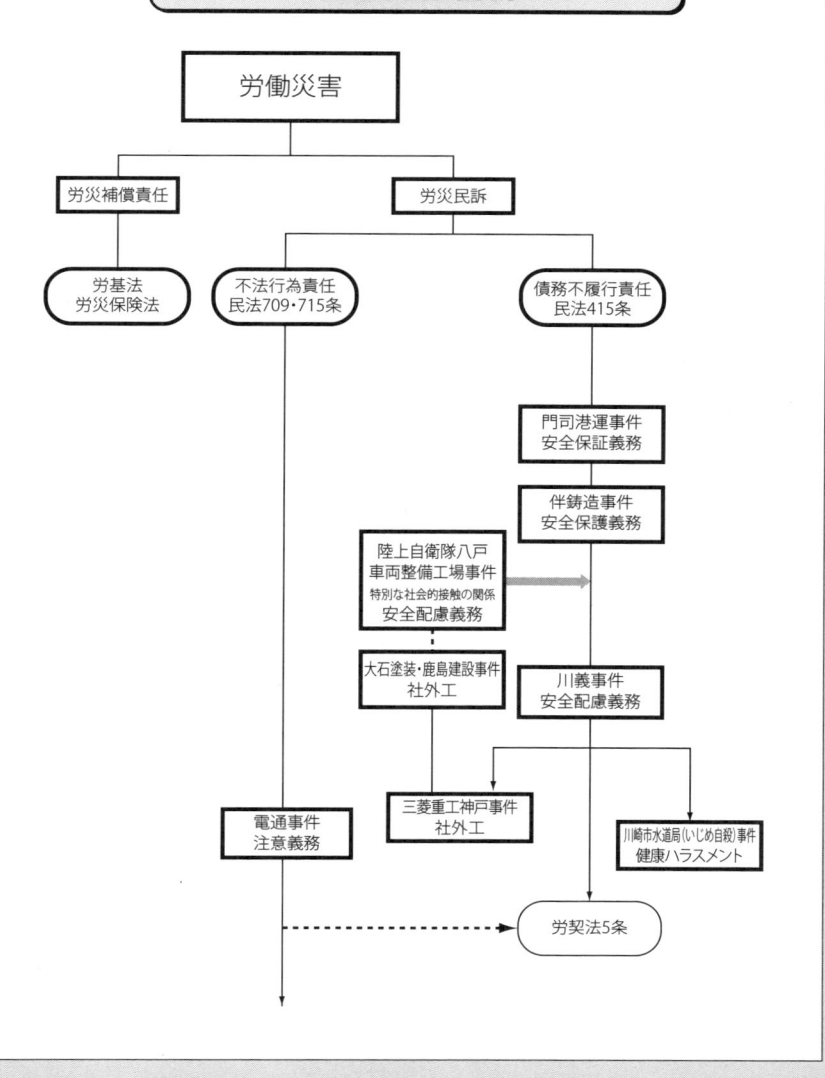

```
労働災害
├── 労災補償責任
│    └── 労基法
│        労災保険法
└── 労災民訴
     ├── 不法行為責任
     │    民法709・715条
     └── 債務不履行責任
          民法415条
```

- 門司港運事件 安全保証義務
- 伴鋳造事件 安全保護義務
- 陸上自衛隊八戸車両整備工場事件 特別な社会的接触の関係 安全配慮義務
- 大石塗装・鹿島建設事件 社外工
- 川義事件 安全配慮義務
- 三菱重工神戸事件 社外工
- 川崎市水道局(いじめ自殺)事件 健康ハラスメント
- 電通事件 注意義務

→ 労契法5条

1 労災補償責任の法律構成

労働災害に対する使用者の責任は，労基法75条以下に定められているが，これが果たされない場合，労働者の保護に欠けることになる。そこで，労災保険法により，この使用者の責任が保険制度によって担保されている。しかし，労災保険法による補償は，画一的であるため，個々の労働者の固有の損害をカバーしないし，慰謝料も含まれていない。また，保険制度を利用していることから，使用者の責任が見えにくくなる。このような理由から，現実の補償は一応労災制度によりつつ，その不十分性を補うとともに，使用者の責任を明確化するため，民法上の責任の追及が利用されるようになった。

この場合の法律構成としては，①不法行為責任（民709条・715条），②土地工作物瑕疵責任（同法717条），③債務不履行責任（同法415条）の可能性があるが，①の場合，消滅時効が短いこと（同法167条と724条），労働者側に過失や因果関係などの立証責任があること，②の場合，利用できる対象が限られること，など被災者に不利な事情があった。そこで，③の利用が一般化した。その際の根拠となったのが，使用者に労働契約上，安全配慮義務があり，労災をその義務違反とする法理である。この法理は，現在，労契法5条において明文化されるに至った。本条を解釈するうえでも，この法理に関する判例の展開を検討する必要がある。

2 安全配慮義務構成の登場

この法律構成を採用した初期の裁判例として，以下がある。

判例14-1

門司港運事件 福岡地小倉支判昭和47.11.24判時696号235頁

【事実の概要】
日雇港湾労働者であるXが，使用者である船舶荷役会社Yに雇用され，荷役

作業中に船底に転落し、後遺症の残る障害を負った。そこで、Xは、Yが安全に通行できる設備を設けるべき義務に違反したとして、債務不履行に基づく損害賠償を請求した。

【判旨】
昭和47年改正前の労基法と、その趣旨を受けた労働安全衛生規則の「規定の趣旨からも窺えるように、使用者は労働者との雇傭契約上の義務として右契約関係特有の労働災害による危険に対して労働者をして安全に就労せしめるべき安全保証義務を負うものと解するのが相当であり、……被告には原告ら作業員が船底の作業場所に安全に到達することのできる通行設備の設置義務があることは明らかである。」本件の場合、「被告は原告を安全に就労せしめなかった債務不履行により原告の蒙った損害を賠償する責任がある。」

上記の判決では、労基法や労安法上の義務と労働契約上の義務との関係が不明確であったが、以下の裁判例で、この点がより明確になった。

判例14-2

伴鋳造事件 東京地判昭和47.11.30判時701号109頁

【事実の概要】
原告Xは、鋳造会社である被告Yに雇用され、鋳造作業に従事していたところ、溶鉱炉内壁の点検作業中、上部から銑鉄塊が落下し、頭部に命中して傷害を負った。そして、復職後、後遺症のため就労不能に陥り、結局、退職した。そこで、Xは、主位的には、Yには雇用契約上負っている、ヘルメット等を備えて着用させる義務違反の債務不履行があり、また、予備的には、そのような措置をとる注意義務に違反した不法行為責任がある、として損害賠償を請求した。これに対し、Yは、安全衛生等に関する使用者の義務は公法上のものであり、債務不履行責任は負わないし、不法行為が成立するとしても、3年の時効により損害賠償債権は消滅している、などと主張した。

【判旨】
「雇傭契約は、労務提供と報酬支払をその基本的内容とする双務有償契約であるが、通常の場合、労働者は、使用者の指定した労務給付場所に配置され、同じく使用者の提供による設備、機械、器具等を用いて労務給付を行うものであるから、雇傭契約に含まれる使用者の義務は、単に報酬支払に尽きるものではなく、右の諸施設から生ずる危険が労働者に及ばないように労働者の安全を保護する義務も含まれているものといわねばならない。ところで、労働保護法たる労働基準法その他同法付属、関連法令は、使用者に対し労働者の作業過程における安全衛

生につき保護すべき事項を規定し，行政的監督と命令違反に対する刑事罰とをもってその実効を期しており，その限りにおいて，使用者の右義務は，国に対する公法上のものといえるが，しかし，そのことの故に，右義務が雇傭契約上使用者が労働者に対して負うべき私法上の義務たりえないものと解することはできない。」(本件では，結論として，雇傭契約上の保護義務の不履行を認めた。)

3 | 最高裁による安全配慮義務法理の承認

上記のような下級審の裁判例の蓄積の上に，最高裁は，以下のように安全配慮義務を承認する判断をするに至った。ただし，事案は公務員関係であった。

判例14-3
陸上自衛隊八戸車両整備工場事件 最三小判昭和50.2.25民集29巻2号143頁

【事実の概要】

自衛隊員であった訴外Ａが，自衛隊の車両整備工場で大型自動車に轢かれて死亡した（事故は昭和40年7月）。Ａの両親Ｘら（原告）は，国家公務員災害補償法に基づき遺族補償金を受けたが，民間の自動車事故などの補償に比して低額であることも公務員である故のことと考えていたところ，昭和44年10月になって，国に対して損害賠償を請求できることを知り，訴えを提起したものである。第一審は，3年の消滅時効の成立を認め，第二審では，これに加え，Ａは特別権力関係に基づいて服務していたとして，債務不履行に基づく損害賠償請求も棄却した。そこで，Ｘらが上告した。最高裁は，以下のように述べて，原判決を破棄差し戻した。

【判旨】

国は，給与支払義務にとどまらず，「公務員に対し，国が公務遂行のために設置すべき場所，施設もしくは器具等の設置管理又は公務員が国もしくは上司の指示のもとに遂行する公務の管理にあたつて，公務員の生命及び健康等を危険から保護するよう配慮すべき義務（以下「安全配慮義務」という。）を負っているものと解すべきものである。……右のような安全配慮義務は，ある法律関係に基づいて特別な社会的接触の関係に入つた当事者間において，当該法律関係の付随義務として当事者の一方又は双方が相手方に対して信義則上負う義務として一般的に認められるべきものであつて，国と公務員との間においても別異に解すべき論拠はな」く，……災害補償制度も国が公務員に対し安全配慮義務を負うことを当

然の前提とし，この義務が尽くされたとしてもなお発生すべき公務災害に対処するために設けられたものと解されるからである。」

最高裁が，安全配慮義務の法理を民間の労働関係についても承認したのが，以下の事案である。

判例14-4

川義事件 最三小判昭和59.4.10民集38巻6号557頁

【事実の概要】
訴外Aは，繊維製品などの卸売業である被告Y社の従業員であり，鉄筋コンクリート造りのYの社屋で宿直していたところ，知り合いである元従業員Bが訪問したので，AがBを社屋に入れたところ，隙を見て襲われ，殺害された。Bの訪問はY社の商品の窃取を目的としていた。そこで，Aの両親がY社に対して損害賠償を請求した。第一審，第二審，いずれも請求を認容した。そこで，Yが上告した。

【判旨】
「雇傭契約は，労働者の労務提供と使用者の報酬支払をその基本内容とする双務有償契約であるが，通常の場合，労働者は，使用者の指定した場所に配置され，使用者の供給する設備，器具等を用いて労務の提供を行うものであるから，使用者は，右の報酬支払義務にとどまらず，労働者が労務提供のため設置する場所，設備もしくは器具等を使用し又は使用者の指示のもとに労務を提供する過程において，労働者の生命及び身体等を危険から保護するよう配慮すべき義務（以下「安全配慮義務」という。）を負つているものと解するのが相当である。」「宿直勤務の場所である本件社屋内に，宿直勤務中に盗賊等が容易に侵入できないような物的設備を施し，かつ，万一盗賊が侵入した場合は盗賊から加えられるかも知れない危害を免れることができるような物的施設を設けるとともに，これら物的施設等を十分に整備することが困難であるときは，宿直員を増員するとか宿直員に対する安全教育を十分に行うなどし，もつて右物的施設等と相まつて労働者たるAの生命，身体等に危害が及ばないように配慮する義務があつたものと解すべきである。」（上告棄却）

4 安全配慮義務の内容

1 一般的内容

安全配慮義務の定義および具体的内容について，上記の最高裁判例が示している。しかし，具体的内容は，個別の事情が多様である以上，個々的に判断するしかない。その場合の一般的な判断基準を述べた裁判例に以下がある。

判例14-5

三菱難聴三次訴訟事件 神戸地判昭和62．7．31労判502号6頁

【事実の概要】
原告Xらは，被告Y社の造船所において，下請労働者（社外工）としてハンマー打ち作業等に従事していたところ，聴力障害（難聴）に罹患したとして，Y社に対し，安全配慮義務違反を理由に損害賠償を請求した。

【判旨】
「右安全配慮義務の内容は，一律に画定されるものではなく，労務提供関係における労務の内容，就労場所，利用設備，利用器具及びそれらから生ずる危険の内容・程度によって具体的に決せられるべきものである。」

2 安全配慮義務の立証責任

債務不履行構成では，労働者側は安全配慮義務を立証する必要があるが，これが抽象的一般的な義務の存在の主張でとどまる限り，それほど困難ではない。しかし，次にみられるように，判例は，その具体的な内容と不履行の立証を求めており，不法行為構成に比較して立証責任の負担について有利とはいえない。

判例14-6

航空自衛隊航空救難群芦屋分遣隊事件 最二小判昭和56．2．16民集35巻1号56頁

【事実の概要】
訴外Aの両親である原告Xらは，航空自衛隊員であったAが人員および物資の輸送の任務に当たっていたヘリコプターの回転翼の1枚が飛散して墜落し，そ

の事故で死亡したので，整備不良で就航させたことが原因だとして，安全配慮義務違反を理由に，被告の国Ｙに対し損害賠償を請求した。整備の不備といえるか否かが争点であったところ，第一審および第二審は，いずれもこれを否定し請求を棄却したので，原告が上告した。

【判旨】
「国が国家公務員に対して負担する安全配慮義務に違反し，右公務員の生命，健康等を侵害し，同人に損害を与えたことを理由として損害賠償を請求する訴訟において，右義務の内容を特定し，かつ，義務違反に該当する事実を主張・立証する責任は，国の義務違反を主張する原告にある，と解するのが相当である。」原審は，この主張・立証に基づき，右義務違反はないとしたものであって，本件上告を棄却する。

3　予見可能性・結果回避可能性

債務不履行構成である以上，故意・過失その他の帰責事由（予見可能性・結果回避可能性）のないことの立証責任は使用者側が負う。この立証が容易に認められる場合，義務違反の成立は困難となる。これに関する判例に以下がある。

判例14-7
林野庁高知営林局事件　最二小判平成２．４．20労判561号６頁

【事実の概要】
原告Ｘらは林野庁営林署の作業員であったところ，チェンソー（自動鋸）およびブッシュクリーナー（枝刈払機）の使用により振動障害（白ろう病）に罹患したとして，公務災害の認定に基づく補償で補填されない損害について，安全配慮義務違反を理由に被告の国Ｙに対して損害賠償を請求した。第一審は，これを認容したが，第二審は，労働に支障を生ずる程度以上の人身障害の発症は予見できなかったなどとして同義務違反を否定したので，Ｘらが上告した。

【判旨】
「社会，経済の進歩発展のため必要性，有益性が認められるがあるいは危険の可能性を内包するかもしれない機械器具については，その使用を禁止するのではなく，その使用を前提として，その使用から生ずる危険，損害の発生の可能性の有無に留意し，その発生を防止するための相当の手段方法を講ずることが要請されているというべきであるが，社会通念に照らし相当と評価される措置を講じたにもかかわらずなおかつ損害の発生をみるに至った場合には，結果回避義務に欠

けるものとはいえないというべきである。」本件の場合，昭和40年前にはチェンソー等の振動障害の予見可能性はなく，昭和40年以降は，国は振動障害発症の結果を回避するにつき社会通念上相当な措置を講じているので，安全配慮義務違反はない（請求棄却）。

なお，奥野裁判官の反対意見は，以下のように述べて，Yの安全配慮義務違反を認めた。「使用者としては，(1)先ず新規の機械を導入するに当たっては，作業員の心身に障害を発生させるおそれの有無，程度及び安全使用基準についてあらかじめ調査，確認することを必要とし，(2)導入後不幸にして作業員の心身に障害を生ぜしめることが判明し，もしくはこれを予見し得ることとなった場合には，その障害の内容，程度並びにその機械の有用性及び必要性の程度に応じ，その機械の使用を廃し，あるいはその機械の使用を一時休止もしくは制限するなど，とりあえず障害の続発ないし増悪を防止すべき措置を講じつつ，その障害の態様及び原因を究明して当該機械の改良，使用基準の改善を図り，障害発生の防止並びに障害の被害を受けた者の救済につき，有効適切な対策を講ずべき義務があるものといわなければならない。」

4 安全衛生法令と安全配慮義務

安全配慮義務の具体的内容を明確化するうえで，安全衛生法令の基準は重要な意味がある。問題は，このような取締法規の基準が労使間にどのような効力を及ぼすか，また，その基準を満たしていれば安全配慮義務を履行したことになるかである。この点に関して，立場の異なる裁判例が以下である。

判例14-8

内外ゴム事件 神戸地判平成2．12．27労判596号69頁

【事実の概要】
原告Xは，各種ゴム製品等の製造・販売等を目的とする被告Y会社の従業員であるが，約7年間にわたり有機溶剤を含有するゴム糊を使用する作業に従事し，有機溶剤中毒に罹患したとして，Yに対し安全配慮義務違反を理由に損害賠償を請求した。これに対してYは，上記作業は安全衛生法規の基準に適合しており，Xの疾病は有機溶剤中毒によるものではないと主張し，かつ，消滅時効を援用した。

【判旨】
Yは，労働安全衛生法，同規則，有機溶剤中毒予防規則の定める義務を負って

いるところ,「右各規定は,いわゆる行政的な取締規定であって,右各規定の定める義務は,使用者の国に対する公法上の義務と解される。しかしながら,右各規定の究極的目的は労働者の安全と健康の確保にある(労安法１条参照。)と解するのが相当であるから,その規定する内容は,使用者の労働者に対する私法上の安全配慮義務の内容ともなり,その規準になると解するのが相当である。」Yは,その負っていた具体的安全配慮義務に違反していたから,損害を賠償する責任がある。(なお,判決は,時効の起算点について,退職日または当該業務の離脱日とし,本件について,時効の完成を否定した。)

判例14-9
三菱重工神戸造船所(難聴)事件 神戸地判昭和62.7.31労判502号６頁

【事実の概要】
原告Xらは,Y社の造船所において,下請工(社外工)としてハンマー打ち作業等に従事していたところ,聴力障害(難聴)に罹患したとしてYに対し損害賠償を請求した。安全配慮義務の内容について,以下のように判断した(なお,判決では請求した賠償額の一部を認容した)。

【判旨】
騒音に関する規制として,労働安全衛生法,同規則の定め,およびその解釈例規があるが,「これらは,もとより,事業者に対する公法上の規制であって,そのまま債務関係たる安全配慮義務の内容をなすものではないが,安全配慮義務の内容を検討するにあたって十分斟酌すべきは当然である。」

5 安全配慮義務の責任主体

安全配慮義務は,労働契約関係がなくても,前掲・陸上自衛隊八戸車両整備工場事件でみたように,「特別な社会的接触の関係」があれば認められる。これを認めた裁判例に以下がある。下請企業の塗装工に対する元請企業の責任の例:大石塗装・鹿島建設事件・最一小判昭和55.12.18民集34巻７号888頁,一人親方の例:藤島建設事件・浦和地判平成８.３.22労判696号56頁,傭車運転手の例:和歌の海運送事件・和歌山地判平成16.２.９労判874号64頁,研修医の例:関西医大研修医(過労死損害賠償)事件・大阪地判平成14.２.25労判827

号133頁，大阪高判平成16.7.15労判879号22頁，シルバー人材センターの会員の例：大阪市シルバー人材センター事件・大阪地判平成14.8.30労判837号29頁，綾瀬市シルバー人材センター事件・横浜地判平成15.5.13労判850号12頁などである。以下は，典型例であり，最高裁が認めた点に意義がある。

> 判例14-10
> **三菱重工業神戸造船所事件** 最一小判平成3.4.11労判590号14頁
>
> 【事実の概要】
> 　原告Ｘらは，被告Ｙ社（上告人）の造船所において，下請労働者（社外工）としてハンマー打ち作業等に従事していたところ，聴力障害（難聴）に罹患したとして，Ｙ社に対し，安全配慮義務違反を理由に損害賠償を請求した。第一審では，一部の原告について時効の完成などを理由に請求を棄却したが，その他の原告については請求を認容した。第二審は，第一審で棄却された原告と認容された原告の一部について，右聴力障害と業務との因果関係を否定し，請求を棄却した。上告審は，第二審判断を維持したが，安全配慮義務について，以下のように判断し，請負関係にある労働者についても，この法理の適用を認めた。
>
> 【判旨】
> 　「Ｙの下請企業の労働者がＹの神戸造船所で労務の提供をするに当たっては，いわゆる社外工として，Ｙの管理する設備，工具等を用い，事実上Ｙの指揮，監督を受けて稼動し，その作業内容もＹの従業員であるいわゆる本工とほとんど同じであったというのであり，このような事実関係の下においては，Ｙは，下請企業の労働者との間に特別な社会的接触の関係に入ったもので，信義則上，右労働者に対し安全配慮義務を負うものであるとした原審の判断は，正当として是認することができる。」

6 安全配慮義務と慰謝料請求・時効問題

　不法行為の場合，遺族には固有の慰謝料請求が認められる（民711条）。しかし，安全配慮義務違反の場合，判例は，以下のように，これを否定している。なお，損害賠償請求権の時効について，損害が発生したときが起算点であり，じん肺については，じん肺法に基づく最終の行政上の決定時から進行するもの

とするのが判例である（日鉄鉱業〔労働者側上告〕事件・最三小判平成6.2.22民集48巻2号441頁）。また，遅延損害金請求権は，請求日の翌日に発生するとしている（後掲・大石塗装・鹿島建設事件・最一小判昭和55.12.18民集34巻7号888頁）。

> 判例14-11
>
> **大石塗装・鹿島建設事件** 最一小判昭和55.12.18民集34巻7号888頁
>
> > 【事実の概要】
> > 　建設会社である被告Y_1は，請負工事のうち塗装工事を塗装会社である被告Y_2に請け負わせ，Y_2の従業員である訴外Aらが右業務に従事していたところ，Aが地上に墜落し死亡したので，Aの家族であるXらは，Y_1，Y_2に対し，逸失利益および慰謝料の支払いを請求した。第一審は，Aが命綱を外していたとして請求を棄却したが，第二審は，養生網の開披に安全保証義務違反を認め，5割の過失相殺のうえ，Xらのうち両親の慰謝料の一部のみを認容したので，この判断を不満としてXらが上告した。最高裁は，過失割合を正当とし，慰謝料について以下のように判断した。
> >
> > 【判旨】
> > 　「AとYらとの間の雇傭契約ないしこれに準ずる法律関係の当事者でないXらが雇傭契約ないしこれに準ずる法律関係上の債務不履行により固有の慰謝料請求権を取得するものとは解しがたいから，Xらは慰謝料請求権を取得しなかったものというべ」きである。

7 ｜ 安全配慮義務の拡張

　安全配慮義務法理は，不法行為構成と比較して労働者側にとって有利な構成であるとされてきたが，それらは，今日では，相当希薄になっているばかりか，不法行為構成においても，安全配慮義務を認めてきており，両者の差異は相対化しているといえる。なお残っている理論問題としては，履行請求権や労務提供を拒絶する権利の有無などがある。前者について，肯定例に日鉄鉱業松尾砕石所ほか事件・東京地判平成2.3.27労判563号90頁，否定例に髙島屋工作所事件・大阪地判平成2.11.28労経速1413号3頁がある。

　ところで，近年，安全配慮義務の拡大の傾向がみられるようになった。その

結果，安全配慮義務があたかも結果債務であるがごとき内容になる点や健康配慮義務は広範な内容を含むことから，使用者による労働者のプライバシーの侵害につながる危険も指摘されるに至っている。したがって，今後，どのような義務内容を考えるべきかが問われている。

1 不法行為構成と安全配慮義務

働きすぎによるうつ病が原因で自殺した事案について，安全配慮義務違反を理由に不法行為の成立を認めたのが以下の判例である。

判例14-12
電通事件 最二小判平成12．3．24民集54巻3号1155頁

【事実の概要】
訴外Aは，大学を卒業後，大手広告会社の被告Y社に就職し，イベントなどの企画立案に従事していたところ，長時間労働が続き，だんだん疲労困憊状態になり，これにAの上司も気づいていたが，増員などの措置は講じなかった。そしてAは，うつ病に罹り，自宅で自殺した。そこで，両親である原告Xらは，Yに対し，損害賠償を請求した。なお，Y社の所定労働時間では，1か月147時間，年間1,764時間であったが，Aの年間の労働時間は，3,528時間に相当する長さであった。第一審は，1億2,600万円の損害賠償を認めた。しかし，第二審は，本人の性格（うつ病に親和的）のほか，病院に行かなかった，同居している親にも責任がある，という過失を認め，賠償額を3割減額した。最高裁は，本判決でこの減額した判断を見直すよう原審に破棄差し戻した（なお，その後，高裁で和解が成立した〔賠償額は1億6,800万円〕）。以下の判旨は，民法715条に基づく損害賠償責任を肯定した原審の判断について検討した部分である。

【判旨】
「労働者が労働日に長時間にわたり業務に従事する状況が継続するなどして，疲労や心理的負荷等が過度に蓄積すると，労働者の心身の健康を損なう危険のあることは，周知のところである。……（労働保護法規は）……右のような危険が発生するのを防止することをも目的とするものと解される。これらのことからすれば，使用者は，その雇用する労働者に従事させる業務を定めてこれを管理するに際し，業務の遂行に伴う疲労や心理的負荷等が過度に蓄積して労働者の心身の健康を損なうことがないよう注意する義務を負うと解するのが相当であり，使用者に代わって労働者に対し業務上の指揮監督を行う権限を有する者は，使用者の

右注意義務の内容に従って，その権限を行使すべきである。」

2　ハラスメントと安全配慮義務

以下は，上司のいじめが原因で精神障害に罹り自殺した市職員の事案について，市の安全配慮義務違反を認めて国家賠償法による賠償を命じた裁判例である。

判例14-13

川崎市水道局（いじめ自殺）事件　横浜地川崎支判平成14.6.27労判833号61頁，東京高判平成15.3.25労判849号87頁

【事実の概要】
　被告 Y_1 市の水道局職員であった訴外 A は，職場の上司の被告 $Y_{2~4}$ から，いじめ，いやがらせを受け，精神疾患に罹り，自殺した。そこで，A の両親 X らが，Y_1 市および $Y_{2~4}$ に対し，損害賠償を請求した。第一審では，Y_1 市の責任は認めたが，$Y_{2~4}$ の行為は職務上のものであるとして個人の責任を否定するとともに，自殺は本人の資質ないし心因的要因も契機であったとして，7割を過失相殺したので，X らが控訴した。そして，第二審も，この判断を維持した。以下の判旨は，被告らの責任に関する第一審の判決部分である。

【判旨】
　「一般的に，市は市職員の管理者的立場に立ち，そのような地位にあるものとして，職務行為から生じる一切の危険から職員を保護すべき責務を負うものというべきである。そして，職員の安全の確保のためには，職務行為それ自体についてのみならず，これと関連して，ほかの職員からもたらされる生命，身体等に対する危険についても，市は，具体的状況下で，加害行為を防止するとともに，生命，身体等への危険から被害職員の安全を確保して被害発生を防止し，職場における事故を防止すべき注意義務（以下「安全配慮義務」という。）があると解される。また，国家賠償法１条１項にいわゆる「公権力の行使」とは，国又は公共団体の行う権力作用に限らず，純然たる私経済作用及び公の営造物の設置管理作用を除いた非権力作用をも含むものと解するのが相当であるから，被告 Y 市の公務員が故意又は過失によって安全配慮保持（ママ）義務に違背し，その結果，職員に損害を加えたときは，同法１条１項の規定に基づき，被告 Y 市は，その損害を賠償すべき責任がある。」

15章 性差別

男女平等

定年年齢差別

- **住友セメント事件**
  結婚退職制は民法90条に反し無効
- **日産自動車事件**
  男女別定年制は民法90条に反し無効

→ 1985年均等法により禁止

賃金差別

制度の違法性を問う

- **秋田相互銀行事件**
  男女別賃金表は労基法4条に反し無効
- **日産自動車事件**
  世帯主に対する家族手当支給は合理的
- **三陽物産事件**
  世帯主基準による本人給支給は労基法4条に反し無効

職務の価値を問う

- **日ソ図書事件**
  同等の労働における賃金格差は不法行為
- **塩野義製薬事件**
  質、量が等しい同職種には同等の賃金
- **京ガス事件**
  職務価値が同等の場合の賃金格差は違法

昇進昇格差別

- **鈴鹿市市役所事件**
  （昇給請求否定）
- **社会保険診療報酬支払い基金事件**
  （不法行為性肯定・昇格請求否定）
- **芝信用金庫事件**
  （昇格請求認容）

コース別処遇差別

- **日本鉄鋼連盟事件**
  募集・採用における男女別扱いは公序に反しない
- **住友電工事件**
  募集・採用における男女別扱いは公序に反しない
- **野村證券事件**
  改正均等法施行後の男女コース別処遇は違法
- **昭和シェル事件**
  努力義務違反行為は不法行為を構成

- **85年均等法** 募集・採用・配置、昇進の均等取扱いは努力義務
- **97年均等法** 女性差別禁止［99年施行］
- **06年均等法** 性差別禁止　間接差別禁止

1 男女平等をめぐる法的問題

　雇用における男女差別の問題は，克服すべき労働法の重要課題のひとつである。男女差別は，時代の流れや人事管理手法の変化のなかで，様々に形を変えて行われてきた。それらは，数多くの女性労働者の裁判での闘いを通じて，また1985（昭和60）年に制定された男女雇用機会均等法（勤労婦人福祉法の改正法）を中心とした法律の発展のなかで少しずつ克服され，改善されている。ここでは，①結婚（出産）退職制，男女別定年制，②賃金差別，③昇進昇格差別，④コース別処遇差別を取り上げ，労働法における男女差別をめぐる法的問題がどのように展開していったかを検討していくことにする。

2 結婚を理由とする退職制度，男女別定年制

1 結婚退職制度の違法性

　1960年〜70年代は，高度経済成長により，技術革新や会社の合理化が進展した時期である。また，女性の高学歴化，女性労働者の増加，勤続年数の長期化という女性労働の変化が始まった時代でもあり，結婚しても働き続ける女性労働者の数は少しずつ増えていた。たとえば1962（昭和37）年の女性労働者のなかに占める有夫者の割合は21.7%となっている。

　現代の感覚からすれば，当時の職場には数多くの性差別があったと考えられるが，当時最も大きな問題であったのが，女性を男性よりも早く辞めさせるという職場の慣行であった。それらは大きく二つの制度に特徴づけられる。一つは，結婚や出産を理由とする退職制度であり，もう一つは男性とは違う年齢での定年制度である。このような制度が設けられた理由については，前者の適法性が争われた住友セメント事件における被告会社の主張から，その一端をうかがうことができる。すなわち，①女性は補助的事務，男性は基幹的業務に従事していること，そのため，②本来男性の賃金は女性のそれよりも高く設定すべきであるが，未婚女性は家事等に煩わされないために，既婚女性に比して会社

への寄与度が高いので，男性と同額の賃金を支給していること，したがって③女性が結婚後も長期勤続をすると，家庭本位となること等により労働能率が低下するにもかかわらず，高額の賃金を受給するという不合理が生じてしまうことである。しかしながら，そのような被告会社の主張は裁判所の受け入れるところとはならず，そのような人事管理のあり方は不当と判断された。

　もっとも，当時，男女平等に直接関わる法律の条文としては，憲法14条1項（平等原則）と労働基準法4条（男女同一賃金の原則）があるのみで，これらの法律だけでは十分な対応ができなかった。そのため，民法の一般条項である民法90条（公序良俗），2条（解釈の基準）が用いられた。

> 判例15-1

住友セメント事件 東京地判昭和41.12.20労民集17巻6号1407頁

> 【事実の概要】
> 　Xを雇用するY社では，女性労働者の採用に当たり，「結婚又は満35歳に達したときは退職する」旨の念書を提出させ，女性労働者が結婚したときには解雇しうることとしていた。Xについても，本採用前に念書を提出させていたところ，結婚後，退職しなかったために，解雇した。Xは雇用契約上の地位の確認を求めて提訴した。
>
> 【判旨】
> 　「両性の本質的平等を実現すべく，国家と国民との関係のみならず，国民相互の関係においても性別を理由とする合理性なき差別待遇を禁止することは，法の根本原理である。憲法14条は国家と国民との関係において，民法1条の2［現行2条］は国民相互の関係においてこれを直接明示する。労基法3条は国籍，信条又は社会的身分を理由とする差別を禁止し，同法4条は性別を理由とする賃金の差別を禁止する。ところで，労基法上性別を理由として賃金以外の労働条件の差別を禁止する規定はなく，かえって，同法19条，61条ないし68条等は女子の保護のため男子と異なる労働条件を定めている。したがって，労基法は性別を理由とする労働条件の合理的差別を許容する一方，前示の根本原理に鑑み，性別を理由とする合理性を欠く差別を禁止するものと解せられる。……この禁止は労働法の公の秩序を構成し，労働条件に関する性別を理由とする合理性を欠く差別待遇を定める労働協約，就業規則，労働契約は，いずれも民法90条に違反しその効力を生じない。」

2 男女別定年制の無効

　前掲・住友セメント事件からやや遅れて，男女別定年制の違法性を争う訴訟が提起されるようになる。たとえば，伊豆シャボテン公園事件（静岡地沼津支判昭和48.12.11労民集26巻1号77頁，東京高判昭和50.2.26労民集26巻1号57頁）では，就業規則上，男性については57歳，女性については47歳とする定年制が定められていたが，第一審，控訴審のいずれも当該就業規則の定めは公序良俗に反し無効であると判断し，退職させられた女性労働者らの雇用契約上の地位を認めている。そして男女間の5歳の定年年齢差を違法と判断した日産自動車事件・最高裁判決によって，男女別定年制を違法とする判断が確立した。

判例15-2

日産自動車事件 最三小判昭和56.3.24民集35巻2号300頁

【事実の概要】
　Y社の就業規則には，「従業員は，男子満55歳，女子満50歳をもって定年として，男子は満55歳，女子は満50歳に達した月の末日をもって退職させる。」との規定が置かれていたところ，Y社は当該基準に当てはまる女性従業員であるXらに対し退職を命じた。Xらは雇用契約上の地位の確認を求めて提訴した。

【判旨】
　原審は，「Y社においては，女子従業員の担当職務は相当広範囲にわたっていて，従業員の努力とY社の活用策いかんによっては貢献度を上げうる職種が数多く含まれており，女子従業員各個人の能力等の評価を離れて，その全体をY社に対する貢献度の上がらない従業員と断定する根拠はないこと，しかも，女子従業員について労働の質量が向上しないのに実質賃金が上昇するという不均衡が生じていると認めるべき根拠はないこと，少なくとも60歳前後までは，男女とも通常の職務であれば企業経営上要求される職務遂行能力に欠けるところはなく，各個人の労働能力の差異に応じた取扱がされるのは格別，一律に従業員として不適格とみて企業外へ排除するまでの理由はないことなど，Y社の企業経営上の観点から定年年齢において女子を差別しなければならない合理的理由は認められない旨認定判断したものであり……正当として是認することができる。そうすると，……Y社の就業規則中女子の定年年齢を男子より低く定めた部分は，専ら女子であることのみを理由として差別したことに帰着するものであり，性別のみによる不合理な差別を定めたものとして民法90条の規定により無効であると解するのが相当である（憲法14条1項，民法1条ノ2［現行2条］参照）。」

3 賃金差別をめぐる争い

1 労基法4条の意義

　1947（昭和22）年に制定された労働基準法は，制定当初から，性別に基づく賃金差別を罰則つきで禁止してきた（労基4条・119条）。賃金についての差別的取扱いには，たとえば男女で異なる賃金表が適用されている場合（秋田相互銀行事件，内山工業事件・広島高岡山支判平成16.10.28労判884号13頁），一時金の支給率に男女差を設ける場合（日本鉄鋼連盟事件・東京地判昭和61.12.4労判486号28頁），家族手当の支給につき女性にのみ男性と異なる条件をつける場合（岩手銀行事件・仙台高判平成4.1.10労判605号98頁，住友化学工業事件・大阪地判平成13.3.28労判807号10頁，日産自動車事件・東京地判平成元.1.26労判533号45頁），住民票上の非世帯主および独身の世帯主の給与を一定の年齢給で据え置く場合（三陽物産事件）など，賃金制度やその運用において行われるものがある。こういった類型の差別的取扱いの場合，男女間の賃金格差の存在は比較的明らかであり，問題の焦点は当該異別扱いに合理的理由があるか否かにある。また，そういった異別取扱いの基準が形式的には性に中立的である場合であっても，それが一方の性に不利に働くことが明らかな場合には，男女差別に当たるとの判断が示されている（三陽物産事件）。

判例15-3

秋田相互銀行事件　秋田地判昭和50.4.10労民集26巻2号388頁

【事実の概要】
　Y社では男性従業員に対しては(1)表またはA表に基づく本人給を，女性従業員に対しては(2)表またはB表に基づく本人給を支払っていた。女性従業員であるXらは，このような賃金制度は違法無効であるとして，男性従業員と同一の賃金の支払いを求めて提訴した。当該制度について，Y社は標準生計費的な扶養家族の有無によって区別していると主張した。

【判旨】
「扶養家族の有無にかかわらず，男子行員には……(1)表またはA表に掲げる金

額が年令に応じ支払われ，女子行員には……(2)表またはＢ表に掲げる金額が年令に応じ支払われたこと，……扶養家族を有する男子行員には同年度の(1)表に掲げる金額が年令に応じ支払われ，扶養家族がない男子行員には同(2)表に掲げる金額が年令に応じ支払われるものとしたうえ，調整給が支払われ，結局同(1)表に掲げる金額が年令に応じ支払われた場合と同額の金額が本人給として支払われたこと……以上のような事実を総合すれば，他に特段の事情の認められない限りは，被告において，原告らが女子であることを理由として，賃金（本人給および臨時給与）について，男子と差別的取扱をしたものであると推認することができ」る。そして，「労働契約において，使用者が，労働者が女子であることを理由として，賃金について，男子と差別的取扱いをした場合には，労働契約の右の部分は，労働基準法4条に違反して無効であるから，女子は男子に支払われた金額との差額を請求することができるものと解するのを相当とする。けだし，労働基準法で定める基準に達しない労働条件を定める労働契約は，その部分については無効とされ，この無効となった部分は，労働基準法で定める基準による旨の労働基準法13条の趣旨は，同法4条違反のような重大な違反がある契約については，より一層この無効となった空白の部分を補充するためのものとして援用することができるものとみなければならないからである。」

判例15-4

三陽物産事件 東京地判平成6．6．16労判651号15頁

【事実の概要】

Ｙ社では，非世帯主および独身の世帯主の従業員にはみなし年齢（25歳または26歳）の本人給を，家族を有する世帯主の従業員には実年齢に応じた本人給を支払うという基準を立て，40歳代後半の女性従業員Ｘらに対し，非世帯主に当たるとして，同年齢の男性従業員に比して低い賃金を支給していた。Ｘらは男性従業員と同様に実年齢に応じた賃金の支払いを求めて提訴した。

【判旨】

「世帯主・非世帯主の基準は，形式的にみる限りは，男女の別によって本人給に差を設けるものではな」いが，Ｙ社は，「世帯主・非世帯主の基準を設けながら，実際には，男子従業員については，非世帯主又は独身の世帯主であっても，女子従業員とは扱いを異にし，一貫して実年齢に応じた本人給を支給してきて」いるうえ，「少なくとも，現在における社会的現実は，結婚した男女が世帯を構成する場合，一般的に男子が住民票上の世帯主になるというのが公知の事実である。その結果，世帯主・非世帯主の基準を適用するならば，女子従業員は，独身である間は非世帯主又は独身の世帯主の立場にあり，結婚すれば非世帯主の立場

> にあるということで，結局，終始本人給を据え置かれることになる。」Y社は「社会的現実及び被告の従業員構成を認識しながら，世帯主・非世帯主の基準の適用の結果生じる効果が女子従業員に一方的に著しい不利益となることを容認して右基準を制定したものと推認することができ……女子であることを理由に賃金を差別したものというべきである」から，「世帯主・非世帯主の基準は，労働基準法4条の男女同一賃金の原則に反し，無効である」。

2 「職務の価値」を問う

労基法4条は男女同一賃金の原則を定めた規定であるが，そこに同一価値労働に対する同一賃金の保障（「同一価値労働同一賃金の原則」）が含まれるか否かはひとつの大きな論点である。国際的にみると，1919年のベルサイユ条約以来，同一価値労働に対する男女同一報酬の原則は国際条約において繰り返し確認されており，日本はそれらを批准している（ILO100号条約，国際人権規約A規約7条(a)(i)，国連女子差別撤廃条約11条1項(d)）。しかし，日本では労働の種類や価値によって賃金を決定するというよりもむしろ，年齢，勤続年数，家族状況など属人的要素を基準として支払われる伝統ないし傾向があるため，同一価値労働同一賃金の原則を厳格に直接的な基準と位置づけることは難しい。もっともそのことは当該原則が日本において通用しないということを意味するわけではない。日ソ図書事件および塩野義製薬事件は，労基法4条の解釈に同一（価値）労働同一賃金原則を反映させ，使用者には労働契約上賃金格差是正義務があることを指摘して，当該義務違反は不法行為を構成すると判断した。

さらに，京ガス事件（京都地判平成13.9.20労判813号87頁）では，男女間で担当する職務が異なっている場合にも，比較対象の男女が就いているそれぞれの職務について，職務分析という手法で，必要とされる知識，技能，責任，精神的な負担，疲労度が比較され，男女間の賃金格差の違法性が明らかにされている。

第15章 性差別

判例15-5
日ソ図書事件 東京地判平成4.8.27労判611号10頁

【事実の概要】
中途採用の女性労働者Xは，Y社入社当初は軽易な作業に従事していたが，採用後15年経った時点以降は，勤続年数，年齢等が同等の男性労働者4名と職務内容・責任・技能等のいずれの点からみても劣らないとして，それら男性労働者と同額の賃金の支払いを求めて提訴した。

【判旨】
「Xと本件男子社員4名間の初任給格差が不合理な差別扱いであったとまではいえないとしても，……Xが入社後におけるY社内の事情の変化に応じて男子社員と質及び量において同等の労働に従事するようになったにもかかわらず，初任給格差が是正されることなく，そのまま放置された結果として初任給格差が維持ないし拡大するに至った場合には，その格差が労働基準法4条に違反する違法な賃金差別となる場合のあることは，否定しえない」。本件においては，「Y社は，遅くとも昭和47年1月頃以降，Xの基本給を本件男子社員4名の平均基本給までに是正すべきであったにもかかわらず，これを放置して適切な是正措置を講じなかった」のであるから，「Xが主張する昭和57年度以降の本件賃金格差は，原告が女子であることのみを理由とした［もので］……労働基準法4条に違反する違法な賃金差別というほかはなく，しかも，適切な是正措置を講じなかったことについてY社に過失のあることは免れないから，不法行為に当たると解するのが相当である」。

判例15-6
塩野義製薬事件 大阪地判平成11.7.28労判770号81頁

【事実の概要】
技術補助職から製担（担当する製品の責任者）になった女性労働者Xが，同期入社，同職種の男性従業員（5名）の賃金との間に大きな格差があるのは性差別に当たるとして，男性従業員の平均額と原告に現実に支給された賃金との差額相当額および右差別による慰藉料等の支払いを求めて提訴した。

【判旨】
「昭和54年6月に，Xを，その職種を変更して製担としたのであるから，同じ職種を同じ量及び質で担当させる以上は原則として同等の賃金を支払うべきであり，その当時，基幹職を担当していた同期男性5名の能力給の平均との格差が少

197

> なくなかったことからすれば，生じていたその格差を是正する義務が生じたものといわなければならず，その義務を果たさないことによって温存され，また新たに生じた格差は不合理な格差というべきである。そして……右是正義務を果たさないことによって生じた格差は，男女の差によって生じた不合理なものといわなければならず，即ちXの賃金を女性であることのみをもって格差を設けた男女差別と評価しなければならない」。もっとも，「昇格には人事権の行使として，使用者の裁量の範囲が大きいこと」に照らし，諸般の事情を考慮して，「差別がなければ原告に支払われたはずの賃金額は，原告主張の同期男性5名の能力給平均額の9割に相当する額と認めるのを相当とする。」

3 職能資格制度における昇格差別

　職能資格制度は，対象となる労働者の職務遂行能力等を人事考課・査定を通じて評価し，それを相応する資格に格付ける仕組みである。その資格の格付けは当該労働者の賃金額の決定に結びついている場合が多いため，格付けにおいて差別が行われることは賃金差別にもつながる。しかし，資格の格付けを行うための使用者の評価行為には一定の裁量が認められるために，差別の存在そのものの立証が非常に難しい。このような場合，賃金差別を主張する労働者の側で，全体として男女間に顕著な賃金格差が存在することを立証しえたならば，賃金差別があったとの一応の推定を行い，その推定を覆す合理的な理由を使用者が主張立証できない限り，差別が行われたと認定するという手法が用いられることがある。

　また，資格の格付行為は，人事に関わる使用者の裁量権ととらえられるために，仮に差別が存在することを立証しえたとしても，それを是正するために昇格した地位にあることの確認を認めうるかという問題が生じる。芝信用金庫事件は，差別の立証および被差別女性労働者の昇格請求を認めた点で画期的な判決であった。

第15章 性差別

判例15-7

芝信用金庫事件 東京高判平成12.12.22労判796号5頁

【事実の概要】
　同期同年齢の男性職員のほぼ全員が課長職（副参事）に昇格したにもかかわらず，勤続18年から40年に及ぶ女性労働者X13名が課長職よりも低い主事資格（係長）にとどまったままであるのは，女性であることを理由とした差別であるとして，昇格した地位にあることの確認を求めて提訴した。Xらが昇格していないことについて，Y社は昇格試験の結果にすぎないと主張した。

【判旨】
　(1)「男性職員については……最終的には，係長にある男性職員のほぼ全員が副参事に昇格しているにもかかわらず，女性職員については，……その殆ど全てが副参事に昇格していないのであって，このような事態は，極めて特異な現象であるということができる」から，「同期同給与年齢の男性職員のほぼ全員が課長職に昇格したにもかかわらず，依然として課長職に昇格しておらず，諸般の事情に照らしても，昇格を妨げるべき事情の認められない場合には，当該Xらについては，昇格試験において，男性職員が受けた人事考課に関する優遇を受けられないなどの差別を受けたため，そうでなければ昇格することができたと認められる時期に昇格することができなかったものと推認するのが相当であ（年功加味的運用差別）」る。
　(2)「雇用契約は，労務の提供と賃金の支払を契約の本質的内容としているものであるところ，使用者は労働契約において，人格を有する男女を能力に応じ処遇面において平等に扱うことの義務をも負担して」いるのであるから「使用者が性別により賃金差別をした場合には……かかる差別の原因となる法律行為は無効である」。そして，「資格の付与が賃金額の増加に連動しており，かつ，資格を付与することと職位に付けることとが分離されている場合には，資格の付与における差別は，賃金の差別と同様に観念することができる。そして，特定の資格を付与すべき「基準」が定められていない場合であっても，右資格の付与につき差別があったものと判断される程度に，一定の限度を越えて資格の付与がされないときには，右の限度をもって「基準」に当たると解することが可能であるから，同法13条ないし93条の類推適用により，右資格を付与されたものとして扱うことができると解するのが相当である。職員の昇格の適否は，経営責任，社会的責任を負担するY社の経営権の一部であって，高度な経営判断に属する面があるとしても，単に不法行為に基づく損害賠償請求権だけしか認められないものと解し，右のような法的効果を認め得ないとすれば，差別の根幹にある昇格についての法律関係が解消されず，男女の賃金格差は将来にわたって継続することとなり，根本

的な是正措置がないことになる」。

4 コース制の違法性

　「女性は補助的事務，男性は基幹的業務」と性別によって就く職務を区別する手法は，結婚退職制が問題となった住友セメント事件でもみられたが，それを制度として整え，採用の段階から別の雇用管理区分として格差をつけた処遇を行うのがコース別人事管理である。担当職務や配置，昇進等，全般的な処遇において差があり，その結果として賃金に格差が生じているため，労基法4条を直接的な根拠として法的救済を求めることは難しい。日本鉄鋼連盟事件（東京地判昭和61.12.4労判486号28頁）では男女別コース制の違法性が問題となったが，裁判所は，採用の際に性によってコースを振り分けることは男女差別であり憲法14条の趣旨に反することを認めつつも，昭和40年代頃においてはそのような人事管理を行うことは公序良俗に反するとはいえないとの見解を示した（「時代制約論」）。時代制約論は，住友電気工業事件，野村證券事件等，その後のコース別人事管理の違法性を問う事案にも大きく影響を及ぼしている。

　1985（昭和60）年に勤労婦人福祉法の改正法として制定された男女雇用機会均等法は，職場における性差別問題を克服するための重要な法的基盤であるが，均等法制定当時には男女労働者を均等に扱うという社会的状況にはないとして，募集，採用，配置，昇進に関する男女の均等取扱いは使用者の努力義務とされていた。その状況が改善されたのは，1997（平成9）年に行われた同法の改正においてである（施行は1999〔平成11〕年）。改正法は，それまで努力義務にとどまっていた各処遇における差別を禁止した。法的には，まず，均等法が，一定の処遇における男女平等の取扱いについて，努力義務から差別禁止規定に改正したことの意味が問題となる。野村證券事件は，均等法改正後も性を理由にコース別の処遇を維持することは，違法，無効となると判断した。さらに，昭和シェル事件では，努力義務についても，法の定めた目標を達成するための努力を何ら行わず，均等な取扱いが行われていない実態を積極的に維持す

る場合には，不法行為成否の判断の要素となるとの判断が示された。

判例15-8
住友電気工業事件 大阪地判平成12．7．31労判792号48頁

【事実の概要】
Y社に雇用される女性労働者Xらが，同期同学歴の男性従業員との間で昇給，昇進等に関し不利益な処遇を受けてきたことが，違法な男女差別であり不法行為または債務不履行に該当すると主張して，同期入社，同学歴男性社員との賃金格差相当額の損害賠償等の支払いを求めて提訴した。Y社は，本件格差について，幹部候補要員として全社採用で採用されたか，定型的補助的業務従事要員として事業所採用で採用されたかという採用区分の違いによるものであると主張した。

【判旨】
「高卒事務職男女間の処遇の格差が，全社採用，事業所採用という社員の区分に基づくものであったことは，もはや明らかであ」り，「Y社が，一方で幹部候補要員である全社採用から高卒女子を閉め出し，他方で事業所採用の事務職を定型的補助的業務に従事する職種と位置付け，この職種をもっぱら高卒女子を配置する職種と位置付けたこと，その理由も結局は，高卒女子一般の非効率，非能率ということによるものであるから，これは男女差別以外のなにものでもなく，性別による差別を禁じた憲法14条の趣旨に反する。」「しかしながら，憲法14条は私人間に直接適用されるものではなく，労働基準法も男女同一賃金の原則（4条）は規定しているものの，採用における男女間の差別禁止規定は有していない。いうまでもなく，憲法14条の趣旨は民法1条1項の公共の福祉や同法90条の公序良俗の判断を通じて私人間でも尊重されるべきであって，雇用の分野においても不合理な男女差別が禁止されるという法理は既に確立しているというべきであるが，他方では，企業にも憲法の経済活動の自由（憲法22条）や財産権保障（憲法29条）に根拠付けられる採用の自由が認められているのであるから，不合理な差別に該当するか否かの判断に当たって，これらの諸権利間の調和が図られなければならない。

このような観点から検討すると，昭和40年代ころは，未だ，男子は経済的に家庭を支え，女子は結婚して家庭に入り，家事育児に専念するという役割分担意識が強かったこと，女子が企業に雇用されて労働に従事する場合でも，働くのは結婚又は出産までと考えて短期間で退職する傾向にあったこと，このような役割分担意識や女子の勤務年数の短さなどから，わが国の企業の多くにおいては，男子に対しては定年までの長期雇用を前提に，雇用後，企業内での訓練などを通じて能力を向上させ，労働生産性を高めようとするが，短期間で退職する可能性の高

> い女子に対しては，コストをかけて訓練の機会を与えることをせず，定型的補助的な単純労働に従事する要員としてのみ雇用することが少なくなかったこと，女子に深夜労働などの制限があることや出産に伴う休業の可能性があることなども，女子を単純労働の要員としてのみ雇用する一要因ともなっていたことなどが考慮されなければならない。」「現時点では，Ｙ社が採用していたような女子事務職の位置付けや男女別の採用方法が受入れられる余地はないが，Ｘらが採用された昭和40年代ころの時点でみると，Ｙ社としては，その当時の社会意識や女子の一般的な勤務年数等を前提にして最も効率のよい労務管理を行わざるをえないのであるから，……高卒女子を定型的補助的業務にのみ従事する社員として位置付けたことをもって，公序良俗違反であるとすることはできない。」

判例15-9

野村證券事件 東京地判平成14．2．20労判822号13頁

> 【事実の概要】
> 女性労働者であるＸらは，同期同学歴の男性社員が入社後13年次には課長代理に昇格したにもかかわらず，Ｘらが課長代理に昇格していないのは性差別によるものであるとして，総合職掌「指導職一級」の職位にあることの地位確認および賃金差額等の損害賠償を求めて提訴した。
>
> 【判旨】
> 「社員の募集，採用に関する条件は，労基法3条の定める労働条件ではなく，また……男女のコース別の採用，処遇が労基法4条に直接違反するともいえないこと，Ｘらの入社当時，募集，採用，配置，昇進についての男女の差別的取扱いをしないことを使用者の努力義務とする旧均等法のような法律もなかったこと，企業には労働者の採用について広範な採用の自由があることからすれば，会社が，原告らの入社当時，社員の募集，採用について男女に均等の機会を与えなかったからといって，それが直ちに不合理であるとはいえず，公序に反するものとまではいえない。」しかし，「平成9年に均等法が制定され，平成11年4月1日から施行されているところ，同法が定めた男女の差別的取扱い禁止は使用者の法的義務であるから，この時点以降において，会社が，それ以前に会社に入社した社員について，男女のコース別の処遇を維持し，男性を総合職掌に位置づけ，女性のほとんどを一般職掌に位置づけていることは，配置及び昇進について，女性であることを理由として，男性と差別的取扱いをするものであり，均等法6条に違反するとともに，公序に反して違法であ」るから，Ｘらについて，均等法施行後もなおそれまでの男女の性の別によるコース別の処遇を維持することは，均等法の

施行以後においては，違法，無効となったものというべきである。

判例15-10

昭和シェル石油事件 東京高判平成19．6．28労判946号76頁

【事実の概要】
　Y社に雇用されていた女性労働者Xが，同年齢同学歴ないし数年若い男性労働者と比較して職能資格等級，定期昇給額などにおいて著しい格差があることは性差別に当たるとして，差額賃金相当分の損害賠償を請求した。

【判旨】
　「職能資格等級の格付けは……均等法8条所定の労働者の昇進についての取扱いに当たると解するのが相当である」ところ，「均等法8条が……努力義務を定めているのは，まさに事業者に努力する義務を法律上課しているのであって，……単なる訓示規定ではなく，実効性のある規定であることは均等法自体が予定しているのであり，［法の定めた］目標を達成するための努力をなんら行わず，均等な取扱いが行われていない実態を積極的に維持すること，あるいは，配置及び昇進についての男女差別を更に拡大するような措置をとることは，同条の趣旨に反するものであり，X主張の不法行為の成否についての違法性判断の基準とすべき雇用関係についての私法秩序に……同条の趣旨も含まれる」。本件取扱いは，「まさしく，労働者の昇進について，女子労働者に対して男子労働者と均等な取扱いをしないことを積極的に維持していたということができる」から，不法行為を構成するものと解するのが相当である。

5　その後の均等法の展開

　均等法は，2006（平成18）年に再び改正され（施行は2007〔平成19〕年），差別的取扱いに当たる人事措置をより詳細に規定するとともに，間接差別禁止規定を新しく創設した。間接差別とは，一見，性に中立な要件であったとしても，実際に当該要件を満たしうる男女の比率等からみて，一方の性に不利に作用する場合において，使用者が当該要件が経営上の必要性に基づくものであることを立証しえない限り，違法な性差別に当たるとみなす法理である。日本において広く普及しているコース別雇用管理（採用の段階で「一般職」と「総合職」に区

分する）は，**4**で取り上げた事案のようなあからさまな性差別の様相を示すことはなくなったが，しかしその区分の基準を，転居を伴う配転への応諾可能性という女性労働者が選択しにくい基準としており，実際上，女性を相対的に労働条件の低い一般職に押し込めてしまっているという現実がある。こういった事態を規制する法理として間接差別法理の導入が望まれていた。均等法においては，間接差別に当たる場合を，指針（平成18.10.10厚労告614号）が提示している。

　また，2006年改正法は，それまで明文の禁止規定がなかった女性労働者の妊娠，出産，産前産後休業を理由とする不利益取扱いの禁止を新たに規定した。そして，それまで行われていた女性労働者保護のための片面的規制は，男女労働者のいずれに対しても差別を禁止する両面的規制へと変わり，同法は日本ではじめての性差別禁止法となった。

　雇用における性差別の問題を克服するための法的基盤は整いつつあるのはたしかである。しかし，実際には，就業する男性と女性労働者間の賃金格差はまだまだ大きい。その大きな原因として，女性労働者が男性労働者と同等の賃金を得るためには「男性並みの働き方」つまり家庭や私生活を顧みることのできないほどの長時間労働や全国転勤に応じる働き方が求められてしまうこと，および，就業する女性の多くが男性に比して，労働条件の低い非正規労働者として働いていることがあげられる。これらの原因を取り除き，適正な労働環境が男女を問わずすべての労働者に提供されるとき，はじめて，雇用における性差別の問題は克服されるように思われる。

16章 人格権

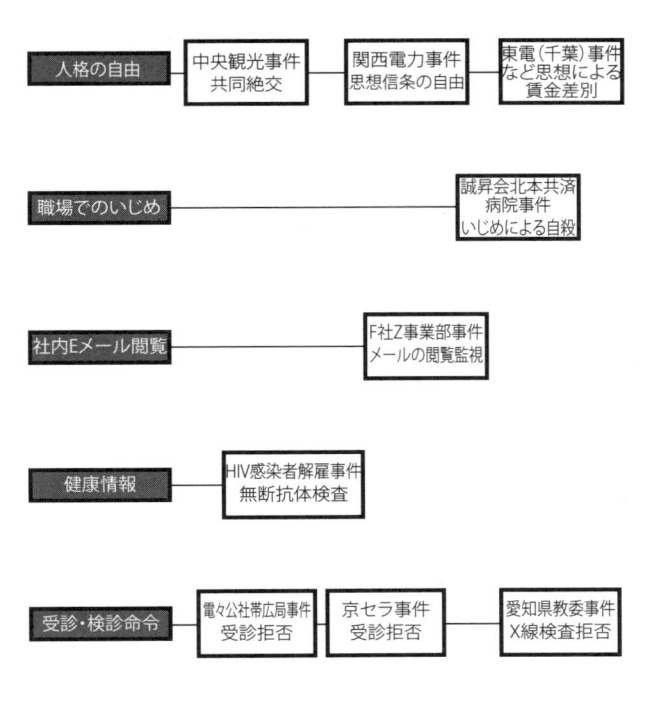

```
                    ┌─────────────┐
                    │   人格権    │
                    └─────────────┘

┌──────────┐   ┌──────────┐ ┌──────────┐ ┌──────────┐
│ 人格の自由 │──│中央観光事件│─│関西電力事件│─│東電(千葉)事件│
└──────────┘   │ 共同絶交  │ │思想信条の自由│ │など思想による│
               └──────────┘ └──────────┘ │  賃金差別  │
                                          └──────────┘

┌──────────┐                           ┌──────────┐
│職場でのいじめ│──────────────────────│誠昇会北本共済│
└──────────┘                           │  病院事件  │
                                       │いじめによる自殺│
                                       └──────────┘

┌──────────┐              ┌──────────┐
│社内Eメール閲覧│──────────│F社Z事業部事件│
└──────────┘              │メールの閲覧監視│
                          └──────────┘

┌──────────┐   ┌──────────┐
│  健康情報  │──│HIV感染者解雇事件│
└──────────┘   │ 無断抗体検査 │
               └──────────┘

┌──────────┐   ┌──────────┐ ┌──────────┐ ┌──────────┐
│受診・検診命令│─│電々公社帯広局事件│─│京セラ事件│ │愛知県教委事件│
└──────────┘   │  受診拒否  │ │ 受診拒否 │ │ X線検査拒否│
               └──────────┘ └──────────┘ └──────────┘
```

※他にセクシャルハラスメントも労働者の人格権の問題として論じられる

1 労働者の人格的利益保護の必要性

　人格権とは，法的保護の対象となる人格的利益の総称をいい，身体，自由，名誉，信用またはプライバシー保護も含まれる。労働関係において労働者の人格権の法的保護が重要なものとして認識されるようになったのは早い時期でない。それは，労働過程における使用者の労働支配，労務指揮権のなかに労働力の担い手である労働者の意思と人格が包摂されてきたからである。また戦前において企業一家といわれた日本の精神的な風土は，企業別組合といった閉鎖的な性格を持った団結体を一般的にしたこともあり，市民社会から隔離された企業風土を特色とし，企業の考え方と異なった思想を持つ者に対しては，これを企業外に排除するとの強い力が働いてきた。こうした事態のなかで，労働者が使用者による人格的利益の侵害を不法行為として提訴する事件が現れてくる。判例として早い時期にあるのが，職場での退職目的の共同絶交の不法行為性が争われた中央観光バス事件である。判決は，退職勧告書の作成と交付が労働者に退職を強要し，退職しない限り労働者の自由および名誉を侵害することを告知したものであり，精神的苦痛を与えたものとして会社に慰謝料の支払いを命じた。この判決は，少数組合の団結権を否認する会社の労働政策と一体になったものであることも認めたが，不当労働行為における原状回復にとどまらない組合員の人格的利益の保護を図ったものである。この判決に刺激されながら，学説からも労働者の人格権侵害をわが国の労働関係のあり方，労働法のなかに位置づけ，その内容を構成する努力も現れるようになった（角田邦重「労使関係における労働者の人格的利益の保護(1)(2)完」労判354号4頁，同355号4頁）。

　さて，中央観光バス事件にみられた共同絶交は，実は大企業の職場の中にも存在していた。会社が特定の思想信条を有していた者を危険人物として企業外に排除しようとして，職場の内外において監視するとともに他の従業員を近づけないような孤立化方策の労務方針があり，この違法性が争われたのが関西電力事件である。これに遅れて電力会社における思想信条を理由とする賃金差別事件が全国的に提訴されるようにもなったが，当時の電力大企業における労務

管理と労働者の人格の自由の緊張対抗関係が背景にあった。これらの裁判例として思想信条による賃金差別の是正を求めた東京電力（山梨）事件・甲府地判平成5.12.22労判651号33頁，同（千葉）事件・千葉地判平成6.5.23労判661号22頁など6事件がある。

判例16-1

中央観光バス事件 大阪地判昭和55.3.26労判339号27頁

> 【判旨】
> 「本件勧告書は，原告らに被告中央観光から退職することを求め，これに応じなければ原告らと同乗・同行勤務をすることを拒むという，いわゆる共同絶交を宣言するものであるということができるところ，右共同絶交は，職場という限られた社会生活の場において行われるものであるとはいえ，右職場は原告らにとって日常生活の重要な基盤を構成する場であり，それが実行されると，原告らはその意に反して右職場から離脱せざるを得ないこととなるであろうことが容易に推測し得るものである。従って，右勧告書が作成され，原告らに対し交付されたことは，原告らに被告中央観光を退職することを強要し，退職しない限り原告らの自由及び名誉を侵害することとなる旨告知した違法な行為というほかない。」

判例16-2

関西電力事件 最三小判平成7.9.5労判680号28頁＝判時1546号115頁

> 【事実の概要】
> Ｘら4名（X_1〜X_2）は，関西電力株式会社（Ｙ会社）の従業員である。Ｙは，Ｘらを共産党員またはその同調者であるとして，職場の内外で監視，尾行したり，他の従業員に交際しないように働きかけ，あるいはロッカーを無断で開けて「民青手帳」を撮影したりした。そこで，Ｘらが不法行為に基づく損害賠償，謝罪文の掲示掲載を請求した。第一審，原審とも，損害賠償を認め，謝罪文の掲示等は棄却した。Ｙのみ上告した。
>
> 【判旨】
> 「Ｙは，Ｘらにおいて現実には企業秩序を破壊し混乱させるなどのおそれがあるとは認められないにもかかわらず，Ｘらが共産党員又はその同調者であることのみを理由とし，その職制等を通じて，職場の内外でＸらを継続的に監視する態勢を採った上，Ｘらが極左分子であるとか，Ｙの経営方針に非協力的な者であるなどとその思想を非難して，Ｘらとの接触，交際をしないよう他の従業員に働

> き掛け，種々の方法を用いてXらを職場で孤立させるなどしたというのであり，更にその過程の中で，X_1及びX_2については，退社後同人らを尾行したりし，特にX_2については，ロッカーを無断で開けて私物である『民青手帳』を写真に撮影したりしたというのである。そうであれば，これらの行為は，Xらの職場における自由な人間関係を形成する自由を不当に侵害するとともに，その名誉を毀損するものであり，また，X_2らに対する行為はそのプライバシーを侵害するものでもあって，同人らの人格的利益を侵害するものというべく，これら一連の行為がYの会社としての方針に基づいて行われたというのであるから，それらは，それぞれYの各Xらに対する不法行為を構成するものといわざるを得ない。」

2 人格権の法的構成

　労働者の人格的利益の保護に関する法律上の諸規定を検討してみると，労働基準法上の労働憲章と呼ばれる一連の規定が該当する。均等待遇，強制労働の禁止，中間搾取の排除，公民権の行使，契約期間の限定，労働条件の明示，賠償予定の禁止，前借金の禁止，強制労働の禁止等は，労働関係における前近代的な弊害を排除して，労働者の自由と平等（差別禁止）を保障するためのものであり，「自由と平等」の保障によって，「労働者の人たるに値する生活」を確保しようとしたものである。そして「労働者の人たるに値する生活」は，労働生活を中心としながら退職時等の証明についてブラックリストの禁止（22条4項）や事業の付属宿舎での労働者の私生活の自由の侵害を禁止している。こうした規定は，労働者の人身の自由にとどまらず人間の尊厳を擁護しようとするものであって，労働関係における人格的利益を保護するものである。

　さて，これらの人格的利益の保護は，市民法上の人格の保護と共通するものであるが，保障の必要性は労働関係の継続的性格や人的性格からみて，よりいっそう高いといわなければならない。

　すなわち，労働者は労働契約を結ぶ主体としては，法的には企業と対等のものであるが，経済的社会的劣位の状態が契約締結の際，またその後の労働過程において基底にあるなかで，企業との対等性を確保することが極めて困難なこ

とである。それ故に労働者保護法である労基法2条1項，労契法3条1項において，労働条件の決定が対等決定であることが，法律的に要請されることになる。にもかかわらず現実の労働関係の展開のなかで企業の持つ人事権限，秩序維持のための方策や管理権限と労働者の人格権とが衝突する場面が多く存在する。それは労働者の労働力の提供に対する使用者の使用権限（業務命令）が，労働者の人格と不可分の知的，精神作用によって，現実化，具体化されるからにほかならない。

すなわち，使用者が労働者に求める労働の内容は使用者の指示が労働者の人格を介して具体化されることになるので，使用者は労働者の人格的側面（意思）のあり方に強い関心を持ち，これに影響力を与えようとしてきた。このなかでの労働者の人格の自由なり人格的諸利益と使用者の権限との対抗関係が法的紛争になってきたのである。

最近における裁判例の特徴としては，企業がリストラ策や人員削減を広範に進めるなかで，非能率者であると判断したり，上司への服従関係の強制を行った誠昇会北本共済病院事件や会社の方針に抵抗的であると判断した労働者を退職に追い込むために見せしめ的な措置（パワーハラスメント）をとるといったケースなどに労働者の人格権・プライバシー保護をめぐる事件が増加していることである。一般的にプライバシーとは人権権の一つであり，「私生活をみだりに公開されない権利」といわれるが，管理されている自己の情報の開示にとどまらず，誤情報の訂正までを求める積極的な面があり，こうした権利が企業内において今後どのように展開されていくのかも重要になってこよう（労働者個人への成績評価の開示などはすでに焦点になっている）。

判例16-3

誠昇会北本共済病院事件 さいたま地判平成16．9．24労判883号38頁

【事実の概要】

Aは，准看護師として誠昇会北本共済病院（Y_2）に勤務していた。Y_2には5名の看護師がいたが，Aが最年少で，Y_1は最年長であった。男性看護師間の間では先輩の言動が絶対的とされ，先輩であるY_1が後輩を服従させる関係が継続していた。その被告Y_1の継続的ないじめにより自殺したAの両親であるXらが，Y_1

【判旨】

「Y₁は，自ら又は他の男性看護師を通じて，Aに対し，冷やかし・からかい・嘲笑・悪口，他人の前で恥辱・屈辱を与える，たたくなどの暴力等の違法な本件いじめを行ったものと認められるから，民法709条に基づき，本件いじめによってAが被った損害を賠償する不法行為責任がある。」

「被告Y₂は，Aに対し，雇用契約に基づき，信義則上，労務を提供する過程において，Aの生命及び身体を危険から保護するように安全配慮義務を尽くす債務を負担していたと解される。具体的には，職場の上司及び同僚からのいじめ行為を防止して，Aの生命及び身体を危険から保護する安全配慮義務を負担していたと認められる。

これを本件についてみれば，被告Y₁らの後輩に対する職場でのいじめは従前から続いていたこと，Aに対するいじめは3年近くに及んでいること，本件職員旅行の出来事や外来会議でのやり取りは雇い主である被告Y₂も認識が可能であったことなど上記認定の事実関係の下において，被告Y₂は，被告Y₁らのAに対する本件いじめを認識することが可能であったにもかかわらず，これを認識していじめを防止する措置を採らなかった安全配慮義務違反の債務不履行があったと認めることができる。

したがって，被告Y₂は，民法415条に基づき，上記安全配慮義務違反の債務不履行によってAが被った損害を賠償する責任がある。」

3 労働者の個人情報とプライバシー保護

個人に関する情報は，情報公開法制や個人情報保護法制では，原則不開示になったり，適正に取り扱われるべき保護の対象である。そして個人の情報の収集や利用により個人の権利，利益が侵害されるのを防ぐため個人情報保護という考え方が定着しつつある。ここにおいて，プライバシー権の保護は，自己情報の全体をコントロールする権利であると認識される。労働関係においても，原則としては個人情報保護の必要とその権利性（個人情報保護法における保護はいうまでもない）は確認されるべきであるが，企業が労働者を採用する際の資料，労働条件決定のための資料，さらにはたとえば労働安全衛生法上の義務の履行として，個人情報を収集し管理する必要性も現に存在する。こうしたなか

において労働の場における個人情報保護のあり方は，F社乙事業部事件にみられるように使用者側の情報収集管理等の必要性，情報の内容と秘匿の理由および使用者側の知る手段の相当性などによって判断されることになる。また労働者保護のための安全配慮義務の判例上の展開は，健康配慮義務も含んで具体化されてきたが，ここでは労働者の健康情報や病状（歴も含めて）についての（個人としての）プライバシー保護が提起されてきている（HIV感染者解雇事件）。

使用者の配慮義務は労働者の健康状況の把握を前提にせざるをえないとするならば，この場面におけるプライバシー保護は後退することになる（愛知県教育委員会事件など）と考えられるが電電公社帯広局事件，京セラ事件など医師選択の自由との関係も含めこれからの課題である。

> 判例16-4
> **F社Z事業部（電子メール）事件** 東京地判平成13.12.3労判826号76頁
>
> 【事実の概要】
> Y（男）は，Z事業部の事業部長であり，X（女）はZ事業部の営業部長のアシスタントとして勤務していた。Yは，Xに「仕事のことで話をしたい」旨の理由で飲食誘いをしていたが，これをXは仕事を口実とした誘いと思い，同僚の夫に批判的メールを送信するつもりが，Yに誤送信してしまった。Yは，このメールを機にXの電子メールを監視しはじめた。Z事業部ではアドレスが社内に公開され，パスワードは各人の氏名をそのまま用いてきたので容易にメールを閲覧することができたが，Xがパスワードを変更し閲覧できなくなった後もYは会社のシステム管理者にX宛の電子メールを自分に転送するように依頼し，Xに送信されるメールを監視してきた。そこで，Xは同僚と共に（以下「Xら」という。），Yがセクシャルハラスメント行為を行ったこと，私的な電子メールをXの許可なく閲覧したことを理由に不法行為に基づく損害賠償請求をした（以下の判旨は，電子メールの閲覧についてのみ）。
>
> 【判旨】
> 「勤労者として社会生活を送る以上，日常の社会生活を営む上で通常必要な外部との連絡の着信先として会社の電話装置を用いることが許容されるのはもちろんのこと，さらに，会社における職務の遂行の妨げとならず，会社の経済的負担も極めて軽微なものである場合には，これらの外部からの連絡に適宜即応するために必要かつ合理的な限度の範囲内において，会社の電話装置を発信に用いることも社会通念上許容されていると解するべきであり，このことは，会社のネット

ワークシステムを用いた私的電子メールの送受信に関しても基本的に妥当するというべきである。」「(社内ネットワークシステムを用いた電子メールの送受信については)職務上従業員の電子メールの私的使用を監視するような責任ある立場にない者が監視した場合,あるいは,責任ある立場にある者でも,これを監視する職務上の合理的必要性が全くないのに専ら個人的な好奇心等から監視した場合あるいは社内の管理部署その他の社内の第三者に対して監視の事実を秘匿したまま個人の恣意に基づく手段方法により監視した場合など,監視の目的・手段及びその態様等を総合考慮し,監視される側に生じた不利益とを比較衡量の上,社会通念上相当な範囲を逸脱した監視がなされた場合に限り,プライバシー権の侵害となると解するのが相当である。……これを本件に照らすと……Xらによる社内ネットワークを用いた電子メールの私的使用の程度は,限度を超えているといわざるを得ず,Yによる電子メールの監視という事態を招いたことについての原告A子側の責任,結果として監視された電子メールの内容及び既に判示した本件における全ての事実経過を総合考慮すると,Yによる監視行為が社会通念上相当な範囲を逸脱したものであったとまではいえず,Xらが法的保護(損害賠償)に値する重大なプライバシー侵害を受けたとはいえないというべきである。」

判例16-5

HIV感染者解雇事件 東京地判平成7.3.30労判667号14頁

【事実の概要】

コンピュータプログラマである原告Xは,東南アジアの取引先B社への海外派遣を条件としてA社に入社,現地の病院で就労ビザ取得のための健康診断を受けたが,病院は依頼されていないのにXのHIV抗体検査を無断で行い,陽性反応が出たことをB社社長Cに告知した。CもまたA社に報告し,XはAの命令を受けて帰国したところA社幹部Eから感染者であることを知らされ,国内で改めて検査を受けるよう勧められた。その結果が判明する前に「諸般の情勢」などを理由に解雇通知を受けた。

Xは,①本件解雇の効力,②A社の不法行為,③B社およびCの不法行為責任を主張し提訴した。

【判旨】

「HIVは,伝染性のある疾患であるばかりか,潜伏期間が長いのでHIV感染者が感染していることを知らないと他の第三者に感染させるおそれがあり,また,HIV感染者にも早期にこの疾病に対する治療や生活態勢を確立させることが必要であるから,HIVに感染していることを告知することが望ましいと言える。

しかし,HIV感染者に感染を告知するに際しては,……この疾病の難治性,

この疾病に対する社会的偏見と差別意識の存在等による被告知者の受ける衝撃の大きさ等に十分配慮しなければならず，具体的には，被告知者にHIVに感染していることを受け入れる用意と能力があるか否か，告知者に告知をするに必要な知識と告知後の指導力があるか否かといった慎重な配慮のうえでなされるべきであって，告知後の被告知者の混乱とパニックに対処するだけの手段を予め用意しておくことが肝要であると言える。

　このようにみてくると，HIV感染者にHIVに感染していることを告知するに相応しいのは，その者の治療に携わった医療者に限られるべきであり，……そうすると，D社長が原告に対して原告がHIVに感染していることを告知したこと自体許されなかったのであり，この告知及びこの後の経緯に鑑みると，著しく社会的相当性の範囲を逸脱していると言うべきである。」

　「(本件解雇は)使用者が被用者のHIV感染を理由に解雇するなどということは到底許されることではなく，著しく社会的相当性の範囲を逸脱した違法行為と言うべきであるから，本件解雇は，A社のXに対する不法行為となり，A社はXに対し，民法709条によりXの被った損害を賠償すべき責任がある。」

　「(被告B社及び被告Cの不法行為の成否は)使用者といえども被用者のプライバシーに属する事柄についてはこれを侵すことは許されず，同様に，被用者のプライバシーに属する情報を得た場合であっても，これを保持する義務を負い，これをみだりに第三者に漏洩することはプライバシーの権利の侵害として違法となると言うべきである。このことは，使用者・被用者の関係にない第三者の場合であっても同様であると解される。」

判例16-6

愛知県教育委員会事件 最一小判平成13．4．26労判804号15頁

【事実の概要】

　公立中学校教諭であるXは，昭和58年5月，定期健康診断における胸部エックス線検査につき放射線曝露の危険性を理由として受診せず，その後の2回の未受診者検査の受診を命じた校長の職務命令を拒否した。また昭和58年11月28日，勤務条件に関する措置要求のため校長の不許可にもかかわらず職場離脱したことが地方公務員法29条（懲戒）1項1号（法律等違反），2号（職務上の義務違反）に当たるとして，昭和59年2月1日，Y教育委員会から3か月間，減給処分を受けた。Xは，不服申立てが却下されたので，取消請求をした。第一審判決は減給処分を取り消したが，原審はそれを取り消したのでXが上告した。

【判旨】

　「市町村立中学校の設置者である市町村は，学校保健法8条1項により，毎学

年定期に，学校の職員の健康診断を行わなければならず，当該健康診断においては，結核の有無をエックス線間接撮影の方法により検査するものとされている。また，当該市町村は，……職員に対し，毎年度，少なくとも1回，エックス線間接撮影の方法による健康診断を行わなければならないものとされ，……他方，市町村立中学校の教諭その他の職員は，労働安全衛生法66条5項により，当該市町村が行う定期の健康診断を受けなければならない義務を負っているとともに，……結核の有無に関するエックス線検査については，結核予防法7条1項によっても，これを受診する義務を負うものである。ところで，学校保健法による教職員に対する定期の健康診断，中でも結核の有無に関する検査は，教職員の保健及び能率増進のためはもとより，教職員の健康が，保健上及び教育上，児童，生徒等に対し大きな影響を与えることにかんがみて実施すべきものとされている。また，結核予防法は，結核が個人的にも社会的にも害を及ぼすことを防止し，もって公共の福祉を増進することを目的とするものであり，同法による教職員に対する定期の健康診断も，教職員個人の保護に加えて，結核が社会的にも害を及ぼすものであるため，学校における集団を防衛する見地から，これを行うべきものとされているものである。

　これらによると，市町村立中学校の教諭その他の職員は，その職務を遂行するに当たって，労働安全衛生法66条5項，結核予防法7条1項の規定に従うべきであり，職務上の上司である当該中学校の校長は，当該中学校に所属する教諭その他の職員に対し，職務上の命令として，結核の有無に関するエックス線検査を受診することを命ずることができるものと解すべきである。」

判例16-7

電電公社帯広局事件 最一小判昭和61．3．13労判470号6頁

【事実の概要】

　Xは電話交換手として採用され（交換業務），従事していたところ頸肩腕症候群に罹患したとの診断を受けて休職後職場復帰し軽易な机上作業に就労していた。Yは3年以上治癒しない長期患者を対象に総合精密検診を実施する労働協約を組合との間で締結した。

　また就業規則と健康管理規定では，要管理者は健康管理従事者等の指示に従い，健康の回復につとめなければならない，とあった。またYはA病院を設置していた。YはXに対しA病院での検診を受けるよう業務命令を出したがXは「A病院は信頼できない」としてこれを拒否した。このことと職場離脱を理由として（懲戒）戒告処分を行った。Xはこれの無効確認を求めて提訴した処，釧路地帯広支判昭和57．3．24労判385号41頁，札幌高判昭和58．8．25労判415号39頁は

受診義務がないとしてXの請求を認めたのでYが上告した。
　【判旨】
　「就業規則及び健康管理規程の規定に照らすと，要管理者（X）が労働契約上負担していると認められる前記精密検診の受診義務は，具体的な治療の方法についてまで（Yの）健康管理従事者の指示に従うべき義務を課するものでないことは明らかであるのみならず，要管理者が別途自ら選択した医師によって診療を受けることを制限するものでもないから，健康管理従事者の指示する精密検診の内容・方法に合理性ないし相当性が認められる以上，要管理者に右指示に従う義務があることを肯定したとしても要管理者が本来個人としている診療を受けることの自由及び医師選択の自由を侵害することとはならないというべきである。」

判例16-8

京セラ事件　東京高判昭和61.11.13労判487号66頁

　【事実の概要】
　AはX会社の従業員であるが，はじめB医師の診断書を提出し欠勤していたが，A所属の労働組合は，右疾病は業務に起因するものであるから職業病として取り扱い休職期間満了による退職扱いとして取り扱わないよう会社に申し入れていた。Xは，B医師に照会してAの疾病は素因に基づくもので業務に起因するものではないとの回答を得たうえ，Aに対し3名の医師を指定し，そのいずれかの診断を受けるように指示したが，Aはこれに応じなかった。そこで，Xは，休職期間満了とともにAを退職扱いとし，退職についての労働組合の団体交渉の申入れにも応じなかったので，労働組合が右行為は不当労働行為に当たるとして救済命令を求めた。地労委はこれを入れて救済命令を発し，中労委Yもこれを維持したので，Xが本件命令の取消しを求めて提訴した。第一審判決は，Xの請求を棄却したが，高裁は不当労働行為に当たらないとして第一審判決を取り消した。
　【判旨】
　「会社としては，従業員たるAの疾病が業務に起因するものであるか否かは同人の以後の処遇に直接に影響するなど極めて重要な関心事であり，しかも，Aが当初提出した診断書を作成したB医師から，Aの疾病は業務に起因するものではないとの説明があったりなどしたことは前述したところである。かような事情がある場合に会社がAに対し改めて専門医の診断を受けるように求めることは，労使間における信義則ないし公平の観念に照らし合理的かつ相当な理由のある措置であるから，就業規則等にその定めがないとしても指定医の受診を指示することができ，Aはこれに応ずる義務があるものと解すべきである。もっとも，

> Aにおいて右指定医三名の人選に不服があるときは、その変更等について会社側と交渉する余地があることは、会社側において指定医・診察についてAの希望をできるだけ容れると言明しているところからすると明らかであり、しかも指定医の診断結果に不満があるときは、別途自ら選択した医師による診断を受けこれを争い得ることは事理の当然であるので、前記の義務を肯定したからといって、直ちに同人個人の有する基本的人権ないし医師選択の自由を侵害することになるとはいえない（労働安全衛生法66条5項但し書は、法定健診の場合を対象とする規定であって、本件におけるような法定外健診についてはその適用ないし類推適用の余地はないものと解する。）。しかるに、Aがその挙に出ることもなく、単に就業規則等にその定めがないことを理由として受診に関する指示を拒否し続けたことは許されない。」

4 人格権の領域の拡がり

上記に指摘した場面に限らず、組合活動等をめぐる懲戒処分と人格権、また研修と人格権（たとえばJRにおける日勤教育の問題点）、公益通報を行う労働者の表現の自由をめぐる紛争、業務上の自殺事案における業務と労働者人格の尊重のあり方（→**14章5**）など広い領域において人格的利益をめぐって法的紛争が発生しているのも現代の特徴である。

17章 懲戒

懲戒権の根拠と有効要件

<(1) 就業規則の規定解釈と総合考慮>

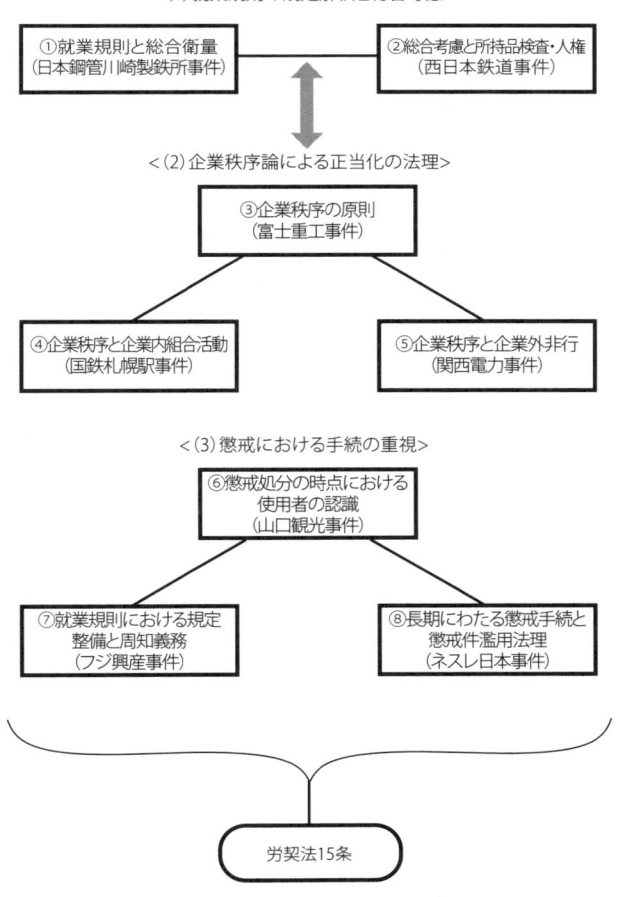

①就業規則と総合衡量
（日本鋼管川崎製鉄所事件）

②総合考慮と所持品検査・人権
（西日本鉄道事件）

<(2) 企業秩序論による正当化の法理>

③企業秩序の原則
（富士重工事件）

④企業秩序と企業内組合活動
（国鉄札幌駅事件）

⑤企業秩序と企業外非行
（関西電力事件）

<(3) 懲戒における手続の重視>

⑥懲戒処分の時点における使用者の認識
（山口観光事件）

⑦就業規則における規定整備と周知義務
（フジ興産事件）

⑧長期にわたる懲戒手続と懲戒件濫用法理
（ネスレ日本事件）

労契法15条

1 懲戒法理の発展

1 懲戒と「合意の原則」

　労働契約法は，法の全体を通して，労働関係が労使間の合意により成立・展開するという「合意の原則」（労契1条・3条1項・6条・8条・9条）に支配されることを明らかにしている。ところが，懲戒に関する同15条では，「使用者が労働者を懲戒することができる場合において，当該懲戒が，当該懲戒に係る労働者の行為の性質及び態様その他の事情に照らして，客観的に合理的な理由を欠き，社会通念上相当であると認められない場合は，その権利を濫用したものとして，当該懲戒は，無効とする」と定めている。しかし，この規定では，そもそもいかなる場合が「使用者が労働者を懲戒することができる」のかが明らかにされていないし，何よりも，上記「合意の原則」が労契法全体を支配する原理でありながら，同原則と懲戒権との関係が明らかでない。すなわち，企業・使用者が，非違行為を理由に労働者に不利益を課すという懲戒の制度が，「合意の原則」で説明され，その支配下にあるのか，それとも同原則から外れたら外の領域にあるのかは，明らかにされていない。

　こうして，労契法の議論の中でも，懲戒の根拠，有効要件，適法性については，規定が存在しないままであり，これらについては，依然として大幅に判例に委ねられている。

2 懲戒権理論の発展

　そこで，懲戒に関する判例がどのような発展をたどり，その根拠や有効要件についての判断基準を形成してきたか，これをさぐるのが本章の目的である。懲戒法理の発展は，ほぼ時期的な発展に即して，三つの段階を示すことができる。すなわち，①就業規則の規定解釈を中心に「総合考慮」論を展開する時期，②「企業秩序論」に依拠して問題解決を図る時期，③懲戒権濫用の法理を検討するに当たって，「懲戒手続」の重要性が強調される時期である。

2 就業規則の規定解釈と総合考慮

1 初期判例①：就業規則の規定の限定解釈

　使用者は，労働者のどのような非行に対して，いかなる根拠で労働者を懲戒しうるだろうか。この問題については，法律ではまったく根拠規定が存在しないため，判例がまず注目したのは，就業規則の規定であった。企業に労働者の制裁（＝懲戒）の制度があるときには，その「その種類及び程度に関する事項」は就業規則の必要的記載事項であるから（労基89条9号），企業の就業規則には懲戒に関する規定がもうけられるのが通常である。この規定により使用者の懲戒権を導き，その文言解釈により懲戒権限の限界を画すのである。たとえば，昭和43年の西日本鉄道事件は，所持品検査を拒否した労働者に対する懲戒解雇の処分について，就業規則の限定解釈を施したうえで，それでもなお同規定に合致することを判断したものである。

判例17-1

西日本鉄道事件 最二小判昭和43．8．2民集22巻8号1603頁

【事実の概要】
　被上告人（被告，被控訴人）Y会社は，電車，バス等の運輸業の会社であり，乗務員による乗車賃の不正隠匿を摘発，防止する目的で，就業規則に「社員が業務の正常な秩序維持のためその所持品の検査を求められたときは，これを拒んではならない。」との規定を設け，所持品検査を実施していた。組合との話し合いでも，所持品検査の際には脱靴すべきものとの方針が確認されたが，検査に当たっては乗務員の人権を尊重するなどの事項も周知されていた。上告人（原告，控訴人）Xは，Yの電車運転士であったが，勤務する営業所では，検査場のコンクリート床上に踏板を敷き並べ，同室を板張りのようにして，検査員から指示がなくても自然に脱靴せざるをえないような仕組みにして検査が実施された。しかし，Xは指示があったにもかかわらず脱靴に応じなかったため，Y会社は，Xの脱靴拒否が上記規定に違反し，さらに懲戒規定の「職務上の指示に不当に反抗し……職場の秩序を紊したとき」に該当するとして，Xを懲戒解雇処分に付した。

【判旨】
　「いわゆる所持品検査は，被検査者の基本的人権に関する問題であつて，その

性質上つねに人権侵害のおそれを伴うものであるから，たとえ，それが企業の経営・維持にとって必要かつ効果的な措置であり，他の同種の企業において多く行なわれるところであるとしても，また，それが労働基準法所定の手続を経て作成・変更された就業規則の条項に基づいて行なわれ，これについて従業員組合または当該職場従業員の過半数の同意があるとしても，そのことの故をもつて，当然に適法視されうるものではない。問題は，その検査の方法ないし程度であつて，所持品検査は，これを必要とする合理的理由に基づいて，一般的に妥当な方法と程度で，しかも制度として，職場従業員に対して画一的に実施されるものでなければならない。そして，このようなものとしての所持品検査が，就業規則その他，明示の根拠に基づいて行なわれるときは，他にそれに代わるべき措置をとりうる余地が絶無でないとしても，従業員は，個別的な場合にその方法や程度が妥当を欠く等，特段の事情がないかぎり，検査を受忍すべき義務があり，かく解しても所論憲法の条項に反するものでない」。

2 初期判例②：総合考慮論

他方，労働者の私生活上の非行については，就業規則の規定解釈という手法をそのまま用いることは適切でないことから，懲戒処分の適法性・有効性について，一般法理である権利濫用法理に依拠した判断が用いられる。ここでは，同法理の判断手法である，諸要素の総合考慮という手法が用いられる。次にみる昭和49年の日本鋼管川崎製鉄所事件は，その先駆的な判例であり，他に横浜ゴム事件（最三小判昭和45．7．28民集24巻7号1220頁）がある。

判例17-2

日本鋼管川崎製鉄所事件 最二小判昭和49．3．15民集28巻2号265頁

> **【事実の概要】**
>
> Y会社K製鉄所の従業員であったX_1〜X_3は，いわゆる砂川事件に加担したため，日米安全保障条約に基づく行政協定に伴う刑事特別法違反の罪により逮捕，起訴された。この事件は，在日アメリカ空軍の使用する立川基地の拡張のための測量を阻止するため，Xらが労働者ら約250名とともに，飛行場内に不法に立入り，集団の最前列付近で率先して行動したというもので，反米的な集団的暴力事犯として広く報道された。Y会社は，K製鉄所の労働協約および就業規則所定の懲戒解雇事由である「不名誉な行為をして会社の体面を著しく汚したとき」に該当するとして，X_1，X_2を懲戒解雇，X_3を諭旨解雇にした。このため，Xらは，雇

用契約に基づく権利を有することの確認を求めて提訴したところ，一審・原審ともに，Ｘらの請求を認容したため，Ｙが上告した。

【判旨】

上告棄却。「従業員の不名誉な行為が会社の体面を著しく汚したというためには，必ずしも具体的な業務阻害の結果や取引上の不利益の発生を必要とするものではないが，当該行為の性質，情状のほか，会社の事業の種類・態様・規模，会社の経済界に占める地位，経営方針及びその従業員の会社における地位・職種等諸般の事情から綜合的に判断して，右行為により会社の社会的評価に及ぼす悪影響が相当重大であると客観的に評価される場合でなければならない。」

3 企業秩序論

1 「企業」秩序の必要性

昭和50年代にはいると，当時の時代状況の下，企業内での政治的色彩を帯びた活動や，企業内の組合活動（リボン闘争，企業施設でのビラ貼り等）に対する懲戒処分が，とりわけクリティカルな論点として浮上した。そして，それらの適法性・有効性の判断基準として，判例の理論的基盤となったのが，最高裁の企業秩序論である。

(a) 企業秩序と調査協力義務の制限

この理論は，生産活動等を行う場である企業の，秩序維持の必要性という観点から，「企業の」有する懲戒権を導こうとした。最高裁で，最初に企業秩序論が明らかにされたのは，労働者の調査協力義務という観点であり，むしろ同義務が過度に拡大して，一般的な支配に及ぶことを制限する論拠として用いられた。

判例17-3

富士重工事件 最三小判昭和52.12.13民集31巻7号1037頁

【事実の概要】

Ｙ会社は，従業員の一部が就業時間中に無断で職場を離脱して，原水爆禁止運動に関わる他の従業員の署名を集めたり，資金調達のためにハンカチを作成する

ことを依頼するなどの活動をしていることを知り、これを就業規則違反の行為であるとして調査を開始した。調査に当たって、労働者Xに事情聴取を行ったところ、Xは一部の質問への回答を拒否した。このため、Yは、これを就業規則の上長の指示遵守、規則遵守に関する規定に違反するものとして、Xを譴責処分とした。そこで、Xは、譴責処分の付着しない労働契約上の権利を有することの確認を求めて提訴した。

【判旨】

「そもそも、企業秩序は、企業の存立と事業の円滑な運営の維持のために必要不可欠なものであり、企業は、この企業秩序を維持確保するため、これに必要な諸事項を規則をもって一般的に定め、あるいは具体的に労働者に指示、命令することができ、また、企業秩序に違反する行為があつた場合には、その違反行為の内容、態様、程度等を明らかにして、乱された企業秩序の回復に必要な業務上の指示、命令を発し、又は違反者に対し制裁として懲戒処分を行うため、事実関係の調査をすることができることは、当然のことといわなければならない。しかしながら、企業が右のように企業秩序違反事件について調査をすることができるということから直ちに、労働者が、これに対応して、いつ、いかなる場合にも、当然に、企業の行う右調査に協力すべき義務を負っているものと解することはできない。けだし、労働者は、労働契約を締結して企業に雇用されることによって、企業に対し、労務提供義務を負うとともに、これに付随して、企業秩序遵守義務その他の義務を負うが、企業の一般的な支配に服するものということはできないからである。そして、右の観点に立つて考えれば、当該労働者が他の労働者に対する指導、監督ないし企業秩序の維持などを職責とする者であって、右調査に協力することがその職務の内容となつている場合には、右調査に協力することは労働契約上の基本的義務である労務提供義務の履行そのものであるから、右調査に協力すべき義務を負うものといわなければならないが、右以外の場合には、調査対象である違反行為の性質、内容、当該労働者の右違反行為見聞の機会と職務執行との関連性、より適切な調査方法の有無等諸般の事情から総合的に判断して、右調査に協力することが労務提供義務を履行する上で必要かつ合理的であると認められない限り、右調査協力義務を負うことはないものと解するのが、相当である。」

(b) 企業秩序論と政治活動・組合活動

ところが、その後の最高裁判例の提示する企業秩序論は、富士重工事件のそれに依拠しつつも、労働者の企業内政治活動や組合活動を厳格に制限する論拠としての機能を果たすようになる。

第17章 懲　戒

　まず、企業内組合活動に関して、昭和54年の国鉄札幌駅事件判決は、富士重工事件で立論された企業秩序論を敷衍して、企業の物的施設について「許諾された目的以外に利用してはならない」旨の規則定立と指示命令、さらにはそれらの違反者への懲戒の根拠として援用している。

> **判例17-4**
>
> **国鉄札幌駅事件**　最三小判昭和54.10.30民集33巻6号647頁
>
> 【事実の概要】
> 　X（原告、控訴人、被上告人）の属するA組合は、春闘に際し、賃上げ要求や合理化案への反対を内容とするビラ貼りを札幌地本に指示した。そこでXらは、日常使用している詰め所内の個人用ロッカー約300余に、1～2枚のビラをセロテープで貼付した。Yでは、管理する施設に許可なく文書等を掲示することを禁じており、Xらのビラ貼付を助役らが禁止したがXらはこれに従わなかった。そこで、Yは、就業規則の懲戒規定に基づき、Xらを戒告処分に処した。
>
> 【判旨】
> 　「思うに、企業は、その存立を維持し目的たる事業の円滑な運営を図るため、それを構成する人的要素及びその所有し管理する物的施設の両者を総合し合理的・合目的的に配備組織して企業秩序を定立し、この企業秩序のもとにその活動を行うものであつて、企業は、その構成員に対してこれに服することを求めうべく、その一環として、職場環境を適正良好に保持し規律のある業務の運営態勢を確保するため、その物的施設を許諾された目的以外に利用してはならない旨を、一般的に規則をもつて定め、又は具体的に指示、命令することができ、これに違反する行為をする者がある場合には、企業秩序を乱すものとして、当該行為者に対し、その行為の中止、原状回復等必要な指示、命令を発し、又は規則に定めるところに従い制裁として懲戒処分を行うことができるもの、と解するのが相当である。」

　次に、昭和52年の目黒電報電話局事件では、企業秩序の要請は、職場内における従業員の政治活動を就業規則により一般的に禁止することの論拠として用いられている。ここで前提とされている企業秩序の内容は、「従業員相互間の政治的対立ないし抗争を生じさせるおそれ」「管理を妨げるおそれ」「他の従業員の業務能率も妨げるおそれ」「休憩時間の自由利用を妨げ……作業能率を低下させるおそれ」のように、抽象的危険への思惑に満ちあふれたものとなって

いる。

> **判例17-5**
> **目黒電報電話局事件** 最三小判昭和52.12.13民集31巻7号974頁
>
> 【事実の概要】
> 　X（原告, 被控訴人, 被上告人）は, Yの職員であるが, 昭和42年6月16日から同22日まで,「ベトナム侵略反対, 米軍立川基地拡張阻止」と記載した小型プレートを, 作業着左胸に着用して勤務した。上司らはプレートを取りはずすよう注意したが, Xはこれに従わなかった。またXは, この取りはずし命令に抗議する目的で, 休憩時間中に許可を受けることなく, 抗議の意見等を記載した内容のビラ数十枚を休憩室および食堂で職員に手渡しまたは机上に置くという方法で, 配布した。そこでYは, これらの行為が, 就業規則の各規定（「職員は, 局所内において, 選挙運動その他の政治活動をしてはならない。」,「職員は, 局所内において, 演説, 集会, 貼紙, 掲示, ビラの配布その他これに類する行為をしようとするときは, 事前に別に定めるその局所の管理責任者の許可を受けなければならない。」）に違反するとして, 懲戒戒告処分に処した。
>
> 【判旨】
> 　「元来, 職場は業務遂行のための場であつて政治活動その他従業員の私的活動のための場所ではないから, 従業員は職場内において当然には政治活動をする権利を有するというわけのものでないばかりでなく, 職場内における従業員の政治活動は, 従業員相互間の政治的対立ないし抗争を生じさせるおそれがあり, また, それが使用者の管理する企業施設を利用して行われるものである以上その管理を妨げるおそれがあり, しかも, それを就業時間中に行う従業員がある場合にはその労務提供業務に違反するにとどまらず他の従業員の業務遂行をも妨げるおそれがあり, また, 就業時間外であつても休憩時間中に行われる場合には他の従業員の休憩時間の自由利用を妨げ, ひいてはその後における作業能率を低下させるおそれのあることがあるなど, 企業秩序の維持に支障をきたすおそれが強いものといわなければならない。したがつて, 一般私企業の使用者が, 企業秩序維持の見地から, 就業規則により職場内における政治活動を禁止することは, 合理的な定めとして許されるべきであ」る。

(c)　昭和50年代初期判例の企業秩序論の特色

　この時期に最高裁が示した企業秩序論は, 一定の特色を示している。
　第1に, 企業の懲戒の必要性や本質は, 労働者による労働契約の契約不履行

とは区別された企業の秩序維持に求められ，その意味では一種の企業固有権説ともいいうる。

　第2に，各判決（特に，富士重工事件と国鉄札幌駅事件）の文言から明らかなように，企業秩序を定立し，規則制定権を有し，指示命令を発し，制裁として懲戒処分を行う主体，すなわち懲戒権の帰属主体は，「企業」とされている。言い換えると，懲戒権限が帰属し，制裁として懲戒処分を行うことができる主体は，労働契約の当事者である使用者や事業主ではない。もっとも，そこにいう「企業」が，いかなる実体なのか，すなわち，単なる物的施設なのか懲戒権という権利の帰属する法的主体なのかは，明らかにされていない。

　第3に，このように，労働契約ではなく，企業から説明するために，懲戒権の範囲や限界が明らかでなく，ともすれば限度のない抽象的な内容となりがちである。その意味で，行為規範を説明する論理として有効に機能していない。

2 契約ロジックからの説明

　そこで，最高裁は，同じく企業秩序という概念に立脚しながらも，労働契約を基盤とした説明に転換するようになる。その契機となったのが，昭和58年の関西電力事件である。

判例17−6

関西電力事件　最一小判昭和58．9．8労判415号29頁

【事実の概要】
　X（原告，被控訴人，上告人）は，Y社（被告，控訴人，被上告人）の従業員であり，A組合の組合員である。昭和44年1月1日未明，Xは，従業員の社宅において，Y社を非難攻撃し，中傷誹謗する内容のビラを，350枚配布した。そこでYは，この行為が就業規則所定の懲戒事由「その他特に不都合な行為があったとき」に当たるものとして譴責処分に処した。

【判旨】
　「労働者は，労働契約を締結して雇用されることによって，使用者に対して労務提供義務を負うとともに，企業秩序を遵守すべき義務を負い，使用者は，広く企業秩序を維持し，もって企業の円滑な運営を図るために，その雇用する労働者の企業秩序違反行為を理由として，当該労働者に対し，一種制裁罰である懲戒を

> 課することができるものであるところ，右企業秩序は，通常，労働者の職場内又は職務遂行に関係のある行為を規制することにより維持しうるのであるが，職場外でされた職務遂行に関係のない労働者の行為であっても，企業の円滑な運営に支障を来すおそれがあるなど企業秩序に関係を有するものもあるのであるから，使用者は，企業秩序の維持確保のために，そのような行為をも規制の対象とし，これを理由として労働者に懲戒を課することも許されるのであり……，右のような場合を除き，労働者は，その職場外における職務遂行に関係のない行為について，使用者による規制を受けるべきいわれはないものと解するのが相当である。」

　この判決では，企業秩序遵守義務は労働契約の締結から生じた義務であり，労働契約上の付随的義務として位置づけられる。したがって，懲戒権等の帰属主体も，「企業」ではなく「使用者」と改められている。懲戒権の出自（＝法的根拠）は，企業ではなく，労働契約にあることが明らかにされたのである。

　もっとも，同判決においても，当該義務に違反する行為は，契約罰ではなく「一種制裁罰」であると明言しており，この立場は，後掲・平成18年のネスレ日本事件でも維持されている。その意味では，契約上の義務違反であるにもかかわらず，その効果は契約罰ではなく制裁罰とする，独特の法律関係が予定されていることになる。言い換えると，懲戒の必要性の論拠としては「企業秩序」であり，違反行為には「秩序罰」をもって臨むが，その法的根拠は労働契約であるとする。これらは矛盾をはらむといわざるをえず，懲戒法理のなかに，契約ロジックがあいまいなままに取り込まれたとみるしかないのである。

4　懲戒権の手続的規制と解雇権濫用理論

1　手続的正義の重要性

　懲戒権の根拠に関する以上の理論状況に対して，平成を迎えた判例理論では，懲戒の持つ刑罰類似の性格にかんがみて，刑事手続類似の手続的規制が重視されるようになる。以下の三つの判決が重要である。

判例17-7　罪刑の関連性と懲戒手続
山口観光事件　最一小判平成8．9．26労判708号31頁

> 【事実の概要】
> 　XはY会社経営の店舗しいマッサージ業務に従事する労働者であるが，2日間の休暇を請求したところ，Yは休暇申請および応接態度等を理由に解雇の意思表示をなした。Xは，地位保全等仮処分を申請したところ，裁判所は仮払い請求の一部を認容した。同事件の審理手続において，Yは，答弁書で，Xが採用時に提出した履歴書に年齢詐称が判明したとして同人を懲戒解雇（予備的解雇）に処す旨の意思表示をした。Xは本案において，解雇の無効を前提に賃金請求の本訴を提起した。
>
> 【判旨】
> 　「使用者が労働者に対して行う懲戒は，労働者の企業秩序違反行為を理由として，一種の秩序罰を課するものであるから，具体的な懲戒の適否は，その理由とされた非違行為との関係において判断されるべきものである。したがって，懲戒当時に使用者が認識していなかった非違行為は，特段の事情のない限り，当該懲戒の理由とされたものでないことが明らかであるから，その存在をもって当該懲戒の有効性を根拠付けることはできないものというべきである。」

　本件は，刑罰と同様に法の適正手続（デュー・プロセス・オブ・ロー）の観点から，「秩序罰」であるところの懲戒を，制限する立場を明らかにしたと解することができる。すなわち，本件の場合，なされた企業秩序違反と懲戒処分との間に関連性が存在しないという，罪刑の最も基本的な因果関係が失われてる。したがって，経歴詐称を理由とするの懲戒事由については，処分に当たって，労働者に対してきちんと告知し，さらに弁解や防御の機会を与える手続がいっさい実施されていない。したがって，仮に経歴（年齢）詐称が実体的には懲戒解雇事由になりうる場合でも，手続的正義に反するのである。

2　就業規則の懲戒規定の必要

　次に，平成15（2003）年のフジ興産事件判決（最二小判平成15.10.10労判861号5頁）は，犯罪を処罰するには刑罰の根拠が法定されていなければならないとする罪刑法定主義の観点から，懲戒処分の要件として，就業規則の規定を要求

したものといいうる。

判例17-8

フジ興産事件 最二小判平成15.10.10労判861号5頁

> 【事実の概要】
> Xは，訴外A社の設立したセンターで設計業務に従事していた。A社では，就業規則を変更したところ，それに先立ちXはセンターに勤務する労働者の就業規則について質問をしたが，旧就業規則は備え付けられていなかった。Yは，Xが取引先とトラブルを起こし，上司に反抗的態度を示したこと等を理由に懲戒解雇に処した。これに対して，Xは，会社には就業規則が存在せずYらが違法な懲戒解雇に関与したとして，不法行為に基づく損害賠償を請求した。
>
> 【判旨】
> 「使用者が労働者を懲戒するには，あらかじめ就業規則において懲戒の種別及び事由を定めておくことを要する（最高裁昭和54年10月30日第三小法廷判決……参照）。そして，就業規則が法的規範としての性質を有する（最高裁昭和43年12月25日大法廷判決……）ものとして，拘束力を生ずるためには，その内容を適用を受ける事業場の労働者に周知させる手続が採られていることを要するものというべきである。」

なお，本判決は，前掲・国鉄札幌駅事件を参照指示しており，その意味で，就業規則の規定が必要であることの根拠として，企業秩序を維持するために企業が規則制定権を有することを暗示している。したがって，懲戒処分をなしうるには労働契約で定めるだけでは不十分であり，就業規則の定めが必要なのである。

3　遅延した懲戒手続と懲戒権濫用

最後に，平成18年のネスレ日本事件は，暴行事件発生から7年以上経過してなされた諭旨解雇処分等について解雇権濫用という判断をしている。これも，懲戒の手続規制を重視する立場のあらわれである。また，同判決は，手続違反それ自体は就業規則違反といいがたいことから，これを懲戒権濫用として判断しており，この点にもう一つの重要な意義がある。

判例17-9

ネスレ日本事件 最二小判平成18.10.6 労判925号11頁

【事実の概要】
　X₁, X₂はYの従業員であったが，X₂について年休振替の不承認に端を発して上司であるT課長と対立が生じ，Tに対する暴行事件が発生して，TはXらを刑事告発した。Yは，警察・検察の捜査結果を待って処分を検討していたところ，暴行事件が発生して7年以上経過した後に，X₁の不起訴処分が決まった。そこで，YはXらに対して，諭旨解雇を言い渡した。Xらは，退職届を提出しなかったので，懲戒解雇として扱われるに至る。

【判旨】
　「使用者の懲戒権の行使は，企業秩序維持の観点から労働契約関係に基づく使用者の権能として行われるものであるが，就業規則所定の懲戒事由に該当する事実が存在する場合であっても，当該具体的事情の下において，それが客観的に合理的な理由を欠き，社会通念上相当なものとして是認することができないときには，権利の濫用として無効になると解するのが相当である。」
　「……これらのことからすると，本件各事件以降期間の経過とともに職場における秩序は徐々に回復したことがうかがえ，少なくとも本件諭旨解雇処分がされた時点においては，企業秩序維持の観点から……懲戒解雇処分ないし諭旨退職処分のような重い懲戒処分をするような状況ではなかったものということができる。」
　「以上の諸点にかんがみると，本件各事件から7年以上経過した後にされた本件諭旨退職処分は，原審が事実を確定していない本件各事件以外の懲戒解雇事由について被上告人が主張するとおりの事実が存在すると仮定しても，処分時点において企業秩序維持の観点からそのような重い懲戒処分を必要とする客観的に合理的な理由を欠くものといわざるを得ず，社会通念上相当なものとして是認することはできない。」

5　懲戒権と労働契約

　冒頭に述べたように，労契法16条で懲戒権濫用に関する規定が設けられたとしても，以上のように判例で展開してきた，懲戒権の根拠，その行使の適法性・限界といった問題は，依然として私たちの課題として残されている。そこには，

使用者の有する懲戒権限と労働契約に基づく権利との間に，どのような関連を見出すかという基本課題が横たわっている。その意味で，懲戒理論が判例法理としてどのように成熟するかは，労働契約の理論がいかに発展するかにかかっているといえよう。

第Ⅲ編

集団的労働関係

18章 労働組合とその内部問題

脱退の自由と組織強制

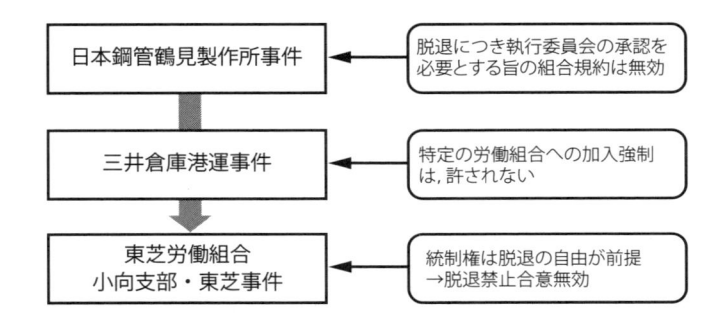

- 日本鋼管鶴見製作所事件 ← 脱退につき執行委員会の承認を必要とする旨の組合規約は無効
- 三井倉庫港運事件 ← 特定の労働組合への加入強制は,許されない
- 東芝労働組合小向支部・東芝事件 ← 統制権は脱退の自由が前提 →脱退禁止合意無効

チェック・オフ

労基法24条の労使協定の要否

| 済生会中央病院事件 労使協定必要 | ⇔ | 奥野裁判官少数意見 労使協定不要 |

組合員の個別同意の要否(中止の可否)

| エッソ石油事件 中止申入れ可能 | ⇔ | 学説 中止申入れ不可 |

1 労働組合の要件

1 自主性の要件と管理職組合

　労働組合は，労働者の権利，利益を擁護し，労働条件その他経済的地位の向上を図るために組織された団体である。憲法28条は，勤労者の団結権，団体交渉権，団体行動権を保障しているが，こうした人権規定を受けて，労組法は，団結権や団体行動権の保護および団体交渉の促進を目的として使用者の不当労働行為を禁ずる規定（7条）などを置き，「労働組合」の要件を充足した団体に対し特別の保護を与えている。

　こうした労組法上の保護を受ける「労働組合」に該当するためには，労組法2条に定められた，次の四つの要件を充足しなければならない。すなわち，①「労働者が主体」となり，使用者からの②「自主」性を保ちつつ，③「労働条件の維持改善その他経済的地位の向上を図ることを目的」として組織された④「団体または連合団体」である。

　これらの要件をめぐって問題となることがあるのが，①の労働者性（労組3条。この点については→*1*章）や②の自主性の要件である。特に，②に関係する労組法2条但書1号は，同条本文に加え，(a)役員（取締役，監査役など），(b)人事権限を持つ上級管理職，(c)職務上の義務・責任が組合員であることと抵触する労務・人事部課の管理職，(d)その他使用者の利益を代表する者（利益代表者）が参加している団体は労働組合に該当しないと定めている。このため，使用者は，利益代表者等が加入する団体は，労組法の適用を受けないと主張することがある。これまでは人事権限を有する課長（興人パルプ事件・東京高判昭和45.9.17労民集21巻5号1229頁）や総務課長（男鹿市農協事件・仙台高秋田支判平成元.1.30労判538号76頁）は，同条但書1号に該当すると認められているのに対し，実質的権限をもたない場合には該当しないと判断されている（柄谷工務店事件・大阪高判昭和60.3.19労判454号48頁〔部長を補佐する主事〕，大阪相互タクシー事件・大阪地決平成7.9.4労判682号42頁〔権限をもたない営業所長や課長〕など）。

　この労組法2条但書1号の捉え方については，学説の対立があり，この要件

を独立の要件とみる見解（独立要件説，形式説）に加え，この文言は例示にすぎず，同条本文の自主性の要件を審査すれば足りるとする学説（例示説，実質説）も有力に主張されている。労組法のこの文言は，管理職を労働組合から遠ざけ，経営側に取り込むことを意図して，1949（昭和24）年改正の際に詳細化したものであり，政策的意図が合理的とはいえないからである（従前は「使用者又ハ其ノ利益ヲ代表スト認ムベキ者ノ参加ヲ許スモノ」と定められていた）。この立場に立てば，管理職が加入していても，実質的に自主性が保障されていれば，労組法上の労働組合であると認められる。しかし，実務上は，同条但書は独立要件と解される傾向が強く，管理職のみで組織された労働組合（純粋管理職組合）や一般の従業員と管理職がともに加入した労働組合が，労組法上の保護を享受できるかが問題となっている。

　この点について裁判例のなかには，団交拒否された純粋管理職組合について，労組法7条2号の適用を認めたものがある（中労委〔セメダイン〕事件・東京高判平成12.2.29労判807号7頁）。本件においては，加入する管理職が利益代表者ではないとして，このような結論が導かれている。ただし，労組法7条2号が，「労働組合」ではなく，「労働者の代表者」という文言を用いたことに着目し，適用対象が広くなっていることを指摘する一方，同法2条の要件を欠くため，同法5条1項に基づいて，労働委員会の救済手続を享受できないと判示していることから，この判断に対しては批判もある。まず，「労働者の代表者」は，通常，同法2条の要件を充足していることを前提とすると解されてきたため，こうした考え方と矛盾するからである。また，独立要件説に立った場合でも純粋管理職組合については労働組合と認める見解もあり（大内伸哉「管理職組合をめぐる法的問題」日本労働法学会誌88号108頁），同法2条の適用を正面から認める判断を展開することもできたと考えられている。

> **判例18-1**

中労委（セメダイン）事件 東京高判平成12.2.29労判807号7頁

【事実の概要】
　X社には，一般従業員で組織された労働組合のほかに，スタッフ管理職などで

組織されたZ組合が存在した。Zは，管理職の待遇改善のため，Xに対し，団体交渉を申し入れたが，Xは，Zには利益代表者が含まれるとして団体交渉を拒否した。これに対し，Zは，労働委員会に，Xの団交拒否を申し立てたところ，Y（中労委）は，Zの労働組合性を認め，Xに対し団交応諾命令を下した。Xが，このYの救済命令の取消しを求めたのが本件である。本件においては，東京地判平成11．6．9労判763号12頁も控訴審も救済命令を適法と判断し，同事件・最一小決平成13．6．14労判807号5頁も控訴審の結論を維持する判断を下している。以下では，一審の判断のほとんどを維持した高裁の判旨を紹介する。

【判旨】

労働組合法7条2号が，同法「2条において定義された特定の意味内容を前提とする『労働組合』の文言を用いず，『労働者の代表』という文言を用いて，労働者の団結の形態を問わない旨明らかにしていること，労働組合法は，憲法28条の規定をうけて……『勤労者』すなわち労働者である限りにおいては，利益代表者といえども，団結する権利，団体交渉その他の団体行動をする権利を保障されているものと解されること，それにもかかわらず，労働組合法が，2条ただし書1号のような規定を置いたのは，同号掲記の労働者の参加を許せば組合の自主性が損なわれるおそれがあるとの見地から……使用者と対等の立場で交渉することができる組合を育成しようとする一種の後見的配慮に基づくものと考えられる」。「利益代表者の参加を許す労働組合であっても，使用者と対等関係に立ち，自主的に結成され統一的な団体であれば，労働組合法7条2号の『労働者の代表者』に含まれるものであって，ただ，このような労働組合は，使用者から団体交渉を拒否された場合でも，同法2条の要件を欠くため，5条1項により労働委員会による救済手続を享受することはできないものと解するのが相当である」。

Zに加入する管理職は「利益代表者には該当しないことが明らかであるし，その他，Zに利益代表者が参加していることを認めることはできない」。「以上によれば，Xの団体交渉拒否は，正当な理由を欠くものとして，労働組合法7条2号の不当労働行為を構成するものというべきである」。

2 資格審査

労組法2条の要件を充足する団体が労組法上の保護を受けるに当たっては，行政などへの届出は必要でない。労働組合の設立自体は，自由にできるからである（自由設立主義）。

これに対し，労働組合は，証拠を提出し，同法2条の要件のほかに，同法5条2項に適合することを立証しなければ（民主性の要件），労組法に「規定する

手続に参与する資格」を得て,「この法律に規定する救済」を受けることができない（同法5条1項）。労組法に定められた手続や救済とは，①使用者の不当労働行為（同法7条）を労働委員会に申し立てること，②法人登記のための資格証明書の交付申請をすること（同法11条），③労働協約の地域的拡張適用の申立てをすること（同法18条），④労働委員会の労働者委員の推薦手続に加わること（同法19条の3第2項・19条の12第3項）を指すが，特に重要なのが①である。

資格審査手続の申立ては，労働委員会で救済の申立てをした際に同時に行うこともできる。資格審査を受けることは，審査手続開始の要件ではなく，救済命令を受ける要件だと解されているからである（東京光の家事件・最二小判昭和62.3.20労判500号32頁）。なお，資格審査を受けていない労働組合でも，個々の組合員は，不利益取扱いの禁止など，個人に関する不当労働行為からの救済を労働委員会に申し立てることはできる（同法5条1項但書）。

2 労働組合の加入と脱退

1 加 入

労働組合の結成行為は，組合員の合同行為であるのに対し，結成後の加入行為は，労働者の申込みと組合の承諾または組合の申込み（勧誘）と労働者の承諾によって成立する加入契約の成立を意味する。労働組合が，加入資格を制限すること，あるいは，加入資格があっても加入を承諾しないことが許されるのかについては，団結自治の範囲内に属する事項として，一定の範囲で認められている。しかし，人種，信条（ただし，労組法5条2項4号の文言は宗教），性別，門地または身分を理由とする加入拒否は，労組法に反し許されない。また，後述するユニオン・ショップ制度を採用した場合，加入拒否は解雇の問題を生じさせることがあるが，組合が加入拒否した者を使用者が解雇することは，権利の濫用で無効となると解されている。ただし，このような違法な加入拒否は，組合側の加入承認義務まで発生させるのではなく，不法行為に基づく損害賠償責任を成立させるにすぎない。

2 脱退の自由

組合からの脱退は，組合員がその意思に基づいて，加入契約を解約することをいう。加入と異なり，組合の承諾を要せず，組合員の脱退の意思表示だけで効果が生じる。このため，執行委員会の承認を要するなど，脱退の自由を制約する規約や個別合意は無効になると解されている（日本鋼管鶴見製作所事件・東京高判昭和61.12.17労判487号20頁，東芝労働組合小向支部・東芝事件・最二小判平成19.2.2民集61巻1号86頁）。ただし，書面で脱退届を提出する，あるいは適正な事前通告期間を求めるなど，脱退の意思を確認するための規定は許されている。

脱退の自由は，消極的団結権（団結しない自由）から正当化しやすいが，日本の判例はユニオン・ショップ等の組織強制を認めているため，組合選択の自由や他組合への加入を導く，積極的団結権にその法的根拠を求めることが多い。ただし，近時の判例は，脱退の自由が統制権などの根拠となるという立場を打ち出しており，従前よりも脱退の自由が労働者の中核的権利に属することを認める傾向が強まっている。

判例18-2

東芝労働組合小向支部・東芝事件 最二小判平成19.2.2民集61巻1号86頁

【事実の概要】

Xは，従前，労働委員会の場で，Y_2社の従業員で組織されたY_1労働組合に所属し続けることを合意（「付随合意」という）する内容で和解した。だが，Xは，人事に関することでY_1に不満を持つようになり，脱退届を提出した。しかし，Y_1はXの届けの受理を留保し，Y_2もしばらく組合費の賃金からの天引き（チェック・オフ）を継続していた。これに対し，Xが，Y_1に対し，組合員としての地位を有しないことの確認とともに，Y_2に対し，組合費を控除しない金額の賃金の支払いを求めたのが本件である。原審（東京高判平成16.7.15民集61巻1号106頁）は，本件付随合意の存在を認め，脱退の効力を否定し，Xの請求を棄却していた。

【判旨】

「一般に，労働組合の組合員は，脱退の自由，すなわち，その意思により組合員としての地位を離れる自由を有するものと解される……。そうすると……本件付随合意は，上記の脱退の自由を制限し，XがY_1から脱退する権利をおよそ行使しないことを，Y_2に対して約したものであることとなる」。

> 「労働組合は，組合員に対する統制権の保持を法律上認められ，組合員はこれに服し，組合の決定した活動に加わり，組合費を納付するなどの義務を免れない立場に置かれるものであるが，それは，組合からの脱退の自由を前提として初めて容認されることである。そうすると，本件付随合意のうち，Y₁から脱退する権利をおよそ行使しないことをＸに義務付けて，脱退の効力そのものを生じさせないとする部分は，脱退の自由という重要な権利を奪い，組合の統制への永続的な服従を強いるものであるから，公序良俗に反し，無効であるというべきである」。

3 組織強制

　組合への加入は原則として自由であるが，団結の強化を目的として，労働組合と使用者はユニオン・ショップ（ユ・シ）協定（労働協約）を締結することがある。ユニオン・ショップとは，組織強制の一種で，従業員が労働組合に加入しなければならないことを前提にして，使用者は加入しない従業員あるいは脱退，除名された従業員を解雇しなければならないとすることをいう。

　ユニオン・ショップの適法性については，学説上多くの議論があり，違憲説や違法説も唱えられているが（西谷敏『労働法における個人と集団』〔有斐閣，1992年〕124頁以下），判例は，合憲で適法と解している（日本食塩製造事件・最二小判昭和50. 4 .25民集29巻 4 号456頁〔→判例 7 - 3 〕）。ただし，ユニオン・ショップの適法性の根拠でもある積極的団結権からは，労働者の組合選択の自由や複数組合の団結権が導かれるため，ユニオン・ショップ協定締結組合以外の組合への加入を認めないことは許されない（三井倉庫港運事件・最一小判平成元.12.14民集43巻12号2051頁）。協定締結組合以外の組合に加入した者に対しては，ユニオン・ショップ協定の使用者の解雇義務を定めた部分は公序良俗に反し無効となると解されているのである。

判例18-3

三井倉庫港運事件 最一小判平成元.12.14民集43巻12号2051頁

【事実の概要】
　Ｙ社とＡ組合の間でユニオン・ショップ協定が締結されていた。Ｘらは，Ａ

を脱退し，B組合にすぐに加入し，それをYに通告した。これに対し，AがYに協定を根拠にしてXらの解雇を求めた結果，YはXらを解雇した。Xらは解雇の無効を求めて提訴した。

【判旨】

「ユニオン・ショップ協定は，労働者が労働組合の組合員たる資格を取得せず又はこれを失った場合に，使用者をして当該労働者との雇用関係を終了させることにより間接的に労働組合の組織の拡大強化を図ろうとするものであるが，他方，労働者には，自らの団結権を行使するため労働組合を選択する自由があり，また，ユニオン・ショップ協定を締結している労働組合（以下「締結組合」という。）の団結権と同様，同協定を締結していない他の労働組合の団結権も等しく尊重されるべきであるから，ユニオン・ショップ協定によって，労働者に対し，解雇の威嚇の下に特定の労働組合への加入を強制することは，それが労働者の組合選択の自由及び他の労働組合の団結権を侵害する場合には許されないものというべきである。したがって，ユニオン・ショップ協定のうち，締結組合以外の他の労働組合に加入している者及び締結組合から脱退し又は除名されたが，他の労働組合に加入し又は新たな労働組合を結成した者について使用者の解雇義務を定める部分は，右の観点からして，民法90条の規定により，これを無効と解すべきである（憲法28条参照）。そうすると，使用者が，ユニオン・ショップ協定に基づき，このような労働者に対してした解雇は，同協定に基づく解雇義務が生じていないのにされたものであるから，客観的に合理的な理由を欠き，社会通念上相当なものとして是認することはできず，他に解雇の合理性を裏付ける特段の事由がない限り，解雇権の濫用として無効であるといわざるを得ない」。

3 組 合 費

1 組合費納入義務

　組合員は，組合規約に基づき，組合の意思決定などに参加する権利を有する一方で，組合に対し各種の義務を負う。財政面に関わる組合員の基本的義務が，組合費納入義務である。組合費には，組合の日常的経費に当てる目的で徴収される一般組合費のほか，闘争資金に備えることを目的とする特別組合費や特定の一時的な目的のために集められる臨時組合費などがある。判例は，どのような場合に組合員は組合費納入義務を負うかについて，「具体的な組合活動の内容・性質，これについて組合員に求められる協力の内容・程度・態様等を比較

考量し，多数決原理に基づく組合活動の実効性と組合員個人の基本的利益の調和という観点から，組合の統制力とその反面としての組合員の協力義務の範囲に合理的な限定を加えることが必要である」と判示し，公労法（特定独立行政法人等の労働関係に関する法律）に反する争議行為の実施を目的とする臨時組合費の納付を組合員に義務づけることはできるが，政治意識昂揚資金への協力を強制することは許されないと結論している（国労広島地本事件・最三小判昭和50.11.28民集29巻10号1634，1698頁）。

2 チェック・オフ

　組合費の徴収を確実にするため，労働組合と使用者は，労働協約等を締結することにより，使用者が組合員の賃金から組合費を控除し，組合に引き渡すことを合意することがある。これをチェック・オフという。

　チェック・オフは，労基法24条の全額払い原則に抵触する可能性があり，労使協定の締結を必要とするかが一つの争点となっている。判例は，チェック・オフも賃金の控除を伴うものであるとして，労基法24条1項但書の適用を認め，労使協定の締結が必要であると解している（済生会中央病院事件・最二小判平成元.12.11民集43巻12号1786頁）。また，労働者が組合を脱退した場合は，そもそも組合費納入義務がなくなるため，使用者がチェック・オフを継続することは許されないが，組合員がチェック・オフ中止の申出をした場合はどうすべきか。この点について判例は，組合費を支払委任した関係にあるととらえているため，組合員がチェック・オフの中止を要求すれば，使用者はこれに応じなければならないとしている（民651条1項。エッソ石油事件・最一小判平成5．3.25労判650号6頁）。

　このような判例の立場に対しては，チェック・オフ協定は締結した労働組合の組合員にしか関係しないため，労使協定の締結がなくとも，少数組合と使用者が何らかの合意（労働協約を含む）を締結すれば，全額払い原則に反しないとする見解も主張されている。たとえば，済生会中央病院事件において奥野裁判官は，少数組合がチェック・オフ協定を締結できないのは妥当でないといった理由から，チェック・オフ協定が労基法24条1項但書の要件を充足しない場合

でも同条違反にならないとの反対意見を述べている。こうした見解は，もともと学説上の有力説であった（中山和久「チェック・オフ」石井照久＝有泉亨編『労働法体系(1)』〔有斐閣，1963年〕169頁以下など）。

また，組合費納入義務が組合員の基本的義務であることを考慮し，組合員が組合にとどまる限り，個々に中止を申し入れることができないと解する見解も主張されている（西谷敏『労働組合法〔第2版〕』〔有斐閣，2006年〕273頁，菅野和夫『労働法〔第9版〕』〔弘文堂，2010年〕537頁）。判例が，組合，組合員および使用者の三者間法律関係の性質に関心を向けているのに対し，この見解は，集団的労使関係のあり方に重点を置いた見解とみることができる。

> 判例18-4
>
> **済生会中央病院事件** 最二小判平成元.12.11民集43巻12号1786頁
>
> 【事実の概要】
> 　X法人が経営するA病院は，協定を締結することなく，Z組合のチェック・オフを行ってきた。AとZ組合との間で職場集会の開催などをめぐり紛争が生じるなか，Z組合を脱退する者が相当数現れたことから，Aは，協定が成立していないことを理由に，チェック・オフを拒否した。そこでZ組合が，チェック・オフの中止等が支配介入に当たるとの理由で，労働委員会に救済を申し立てたところ，Y（中労委）は，Xの支配介入を認める命令を下した。これに対し，XがYの救済命令の取消しを求めたのが本件である。一審（東京地判昭和61.1.29労判467号18頁）と原審（東京高判昭和63.7.27民集43巻12号1890頁）は，Yの命令を支持する判断を下したため，Xは上告した。
>
> 【判旨】
> 　チェック・オフも労働者の賃金の一部を控除するものであるから，労基法24条1項但書の要件を具備しない限り，これをすることができない。「たしかに，原審のいうように，チェック・オフは労働組合の団結を維持，強化するものであるが，その組合員すなわち労働者自体は賃金の一部を控除されてその支払いを受けるのであるから，右に述べた同項但書の趣旨によれば，チェック・オフをする場合には右……の要件を具備する必要がないということはできない。」
>
> 　「本件チェック・オフの中止が労基法24条1項違反を解消するものであることは明らかであるところ，これに加えて，Aが……チェック・オフをすべき組合員（従業員）を特定することが困難である（これが特定されればチェック・オフをすることにやぶさかではない）として本件チェック・オフを中止したこと，及び

Aが……チェック・オフ協定案を提案したこと等を併せ考えると，本件チェック・オフの中止は……結局，不当労働行為に該当しないというべきである」。

【奥野裁判官の反対意見】
「『当該事業場の労働者の過半数で組織する労働組合』という要件を厳格に適用するときは，少数組合がチェック・オフ協定を締結することができなくなる結果，その団結権の実質的保障を損なうおそれがあり，かえって妥当性を欠くこととなるといわなければならない」。労基法24条1項「が『書面による協定』を要件としている趣旨は，協定の締結を慎重ならしめるとともに控除の対象となる項目の内容，種類及び限度を明確ならしめて個々の労働者を保護しようとするものと解されるところ，チェック・オフの場合は，毎月継続的に徴収される組合費については種類が単一でかつ控除額がおおむね一定しており，臨時に徴収される組合費についても自ずから一定の限度がある筈であるから，通常の場合，『書面による協定』を締結する必要性はないものというべきである」。

判例18-5

エッソ石油事件　最一小判平成5.3.25労判650号6頁

【事実の概要】
Xらは，Y社の従業員であり，かつ，A組合の組合員であった。Xらは，Aの執行部と方針が対立するようになり，脱退届の提出やAの中央執行委員長の承認を受けるなど，Aを脱退する手続をとらずに，B組合を結成した。Bは，Yに対し，組合費引去停止依頼書を添付したうえで，Aの組合費をBが指定する銀行口座に振り込むよう申し入れた。しかし，Yは，Xらの賃金からAの組合費をチェック・オフした。これに対し，Xらが，Yのかかる行為が不法行為に当たるとして，損害賠償を請求したのが本件である。一審（大阪地判平成元.10.19労判551号31頁）および原審（大阪高判平成3．2．26労判615号55頁）はYの損害賠償責任を認める判断を下していた。

【判旨】
労基法「24条1項ただし書の要件を具備するチェック・オフ協定の締結は，これにより，右協定に基づく使用者のチェック・オフが同項本文所定の賃金全額払の原則の例外とされ，同法120条1号所定の罰則の適用を受けないという効力を有するにすぎないものであって，それが労働協約の形式により締結された場合であっても，当然に使用者がチェック・オフをする権限を取得するものでないことはもとより，組合員がチェック・オフを受忍すべき義務を負うものではないと解すべきである。したがって，使用者と労働組合との間に右協定（労働協約）が締結されている場合であっても，使用者が有効なチェック・オフを行うためには，

> 右協定の外に，使用者が個々の組合員から，賃金から控除した組合費相当分を労働組合に支払うことにつき委任を受けることが必要であって，右委任が存しないときには，使用者は当該組合員の賃金からチェック・オフをすることはできないものと解するのが相当である。そうすると，チェック・オフ開始後においても，組合員は使用者に対し，いつでもチェック・オフの中止を申入れることができ，右中止の申入れがされたときには，使用者は当該組合員に対するチェック・オフを中止すべきものである」。

4 統制処分

1 法的根拠と限界

　組合員は組合に加入することによって，原則として，組合の統制に服する義務を負う。この統制処分の根拠については，結社の自由（憲21条），団結権（同法28条）などが学説上主張され，組合と組合員との合意にその根拠を求める見解も唱えられている。これに対し，判例は，団結権に統制権の根拠を求めたうえで，その目的を達成するために必要かつ合理的な範囲内で統制権を行使しうると判示している（三井美唄労組事件・最大判昭和43.12.4刑集22巻13号1425頁）。

　統制処分をめぐって長い間問題となってきたのは，統制処分の限界がどこにあるかである。統制処分を含む労働組合の運営，活動は，労働組合の自治（組合規約等）を基礎とするが，こうした活動も一定の制約を受けるからである。

　制約の法的根拠は，組合員の基本的権利や組合民主主義に求められる。まず，立候補の取りやめ要求あるいはそれに従わない場合の統制処分など，組合員の政治的，市民的自由を侵害するものは認められない（中里鉱業所事件・最二小判昭和44.5.2集民95号257頁）。また，労組法等を通じて労働組合に権能が受託される反面，労働組合の活動は，組合民主主義に反してはならないと解されている。組合幹部や組合員の一部集団が，組合の運営において，他の組合員の利益や意見を無視して独断専制をすることは許されるべきではないからである。組合民主主義の原則は，法に明示されていないが，労組法や憲法28条を根拠に導かれる「強行法的原則」であり，通常の任意団体にはない法規制を帰結すると

解されているのである（菅野・前掲書525頁）。

> **判例18-6**
>
> **中里鉱業所事件** 最二小判昭和44．5．2集民95号257頁
>
> > 【事実の概要】
> > Y組合は，参議院選挙である政党の候補者を推薦することと，それに反する行為をした場合には統制処分を下すことを大会で決議した。選挙期間中，Yの組合員Xは，別の政党の候補者のポスターを会社構内に掲示した。そこで，Yは，Xを除名処分した。これに対し，Xは除名処分の無効を求めた。原審（福岡高判昭和40．4．22労民集16巻2号303頁）は，Xの請求を認める判断を下していた。
> >
> > 【判旨】
> > 「労働組合は，憲法28条による労働者の団結権保障の効果として，その目的を達成するために必要であり，かつ，合理的な範囲内においては，その組合員に対する統制権を有するが，他方，公職の選挙に立候補する自由は，憲法15条1項の保障する重要な基本的人権の一つと解すべきであつて，労働組合が，地方議会議員の選挙にあたり，いわゆる統一候補を決定し，組合を挙げて選挙運動を推進している場合に，統一候補の選にもれた組合員が，組合の方針に反して立候補しようとするときは，これを断念するよう勧告または説得することは許されるが，その域を超えて，立候補を取りやめることを要求し，これに従わないことを理由に統制違反者として処分することは，組合の統制権の限界を超えるものとして許されないと解すべきこと」は，当裁判所の判例（三井美唄労組事件）であり，「この理は……立候補した者のためにする組合員の政治活動の自由との関係についても妥当する」。

2 組合員の言論，批判活動の自由

組合員の言論，批判活動は広く認められる傾向にあるが，これに対する統制処分は，次の場合には適法と判断されている。第1に，批判の内容が事実に基づく公正なものでない場合である。たとえば，事実を歪曲した批判に対する統制処分は正当だと解されている（東京土建一般労組事件・東京地判昭和59．8．27労判441号39頁など）。また，労働組合の執行部に対する「極めて悪意に満ちた中傷」である場合にも，批判活動は保護されるべき範囲を超えると判断されている（宇部曹達労組事件・山口地判昭和37．1．16労民集13巻1号1頁）。もっとも，「殊

更に事実を歪曲し……攻撃を目的とするものでない限り」は，多少表現に問題があっても，組合員の言論，批判活動の自由は尊重される（同盟昭和ノック労組事件・大阪地判昭和56．1．26労判357号18頁など）。また，組合あるいは組合幹部に対する侮辱的な言葉が含まれていたとしても，組合幹部への批判にとどまり，組合の存立を脅かすものでない場合も，統制処分は認められない（日本合同トラック事件・松江地判昭和39．6．4労民集15巻3号610頁など）。

第2に，組合の方針や決議に反する場合である。組合として意思が形成された以上，組合員の自由な活動も一定の制約を受ける。批判活動の態様や時期が適切さを欠き，他の組合員を動揺させ，団結のあり方に悪影響を及ぼす場合には，こうした制約が認められる（日本アルミ労組事件・大阪地判昭和44．9．25労民集20巻5号1001頁）。ただし，組合員の言動が形式的には組合決議に反するようにみえる場合でも，組合が決定した決議や方針の正当性，組合員個人の活動の必要性と正当性なども総合勘案しなければならない。

以上のような場合に統制処分の適法性が認められることもあるが，裁判例は全体として，組合員の言論，批判活動の自由を広く認める傾向にある。言論，批判活動は，「憲法21条に基盤をもつ民主主義社会における重要な権利」であり，「特に労働組合が民主的団体である以上，組合の健全な運営にとって組合員の活発な発言ないし批判の自由は不可欠の要素」であるからである（厚木自動車部品・日産自動車労組事件・横浜地判昭和62．9．29労判505号36頁）。「統制の対象とされる行為が……表現の自由にかかわる場合には，これらの自由が民主主義社会における最も重要な基本的人権の一つであることに鑑み，かつ又組合民主主義の見地から，これらの行為に対する統制権の行使には極めて慎重な態度が要請されるものといわなければならな」いと考えられているのである（東海カーボン事件・福岡地小倉支判昭52．1．17労判273号75頁）。

5 組織変動

1 解　散

規約で定めた解散事由が発生した場合や組合員の4分の3以上の多数による

総会の決議があれば，労働組合を解散することもできる（労組10条）。解散した場合，従前は，社団法人の清算に関する規定が準用されてきたが，2006（平成18）年の労組法改正で，独自の規定が設けられた。清算の目的の範囲内で，清算結了に至るまで労働組合が存続することや（同法13条），規約の別段の定めや他の者を選任する総会決議がない限り，代表者が清算人になること（同法13条の2）などが定められている。

　解散した労働組合の財産は，規約で指定した者に帰属する（同法13条の10）。規約で指定していない場合には，代表者は，総会の決議を経て，その財産を処分することができる（同条2項）。こうした方法で処分されない財産が残った場合は，国庫に帰属することになっている（同条3項）。

2　分　裂

　労働組合が分裂するという社会現象は，組合運動の歴史上多数生じているが，法的な意味で分裂を認めるかについて，学説，判例上，見解は対立してきた。判例は，労働組合の「統一的な存続・活動が極めて高度かつ永続的に困難」となり，組合員の集団的離脱および新組合の結成という事態が生じた場合に，法的な意味での分裂を認めると判示している（名古屋ダイハツ労組事件・最一小判昭和49.9.30判時760号97頁）。ただし，その基準を充足するケースは極めて限定されており，分裂を認めた例はほとんどない（ネッスル日本労組事件・神戸地判昭和62.4.28労判496号41頁は分裂を認めたが，同事件・大阪高判平成元.6.14労判557号77頁は分裂に当たらないとしている）。分裂が認められない場合，複数の組合員が集団脱退し，新組合が結成されたと位置づけられ，財産の変動は生じないことになる（国労大分地本事件・最一小判昭和49.9.30民集28巻6号1382頁）。

> **判例18-7**
>
> **名古屋ダイハツ労組事件**　最一小判昭和49.9.30判時760号97頁
>
> > 【事実の概要】
> > 　X労組のなかには，上部団体Aの傘下にとどまろうとする少数派と，傘下を離脱しようとする多数派が存在した。多数派は，臨時組合大会において，組合解

散の決議をし，Y組合を結成し，会計担当もYに加入したため，組合財産は，Yが管理していた。これに対し，少数派など解散に反対した組合員は，そのままXに残り，Xが解散決議の無効と組合財産と同額の損害賠償を求めた。

【判旨】
「労働組合において，その内部に相拮抗する異質集団が成立し，その対立抗争が甚だしく，そのため，組合が統一的組織体として在続し活動することが事実上困難となり，遂に，ある異質集団に属する組合員が組合……から集団的に離脱して新たな組合……を結成し，ここに新組合と旧組合の残留組合員による組合……とが対峙するに至るというような事態が生じた場合」，「一般的には，このことだけで，旧組合がいわば自己分解してしまったと評価することはできず，むしろ，旧組合は，組織的同一性を損なうことなく残存組合として存続し，新組合は，旧組合とは組織上全く別個の存在であるとみられるのが通常であって，ただ，旧組合の内部対立によりその統一的な存続・活動が極めて高度かつ永続的に困難となり，その結果旧組合員の集団的離脱及びそれに続く新組合の結成という事態が生じた場合に，はじめて，組合の分裂という特別の法理の導入の可否につき検討する余地を生ずるものと解されるのである」。

「両派相互に意思の疎通を欠き組合の運営が多少円滑さを欠いていたことは認められないではないが，右の多数派に属する組合員が従前のX労組から集団的に離脱してY組合を結成するに至るまでにおいて，従前のX労組の存立ないし運営が事実上不可能になったとは認められない，というのであり……従前のX労組は，到底機能喪失により自己分解したとは評価しえず，なおXとして組織的同一性を失うことなく存続し，Y組合は，従前のX労組とは別個の組織であると解するほかはないのである」。

3 組合財産の所有形態

法人格を有する労働組合の財産は，法人の単独所有である。また，法人格なき労働組合の財産は，組合員の「総有」に属すると解されている（品川白煉瓦事件・最一小判昭和32.11.14民集11巻12号1943頁）。したがって，労働組合の財産について組合員個人は，持分請求権を持たない。労働組合が法的な意味で分裂したと認められた場合には，分裂した組織ごとに財産を分割することになる。

19章 団体交渉

団体交渉

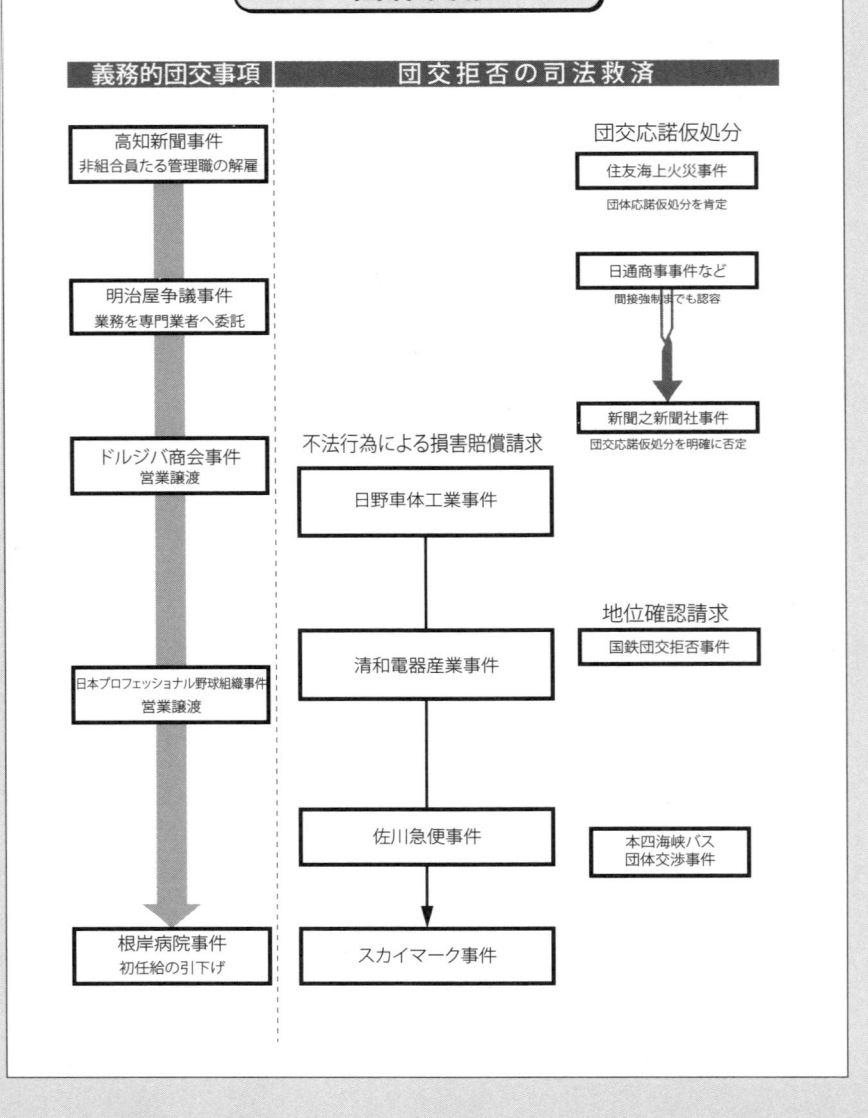

義務的団交事項

- **高知新聞事件**
  非組合員たる管理職の解雇
- **明治屋争議事件**
  業務を専門業者へ委託
- **ドルジバ商会事件**
  営業譲渡
- **日本プロフェッショナル野球組織事件**
  営業譲渡
- **根岸病院事件**
  初任給の引下げ

団交拒否の司法救済

団交応諾仮処分

- **住友海上火災事件**
  団体応諾仮処分を肯定
- **日通商事事件など**
  間接強制まで認容
- **新聞之新聞社事件**
  団交応諾仮処分を明確に否定

不法行為による損害賠償請求

- 日野車体工業事件
- 清和電器産業事件
- 佐川急便事件
- スカイマーク事件

地位確認請求

- 国鉄団交拒否事件
- 本四海峡バス団体交渉事件

1 団体交渉の意義——その歴史と多様な機能

　団体交渉は，労働者が中心となって労働組合あるいは組合に準ずる団体を結成し，当該団体の代表者を通じて，使用者または使用者団体と労働条件等について行う交渉である。団体交渉は，英語で"collective bargaining"と表現されるように，歴史的には1890年代のイギリスで，個々の労働力の安売りに代えて，集合的に労働者全体の基準を決定する制度と位置づけられたのが始まりである。その後，団体交渉の対象は，賃金・労働時間・人事・懲戒といった基本的な労働条件から，企業の合理化政策といった経営に関わる事項にまで広く及ぶようになり（経営参加機能），その意義についても，社会的機能という側面から多義的にとらえられるようになった。つまり，集合的な労働力を売買する制度という元来の意味だけでは，説明することができなくなったのである。

　まず，組合の団結権を実効化するという観点から，団体交渉の場を国家が設定することで団結を強化するという意義がある（団結承認機能）。また，団体交渉によって労使の相互理解が深まり，労使関係の安定化につながることは，当事者のみならず，国全体における産業平和の維持という観点からも重要である（労使関係の安定機能）。さらに，企業内における個々の労働者の苦情なども，ときに団体交渉の俎上に載せられることがある（苦情処理機能）。なお，日本の団体交渉では希薄だが，企業横断的な労働条件の平準化により，競争条件の公正化（不当競争の排除）を実現するという側面も持ちうる。

　団体交渉を通じて，労使が合意に達すると，通常は合意内容についての労働協約が結ばれる。しかし，コミュニティ・ユニオン（合同労組）などが特定個人の労働条件や解雇紛争について団体交渉を行う際には，労働協約を結ぶことが適当ではないこともある。今日では，個々の労働者の権利紛争を，労働組合が代理して団体交渉として行うという役割も注目されている。

　以下では，こうした団体交渉の持つ多様な側面に留意しながら，①団体交渉を行う当事者・担当者，②団体交渉の対象となる事項（義務的団交事項），③団体交渉に応じる使用者側の態度（誠実交渉義務），④団体交渉拒否に対する救済，

という各論点について，学説と判例法理の展開を検討する。

2 団体交渉の関係者

1 団体交渉の当事者

　団体交渉の当事者は，自らの名において団体交渉を行うことができ，労働協約を締結する主体である。団体交渉における労働者側の当事者は労働組合であることが多く，コミュニティ・ユニオンといった企業外組合も含まれる。憲法28条が勤労者に団体交渉権を保障していることから，労働者側の当事者は労働組合に限定されない。裁判例では，雇用が恒常的に繰り返されていた日雇い労働者の団体（土佐清水鰹節水産加工業協同組合〔救済命令取消〕事件・高松高判昭和46．5．25判時646号87頁），被解雇者が結成した団体（為水病院事件・大阪地決昭和49．6．5労判205号30頁）について，団体交渉の当事者と認められている。特定の紛争解決を目的とした争議団については，多くの学説が団体交渉権の保護を受けることを認めたうえで，さらに労組法上の救済まで認める見解と，あくまで憲法上の保障にとどまるとする見解に分かれている。裁判例では，争議団について団体交渉権を否定した例がある（一陽会陽和病院事件・東京高判昭和56．5．6刑事裁判月報13巻4・5号381頁）。

　使用者側の当事者は，団体交渉応諾義務を負っている使用者および使用者団体である。使用者団体が当事者になる場合には，定款の規定あるいは構成員たる使用者からの委任が必要である（後掲・土佐清水鰹節水産加工業協同組合〔救済命令取消〕事件）。なお，労組法上の使用者概念については，**23**章**2**も参照のこと。

> 判例19-1
> **土佐清水鰹節水産加工業協同組合（救済命令取消）事件** 高松高判昭和46．5．25判時646号87頁
>
> 【事実の概要】
> 　Ａは，水産加工物の製造に従事する季節労働者によって組織される労働組合で

ある。Aは，昭和41年2月から3回にわたり，水産加工業者が加入するX協同組合に対し団体交渉を申入れたところ，いずれもXは拒否した。そこで，AはY（高知地方労働委員会）に救済申立てをしたところ，昭和42年4月17日に「Xは，Aが要求する労働条件改善に関する団体交渉に直ちに応じなければならない」旨の救済命令が出された。これを不服として，Xが救済命令の取消しを求めた。地裁（高知地判昭和44．4．4労民集20巻2号350頁）は請求を棄却したため，Xが控訴したのが本件である。

【判旨】

「労働組合法が不当労働行為制度を設けた精神からいつて，民法上の雇用契約が一時的に中断しているからといつて，その一事から労働者の団体交渉権を否定する解釈は当を得ない……一定の地域において，使用者側の者と労働者側の者との間において日々又は季節的な雇用が恒常的に繰りかえされ，特別の事情のない限り将来雇用されることが確実な場合には，雇用関係の存在する場合と実質上差異がなく，将来の労働条件について使用者と団体交渉をする必要性の存することもいうをまたない。そうだとすると，労働組合法第七条第二号にいう『雇用する労働者』には本件のような雇用関係に準ずる関係のある労働者を含むものと解釈するのが相当である。」

「一般に，事業協同組合は，中小企業の経済活動を助長するため特別法を以て認められた事業者団体であり，その組合員（業者）に雇用される労働者の労働組合に対応する団体ではないから，事業協同組合が法律上当然に労働組合と団体交渉をし，労働協約を締結する能力を有するものと解することはできない。しかしながら，事業協同組合は業者の任意加入の団体であつて，絶対に使用者団体としての機能を営んではならないという要請はないから，協同組合の定款に規定がある場合とか，組合員からの委任があつた場合には，その規定又は委任の範囲において，その組合員の雇用する労働者と団体交渉をなすことができるものと解すべきである。」

2 団体交渉の担当者

団体交渉の担当者は，労働組合側あるいは使用者側を代表し，交渉権限を持って，実際に団体交渉を行う。労働者側の担当者について，労組法6条は「労働組合の代表者」または「労働組合の委任を受けた者」が交渉権限を持つと規定するが，労働組合以外の当事者性を認める立場からは，それらの団体の代表者も担当者となる。自然人以外への交渉権限の委任については，認めるかどうか

で学説は分かれている。裁判例は「自然人に限定されているものということはできない」（姫路赤十字病院事件・大阪高判昭和56．2．9労民集33巻2号321頁）として，自然人以外への委任を認めている。組合員以外の第三者に団体交渉を委任しないという「第三者交渉委任禁止条項」の有効性についても，有効とみる説と無効と解する説が対立している。

　使用者側の担当者は，個人企業の場合には事業主，法人企業の場合は代表権を有する者，使用者団体の場合は代表者となるのが通常である。原則として，これら決定権限のある者の出席が求められるが（大阪特殊精密工業事件・大阪地判昭和55．12．24労判357号31頁），労務担当者など一定の交渉権限を委ねられた者，支店長・工場長などの下部組織の責任者も，権限の範囲内で担当者となる（九州電力佐賀支店事件・福岡地判昭和33．9．18労民集9巻5号691頁）。通常であれば支店長に実質的決定権限があるとされる事項について，本社が合理的理由もなしに支店長の決定権を制限することはできない（JR東日本〔秋田支店〕事件・秋田地判平成5．3．1労判644号52頁）。たとえ担当者に協約締結権がない場合であっても，そのことのみを理由に団体交渉を拒否することはできず，団体交渉を行った結果，合意が成立したときはこれを具申して協約とするよう努力すべきである（全逓都城郵便局事件・最一小判昭和51．6．3労判254号20頁）。

判例19-2

全逓都城郵便局事件 最一小判昭和51.6.3労判254号20頁

【事実の概要】

　X組合は11回にわたり，当該職場における郵便局職員の「服務表」改正などについて当局に対し団交を申入れたが，当局側は，「話し合い」には応ずるが，「団交」には応じられないとして拒否した。そこで，XがY（公労委）に対し不当労働行為の救済申立てをしたところ，団体交渉についての申立てを棄却したので，Xが命令の取消しを求めて訴訟を提起した。地裁は，「服務表」に関する団交申入れは，職員の休憩，休息の時間，週休日に関する事項として団交事項となると解すべきで，不当労働行為に該当すると判示し（東京地判昭和44．5．26判時567号78頁），高裁もこれを維持した（東京高判昭和49．12．28判時769号92頁）。そこで，Yが上告したのが本件である。

【判旨】
「交渉委員として指名された者は交渉事項について当然に労働協約を締結する権限までをも有するものではないが，協約締結権限のない事項についてであっても交渉権限が与えられている以上，団体交渉の申入れには応じたうえ，合意が成立したときはこれを協約締結権者に具申して協約とするよう努力すべきものであつて，……本件団体交渉の申入れを拒否したことに正当な理由があつたと認めることはできない。」

3 団体交渉の対象事項——団交応諾義務の範囲

　労働者側の団体交渉要求のうち使用者が拒否することができない事項を，義務的団交事項といい，それ以外を任意的団交事項という。義務的団交事項は，賃金や労働時間はもとより，解雇基準や異動・懲戒・安全衛生・福利厚生といった広義の労働条件，団体交渉のルール，チェック・オフ協定，ショップ制，組合事務所の供与等に及ぶ。たとえ株主総会に最終決定権がある事項（会社合併・解散・役員人事）であっても，使用者にまったく権限がないことと同義ではないため，自動的に任意的団交事項となるわけではない（営業譲渡につき，ドルジバ商会事件・神戸地決昭和47.11.14判時696号237頁，日本プロフェッショナル野球組織事件・東京高決平成16.9.8労判879号90頁）。

　団体交渉で，使用者側から「経営権」に属する事項であるため団体交渉の対象にすることができないとの主張がなされることがある。しかしながら，団体交渉の対象とならないという意味での経営権概念は，実定法上は認められていない（ただし，公務員関係について，国公108条の5第3項，地公55条3項，特独労8条，地公労7条）。社内の業務を専門業者へ委託することによって，組合員たる労働者の職場変更・労働条件の変更が行われる場合には，義務的団交事項となる（明治屋争議事件・名古屋地判昭和38.5.6判時352号73頁）。

　また，非組合員の労働条件についても，組合員の労働条件に影響を及ぼすような場合，たとえば，組合員が管理職に昇進するような職場での非組合員たる管理職の解雇（高知新聞事件・最三小判昭和35.4.26民集14巻6号1004頁），組合員

たる常勤職員の賃金ベースとなっている初任給の引下げ（根岸病院事件・東京高判平成19.7.31労判946号58頁），などは義務的団交事項となる。

> **判例19-3**
>
> **根岸病院事件** 東京高判平成19.7.31労判946号58頁
>
> 【事実の概要】
> 　医療法人Xでは，職種別に新規採用者の初任給額を定めているところ，新規採用者の基本給は，これに前歴に応じた経験加算等をして決定されている。Zは，Xの職員によって組織されたXで唯一の労働組合である。Xは，平成11年，Zに対し，新規採用者について引き下げるとの通知をした（本件初任給引下げ）。Xの理事ら3名は，Zとの間で3度の団体交渉を行ったが，その対応が不当労働行為（不誠実団体交渉）に当たるとして，Zは都労委への申立てを行った。都労委は，団交命令，初任給額の是正，謝罪文の掲示を命じる命令を発した。Xは中労委に再審査申立てをしたところ，中労委（Y）は，初任給額の是正を命じた部分を取消し，謝罪文の一部を変更し，その余の再審査申立てを棄却する命令を発した。XとZの双方は，本件命令の一部取消しを求め，訴訟を提起した。地裁は，Xの請求を認容し，Zの請求を棄却した。そこで，YとZが控訴したのが本件である。
>
> 【判旨】
> 　「初任給額の問題は，直接的には……組合員の労働条件とはいえず，……労使交渉の対象とされたことがなく，Xは経営事項として労使交渉の対象外の事項と考えていたものではあるが，初任給額が常勤職員の賃金のベースとなることから，……組合が初任給額を重視し，……病院においてもこのことを理解し各年度の初任給額を……組合に明らかにするとの運用がされてきたものであり，本件初任給引下げは，初任給の大幅な減額で，しかも，……組合員間に賃金格差を生じさせるおそれがあるものというべきであり，将来にわたり組合員の労働条件，権利等に影響を及ぼす可能性が大きく，組合員の労働条件との関わりが極めて強い事項であることが明らかである。したがって，本件初任給引下げは義務的な団交事項に当たるものと認められる」。

4　誠実交渉義務

　使用者が形式上は団体交渉に応じていたとしても，合意の形成へ向けて誠実

に交渉していない場合には，団交拒否とみなされる。使用者は，労働組合との合意達成の可能性を模索すべき「誠実交渉義務」を負うからである（カール・ツアイス事件・東京地判平成元.9.22労判548号64頁）。同義務違反となる典型例としては，賃金額決定に際し，経営不振との口頭説明をするのみで必要な資料を出さない（東北測量事件・最二小判平成6.6.13労判656号15頁），一旦は合意したことを翻し，労働組合に受け容れ難い不合理な条件を提示して固執する（亮正会高津中央病院事件・東京高判平成3.7.15労民集42巻4号571頁），といった場合が該当する。組合員を懲戒処分する際の基準が明確でない場合に，処分を行う前の事前団体交渉に応じないことが不当労働行為とされた裁判例もあり（国・中労委〔医療法人光仁会〕事件・東京地判平成21.2.18労判981号38頁），適切な時期に団体交渉に応じることも誠実交渉義務に含まれると解すべきであろう。

　もっとも，使用者に妥結義務まで求められるわけではなく，誠実な団体交渉を行ったにもかかわらず，双方に譲歩の意思がないことが明らかになった場合，団体交渉を続ける義務はない（寿建築研究所事件・東京高判昭和52.6.29労民集28巻3号223頁）。

> **判例19-4**
>
> **カール・ツアイス事件** 東京地判平成元.9.22労判548号64頁
>
> 【事実の概要】
> 　X（会社）の従業員は，昭和59年に労働組合を組織し，同年より団体交渉を求めた。双方は，交渉手続をめぐって対立し，第1回団体交渉ではユニオン・ショップ協定などを含む「基本要求事項」は継続審議となった。その後も，「基本要求事項」については先送りされ，Xは協議の意思がない旨を回答し，交渉に応じなくなった。そこで，労働組合はY（東京都地労委）に，団交応諾を求める救済申立てを行った。Yは救済申立てを認容し，Xに団交拒否をしてはならず，誠実に交渉に応じるよう命じた。これを不服として，Xが救済命令の取消しを求めたのが本件である。
>
> 【判旨】
> 　「労働組合法7条2号は，使用者が団体交渉をすることを正当な理由がなくて拒むことを不当労働行為として禁止しているが，使用者が労働者の団体交渉権を尊重して誠意をもって団体交渉に当たったとは認められないような場合も，右規定により団体交渉の拒否として不当労働行為となると解するのが相当である。こ

> のように，使用者には，誠実に団体交渉にあたる義務があり，したがって，使用者は，自己の主張を相手方が理解し，納得することを目指して，誠意をもって団体交渉に当たらなければならず，労働組合の要求や主張に対する回答や自己の主張の根拠を具体的に説明したり，必要な資料を提示するなどし，……誠実な対応を通じて合意達成の可能性を模索する義務があるものと解すべきである。」

5 団交拒否の救済

1 労働委員会による行政救済

　労働組合は，正当な理由のない使用者の団交拒否に対して，労働委員会に不当労働行為の申立てを行うことができる（労組27条）。労働委員会は，不当労働行為の申立てに理由があると認めたときには，事案に応じた適切な救済命令（団交に応じることを使用者に命じる「団交応諾命令」が典型）を発する。なお，団交拒否が，労働関係調整法上の労働争議（労調6条）として，労働委員会の斡旋によって解決されることもある。

2 裁判所による司法救済

　労働委員会による救済のほかに，裁判所による救済も可能である。団交拒否の司法救済に関する主要な論点は，以下の(a)～(c)に分類することができる。

(a) 不法行為による損害賠償請求

　団体交渉拒否によって民法上の不法行為（民709条）が成立する場合，損害賠償請求が認められることは，判例法理として確立しており（日野車体工業事件・金沢地判昭和51.10.18判時849号121頁，清和電器産業事件・福島地いわき支判平成元.11.15判タ734号169頁，佐川急便事件・大阪地判平成10.3.9労判742号86頁，スカイマーク事件・東京地判平成19.3.16労判945号76頁など），学説も肯定している。

判例19-5
佐川急便事件 大阪地判平成10．3．9労判742号86頁

【事実の概要】
　Y会社の大阪支社深江営業所において，平成5年8月，従業員42名によってA組合が結成され，Bが執行委員長に就任した。しかし，結成直後から組合員の脱退が続き，同年10月には，組合員はB1名のみとなった。Bは，A労組を解散し，X_1組合に加入した。X_2は，X_1の地方組織であり，X_3はX_2の下部組織である（3組合をXらと呼ぶ）。X_2とX_3は，平成6年から8年にかけて繰り返し団体交渉を申入れたが，Yは応じなかった。Xらは，Yの団交拒否が不法行為に該当するとして，損害賠償を請求した。

【判旨】
　「Yは，……原告関西地本ないし原告建設支部らによる10回にわたる団体交渉申入れを不当に拒否し続けたのであり，これによって，Xら……には，労働組合としての団体交渉権を否定されたことに基づく社会的評価，信用の毀損による無形の財産的損害が発生したというべきである。」
　団体交渉申入れを行っていないX_1には，無形の損害が発生したとは考えられない。「損害は，実際に団体交渉申入れを行ったX_2及びX_3についてのみ発生したというべきである。」X_2とX_3の「被った損害は，団体交渉権を否定されたことによる無形の損害に限られると解すべきところ，Yによる団交拒否が相当長期間に及ぶもので，その間に地労委の命令が二度にわたり出され，中労委による履行勧告も行われたにもかかわらず，Yが団体交渉に応じなかったこと，X_2及びX_3が，救済命令を求めて地労委に救済申立をし，相当の出費を余儀なくされたこと，右各Xによる団体交渉申入れないし救済申立の各回数，右各Xの団体交渉申入れに係る事項との利害の直接性の程度，他方で，現在ではYは団体交渉に応じており，Xらの要求事項に関してもほぼ解決を見ていること等を総合考慮すると，右無形の損害は，X_2につき30万円，X_3につき50万円とするのが相当である。」

(b)　**地位確認請求**

　かつて，労働組合が団体交渉を求める地位にあることの確認（地位確認請求）については，これを全面的に否定する説もみられたが，現在では肯定する立場が通説となっている。最高裁判例も，国鉄の乗車証廃止について争われた国鉄団交拒否事件（最三小判平成3．4．23労判589号6頁）において，地位確認請求を認めた。近年の裁判例では，地位確認請求を前提としつつ，団体交渉を求める

地位保全の仮処分を肯定している（本四海峡バス〔団体交渉〕事件・神戸地決平成12．3．14労判781号31頁）。

> 判例19-6
>
> **国鉄団交拒否事件** 最三小判平成３．４．23労判589号６頁
>
> 【事実の概要】
> 　Ｙ（国鉄）の職員によって構成されるＸ組合が，職員が無料で乗車できる乗車証制度の改正について，Ｙへ団体交渉を申入れたところ，団体交渉の対象事項ではないとして，Ｙは応じなかった。そのため，Ｘが団体交渉を求める地位にあることの確認を求めた。地裁（東京地判昭和61．2．27労判469号10頁）は，「団体交渉の性質，〔労働組合〕法７条の規定に違反する法律行為の効力，同法の他の関連規定や労働委員会規則の内容，更に同法と憲法28条との密接な関係を考慮すると，労働組合法７条の規定は，単に労働委員会における不当労働行為救済命令を発するための要件を定めたものであるにとどまらず，労働組合と使用者との間でも私法上の効力を有するものと解すべきであつて，労働組合が使用者に対して団体交渉を求める法律上の地位を有し，使用者はこれに応ずべき地位にあるものと解し，これを前提として，その侵害に対して労働委員会に対する救済申立権が発生するものと解するのが相当である。」「労働組合が使用者に対して一定の事項について団体交渉に応ずべきことを裁判上請求することができるような具体的団体交渉請求権を……肯定するためには，右具体的団体交渉権に対応すべき使用者の債務の具体的内容の特定やその請求権の強制的実現の可否等の困難な問題を検討しなければならない〔が，〕本件において争われているのは，……ＸがＹに対して〔特定の〕事項につき団体交渉を求める地位を有するか否かということの確認であるから，右のような困難な問題にあえて立ち入る必要はなく，それが法律上の争訟であつて訴えの利益が肯定される限り，右のような地位の確認訴訟が不適法とされるべき理由はない。」と判示し，地位確認請求を認容した。高裁（東京高判昭和61．1．27労判505号92頁）も，地裁判決を，ほぼ維持したため，Ｙが上告したのが本件である。
>
> 【判旨】
> 　「ＸからＹに対し……各事項……につき団体交渉を求め得る地位にあることの確認を求める本件訴えが，確認の利益を欠くものとはいえず，適法であるとした原審の判断は，正当として是認することができ，原判決に所論の違法はない。」

(c) 団交応諾仮処分

団交応諾仮処分とは，団体交渉に応じるように求める仮処分命令である。こうした仮処分申請の可否について，昭和40年代半ばまでは可能とする裁判例が多くみられたが（住友海上火災事件・東京地決昭和43．8．29判時528号84頁など），給付内容の特定が困難なことや履行の間接強制（これを認めたものとして，日通商事事件・東京地決昭和47．5．9判時667号14頁）は実効性に乏しいことなどから，40年代末頃から否定する裁判例が増加した。そして，昭和50年の新聞之新聞社事件（東京高決昭和50．9．25判時797号143頁）が，これを否定する立場を明確かつ詳細に述べ，以後の裁判例・学説に影響を与えた。

> 判例19-7

新聞之新聞社事件 東京高決昭和50．9．25判時797号143頁

【事実の概要】
Ｙ会社の従業員2名で組織されるＸ労組は，上部団体を引き入れた大人数での団体交渉を求めた。Ｙが団体交渉に応じなかったため，Ｘは「ＸおよびＸが委任する者と誠実に団体交渉せよ」との仮処分を申請した。地裁決定（東京地決昭和49．11．25判時762号104頁）は，団体交渉申入れの態様に照らして「団体交渉請求権の行使は信義則に反し，許されない」との理由で，団体交渉応諾仮処分申請を却下した。これに対して，Ｘが抗告したのが本件である。

【判旨】
「団体交渉の不当な拒否に対して，労働委員会による救済とは別途に，直接に裁判上の本案請求又は仮処分申請により団体交渉の拒否禁止又は応諾を求めうるものとしても，憲法上保障される私権としての団体交渉権の権利性を現行法上どう把握し，いわゆる団体交渉請求権なるものに対応すべき使用者の債務の給付内容をどのように特定するか，そして団体交渉の履行を法律上強制することの能否並びにその履行を裁判上強制してみたところではたして実効性を確保しうるかなど多くの困難な実践的解釈上の問題を生じ，到底憲法28条ないし労働組合法7条が現行法上私法的な団体交渉請求権なるものを認めているとは解し難い。したがつて，相手方がＸとの団体交渉を不当に拒否していると仮定してみても，そのことから労働組合法7条2号に基づく行政救済申立権が発生すること以上に，これにより使用者に対し交渉に誠意をもって応ずべき旨の作為を求める私法上の債権，すなわち具体的団体交渉請求権を取得したものとして直ちに相手方がＸに対して団体交渉に応ずべき私法上の義務が発生する筋合いではないといわなけれ

ばならない。」

　こうした結論に至った背景には，裁判所が多発する団体交渉をめぐる紛争に入り込まないほうがよいとの政策判断があったとの見解がある。結果として，現在の訴訟実務において，団交応諾仮処分が利用されることは，ほとんどなくなった。近年の裁判例においても，阪神高速道路公団等事件（大阪地決平成7.5.26労判678号35頁）が，団体交渉請求権の具体的内容が「極めて不明確，不確定なものであり，団体交渉の履行を法律上強制することはできないこと，仮に，法律上強制したところで，果たして実効性を確保できるのかはなはだ疑問である」との理由で，団交応諾仮処分を認めなかった。

6　判例法理の流れと課題

　冒頭のチャート左側にまとめたように，団体交渉権の応諾義務に関する裁判例の蓄積には，一定の基準を見出すことができる。まず，昭和35年の高知新聞事件最高裁判決によって，非組合員たる管理職の解雇問題であっても，組合員の利害に直接・間接に関連があるような場合には，義務的団交事項となるという大原則が打ち立てられた。こうしたスタンスは，平成19年の根岸病院事件にも受け継がれており，非組合員の労働条件であるところの初任給も「組合員の労働条件との関わりが極めて強い事項」であるとして，義務的団交事項となることを認めた。その間にも，社内の業務の委託（明治屋争議事件），営業譲渡（ドルジバ商会事件，日本プロフェッショナル野球組織事件）などに関する裁判例が積み重ねられ，「労働条件」に影響を与える限りは義務的団体交渉事項であることが確認されてきた。

　これに対して，チャート右側の「団交拒否の司法救済」をめぐる判例法理については，①団交権の意義・目的についての議論不足，②団交拒否の態様が多様であること，③労働委員会における団交事件の処理実態を配慮していなかったこと，から十分に深まったものとはいえないとの批判がなされている（道幸哲也『労使関係法における誠実と公正』〔旬報社，2006年〕179頁）。まずは，現在の

判例法理として確立している，(a)不法行為による損害賠償請求，(b)地位確認請求，という二つの救済方法を，労働委員会による行政救済との特質の違いを踏まえ，事案によって使い分けていくという方法が妥当であろう。そのうえで，(c)団交応諾仮処分についても，昭和50年の新聞之新聞社事件が出された当時とは団体交渉を取巻く状況が異なっていることから，悪質な団交拒否に対する救済方法として再検討すべきであろう。論理的な分析を踏まえ「従来の経過から使用者の団交応諾義務の内容がある程度特定される場合には，団交に関する具体的請求権が生じる」（西谷敏『労働組合法〔第2版〕』〔有斐閣，2006年〕321頁）と主張する有力説もあり，団交拒否の司法救済をめぐる法理は，いまだ議論展開の余地を残している。

20章 労働協約

労働協約による労働条件の不利益変更

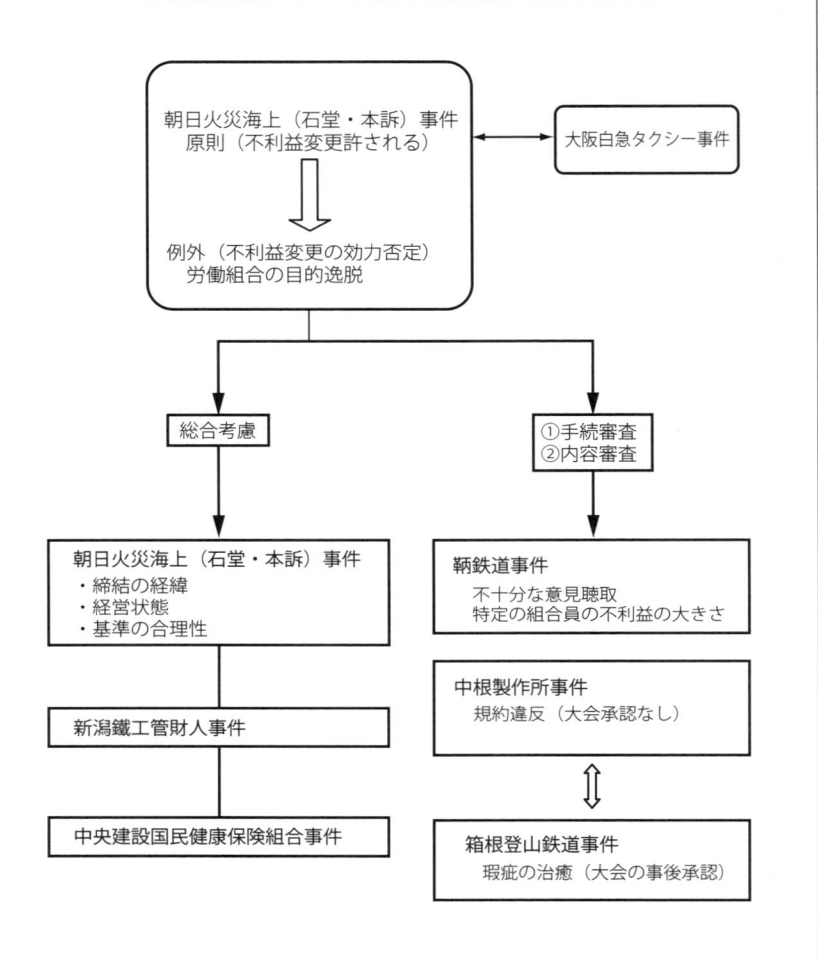

```
朝日火災海上（石堂・本訴）事件
原則（不利益変更許される）  ⟷  大阪白急タクシー事件
       ↓
例外（不利益変更の効力否定）
   労働組合の目的逸脱
```

→ 総合考慮
→ ①手続審査 ②内容審査

総合考慮側：

朝日火災海上（石堂・本訴）事件
 ・締結の経緯
 ・経営状態
 ・基準の合理性

新潟鐵工管財人事件

中央建設国民健康保険組合事件

手続・内容審査側：

鞆鉄道事件
 不十分な意見聴取
 特定の組合員の不利益の大きさ

中根製作所事件
 規約違反（大会承認なし）
 ⇕
箱根登山鉄道事件
 瑕疵の治癒（大会の事後承認）

第20章 労働協約

1 日本の労働協約の特徴

　労働協約は，労働組合と使用者ないし使用者団体との間において，賃金，労働時間などの労働条件（規範的部分），および組合活動，労使協議制など協約当事者間の関係（債務的部分）に関わる事項につき，団体交渉を経て合意に達した内容を協定化した契約である。規範的部分には規範的効力という協約特有の効力が認められている（労組16条）。労組法は，規範的効力のほか，①効力発生要件（14条），②期間（15条），③事業場および地位単位の一般的拘束力（17条・18条）に関する規定を置いている。

　欧米では，重要な労働条件は労働協約によって決定されるが，わが国では，労働組合の組織率の低下・弱体化等のため，就業規則が重要な役割を果たしているのが実情である。また大部分が企業ごとに締結されているので，労働協約の社会的影響力は小さい。

　これまでに，臨時工や少数組合に対する拡張適用（労組17条）の可否（富士重工業宇都宮製作所事件・宇都宮地判昭和40.4.15労民集16巻2号256頁等），自動更新・延長協定の効力の有無（芝浦工機事件・横浜地判昭和24.10.26労裁資料7号182頁等），協約終了後の事後的効力（余後効）の有無（朝日タクシー事件・福岡地小倉支判昭48.4.8労判181号62頁等）などが争点になった時期があったが，最近では労働協約による労働条件の不利益変更が裁判上争われているのが注目される。重要と考えられる判例に絞って紹介する。

2 労働協約の成立

　労働協約は労使間の合意であり，本来ならば合意の存在が明らかになれば，口頭であっても効力を有するはずである。しかし，労働協約は労使間の権利義務関係を規制するとともに，多数の労働契約関係を規律することから，その紛争の発生を抑制するために要式性が求められている。労組法14条によると，労働協約の効力発生のためには，書面の作成および署名または記名押印を要す

る。これを備えない労働協約の効力に関しては、学説・判例上、①一切の法的効力を認めない考え、②債務的効力は認めるが規範的効力を否定する考え、③両効力を肯定する考えが存する。最高裁は、都南自動車教習所事件において、労組法14条の立法趣旨を論じたうえで書面に作成されなかった労働協約には規範的効力は発生しないと判示した。他方、下級審（同事件・高裁判決等）では、規範的効力を認めたのと同様の結果をもたらす理論構成を模索する判例がみられる。

判例20-1

都南自動車教習所事件 最三小判平成13.3.13民集55巻2号395頁

【事実の概要】
　Y会社とA組合との間で新賃金体系およびベースアップについて団交を重ねた結果、ベースアップの引上げ額のみ合意（以下、「本件合意」と略す。）に達した。ただし、Y会社が提示した協定書案は新賃金体系を前提としていたので、A組合は、引上げ額の同意が新賃金体系の導入に同意した趣旨でないことを記載した覚書を付けて協定書を取り交わすことを申し入れたが、Y会社はこれを拒否した。Y会社は、別組合の組合員及び非組合員には引上げ額を支払ったが、XらA組合員には数年にわたり支給しなかったので、その支払い等を請求した。

【判旨】
　「労働協約は複雑な交渉過程を経て団体交渉が最終的に妥結した事項につき締結されるものであることから、口頭による合意又は必要な様式を備えない書面による合意のままでは後日合意の有無及びその内容につき紛争が生じやすいので、その履行をめぐる不必要な紛争を防止するために、団体交渉が最終的に妥結し労働協約として結実したものであることをその存在形式自体において明示する必要がある。そこで、同条は、書面に作成することを要することとするほか、その様式をも定め、これらを備えることによって労働協約が成立し、かつ、その効力が生ずることとしたのである。したがって、書面に作成され、かつ、両当事者がこれに署名し又は記名押印しない限り、仮に、労働組合と使用者との間に労働条件その他に関する合意が成立したとしても、これに労働協約としての規範的効力を付与することはできない」。

1 法的効力を肯定する判例

(a) **都南自動車教習所事件**（東京高判平成11.11.13労判805号28頁）：**信義則違反**

「労使双方とも新賃金体系の下での賃金の支給を既定の事実と認識して本件各合意をしており，このことからすれば，本件各合意はベースアップを行う旨の合意にほかならず，Y会社とA組合との間でY会社がA組合の組合員に対してベースアップ分を支給する合意が成立したものと解した上で，Y会社がA支部の組合員に対してベースアップ分の支給を拒む理由として労働組合法14条所定の書面が作成されなかったことを主張することは，信義に反して許されず，協定書が作成され両当事者が署名し又は記名押印した場合と同視すべきであって，上述のベースアップを行う旨の合意は労働協約として成立し，規範的効力を具備していると解するのが相当である」。

(b) **秋保温泉タクシー事件**（仙台地判平成15.6.19労判854号19頁）：**代理構成**

「本件合意は，直接的には，労働協約としての賃金協定であるが，他面で，秋保労組組合員の個々人の雇用条件に直接関係する平成11年夏期一時金及び年末一時金という特定の事項についての合意であり，かつ，それまで10年以上の間（集団交渉参加後でも9年間），支給率が一定で労使慣行化していた事項についての合意であるから，本件合意をした取締役と秋保労組委員長は，本件合意が会社と秋保労組との間の合意であるだけでなく，会社と秋保労組を代理人とする各原告との間の直接の合意（労働契約）であることを認識していたものと認めるべきである。」

2 まとめ

都南自動車教習所事件最高裁判決は，労組法14条の立法趣旨を重視して書面なき合意の規範的効力を否定した。債務的効力まで否定する趣旨かは明らかでない。他方，要式性を具備しない場合でも，上記下級審判例のように規範的効力を認めたのと同一の結果が導かれるのは，使用者側の対応に信義に反すると思われる事情が存する点が影響しており，当該事例に関しては妥当性を有する場合があるが，理論的には検討を要する。なお，三信自動車事件（最三小決平成16.2.10労経速1861号14頁）は，会社解散に伴う解雇につき，社長，組合執行

委員長および原告（労働者）の三者が記名押印した労働協約が締結され，そこには新会社設立後雇用する旨の規定が置かれていたケースである。原告は，この労働協約には社長との間での私法上の個別合意が含まれていると主張して雇用を求めたが，同判決は，労働協約と「個別合意」との「並存」を認めるのには慎重でなければならないとして，これを認めなかった点で注目される。

3 団交権限と協約締結権限

実際に団交を行うのは「労働組合の代表者又は労働組合の委任を受けた者」（労組6条）である。団交担当者が交渉権限のみならず協約締結権限まで有するかにつき全逓都城郵便局事件（最一小判昭和51.6.3労判254号20頁）は，当然に有するわけではなく，規約等に基づき判断すべきであると論じる。使用者側担当者についても同様である（→判例19-2）。

4 労働協約による規制の限界

1 協約自治の限界

労働組合は，労働協約を通じて労働者の労働条件その他の待遇を規制することができるが，そこに一定の限界を画することによって労働者個人の正当な権利・利益を擁護すべきであるとの考えが一般的である。労働協約といえども強行法規に反しえないことは明らかであり（外在的限界），前年の出勤率80％以下の者を賃金引上げ対象者から除外するとの協約条項につき，憲法，労組法および労基法で保障された年休，生休，同盟罷業等も欠勤に含めることは公序に反し無効と判断された（日本シェーリング事件・最一小判平成元.12.14民集43巻12号1895頁）。内在的限界に関しても，①弁済期の到来した賃金・退職金請求権の放棄（朝日火災海上保険事件・最三小判平成8.3.26民集50巻4号1008頁），②労災における使用者に対する損害賠償請求権の行使制限（東海カーボン若松工場事件・福岡高判昭和55.12.16労民集31巻6号1265頁）などは限界を超える。他方，出向義務や残業義務を協約によって課しうるかに関しては，判例・学説上争いが

ある（新日本製鐵〔日鐵運輸〕事件・最二小判平成15．4．18労判847号14頁〔→判例6－3〕，日立製作所武蔵工場事件・最一小判平成3．11.28民集45巻8号1270頁参照）。

2 労働条件の不利益変更

就業規則による労働条件の不利益変更の可否は重要な論点であり，労働契約法で明記されたが（9条・10条参照），労働協約による場合にも重要な判例が存する。将来的な不利益変更は原則として許される（新潟鐵工管財人事件・東京高判平成16.12.16労経速1894号50頁，朝日火災海上〔石堂〕事件・最一小判平成9．3．27労判713号27頁）。ただし，例外的にこれが許されない場合がある。リーディングケースは朝日火災海上（石堂）事件最高裁判決である。その判断に当たって手続を重視する下級審判例（鞆鉄道事件高裁判決等）も存する。

判例20－2

朝日火災海上〔石堂〕事件 最一小判平成9．3．27労判713号27頁

【事実の概要】
　Y会社では，A会社鉄道保険部で取り扱ってきた保険業務を引き継いだのに伴い，Xら同部に勤務していた者をそれまでどおりの労働条件で雇用することとなったが，両社間の労働条件が相違していた。Y会社は，労働組合との交渉で就業時間，退職金，賃金制度等の労働条件を順次統一してきたが，定年の統一については合意に至らなかった。しかし，経営危機に直面し，従来からの懸案事項であった定年の統一と併せて退職金算定方法の改定を会社再建の重要な施策と位置づけ，組合との交渉を重ね，最終的に定年を満57歳とするとともに（ただし，満60歳までは特別社員として正社員の給与の約60％に相当する給与により再雇用を認める），退職金の支給基準率の引下げを主たる内容とする労働協約（以下，「本件労働協約」という。）を締結した。
　Xは，本件労働協約が締結された時点で満53歳の組合員であり，Xにこれを適用すると，定年が満63歳から満57歳に引き下げられ，また退職金も大幅な減額になるので，本件労働協約は，Xの定年および退職金算定方法の不当な不利益変更に当たるなどを理由として，従前の退職金等を請求した。

【判旨】
　「本件協約が締結されるに至った……経緯，当時のY会社の経営状態，同協約に定められた基準の全体としての合理性に照らせば，同協約が特定の又は一部の

組合員を殊更不利益に取り扱うことを目的として締結されたなど労働組合の目的を逸脱して締結されたものとはいえず、その規範的効力を否定すべき理由はない。」

判例20-3

鞆鉄道事件 広島高判平成16.4.15労判879号82頁、最二小決平成17.10.28（会社側上告　棄却・不受理）

【事実の概要】
　Y会社は、労使協議会において組合に対し、企業再建の合理化計画を提示し、希望退職の募集、および希望退職しなかった者については大幅な賃金の減額をすることを示した。Y会社は、組合との協議を経て56歳以上の職員について30%の賃金減額を行うことで合意した。組合はその旨を掲示板に貼付するとともに支部集会を開催したのみで、詳しい説明や組合員に賛否についての意見を述べる機会を与えず、また協約締結は組合大会の決議事項とされているにもかかわらず、組合大会を開催しなかった。Xらは、こうした労働協約による賃金減額は許されないと主張して、改訂前の労働協約に基づく賃金等を求めた。

【判旨】
　「労働協約の締結は組合大会の決議事項とされているにもかかわらず、本件協約締結に当たって組合大会で決議されたことはないし、また、不利益を受ける立場にある者の意見を十分に汲み上げる真摯な努力をしているとも認められないから、本件協約は、労働組合の協約締結権限に瑕疵があるといわざるを得ない。」
　「Y会社において経営基盤の建て直しの必要性があるからといって、勤続年数や基本給の多寡を全く考慮せず、56歳以上の従業員の基本給を一律30%減額することについて合理性はないというべきである。」

　最高裁判決が下されて以降、そこで示された判断基準たる諸要素（①締結の経緯、②経営状態、③協約基準の全体としての合理性等）を総合的に考慮して不利益変更の是非を検討する判例が多い（①日本鋼管〔賃金減額〕事件・横浜地判平成12.7.17労判792号74頁、②新潟鐵工管財人事件・東京高判平成16.12.16労経速1894号50頁、③中央建設国民健康保険組合事件・東京高判平成20.4.23労判960号25頁等）。そこでは当該組合員の意向の反映などの手続的側面は一要素として考慮され、すべて不利益変更は許されると結論づけられた。他方、手続を重視する判例とし

て，前掲・鞆鉄道事件高裁判決のほか，規約に違反した手続で労働協約が締結された中根製作所事件（東京高判平成12．7．26労判789号6頁，同事件・最三小決平成12．11．28労判797号12頁〔会社側上告棄却・不受理〕）では，組合規約で大会付議事項とされている以上，たとえ従来，大会に代えて代議員会で処理されていたとしても，労働条件の不利益変更を行った先例がなかったのであるから許されないとされた（他方，箱根登山鉄道事件高裁判決〔東京高判平成17．9．29労判903号17頁〕は，過去45年間にわたり定期大会以外は大会を開かず，慣例により中央委員会で決議し，事後的に大会で承認されているので瑕疵は治癒されたと判断した）。さらに，前掲・鞆鉄道事件高裁判決では，「不利益を受ける立場にある者の意見を十分に汲み上げる真摯な努力」が求められ，これがなされていない以上不利益変更は許されないとされた。これらの判例では，こうした手続が踏まれていないだけで効力なしと結論づけら，いわば独立した要件と位置づけられている点に留意すべきである。

3 一般的拘束力による労働条件の引下げ

やや特殊なケースは，一般的拘束力（労組17条）を用いた非組合員の労働条件の不利益変更の可否が問われた朝日火災海上保険事件・最三小判平成8．3．26民集50巻4号1008頁である。ここでは原則として許されると判断されたが，学説では異論が多い。

判例20-4

朝日火災海上保険事件 最三小判平成8．3．26民集50巻4号1008頁

【事実の概要】

Y会社は，経営悪化等に伴い，組合との間において，①57歳への定年の引下げ，②退職金の基準支給率の引下げなどを内容とする新労働協約を締結するとともに，これに合わせて就業規則も改定した。Xは，大手損保会社の鉄道保険部の業務がY会社に引き継がれるに伴い，同社の社員となった。Y会社の定年は当時55歳であったが，Xら移籍者には旧会社の65歳の定年制が適用されていた。その後，両者の給与・退職金基準および定年年齢の統一につき組合と会社間に折衝が続いた後，上記新協約が締結されたのであるが，Xはすでに所定の定年年齢に達しており，労使間の合意により，非組合員であったが協約の適用を受ける者とし

て定年退職後3年間は「特別社員」として扱われ，退職金の支給基準も新制度によることとされた（約15％の減額）。そこでXは，新労働協約・就業規則による新制度の無効および不適用を主張し，差額賃金等を請求した。

【判旨】
　労組法17条の「適用に当たっては，右労働協約上の基準が一部の点において未組織の同種労働者の労働条件よりも不利益とみられる場合であっても，そのことだけで右の不利益部分についてはその効力を未組織の同種労働者に対して及ぼし得ないものと解するのは相当でない。けだし，同条は，その文言上，同条に基づき労働協約の規範的効力が同種労働者にも及ぶ範囲について何らの限定もしていない上，労働協約の締結に当たっては，その時々の社会的経済的条件を考慮して，総合的に労働条件を定めていくのが通常であるから，その一部をとらえて有利，不利をいうことは適当でないからである。また，右規定の趣旨は，主として一の事業場の四分の三以上の同種労働者に適用される労働協約上の労働条件によって当該事業場の労働条件を統一し，労働組合の団結権の維持強化と当該事業場における公正妥当な労働条件の実現を図ることにあると解されるから，その趣旨からしても，未組織の同種労働者の労働条件が一部有利なものであることの故に，労働協約の規範的効力がこれに及ばないとするのは相当でない。」「しかしながら他面，未組織労働者は，労働組合の意思決定に関与する立場になく，また逆に，労働組合は，未組織労働者の労働条件を改善し，その他の利益を擁護するために活動する立場にないことからすると，労働協約によって特定の未組織労働者にもたらされる不利益の程度・内容，労働協約が締結されるに至った経緯，当該労働者が労働組合の組合員資格を認められているかどうか等に照らし，当該労働協約を特定の未組織労働者に適用することが著しく不合理であると認められる特段の事情があるときは，労働協約の規範的効力を当該労働者に及ぼすことはできないと解するのが相当である。」

5　労働協約の効力

1　概　説

　労働協約の内容は，労働条件を定めた規範的部分と，協約当事者の関係を定めた債務的部分とに大別される。前者には規範的効力（強行的効力と直律的ないし補充的効力）が認められる（労組16条）。直律的効力の作用の仕方として，外部規律説と内容説が主張されている。この相違は，特に労働協約終了後の効力

に関する理論構成において生じる。次に，協約基準を上回る労働契約が有効かどうかに関しては争いがある。協約基準に両面的効力を付与する有利原則否定説と片面的効力のみ認める有利原則肯定説とが対立している。ただし，否定説も合理的理由のある場合にはその例外を認め，肯定説も労働協約による有利原則の排除を容認するので，結局は協約当事者の意思解釈の問題に帰する。労働協約が企業別に締結され，定型的に機能している点に着目すると，否定説が日本の実態に即しているが，能力主義労務管理・個別処遇が強まると，有利原則を肯定する場合も増加するであろう。

規範的効力とは異なり，債務的部分には労組法上なんらの定めが置かれていないが，協約当事者を拘束する契約としての効力＝債務的効力が認められる（通説・判例）。ただし，こうした効力を肯定するとしても，労使という対立する当事者間での契約である以上，協約違反に民法上の契約法理（同時履行の抗弁権，解除権，損害賠償請求権等）を機械的に適用すべきではない。債務的効力は，労使間で合意に達した事項のみならず，実行義務や平和義務のように，必ずしも明確な合意がない場合にも認められる。

2 実行義務・平和義務

(a) 実行義務

労働協約の規範的部分は規範的効力を有するので，使用者がこれを履行しない場合，労働契約上の債務不履行として，組合員個人がその履行を請求しうる。このほかに使用者は，協約当事者たる労働組合との関係でも，誠実に協約基準を履行する義務（実行義務）を負うのかが問題になる。日本の労働協約は企業毎に締結され，使用者側の協約当事者と労働契約当事者が一致するので，実行義務を認める必要はないとする地裁判決（佐野安船渠事件・大阪地判昭和54．5．17労判322号60頁，黒川乳業〔労働協約解約〕事件・大阪地判平成17．4．27労判897号43頁）もみられるが，高裁レベル（前掲両事件・大阪高判昭和55．4．24労判343号50頁，大阪高判平成18．2．10労判924号124頁）ではこれが認められている。

実行義務に関して履行請求が認められるかには争いがあるが，確認の訴えは，少なくとも多数の当事者（組合員）に関わる紛争を一挙に解決できる場合

には肯定してよい（前掲・佐野安船渠事件および黒川乳業事件〔労働協約解約〕事件両高裁判決参照）。

　(b)　平和義務

　平和義務とは，協約有効期間中，協約所定の事項の改廃を求めて争議行為を行わない義務である。理論上は労使双方が負う義務であるが，実際上は労働組合について問題となる。平和義務の内容は，協約当事者が争議行為を行わない義務（不作為義務）だけでなく，傘下の組合員によるスト等（山猫ストなど）の抑止・中止義務（作為義務）も含まれる（日本信託銀行事件・東京地決昭和35．6．15労民集11巻3号674頁）。

　労働協約の有効期間中，一切の争議行為が禁止されるわけではなく，協約所定事項の改廃を目的とする争議行為のみが許されず，協約に規定されていない事項を目的とするものまでは禁止されていない（相対的平和義務）。また有効期間満了前に，次期協約の締結を目的とする争議行為が禁止されているかにつき，当該協約の期間内の改廃を目的とするのでない以上，満了前から合理的期間内ならば許される（弘南バス事件・仙台高秋田支判昭和39．4．14労民集15巻2号268頁）。なお，有効期間中に改廃を目的とする団交の申し入れ自体は平和義務に違反しないが，使用者はこれに応じる義務はなく，拒否しても，事情変更などの特段の事情がない限り，不当労働行為（7条2号）に該当しない（ネッスル日本事件・神戸地判昭和58．3．15労民集34巻2号142頁）。

　判例20-5

黒川乳業（労働協約解約）事件　大阪高判平成18．2．10労判924号124頁

【事実の概要】

　X組合とY会社との間の労働協約は，労働条件を定めた条項（病欠有給条項，生理休暇3日保障条項，産前産後等休暇有給等条項など〔以下，「本件各条項等」という。〕）を定めていたところ，Y会社は，本件各条項等の改訂を申し入れ，X組合と団体交渉を重ねたが，妥結するに至らなかったので，本件各条項等を解約し，就業規則および賃金規則の変更を告知し，これをX組合員を含む全従業員に適用した。このためX組合は，本件各条項等の解約が無効であると主張し，本件各条項等が有効であることの確認の訴を提起した。

　第一審判決（大阪地判平成17．4．27労判897号43頁）は，本件各条項等は，「X

組合のY会社に対する具体的な権利義務を規定したものではなく，X組合に属する組合員の労働条件を一般的に規定したものであり，労働協約の規範的効力により，本件解約の可否を巡る法律上の紛争は，実質的にはX組合に属する組合員とY会社との間に生じて」おり，「前記請求に関する訴えを認めたとしても，その判決は，X組合の組合員に対して既判力等の法律上の効力を及ぼすものではなく，紛争解決の方法としても適切なものということはできない」としてこれを否定した。

【判旨】
　X組合およびY会社は，「本件各条項等の締結当事者として，相互に……誠実な履行をそれぞれ求め，誠実に履行すべき義務をそれぞれ負う法的関係に立つ」。また本件では労働協約の解約が有効なことを前提に制定された新就業規則の効力をめぐってX組合とY会社との間で紛争が生じているところ，「その締結当事者であるX組合とY会社との間においてその当否を争わせることが紛争の当事者として適格を有しており，また，……本件各条項等の解約が有効であるかどうか，換言すれば……本件各条項等が効力を有するかどうかを確定することがX組合とY会社との間の上記紛争解決に直截的であるし，それが有効である」，さらに組合員らは，「X組合とY会社との間の確認の訴えの判決の既判力を受けるものではないが，……本件各条項等の規範的効力によって，その判決の効力がX組合の組合員に反射的に及ぶ」以上，本件各条項等が効力を有することの確認を求める訴えは，確認の利益が認められる。

6 労働協約の終了

1 解　　約

　労働協約は，期間の満了，解約，当事者の変更・消滅などによって終了するが，特に法的に問題となるのは当事者の一方による解約である。労組法15条3項・4項によると，署名または記名押印した文書でもって少なくとも90日前までに予告する必要がある。解約は，協約の各条項がギブアンドテイクの関係にあり，不可分であるのが通例なので，全部について行わねばならないのが原則であるが，例外的に「協約自体のなかに客観的に他と分別することのできる部分があり，かつ分別して扱われることもあり得ることを当事者としても予想し得たと考えるのが合理的であると認められる場合には，協約の一部分を取りだ

して解約することもできる」とされる（ソニー事件・東京高決平成6.10.24労判675号67頁，同旨，黒川乳業事件・大阪高判平成18.2.10労判924号124頁等）。

2　終了後の労働条件の継続性と変更

　協約終了後の労働条件につき，労働協約の規範的効力の作用の仕方（内容説）に基づき労働契約レベルでの継続性を認められるとの考え（西谷敏『労働組合法〔第2版〕』〔有斐閣，2006年〕401頁等），あるいは就業規則等の他の補充規範がない場合には従前妥当してきた協約基準によって補充されるとの考え（鈴蘭交通事件・札幌地判平成11.8.30労判779号69頁，菅野和夫『労働法〔第9版〕』〔弘文堂，2010年〕619頁等等）が主張されているが，いずれの理論構成を採っても，協約基準の存続を肯定する結果となる。このため，労働協約の終了後の労働条件の変更方法が問題となる。労働組合が存する場合，団交を経ずに個別交渉で労働条件を変更することは不当労働行為に該当する。就業規則による変更も，合理性判断の一要素として「労働組合等との交渉の状況」（労契10条）があげられているので，十分な交渉をせずに不利益変更すると，合理性を否定される可能性がある。

　なお，安田生命保険事件（東京地判平成9.6.12労判720号31頁）では，労働条件変更に当たっては使用者および労働組合の合意を要する旨の労働協約が存していたにもかかわらず，給与等を定めた労働協約を解約して就業規則によってこれを変更することの是非が問われた。同判決は，「使用者が誠意をもって協議にのぞみ，かつ，変更される労働条件等に合理性が認められるにもかかわらず，労働組合の側において正当の理由なく同意を拒むときは同意拒否権の濫用」となると判示した点に特徴がある。

21章 組合活動

組合活動

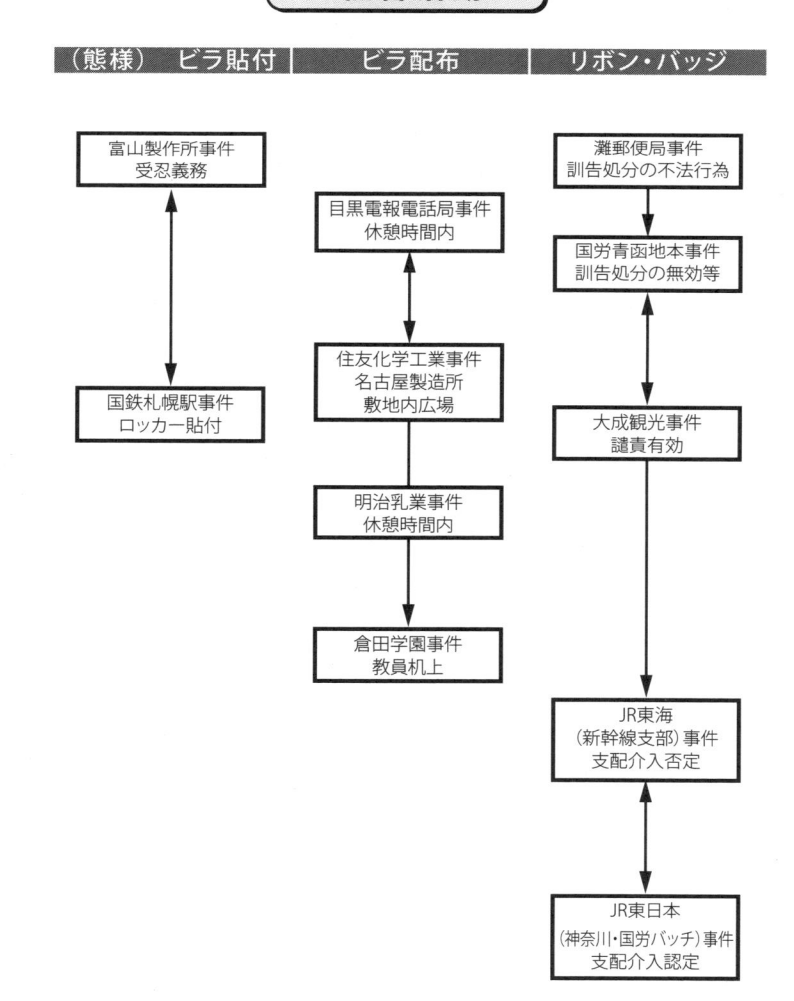

（態様） ビラ貼付	ビラ配布	リボン・バッジ

ビラ貼付
- 富山製作所事件　受忍義務
- 国鉄札幌駅事件　ロッカー貼付

ビラ配布
- 目黒電報電話局事件　休憩時間内
- 住友化学工業事件　名古屋製造所　敷地内広場
- 明治乳業事件　休憩時間内
- 倉田学園事件　教員机上

リボン・バッジ
- 灘郵便局事件　訓告処分の不法行為
- 国労青函地本事件　訓告処分の無効等
- 大成観光事件　譴責有効
- JR東海（新幹線支部）事件　支配介入否定
- JR東日本（神奈川・国労バッチ）事件　支配介入認定

1 組合活動権とは

　組合活動権とは，組合活動を行う権利のことである。組合活動には様々な行為とそれが展開される場面がある。組合活動は，労働者と労働組合が労働者の経済的地位，社会的地位向上を目指して行う集団的（団結）活動である。労働組合が労働者の数を結集して，要求をとりまとめ使用者と交渉し，要求が満たされない場合には，争議行為を核とする団体行動を行うことは，労組法の予定するものであり，これらのための諸活動が組合活動（争議行為を除く）であり，①組織運営のための活動（大会，執行委員会）②情報宣伝活動（ニュースの配布，ビラ貼り等）③団結示威活動（闘争時のリボン，プレート等）等に整理できる。労組法が，労働組合に民主性を要件とし労働協約締結における組合意思の民主的形成を重視する点においても組合活動は，組合員の主体的参加を基礎にするアクティブかつダイナミックなものである。法がこうした組合活動の権利性を認めたことは，これらの活動が企業と社会からみても肯定されるもの，法的に価値あることの確認である。

2 組合活動の「場」について

　組合活動が展開される場面は，時間と空間からみて勤務時間と企業施設のそれぞれについて内外の領域が存在する。これまでの裁判事例を整理すると，実に多面的また多様な組合活動が存在している。労使関係において，組合活動と企業の権利が強く衝突するのは，いうまでもなく勤務時間内で，かつ施設内（利用）で行われる組合活動である。

　勤務時間外，施設外の組合活動については，組合が配布したビラや本の内容が表現の自由との関係で問題となるが，割愛する。

3 二つの法的価値のコンフリクト（衝突）

　これらの判例からテーマとされるのは，組合活動と企業施設および労働義務との関係である。企業施設との関係とは，企業の所有権や管理権との対立であり，労働義務との関係ではその履行が完全なものかどうか，誠実義務なり職務専念義務との関係である。いずれも組合活動の正当性として議論されてきた。この場面では，労働組合の行為があり，これに対して使用者が制止を求めたり，これを認めない，また使用者の制止，不許可などに反してなされた組合活動に対して，就業規則や業務命令違反で行為者に懲戒処分などの不利益が加えられるということになる。この不利益処分などの効力をめぐり法律紛争が発生する。使用者が承認しない組合活動についての正当性なり，権利性が問題の焦点である。そして使用者が承認しない，また制止をする根拠には，施設管理権，企業秩序権なり業務命令権が存在する。

4 組合活動権と施設管理権

　この点において，判例学説をみる限り歴史的に大きな変遷，展開がある。大きく分類すると，受忍義務説から許諾説への変遷である。受忍義務説は一定の範囲で組合活動を使用者が受忍すべしと主張する。富山製作所事件など受忍義務説に立つ判例は，昭和40年代後半までのものであり，昭和50年代に入っては受忍義務論ではなく，施設管理権との関係で使用者の許諾を得ないままの企業施設の利用は，不許可が濫用と認められる「特段の事情のない限り」正当性を有しないとする国労札幌運転区事件が出される。

判例21-1

富山製作所事件　大阪地決昭和49．5．2労判201号38頁

【事実の概要】
　組合役員が，休憩時間中に休憩所や食堂などで組合加入の呼びかけなどを内容

とするビラを無許可で配布した。本件は，組合の副委員長が勤務態度不良，経歴詐称そして右の無許可ビラ配布を理由として懲戒解雇されたため，地位保全と賃金支払いの仮処分を申請した。

【判旨】

「前記就業規則の規制の対象となるビラ配布行為は，許可制を採用することによって担保維持せんとした客観的に保護に値する企業秩序，すなわち作業秩序，職場規律あるいは企業施設の管理等に対し，その受忍限度を超えて，実質的な侵害を伴うものに限定されなければならない。」

判例21-2

国労札幌運転区事件 最三小判昭和54.10.30民集33巻6号647頁

【事実の概要】

国労は，昭和44年3月ころ，同年の賃上げの要求と16万5千人の減員反対の春闘のなかで，団結の昂揚と国鉄に要求をアピールするためビラ貼布の行動を指示し，これを受けて国労札幌地方本部が札幌支部，分会に指令して，組合役員が運転区検修詰所で日常使用を許されているロッカーにセロテープで約400枚のビラを貼布し，操車連結詰所等で合計55個のロッカーに約100枚のビラを貼布し，戒告処分を受けたので処分の効力を争った。

【判旨】

(1)「企業に雇用されている労働者は，企業の所有し管理する物的施設の利用をあらかじめ許容されている場合が少なくない。しかしながら，この許容が，特段の合意があるのでない限り，雇用契約の趣旨に従って労働を提供するために必要な範囲において，かつ，定められた企業秩序に服する態様において利用するという限度にとどまる」「労働組合が当然に当該企業の物的施設を利用する権利を保障されていると解すべき理由はなんら存しないから，労働組合又はその組合員であるからといって，使用者の許諾なしに右物的施設を利用する権限をもっているということはできない。もっとも，当該企業に雇用される労働者のみをもって組織される労働組合（いわゆる企業内組合）の場合にあっては，当該企業の物的施設内をその活動の主要な場とせざるを得ないのが実情であるから，その活動につき右物的施設を利用する必要性の大きいことは否定することができないところではあるが，労働組合による企業の物的施設の利用は，本来，使用者との団体交渉等による合意に基づいて行われるべきものであることは既に述べたところから明らかであって，利用の必要性が大きいことのゆえに，労働組合又はその組合員において企業の物的施設を組合活動のために利用しうる権限を取得し，また，使用者において労働組合又はその組合員の組合活動のためにする企業の物的施設の利

> 用を受忍しなければならない義務を負うとすべき理由はない，というべきである。」
> 　(2)「労働組合又はその組合員が使用者の許諾を得ないで叙上のような企業も物的施設を利用して組合活動を行なうことは，これらの者に対しその利用を許さないことが当該物的施設につき使用者が有する権利の濫用であると認められるような特段の事情がある場合を除いては，」……「使用者の（管理利用）権限を侵し，企業秩序を乱すものであって，正当な組合活動として許容されるところであるということはできない。」

　しかしその後，最高裁も硬直した立場から住友化学工業事件，明治乳業事件，倉田学園事件等において上述の「特段の事情」の存在を具体的事案において認め，ビラ配布による秩序の侵害がないとする判断を示すようになる。こうした傾向は大成観光事件の伊藤正巳補足意見の影響も含め下級審においては再び法益衡量に立つ裁判例を生み出すことにつながっていくのである。このような判例の展開とともに，学説においても受忍義務説から違法性阻却説，そして団結権承認説などが提起されてきた。

判例21-3
住友化学工業名古屋製造所事件 最二小判昭和54.12.14労判336号46頁

> 【判旨】
> 　「その就業時間外に本件ビラを配布したものであり，また，その配布場所は，上告会社の敷地内ではあるが事業所内ではない，上告会社の正門と歩道との間の広場であって，当時一般人が自由に立ち入ることのできる，格別上告会社の作業秩序や職場秩序が乱されるおそれのない場所であった，というのであるから，被上告人らの右ビラ配布行為は上告人の有する施設管理権を不当に侵害するものではないとして，これに対してされた本件懲戒処分を無効であるとした原審の判断は，本件ビラ配布が正当な組合活動であるかどうかを判断するまでもなく，正当として是認することができる。」

判例21-4

明治乳業事件 最三小判昭和58.11.1労判417号21頁

【事実の概要】
　組合支部長がその上部団体である食品労連が昭和49年参院選で社会党と共産党の候補者を支持決定していたなかで，同年6月24日の昼の休憩時間に休憩室をかねた工場食堂において選挙活動に関する赤旗号外約20枚，7月6日の昼の休憩時に同食堂において決定ビラ46枚を従業員に配布したことが無許可配布ビラであったとして戒告処分をした。

【判旨】
　「被上告人の本件ビラの配布は，許可を得ないで工場内で行われたものであるから，形式的にいえば前記就業規則14条及び労働協約57条に違反するものであるが，上記各規定は工場内の秩序の維持を目的としたものであることが明らかであるから，形式的に上記各規定に違反するようにみえる場合でも，ビラの配布が工場内の秩序を乱すおそれのない特別の事情が認められるときは，上記各規定の違反になるとはいえないと解される（最高裁昭和47年（オ）第777号同52年12月13日第三小法廷判決・民集31巻7号974頁参照）。そして，前記のような本件ビラの配布の態様，経緯及び目的並びに本件ビラの内容に徴すれば，本件ビラの配布は，工場内の秩序を乱すおそれのない特別の事情が認められる場合に当たり，上記各規定に違反するものではないと解するのが相当である。」

判例21-5

倉田学園事件 最三小判平成6.12.20民集48巻8号1496頁

【事実の概要】
　学園（倉田高校，中学）の組合は，昭和53年5月，3日間にわたり学園の許可を得ずに，始業開始前の5～10分の間に職場ニュースを二つ折にして職員室の各教員の机の上に置いた。その内容は他の私立高賃上げ状況，団交の報告，不当労働行為の解説であり，この配布をめぐって混乱はなかった。これに対し校長が許可なく業務外との掲示をし，印刷物等の領布あるいは貼布することを禁止する就業規則に反するとして組合委員長に対し，訓告処分と戒告処分を行ったものである。

【判旨】懲戒処分について
　本件ビラ配布は，「形式的には就業規則14条12号所定の禁止事項に該当する。」しかし，「ビラ配布が形式的にはこれに違反するように見える場合でも，ビラの

内容，ビラ配布の態様等に照らして，その配布が学校内の職場規律を乱すおそれがなく，また，生徒に対する教育的配慮に欠けることとなるおそれのない特別の事情が認められるときは，実質的には上規定の違反になるとはいえず，」処分は許されないというべきである。

「この見地に立って，本件ビラ配布について検討すると，本件各ビラ……違法不当な行為をあおり又はそそのかす等の内容を含むものではない。」「配布の態様は，始業時間前にビラを二つ折にして教員の机の上に（片面印刷のものは印刷面を内側にして）置くものであって，業務に支障を来したものではない。」，また「生徒に対する教育的配慮という観点からすれば，ビラの内容が労働組合として通常の情報宣伝活動の範囲内のものであっても，学校内部における使用者と教職員との対立にかかわる事柄をみだりに生徒の目に触れさせるべきではないということもできるが，通常生徒が職員室に入室する頻度の少ない時間帯に行なわれたもの」であって「教育的配慮に欠けることとなるおそれのない特別の事情が認められる。」

5 就業時間中の組合活動

1 懲戒処分の正当性

就業時間中の組合活動としてプレート，ワッペン，リボン等の着用がなされる。この組合活動は組合員同士の連帯のためや使用者への要求運動としてなされる。これに対して使用者は就業時間中の職務専念義務や誠実労働義務に反するとして就労を拒否したり，懲戒処分（服務規定違反や業務阻害を理由として）を行ったりしている。これらに対し灘郵便局事件，国労青函地本事件など早い時期の判例では職務と両立するものと判断してきたが，これを厳格に解する目黒電報電話局事件（→判例17-5），大成観光事件では懲戒処分を有効とした。この判決では伊藤正己裁判官の補足意見があり，学説においてはこの考え方を支持する意見が多数である。

判例21-6

灘郵便局事件 神戸地判昭和42．4．6労判51号24頁

【事実の概要】

昭和39年春闘に際し、当局側の再三の取り外し命令に従わずに、「全逓灘郵便局支部」と記した腕章をつけて就労した組合役員、および「さあ！団結で大巾賃上げをかちとろう」と記載した幅3センチメートル・縦10センチメートルの黄色のリボンを胸に着用し就労した組合員らが、就業規則上の「服装規定」「勤務時間中の組合活動禁止規定」「職務命令遵守義務規定」に違反するとして訓告処分を受けたことにつき、各1万円の慰謝料の支払いを求めた事案である。これに対して判決は、原告らの請求を認めた。

【判旨】

勤務時間内組合活動禁止との関連

「勤務時間中の組合活動が原則として禁止されることは、労働者は勤務時間中使用者のために完全に労務を提供しなければならない雇傭契約上の義務を負担していることから、むしろ当然というべきであるが、しかし一切の例外を許さないものとは解されず、労働者が労働法上保障された労働基本権を行使する場合で、しかも労働者が雇傭契約上の義務の履行としてなすべき身体的精神的活動と何等矛盾なく両立し業務に支障を及ぼすおそれのない組合活動については例外的に許されるものと解するのが相当である。」

判例21-7

国労青函地本事件 函館地判昭和47．5．19労判155号36頁

【事実の概要】

昭和45年春闘の際、国労青函地本、2月20日から5月8日にわたって、「大幅賃上げを闘いとろう、16万5千人合理化粉砕」と書いた縦10センチメートル、横3.5センチメートルの黄色のリボンを胸に着用して勤務するよう各分会に指令した。これに対し当局側は、警告文を各職場に掲示するとともに、管理者を通じ個々の組合員に取り外しを要求・注意し、3回以上注意してもこれに応じない組合員に対しては数回にわたり訓告した。訓告処分を受けた組合員（原告）らが、その処分の無効確認と処分によって被った精神的損害についての慰謝料を請求したのが本件である。判決は、原告らの請求を認め、2回訓告を受けた者については各5千円、1回訓告を受けたものについては各2千5百円の慰謝料の支払いを命じた。

第21章　組合活動

【判旨】

「右リボンの着用はこれを制服等に着けることによって一切の有形的行為を終了しその後は格別の行為を必要としないものであるから，該リボンに記載された文言の内容にかかわらず当該職種に要請される労務に精神的，肉体的に全力を集中することが可能であり，職務専念義務と両立し得ないものと解することはできない。

本件リボンの着用が憲法，公労法等によって保障される団結権，団体行動権に基づくささやかな組合活動であることを思えば，これが格別の支障を生ずると認め難い本件においてはこれを正当なものとして許容すべきものというべきである。」

判例21-8

大成観光事件　最三小判昭和57．4．13民集36巻4号659頁

【事実の概要】

ホテル業を営んでいる会社の従業員組合が組合結成後の約3か月後に賃上げ要求をし，会社の回答を不満として2回にわたり終業時間中にリボン闘争（「要求貫徹」または「ホテル労連」と記入したリボンを着用する）をした。この目的は結成後3か月の組合員間の連帯感ないし団結強化への士気鼓舞という効果をねらい，組合の体造りを目的としたものである。この闘争を理由に会社は組合役員らに対し減給，次いで譴責の各懲戒処分を行った。

【判旨】

「本件リボン闘争は，主として，結成後三カ月の参加人組合の内部における組合員間の連帯感ないし仲間意識の昂揚，団結強化への土気の鼓舞という効果を重視し，同組合自身の体造りをすることを目的として実施されたものであるというのである。そうすると，原審の適法に確定した事実関係のもとにおいて，本件リボン闘争は就業時間中に行われた組合活動であって参加人組合の正当な行為にあたらないとした原審の判断は，結論において正当として是認することができる。」

【伊藤正己裁判官の補足意見要旨】

労働者の職務専念義務を厳しく考えて，労働者は肉体的であると精神的であるとを問わず，すべての活動力を職務に集中し，就業時間中職務以外のことに一切注意力を向けてはならないとすれば，労働者は，少なくとも就業時間中は使用者にいわば全人格的に従属することとなる。私は，職務専念義務といわれるものも，労働者が労働契約に基づきその職務を誠実に履行しなければならないという義務であって，この義務と何ら支障なく両立し，使用者の義務を具体的に阻害するこ

> とのない行動は，必ずしも職務専念義務に違背するものではないと解する。

2 不当労働行為の成否

使用者のこれらの権限行使の背景なり動機にある労働組合への嫌悪なり敵視の方針への評価は，不当労働行為の判断で問題になる。

この検討に際しては，組合活動の正当性と処分の適法性が同じ場面で論じられる場合があるが，整理が必要である。すなわち組合活動の正当性が肯定できない場合にも処分の違法・無効がありうる。この処分が支配介入や処分権の濫用とされる領域があるからである。

判例21-9

JR東海（新幹線支部）事件 東京高判平成9．10．30労判728号49頁（支配介入を否定）

> **【事実の概要】**
> 控訴人，補助参加人国労に所属する組合員らは，被控訴人会社の再三の注意・指導にもかかわらず，就業時間中に組合バッジ（縦1.1センチ，横1.3センチで，その中にNRUと表示してある）を制服の襟に着用していた。被控訴人会社は，これに対して厳重注意をするとともに，夏季手当の5％減額および昇給欠格条項該当者として取り扱う措置を行った。これに対して組合員らが，これらの措置は不当労働行為に該当すると主張して，東京地労委に申立てを行ったところ，東京地労委は，不当労働行為であると認定したうえ，本件で行われた各措置をとらないこと，ポスト・ノーティスの掲示を命じる救済命令を発した。この取消訴訟である。
>
> **【判旨】**
> 「被控訴人が，全社員を対象として，企業秩序の維持・確立を図るために，職場規律の乱れが指摘されていた国鉄時代とは異なる施策を採り，本件就業規則により組合バッジの着用を禁じ，これに従わなかった本件組合員等に再三にわたり注意・指導を重ね，それにもかかわらず本件組合バッジの着用を継続したことを理由として，本件措置に至ったことには十分合理性，相当性があったというべきであって，これにより被控訴人に不当労働行為意思があったと認めることはできず，被控訴人の上記主張も採用することはできない。」（最二小判平成10．7．17労判744号15頁（労働委員会）上告棄却）

判例21-10

JR 東日本（神奈川・国労バッジ）事件 東京高判平成11．2．24労判763号34頁（支配介入を認定）

【事実の概要】

本件は，会社が，申立人国労組合員（863名）に対して組合バッジ着用を理由として厳重注意，訓告処分を行ったこと，組合員（918名）に対し，昭和62年夏季手当を減額したこと，本来業務からの外し等を行ったことを不当労働行為に当たるとして，処分がなかったものとして取り扱い，バックペイ，支配介入の禁止等を命じた地労委命令を違法としてその取消しを求めた行政訴訟である。

一審判決は，本件バッジの着用は就業規則に定める「組合活動」に該当するが，リボン・ワッペンの着用と異なり，本件バッジ着用の経緯からみれば，勤務時間中の着用も「例外的に正当性を認められる場合」に該当し，社員の職務専念義務に違反するとも認められない，として支配介入に当たるとして命令を適法とした。

これに対し本判決は，就業時間中の組合バッジ着用は，就業規則23条が禁止する「組合活動」に当たり職務専念義務に違反し，企業秩序を乱すとしたが，判旨のとおり会社の支配介入を認め会社の控訴を棄却した。

【判旨】

「本件組合バッジ取り外しの指示・指導等は，組織的に行われ，その具体的な方法・態様も，……執拗かつ熾烈なもので，平和的な説得の域を大きく逸脱するものであり，特に，本件組合バッジの取り外しを拒否した国労組合員に対して命じた本件就業規則の書き写しの作業などは，嫌がらせ以外の何物でもないといわざるを得ないものであり，また，指示・指導の対象は，本件組合バッジの取り外しにとどまらず，国労マーク入りのネクタイ，ネクタイピン，ボールペン等の排除にまで及んでいること，しかも，本件処分に続いてこれに近接した時期に，控訴人の各現場において，国労組合員に対し，上司等から，組織的と思われる態様で，国労からの脱退の勧奨がされたこと，以上の諸点を指摘することができる。

そして，これらの事実を考えるならば，控訴人が本件組合員らに対して本件組合員らに対して本件組合バッジの取り外しを指示・指導等した行為及び本件組合バッジを着用していたことを理由に本件組合員らに対してした本件措置は，控訴人が，国鉄の分割民営化という国の方針に一貫して反対するとともに，国の右方針に従って国鉄の事業を分割継承した控訴人に対しても厳しい対決姿勢で臨んでいた国労を嫌悪し，国労から組合員を脱退させて，国労を弱体化し，ひいてはこれを控訴人内から排除しようとの意図の下に，これを決定的な動機として行われたものと認めざるを得ない」（最一小決平成11.11.11労判770号32頁は，会社の上

告受理申立てを不受理)。

6 団結権尊重義務と労使関係像

1 団結権尊重義務説について

　組合活動といっても多様なものがあり，その行為（態様）と場（面）のそれぞれにおいて，個別具体的な検討がなされるべきであり，従来の裁判例もこうした検討の結果であり，その集積である。

　しかしながら，基本に立ち戻って課題を検討するならば，憲法28条が「(勤労者の)その他の団体行動をする権利」として規定したものは，狭義の争議行為（権利）とならんで，要求実現のための諸活動，そして労働協約締結に至るまでの組合の様々な組合活動が団結体の行動ということであった。そしてこのことは，組合活動が憲法上の団体行動権としての権利保障を受けていることである。労働組合法が使用者と労働組合との集団的な法的規範となるなかで，使用者は，労働組合の団体行動権としての組合活動を権利として保障し，これを尊重する立場にあること，すなわち労働組合の組合活動権の行使に対し，これを保障し，尊重する法律上の義務（「団結権尊重義務」という）を負っていることを確認することができると思われる。

　すなわち，使用者は労働組合の行う組合活動を権利として承認し，これを尊重する法的義務を一般的に，負っているのである。

　これを勤務時間中の施設内における組合活動との関係でみれば，労働義務の履行に支障がなく，また企業の物的施設の毀損や物理的な侵害といったものではない通常の施設利用を伴う組合活動は，権利行使として使用者は原則としてこれを承認し，尊重する義務を負担することになる。

　こうした考え方は，受忍義務説との関係では，使用者側の義務を明確にするとともに違法性阻却説との関係でいえば，いわば原則と例外を逆転にするものである。このような考え方は，憲法規範における法的価値の序列にも合致したものといえるのではないか，と考えられる。また権利濫用論についても，これ

を「特段(別)の事情」のない限り就業時間中の組合活動は正当化されないとの司法判断の枠組,論理についても改めて再検討される必要があると思われる。

2 労使関係像

　企業内における組合活動をめぐる労使の対立,対抗についての「法の支配」のあり様は,現代日本社会における企業のあり方,コンプライアンスのあり方,コーポレート・ガバナンス等の議論と密接不可分であり,その内容を構成する主要な一つである。企業の執行権(力)に対するコントロール力を企業内の従業員集団に認めるのかどうかである。企業の執行権のオールマイティを肯定するのか,それとも労働者団結にこれへの対抗力を認めることにより企業のあり方についてともに議論をたたかわせ社会的責任(CSR)を含めて法のルールに従った企業像を模索し,確立していくことが問われている。

22章 争議行為

争議行為の正当性

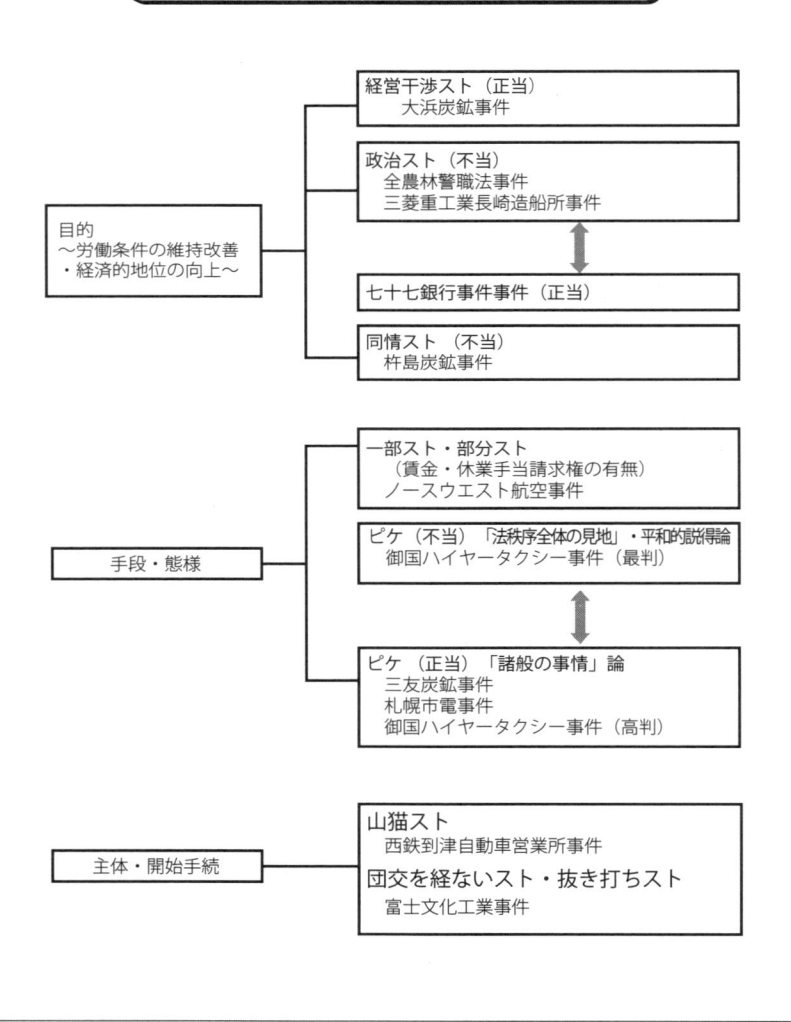

- **目的**
  〜労働条件の維持改善
  ・経済的地位の向上〜
  - 経営干渉スト（正当）
    大浜炭鉱事件
  - 政治スト（不当）
    全農林警職法事件
    三菱重工業長崎造船所事件
  - ↕
  - 七十七銀行事件事件（正当）
  - 同情スト（不当）
    杵島炭鉱事件

- **手段・態様**
  - 一部スト・部分スト
    （賃金・休業手当請求権の有無）
    ノースウエスト航空事件
  - ピケ（不当）「法秩序全体の見地」・平和的説得論
    御国ハイヤータクシー事件（最判）
  - ↕
  - ピケ（正当）「諸般の事情」論
    三友炭鉱事件
    札幌市電事件
    御国ハイヤータクシー事件（高判）

- **主体・開始手続**
  - 山猫スト
    西鉄到津自動車営業所事件
  - 団交を経ないスト・抜き打ちスト
    富士文化工業事件

1 争議権の保障

　憲法28条は，団結権および団交権とならんで争議権（団体行動権）を保障しており，正当な争議行為であれば，刑事免責および民事免責を受けうる（労組1条2項・8条参照）。労調法7条は，争議行為を，「同盟罷業，怠業，作業所閉鎖その他労働関係の当事者が，その主張を貫徹することを目的として行ふ行為及びこれに対抗する行為であって，業務の正常な運営を阻害するもの」と定義する。これは，争議調整や労働争議の予防・解決との法目的から規定されており，必ずしも一般的な定義規定ではないが，争議行為は，①業務阻害を目的としていること，および②組合意思に基づく集団的行為でなければならない。また，民事免責の有無との点で相違が生じる組合活動と区別するため，争議開始が明確にされていなければならない。年休権を利用した一斉休暇闘争が争議行為に該当するかについて，最高裁は，年休自由利用の原則を強調しつつ，これを「労働者がその所属の事業場において，その業務の正常な運営の阻害を目的として，全員一斉に休暇届を提出して職場を放棄・離脱するもの」と捉え，「その実質は，年次休暇に名を藉りた同盟罷業」と判示している（国労郡山工場事件・最二小判昭和48．3．2民集27巻2号210頁，林野庁白石営林署事件・最二小判昭和48．3．2民集27巻2号191頁）。争議権は「勤労者」にのみ認められているので（憲28条参照），その主体は労働者に限られ，使用者が行うロックアウトは「争議対抗行為」と呼ばれる。

　争議権に関わる法理論は，特に争議行為が多発し，現実に生じる様々な紛争について法的解決が求められた50年代から70年代にかけて展開・発展してきた。こうした法理論は，争議行為件数が減少した今日においても，その意義を失っていない。

2 争議行為の正当性

　争議行為の正当性は，目的，手段・態様，主体，手続などを勘案して判断さ

れる。刑事免責と民事免責とでは自ずから正当性の範囲は異なり，国家が制裁を加える前者では，その範囲は広い。以下，代表的な論点を述べる。

1 目 的

争議目的は，労働条件の維持改善と関連している限り正当である。たとえば，鉱業所長の追放を目的とする経営干渉ストである大浜炭鉱事件（最二小判昭和24．4．23刑集3巻5号592頁）では，「それが専ら同所長の追放自体を直接の目的とするものではなく，労働者の労働条件の維持改善その他経済的地位の向上を図るための必要的手段としてこれを主張する場合には，かゝる行為は必ずしも労働組合運動として正当な範囲を逸脱するもの」ではないとされる。ただし，労働条件の維持改善や経済的地位の向上を広く解すると，政府や立法機関等を名宛人とするスト（例，労働法規改悪阻止を目的とする政治スト）も含まれるが，判例の多くは「使用者に対する経済的地位の向上の要請とは直接関係のない政治的目的のために争議行為を行うことは，憲法28条の保障とは無関係なものと解すべき」である以上，使用者との関係において解決可能な事項を目的とする争議行為のみを正当とされる（三菱重工業長崎造船所事件〔最二小判平成4．9．25労判618号14頁〕）。また表現の自由（憲21条）としても保障を受けないとされる。

判例22-1　政治スト

全農林警職法事件 最大判昭和48．4．25刑集27巻4号547頁

【事実の概要】

警職法改正案が衆議院に上程された際，これに反対する第四次統一行動の一環として，被告人ら全農林労組の幹部が，所属長の承認がなくても正午出勤の行動に入れという指令を発し，また当日の午前中に開催された職場大会において，約2500名の職員に対し争議行為をあおったとして国公法110条1項17号により起訴された。第一審において無罪の言渡しを受けた被告人らは，控訴審において有罪（罰金刑）に処せられたので，これを不服として上告した。

【判旨】

「憲法21条の保障する表現の自由といえども，もともと国民の無制約な恣意のままに許されるものではなく，公共の福祉に反する場合には合理的な制限を加えうるものと解すべき（であり）……とくに勤労者なるがゆえに，本来経済的地位

> 向上のための手段として認められた争議行為をその政治的主張貫徹のための手段として使用しうる特権をもつものとはいえないから，かかる争議行為が表現の自由として特別に保障されるということは，本来ありえないものというべきである。」

2 手段・態様

　争議行為の手段・態様はストライキ，職場占拠，怠業，ボイコットなど多様である。労務不提供を基本とするストライキのような消極的態様では，正当性に問題はない。他方，暴力の行使を伴うのが許されないのも当然である（労組1条2項参照）。正当性が特に問われるのは，一定程度の実力行使を伴うピケなどである。

〈ピ　ケ〉

　ストの実効性を高めるために付随的に実施されるピケに関する判例には刑事責任を問われたのと民事責任（懲戒処分，損害賠償）が問われたのがある。最高裁は，いずれも平和的説得論の立場に立ち，労働者側に厳しい立場に立つ傾向にある。かつては刑事事件に関して「諸般の事情」を考慮して正当性を肯定した判例（三友炭鉱事件・最三小判昭和31.12.11刑集10巻12号1605頁，札幌市電事件・最三小決昭和45.6.23刑集24巻6号311頁）があったが，その後，「法秩序全体の見地」から正当性なしとする判例が定着している（国労久留米駅事件・最大判昭和48.4.25刑集27巻3号418頁，山陽電気軌道事件・最二小決昭和53.11.15刑集32巻8号1855頁等）。最高裁は，争議行為の本質を「労務提供義務の不提供」との消極的な態様ととらえていると思われ，これが平和的説得論の基礎となっていると考えられる。他方，争議行為には多様な形態があり，その正当性は，企業別組合との組織形態をとる労働組合の実態を踏まえて，当該ピケの実情を勘案し，実質的な労使対等の確保が図られねばならないとの立場に立つと，ピケの正当性の範囲が広がる。こうした観点からすると，御国ハイヤータクシー事件において対照的な判断を下した高裁判決と最高裁判決は注目される。

判例22-2

御国ハイヤータクシー事件 最二小判平成4.10.2労判619号8頁

【事実の概要】

X会社の従業員で組織するA組合は，基本給の引上げなどをめぐってX会社と団交を行ったが，妥結に至らずストを実施した。その際，組合員が乗務することになっているタクシー6台の稼働を阻止するために，車庫に赴き，タクシーの傍らに座り込んだり，寝転んだりして出庫を妨害した。X会社は，組合の役員およびこれを指導・実行した上部団体の役員に対して損害賠償を請求した。高裁判決（高松高判平成元・2・27労判537号61頁）は，「特にタクシー業においては，ストライキ中といえども車両をいったん使用者の占有下に置けば，代替要員によって操業の継続がきわめて容易で，ストライキの実効性を失わせることができるのであるから，ストライキ中の労働者がその実効性を確保するためピケあるいは座り込みをもって使用者による車両の搬出を阻止しようとすることは必要・不可欠とも言うべき戦術であり，これを厳しく制限することはこのような業種の労働者の争議権を奪うに等しく相当とは言い難い」として正当性を肯定した。

【判旨】

「ストライキは必然的に企業の業務の正常な運営を阻害するものではあるが，その本質は労働者が労働契約上負担する労務提供義務の不履行にあり，その手段方法は労働者が団結してその持つ労働力を使用者に利用させないことにあるのであって，不法に使用者側の自由意思を抑圧しあるいはその財産に対する支配を阻止するような行為をすることは許されず，これをもって正当な争議行為と解することはできないこと，また，使用者は，ストライキの期間中であっても，業務の遂行を停止しなければならないものではなく，操業を継続するために必要とする対抗措置を採ることができる」。「右の理は，非組合員等により操業を継続してストライキの実効性を失わせるのが容易であると考えられるタクシー等の運行を業とする企業の場合にあっても基本的に異なるものではなく，労働者側が，ストライキの期間中，非組合員等による営業用自動車の運行を阻止するために，説得活動の範囲を超えて，当該自動車等を労働者側の排他的占有下に置いてしまうなどの行為をすることは許されず，右のような自動車運行阻止の行為を正当な争議行為とすることはできないといわなければならない。」

3 違法争議行為の責任

争議行為の正当性が否定されると，民事上および刑事上の責任が問われる。実務上特に重視されているのは，組合幹部に対する懲戒処分・解雇ならびに労働組合と組合員に対する損害賠償請求である。すなわち，労務不提供ないし不完全履行に対する債務不履行責任のみならず不法行為責任，さらに正常な業務運営阻害等を理由とする懲戒処分が追及される。判例は，民法理論に基づき労働組合および組合員・組合幹部の個人責任を当然に肯定する（組合幹部に対する懲戒責任を肯定したミツミ電機事件・東京高判昭和63．3．31労判516号5頁，損害賠償を認めた書泉事件・東京地判平成4．5．6労民集43巻2・3号540頁等参照）。これに対して学説は，争議行為の二面的集団的本質や団結意思に支えられている限り団結活動たる性格を失わないとして組合員個人の責任を否定する見解が主張されている。また，これを肯定する見解も，単純なスト参加の一般組合員の不法行為責任を否定し，組合幹部の責任を肯定しても，団体責任を第一次責任，個人責任を第二次責任として，個人責任を限定しようとする。違法争議とはいえ，集団的性格を有している点をいかに勘案するかが問われている。

判例22-3　組合員の損害賠償責任

書泉事件 東京地判平成4．5．6労民集43巻2・3号540頁

【事実の概要】
　Y₁らは，春闘に際して交渉を有利に進めるために，時限ストを皮切りに，ピケを伴う全日または時限ストをしばしば実施した。しかし，X社が回答しなかったので，無期限に全日ストを実施するとともに，店舗で顧客らにハンドマイクを持って入店購買しないように訴えるなどの行為や入店阻止を行った。このため，X社は，Y組合およびY₁ら組合員・支援労働者に対して損害賠償を請求した。

【判旨】
　「Y組合員である被告Y₁らは，いずれもY組合役員として右違法な本件ピケストの実施を決定し，他の組合員と共同してこれを実行した者であるから，X社に対し，共同不法行為（民法719条1項）に基づき本件ピケストによりX社が被った損害を賠償すべき責任がある。そして，本件ピケスト当時Y₁らはいずれもY

組合の役員であったから，権利能力なき社団であるY組合は民法44条1項の類推適用により，本件ピケスト実施についての不法行為責任を負う。」「争議行為が集団的団体行動の性質を有していることは事実であるとしても，そのことが直ちに個々の組合員の行為が法的評価の対象外になるとの結論には結びつかず，むしろY組合員の行為は一面社団であるY組合の行為であると同時に，組合員個人の行為である側面を有すると解されるから，組合員個人についても前記のとおり不法行為責任が成立するものというべきである。」（支援労働者の責任は略。）

判例22-4　組合幹部に対する懲戒処分
ミツミ電機事件 東京高判昭和63. 3. 31労判516号5頁

【事実の概要】
春闘における争議行為に際して，構内デモ，泊り込み，ビラ貼付，赤旗掲揚等を行ったことが，いずれも就業規則所定の懲戒事由に該当するとして，組合委員長ら4名に対してなされた懲戒解雇の効力が争われた。

【判旨】
「労働組合又は組合員に対し当該物的施設を利用して組合活動を行うことを許容しないことが，当該物的施設につき使用者の有する権利の濫用であると認められるような特段の事由のある場合に限り，許諾なしに物的施設を利用したことを理由に懲戒権を行使することができないものと解するのが相当である」。「もっとも，本件のようないわゆる企業内組合は，企業の物的施設を組合活動の主要な場とせざるを得ないことから，争議中においても，もし組合活動に企業の物的施設を利用する必要があるのに……使用者の許諾がない限りこれを利用し得ないとするときは，組合活動を困難にし，ひいては労働者の団結権，争議権を実質上著しく制限することとなる恐れがあるから，争議中の組合の物的施設利用に対する懲戒権の行使の当否を判断するに当たっては，争議の経過，組合・使用者双方のこれに対する対応，物的施設利用の必要性の程度，現実の利用の態様，それによって使用者の被る損失等を総合して，当該物的施設の無断利用がなお正当な労働組合活動として是認され得る余地がないか，そして，それを禁ずることが使用者の権利の濫用とならないか否かを具体的に判断することを要するものというべきである。」

「労働組合の争議行為であっても，正当な争議行為の範囲を逸脱したものに対しては，職場規律に違反した行為として制裁を課すことを妨げられる理由はなく」，X_1およびX_2については，本件解雇には合理的理由があり，これは懲戒権の濫用とならないが，X_3およびX_4については，本件争議行為の諸事情を斟酌すれば，懲戒解雇を以て臨むのは，いささか酷に失するので，懲戒権の濫用に該当す

る。

4 争議行為と賃金——一部スト・部分スト

　争議行為参加組合員の賃金請求権は，ノーワーク・ノーペイの原則に基づき発生しない。他方，部分スト（組合員の一部のみが参加するスト）や一部スト（従業員の一部を組織する組合が実施するスト）が行われた場合，不参加組合員や非組合員は，賃金請求権ないし休業手当請求権（労基26条）を有するかが問われる。賃金請求権の発生の有無は，民法536条2項の帰責事由，休業手当請求権のそれは労基法26条の帰責事由の該当如何による。リーディングケースであるノースウエスト航空事件最高裁判決は，両帰責事由の異同に関して，立法趣旨を考慮して以下のとおり判示する。労基法26条の「『使用者の責に帰すべき事由』とは，取引における一般原則たる過失責任主義とは異なる観点をも踏まえた概念というべきであって，民法536条2項の『債権者ノ責ニ帰スヘキ事由』よりも広く，使用者側に起因する経営，管理上の障害を含むものと解するのが相当である」。そしてスト不参加労働者の労働が「社会観念上不能又は無価値」となり，その労働義務を履行することができなくなった場合との前提を満たす場合には，いずれの帰責事由にも該当しないと結論づけた。本件は組合員に関する事案であり，非組合員の賃金および休業手当請求権の発生の有無は不明である。非組合員がスト実施の意思決定に関与していない点を勘案すると，少なくとも休業手当請求権は発生すると考えられる。

判例22-5

ノースウエスト航空事件 最二小判昭和62.7.17民集41巻5号1283頁，1350頁

【事実の概要】
　A組合は，B社（請負会社）の社員の直用化等を求めて，東京地区の組合員によりストを実施し，業務用車両・機材を占拠した結果，東京・沖縄便の大部分，および東京・大阪便の半数以上が運休を余儀なくされた。このため，Y会社は，沖縄および大阪に勤務する組合員Xらに休業を命じ，その就労を拒んだ。そこ

で、Xらは、当該休業期間中の賃金の支払い、予備的に休業手当の支払いを求めて提訴した。原審判決（東京高判昭和57.7.19民集41巻5号1330頁）は、「ストライキの発生を招いた点において過失があるばかりでなく、更に、本件休業の直前Ｂ社との間で少なくとも形式的には職業安定法に抵触しない内容の業務遂行契約を締結しており、これを組合側に説明して、ストライキの早期解決を図るべきであったのに、これを怠った点においても過失がある」として休業手当請求権を認容した。

【判旨】
㈠　賃金請求権
「企業ないし事業場の労働者の一部によるストライキが原因で、ストライキに参加しなかった労働者が労働をすることが社会観念上不能又は無価値となり、その労働義務を履行することができなくなった場合、不参加労働者が賃金請求権を有するか否かについては、当該労働者が就労の意思を有する以上、その個別の労働契約上の危険負担の問題として考察すべきである。」「ストライキは労働者に保障された争議権の行使であって、使用者がこれに介入して制御することはできず、また、団体交渉において組合側にいかなる回答を与え、どの程度譲歩するかは使用者の自由であるから、団体交渉の決裂の結果ストライキに突入しても、そのことは、一般に使用者に帰責さるべきものということはできない。したがって、労働者の一部によるストライキが原因でストライキ不参加労働者の労働義務の履行が不能となった場合は、使用者が不当労働行為の意思その他不当な目的をもってことさらストライキを行わしめたなどの特別の事情がない限り、右ストライキは民法536条2項の『債権者ノ責ニ帰スヘキ事由』には当たらず、当該不参加労働者は賃金請求権を失うと解するのが相当である。」

㈡　休業手当請求権
「本件ストライキは、もっぱらXらの所属する本件組合が自らの主体的判断とその責任に基づいて行ったものとみるべきであって、Ｙ会社側に起因する事象ということはできない。このことは、Ｙ会社が本件休業の直前Ｂ社との間で締結した業務遂行契約の内容を組合側に説明しなかったとしても、そのことによって左右されるものではない。そして、前記休業を命じた期間中飛行便がほとんど大阪及び沖縄を経由しなくなったため、Ｙ会社は管理職でないXらの就労を必要としなくなったというのであるから、その間Xらが労働をすることは社会観念上無価値となったといわなければならない。そうすると、本件ストライキの結果Ｙ会社がXらに命じた休業は、Ｙ会社側に起因する経営、管理上の障害によるものということはできないから、Ｙ会社の責に帰すべき事由によるものということはできず、Xらは右休業につきＹ会社に対し休業手当を請求することはでき

ない。」

5 ロックアウトの正当性

　使用者は，労働組合の争議行為に対して，操業継続，など様々な対抗措置をとるが，典型例はロックアウトである。ロックアウトは，先制的ないし攻撃的ロックアウトと受動的ないし防御的ロックアウトに分けられるが，憲法28条で労働者にのみ争議権が保障されている点にかんがみて，後者のみが正当とされている。ロックアウトが正当になると，使用者は，組合員の賃金支払義務を免れる。ロックアウトの正当性の根拠および判断基準を明示したのは丸島水門事件最高裁判決である。

判例22-6

丸島水門事件 最三小判昭和50．4．25民集29巻4号481頁

【事実の概要】
　賃上げ交渉が妥結に至らず，Ｘらが所属するＡ組合は争議行為に突入し，工場・事務室等の窓ガラス・壁などへのビラ貼付，デモ行進を行うなどして業務妨害を行った。Ｙ会社は，休業状態に陥り，作業能率が著しく低下し，正常な業務の遂行が困難になったため，ロックアウトを通告した。ロックアウトは，Ａ組合の上部団体から組合員を正常な業務に就かせる旨の申入れがあるまで35日間継続した。Ｘらは，ロックアウト期間中の賃金を請求した。

【判旨】
　「争議権を認めた法の趣旨が争議行為の一般市民法による制約からの解放にあり，労働者の争議権について特に明文化した理由が専らこれによる労使対等の促進と確保の必要に出たもので，窮極的には公平の原則に立脚するものであるとすれば，力関係において優位に立つ使用者に対して，一般的に労働者に対すると同様な意味において争議権を認めるべき理由はなく，また，その必要もないけれども，そうであるからといって，使用者に対し一切争議権を否定し，使用者は労働争議に際し一般市民法による制約の下においてすることのできる対抗措置をとりうるにすぎないとすることは相当でなく，個々の具体的な労働争議の場において，労働者側の争議行為によりかえって労使間の勢力の均衡が破れ，使用者側が

> 著しく不利な圧力を受けることになるような場合には，衡平の原則に照らし，使用者側においてこのような圧力を阻止し，労使間の勢力の均衡を回復するための対抗防衛手段として相当性を認められるかぎりにおいては，使用者の争議行為も正当なものとして是認されると解すべきである。」
>
> 「労働者の提供する労務の受領を集団的に拒否するいわゆるロックアウト（作業所閉鎖）は，使用者の争議行為の一態様として行われるものであるから，それが正当な争議行為として是認されるかどうか，換言すれば，使用者が一般市民法による制約から離れて右のような労務の受領拒否をすることができるかどうかも，右に述べたところに従い，個々の具体的な労働争議における労使間の交渉態度，経過，組合側の争議行為の態様，それによって使用者側の受ける打撃の程度等に関する具体的諸事情に照らし，衡平の見地から見て労働者側の争議行為に対する対抗防衛手段として相当と認められるかどうかによってこれを決すべく，このような相当性を認めうる場合には，使用者は，正当な争議行為をしたものとして，右ロックアウト期間中における対象労働者に対する個別的労働契約上の賃金支払義務をまぬがれるものといわなければならない。」

〈具体的事例〉

　最高裁は，「労使間の勢力の均衡を回復するための対抗防衛手段として相当」な限りでロックアウトを正当とし，具体的には，①労使間の交渉態度，②経過，③組合側の争議行為の態様，④使用者側の受ける打撃の程度等の具体的諸事情を勘案して決定すべきであるとしている。その後の判例は，これに従い正当性を判断している。正当性ありとした最高裁判決は，日本原子力研究所事件（最二小判昭和58．6．13民集37巻5号636頁），安威川生コンクリート事件（最三小判平成18．4．18民集60巻4号1548頁）である。他方，正当性を否定したのは，①山口放送事件（最二小判昭和55．4．11民集34巻3号330頁。消極的でかつ平穏な方法〈新勤務拒否〉で行われた争議形態であり，またこれによる具体的な放送業務の障害または放送事故は発生せず，このような事故等の発生する具体的な緊迫した危険性もなかった），②ノースウエスト航空事件（最一小判昭和50．7．17集民115号465頁。組合の平和義務違反の争議が開始されたあとを受けて一見受け身の形で行われているが，むしろ組合側の要求事項につき会社に有利な解決を図ることを目的としていた），③第一小型ハイヤー事件（最二小判昭和52．2．28集民120号232頁。スト開始後，会社が組合の就労要求を拒否した時点以降は，組合が弱体化する一方で，客観情勢は会社に極めて有利

に変化となり，企業防衛の性格を失った）であり，いずれも対抗性および相当性の観点から厳密な判断が下されている。

23章 不当労働行為

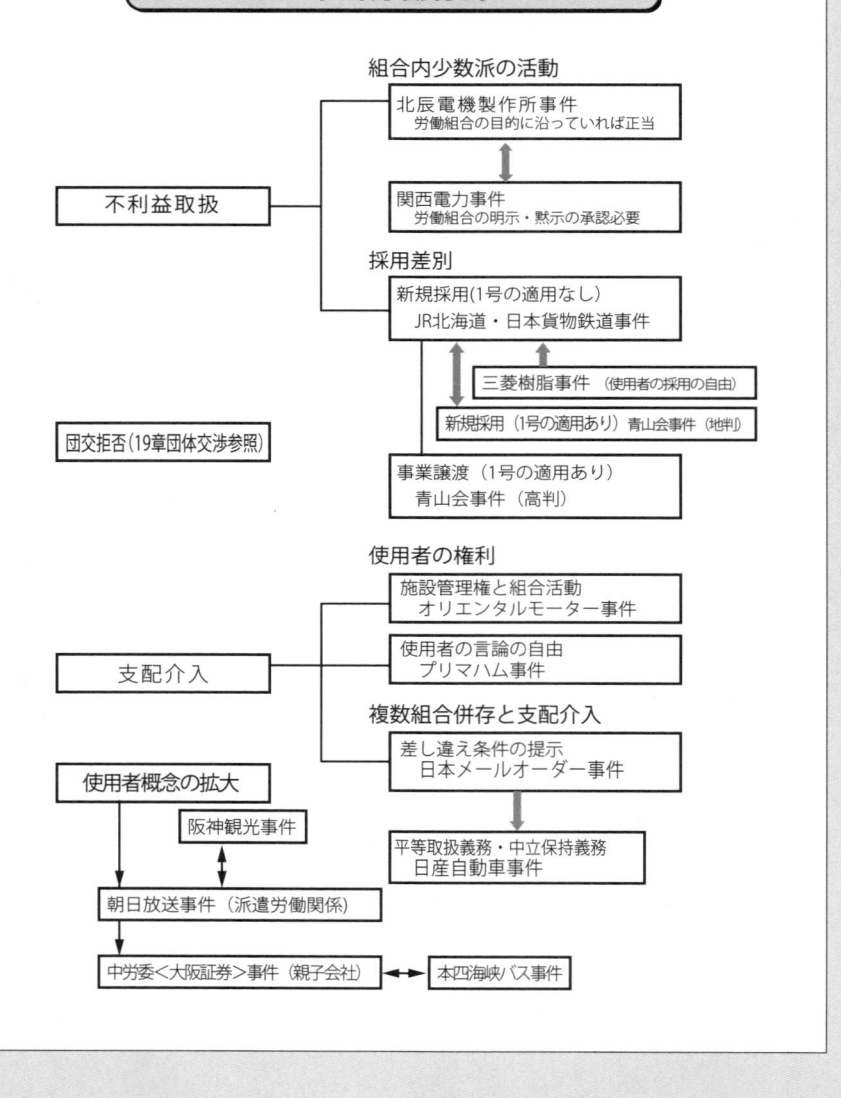

```
                        ┌─────────────────────────┐
                        │      不当労働行為        │
                        └─────────────────────────┘

                                組合内少数派の活動
                                ┌──────────────────────────────┐
                                │ 北辰電機製作所事件           │
                                │   労働組合の目的に沿っていれば正当 │
                    ┌───────────┤                              │
                    │           └──────────────────────────────┘
                    │                    ↕
                    │           ┌──────────────────────────────┐
                    │           │ 関西電力事件                 │
  ┌──────────┐      │           │   労働組合の明示・黙示の承認必要│
  │ 不利益取扱 ├──────┤           └──────────────────────────────┘
  └──────────┘      │      採用差別
                    │           ┌──────────────────────────────┐
                    │           │ 新規採用(1号の適用なし)      │
                    │           │ JR北海道・日本貨物鉄道事件   │
                    ├───────────┤                              │
                    │           └──────────────────────────────┘
                    │                    ↕  三菱樹脂事件（使用者の採用の自由）
                    │           ┌──────────────────────────────┐
                    │           │ 新規採用（1号の適用あり）青山会事件（地判）│
                    │           └──────────────────────────────┘
  ┌────────────────────────┐
  │ 団交拒否(19章団体交渉参照)│
  └────────────────────────┘
                    │           ┌──────────────────────────────┐
                    │           │ 事業譲渡（1号の適用あり）    │
                    └───────────┤ 青山会事件（高判）           │
                                └──────────────────────────────┘

                                使用者の権利
                                ┌──────────────────────────────┐
                                │ 施設管理権と組合活動         │
                                │   オリエンタルモーター事件   │
                    ┌───────────┤                              │
                    │           └──────────────────────────────┘
                    │           ┌──────────────────────────────┐
                    │           │ 使用者の言論の自由           │
  ┌──────────┐      │           │   プリマハム事件             │
  │ 支配介入 ├───────┤           └──────────────────────────────┘
  └──────────┘      │      複数組合併存と支配介入
                    │           ┌──────────────────────────────┐
                    │           │ 差し違え条件の提示           │
                    └───────────┤ 日本メールオーダー事件       │
                                └──────────────────────────────┘
                                           ↓
  ┌──────────────┐      ┌────────────┐   ┌──────────────────────────────┐
  │使用者概念の拡大│      │阪神観光事件│   │ 平等取扱義務・中立保持義務   │
  └──────┬───────┘      └────────────┘   │ 日産自動車事件               │
         │                               └──────────────────────────────┘
         ↓
  朝日放送事件（派遣労働関係）
         ↓
  中労委＜大阪証券＞事件（親子会社） ←→ 本四海峡バス事件
```

1 団結権侵害と不当労働行為

　憲法28条は団結権，団交権及び団体行動権（争議権）を保障している。これに基づき労働組合法は，組合活動に対する使用者の抑圧，妨害，干渉など労働組合・組合員の権利を侵害する行為を不当労働行為として禁止する。具体的には，不利益取扱・黄犬契約（7条1号），団交拒否（同条2号），支配介入・経費援助（同条3号），および労働委員会における言動等を理由とする不利益取扱（同条4号）である。不当労働行為の除去のために裁判所に救済（司法救済）を求めうるが，多くは労働委員会に救済を申し立てる（行政救済）。したがって，不当労働行為に関する判例の多くは労働委員会命令の取消訴訟である。

　不当労働行為の論点は多様である。ここでは重要な判例が存する論点のみ取り上げることにする。

2 不当労働行為制度上の使用者概念

1 使用者概念の拡大

　労基法10条および労契法2条2項とは異なり，労組法上「使用者」の定義規定が置かれていないので，これは解釈に委ねられている。具体的には，労働契約当事者たる使用者以外に，親会社，派遣先ないし元請け企業が不当労働行為制度上の「使用者」に該当するかが問われる。特に，親会社等に対する団交拒否の正当性に関連して論じられてきた。かつては，団交義務を負う使用者を労働契約当事者としての使用者に限定する判例（阪神観光事件・東京高判昭和57.8.10労判396号94頁）が存したが，学説・判例・労働委員会命令は，労組法および不当労働行為制度の趣旨を考慮して，労働契約当事者としての使用者に限らないとの意味で使用者概念を拡張している。リーディングケースは朝日放送事件（最三小判平成7.2.28民集49巻2号559頁）であり，最高裁は，下請け労働者を指揮命令している放送会社について，一定の条件を付けてこれを肯定した。

2 管理職等の行為の使用者への帰責

　管理職の地位にある者が組合からの脱退勧奨などを行った場合,「使用者」に帰責され,不当労働行為が成立するかが問われる。法人の代表や役員はもとより,部長・課長などの使用者の利益代表者（労組2条但書2号）に該当する者が不当労働行為を行った場合には帰責される。問題となるのは,これに近接する職制である。最高裁は,「使用者の意を体して」行った場合,たとえ意思疎通がなかったとしても帰責されるとの判断を下し,注目される。今後はその具体化が課題である。なお一般従業員の行為は,使用者の指示などがある場合に限られるであろう。

> 判例23-1
>
> **中労委（JR東海〔新幹線・科長脱退勧奨〕）事件** 最二小判平成18.12.8 労判929号5頁
>
> > 【事実の概要】
> > 　労使協調路線を採るA労働組合の組合員である新幹線運転所の指導科長（助役）が,A労働組合と対立するB労働組合の組合員である同運転所の従業員に対し,B労働組合からの脱退を勧め,またB労働組合の組合員に対する使用者の働きかけを容認するよう求める発言を行った。
> > 【判旨】
> > 　「労働組合法2条1号所定の使用者の利益代表者に近接する職制上の地位にある者が使用者の意を体して労働組合に対する支配介入を行った場合には,使用者との間で具体的な意思の連絡がなくとも,当該支配介入をもって使用者の不当労働行為と評価することができるものである。」

3 不利益取扱い

1 概　説

　労組法7条1号は,①労働組合の組合員であること,労働組合に加入しもしくはこれを結成したこと,もしくは労働組合の正当な行為をしたことの故をもって,②労働者を解雇し,その他これに対して不利益な取扱いをすることを

不利益取扱いとして禁止している。その態様は，賃金差別，昇給・昇格差別，解雇などの雇用関係上の不利益取扱い，中心メンバーの転勤命令などの組合活動上の不利益取扱い，夫婦別居を伴う遠隔地配転などの私生活上の不利益取扱い等多様である。不当労働行為意思は必要とされる。動機ないし理由が競合した場合（例，組合員の勤務態度不良と組合抑圧の意図），判例は，いずれが決定的であるかで判断する決定的動機説（東京焼結金属事件・東京高判平成4．12．22労判622号6頁，同事件・最三小判平成10．4．28労判740号22頁）と，組合活動がなかったならば解雇等がなされなかったと認められればよいとの相当因果関係説（西神テトラパック事件・東京高判平成11．12．22労判779号47頁）に分かれている。ここでは，労働組合の正当な行為と採用差別の判例にのみ言及する。

２ 組合内少数派の活動と労働組合の行為

　労組法７条１号は，「労働組合の正当な行為」を理由とする不利益取扱いを禁止する。正当性は，組合・組合員の行う活動などの目的・態様等とともに，使用者側の対応も勘案して相対的に判断しなければならず，刑事・民事免責での正当性とは異なった判断が求められる。主要な論点は，「労働組合の……行為」には組合執行部が指示・承認した行為のみならず，反執行部などの少数派組合員の活動も含まれるかである。判例のなかには，「組合の明示もしくは黙示の承認があり，また承認があるものとみることが労働常識上是認され，使用者にこれを受忍させることが労使対等の原則上妥当と認められるもの」との判断基準が提示するものがある（関西電力事件・大阪高判昭和53．6．29労民集29巻3号371頁）。これによると，使用者批判の匿名ビラを組合の統制に反して深夜に配布するのは組合の行為でないと結論づけられる。他方，次の判例は，反執行部派の活動であっても「労働組合の……行為」になりうるとする。組合員は多様な価値観を有しており，それぞれの考えに基づき活動することが組合民主主義の要請であること，組合内部での統制処分と対使用者との関係での不当労働行為とは区別する必要があることをどの程度考慮するかが問われていよう。

> **判例23-2**
> **北辰電機製作所事件** 東京地判昭和56.10.22労判374号55頁
>
> 【事実の概要】
> 　X会社の従業員で組織する組合には，上部団体たる全国金属労働組合（「全金」）の運動方針を支持するグループ（「全金派」）と，これに批判的なグループが存していた。A ら全金派組合員らは，昇給・賞与等の査定において差別されたとして，Y労働委員会に救済を申し立てたところ，これが認められたので，X会社はその取消しを求めて提訴した。
>
> 【判旨】
> 　「企業内の唯一の組合に特定の傾向を有する組合活動を行う集団が存在する場合において，組合員が右集団に属して右特定の傾向を有する組合活動を行う故をもって，使用者である企業が右組合員個人の賃金・昇格を差別的に取り扱うことは，当然，労働組合法7条1号の不当労働行為に該当し，また，右のような差別的取扱いをすることによって右集団の活動に打撃を与え組合の運営に支配介入をすることは，同法7条3号の不当労働行為に該当すると解される。」

3　不採用

　最高裁は，三菱樹脂事件（最大判昭和48.12.12民集27巻11号1536頁）において，使用者の大幅な採用の自由を肯定した（→判例2-4）。しかし，組合員であることなどを理由とする不採用が不利益取扱いにならないかに関しては議論がある。更新拒否や事業譲渡における採用差別は解雇と同様に捉えて救済可能であるが，問題なのは新規採用である。判例でこれを肯定したのが青山会事件第一審判決（東京地判平成13.4.12労判805号51頁）である。ただし，高裁判決（後掲）は，新規採用ではなく，事業譲渡における採用差別と位置づけて，不当労働行為の成立を認めている。他方，JR北海道・日本貨物鉄道事件最高裁判決（後掲）は，清算事業団職員対象の再募集における不当労働行為の成否に関して，これを新規採用と捉えたうえで原則として雇入れにおける不利益取扱に該当しないとの判断を下した（2名の少数意見がある）。ここでも，前掲・三菱樹脂事件最高裁判決の「採用の自由」の考えが基本となっており，その影響が看取されるが，そもそも新規採用と捉えるべきかの検討が必要である。

判例23-3

青山会事件 東京高判平成14．2．27労判824号17頁

【事件の概要】

　A医療法人が経営していたB病院が閉鎖され，Xが同病院の施設，業務等を引き継いでC病院を開設した際，2名の職員が採用されなかったことから，その所属する労働組合は，両名の不採用は不当労働行為（労組1号および3号）に当たるとして労働委員会に救済の申立てをしたところ，同労働委員会が両名の採用等を命ずる救済命令を発した。中労委（Y）もこれを棄却する旨の命令（以下「本件命令」という。）を発したため，Xは本件命令の取消しを求めた。第一審判決は，「その他の取扱」（7条1号本文）には解雇以外のすべての取扱いが含まれるなどを理由にして，2名の採用拒否は不当労働行為に該当すると判断した。

【判旨】

　本件での「職員への採用の実態は，新規採用というよりも，雇用関係の承継に等しいものであり，労働組合法7条1号本文前段が雇入れについて適用があるか否かについて論ずるまでもなく，本件不採用については同規定の適用があるものと解すべきである。」譲渡契約においては，「XはB病院の職員の雇用契約上の地位を承継せず，同病院の職員をXが雇用するか否かはその専権事項とする旨が合意されているが，上記採用の実態にかんがみれば，この合意は，A医療法人とXとが労働組合及び2名を嫌悪した結果これを排除することを主たる目的としていたものと推認されるのであり，かかる目的をもってされた合意は，上記労働組合法の規定の適用を免れるための脱法の手段としてされたものとみるのが相当である。したがって，Xは，上記のような合意があることをもって同法7条1号本文前段の適用を免れることはでき」ない。

判例23-4

JR北海道・日本貨物鉄道事件 最一小判平成15．12．22民集57巻11号2335頁

【事実の概要】

　国鉄改革法等に基づき，承継法人たるJR各社の職員採用手続として，承継法人の設立委員が国鉄を通じて職員募集を行い，作成された採用候補者名簿に記載された職員は全員採用された（4月採用）。そこでは，国労の組合員の多くが名簿に登載されず不採用となり，清算事業団に所属することになった。JR北海道では，職員に欠員が生じたので再募集を行ったが，ここでも国労組合員の多くが不採用となった（6月採用）。そのため，国労は本件不採用が不当労働行為に該当するとして，労働委員会に救済を求めたところ，地労委および中労委が不当労

働行為を認めたので，その取消しが求められた。

【判旨】（6月採用の判示のみ掲載する）

「企業者は，経済活動の一環としてする契約締結の自由を有し，自己の営業のために労働者を雇用するに当たり，いかなる者を雇い入れるか，いかなる条件でこれを雇うかについて，法律その他による特別の制限がない限り，原則として自由にこれを決定することができるものであり，他方，企業者は，いったん労働者を雇い入れ，その者に雇用関係上の一定の地位を与えた後においては，その地位を一方的に奪うことにつき，雇入れの場合のような広い範囲の自由を有するものではない。そして，労働組合法7条1号本文は，『労働者が労働組合の組合員であること，労働組合に加入し，若しくはこれを結成しようとしたこと若しくは労働組合の正当な行為をしたことの故をもって，その労働者を解雇し，その他これに対して不利益な取扱をすること』又は『労働者が労働組合に加入せず，若しくは労働組合から脱退することを雇用条件とすること』を不当労働行為として禁止するが，雇入れにおける差別的取扱いが前者の類型に含まれる旨を明示的に規定しておらず，同号及び同条3号は雇入れの段階と雇入れ後の段階とに区別を設けたものと解される。そうすると，雇入れの拒否は，それが従前の雇用契約関係における不利益な取扱いにほかならないとして不当労働行為の成立を肯定することができる場合に当たるなどの特段の事情がない限り，労働組合法7条1号本文にいう不利益な取扱いにも，同条3号の支配介入にも当たらないと解するのが相当である。」

4 支配介入

1 概　説

労組法7条3項は，「労働者が労働組合を結成し，若しくは運営することを支配し，若しくはこれに介入すること」を禁止する。組合幹部の解雇などの場合，不利益取扱いとともに支配介入にも該当する。不当労働行為意思を要するかにつき，最高裁は，山岡内燃機事件（最二小判昭和29.5.28民集8巻5号990頁）において，「客観的に組合活動に対する非難と組合活動を理由とする不利益取扱の暗示とを含むものと認められる発言により，組合の運営に対し影響を及ぼした事実がある以上，たとえ，発言者にこの点につき主観的認識乃至目的がなかったとしても，なお労働組合法7条3号にいう組合の運営に対する介入があ

つたものと解するのが相当である」と判示した。意思不要説と解しうるが，当該事件特有の事情が関連しており，必ずしも明確でない。

支配介入の形態は多様であり，組合運営等への言論による干渉（プリマハム事件・最二小判昭和57．9．10労経速1134号5頁），施設管理権に基づく企業内組合活動の制限（オリエンタルモーター事件・最二小判平成7・9・8労判679号11頁），便宜供与の廃止（黒川乳業事件・大阪高判平成18．2．10労判924号124頁）などがあげられる。ここでは，複数組合併存下で生じる問題を取り上げる。

2 複数組合併存と使用者の中立保持義務

運動路線の違いから一企業内に複数組合が存し，使用者が協調的な組合に比して非協調的な組合（多くは少数組合）を不利に扱う場合，不当労働行為に該当することがありうる。第1に，賃金・昇進・昇格・人事考課など労働条件での差別である。第2に，組合事務所・掲示板の不貸与，チェック・オフの拒否など使用者の便宜供与をめぐる組合間差別である。第3に，団体交渉に絡んだ組合間差別である。日本メール・オーダー事件は第3のタイプに属するが，ここでの判断の困難さは，団交においても「取引の自由」が認められ，他組合員よりも不利な労働条件となっても，これは当該組合の「自由な選択」の結果と考えられる点である。最高裁判決は，こうした考えを前提にしつつも不当労働行為が成立する場合が存することを認め，それまでの労働委員会の立場を肯定した点に意義がある。最高裁は，日産自動車事件において，使用者の中立保持義務・平等取扱義務に言及し，理論を深化させた。

判例23-5

日本メール・オーダー事件 最三小判昭和59．5．29民集38巻7号802頁

【事実の概要】
X会社では，少数組合たるA組合と多数組合たるB組合が併存していた。年末一時金交渉において，X会社は第一次案を提示したが，両組合が拒否した。再度，増額した案を提示したが，そこには「生産性向上の協力する」との前提条件（以下，「本件前提条件」という。）が付されていた。B組合はこれを受諾し年末一時金が支給された。他方，A組合は，右回答のうち，一時金の額および査定部

分の割合については同意の意向を示したが，本件前提条件に関して，人員削減を伴う合理化，労働強化，実質的な賃下げ，労働組合つぶし，労働組合の御用化等につながるものであると考え，その内容についてX会社に質問したところ，具体的な説明は得られなかった。そこで，A組合は，本件前提条件については拒否の態度をとり，他方，会社は，この前提条件が右回答と不可分一体のものであると主張したため，結局本件一時金について妥結するに至らなかった。A組合は，本件前提条件に固執して一時金を支給しなかったことが不利益取扱および支配介入（労働組合法7条1号・3号）に該当するとして，東京都労委に救済を申し立てたところ，救済命令が発せられ，被告Y（中労委）もこれを維持した（以下，「本件救済命令」という。）ので，X会社は本件救済命令の取消しを求めて提訴した。

【判旨】

「A組合において本件前提条件を受諾し，労働協約をもってその旨を協定した場合には，A組合は，これに拘束されることになるのを免れないところ，右前提条件の『生産性向上に協力する』という文言は，抽象的であってその具体的内容が必ずしも一義的に明確であるとはいえないため，これをそのまま労働協約の内容とした場合には，それがA組合に及ぼす拘束の内容，範囲等について疑義を生じ，その意味するところについてA組合とX会社との間で見解の一致を見ないこととなる場合も予想されるところであり，このような点において，右前提条件を労働協約の内容とすることには問題があるものといわなければならない。のみならず，生産性向上という用語については，殊に労働者側からの見方によれば，それ自体，人員削減，労働強化，労働条件の切下げ等をもたらすものとして消極的な評価を受けることになることも避けられないのであって，右交渉が行われていたのは，いわゆる生産性向上運動が深刻な労使紛争にまで発展した事例が広く知られて間もない時期のことであり，当時既にそのことが一般に強く印象づけられていたとみられることをも併せ考えると，X会社が一時金の上積みをする前提として『生産性向上に協力すること』という条件を提示したのに対し，A組合の側においてこれを容易に受諾し難いものと考えたことも，理由のないものということはできない」。

判例23-6

日産自動車事件 最三小判昭和60.4.23民集39巻3号730頁

【事実の概要】

X社は，少数組合たるA組合には何らの申入れを行うことなく，多数組合と協議しただけで，昼夜二交替の勤務体制（いわゆる日産型交替制）および計画残

業方式を製造部門に導入したが，かねてから深夜勤務等に反対する情宣活動を行っていた少数組合所属組合員には残業を命じず（日産型交替制が実施されていた製造部門のみならず，交替制勤務のない間接部門でも命じなかった），これに関する団交でも進展をみなかった。そこで，A組合は，残業差別は，A組合員と多数組合員との差別する不当労働行為であるとして，都労委に救済を申し立てたところ，これが認められた。中労委もこれを維持したので，X社は，その取消しを求めて提訴した。

【判旨】

①使用者と労働組合には取引の自由があり，残業上の取扱いの差異が，労働組合が団交において自由な意思決定に基づき選択した結果である場合，不当労働行為の問題は生じない。

団交における自由な意思決定を実質的に担保するために，併存組合下において使用者は，いずれの組合との関係においても誠実に団交することが義務づけられており，また「単に団体交渉の場面に限らず，すべての場面で使用者は各組合に対し，中立的態度を保持し，その団結権を平等に承認，尊重すべき」である。もっとも，「複数組合併存下においては，使用者に各組合との対応に関して平等取扱い，中立義務が課せられているとしても，各組合の組織力，交渉力に応じた合理的，合目的的な対応をすることが右義務に反するものとみなさるべきではな」く，使用者が多数組合との合意をもって譲歩の限度とする強い態度を示したとしても，ただちにその交渉態度を非難できない。

②ただし，「団体交渉の場面においてみるならば，合理的，合目的的な取引活動とみられうべき使用者の態度であっても，当該交渉事項については既に当該組合に対する団結権の否認ないし同組合に対する嫌悪の意図が決定的動機となって行われた行為があり，当該団体交渉がそのような既成事実を維持するために形式的に行われているものと認められる特段の事情がある場合には，右団体交渉の結果としてとられている使用者の行為について」は，不当労働行為（支配介入）が成立する。

3 検　討

複数組合併存下での団交を通じた不当労働行為では，このように労働組合の「選択」という行為が介在するだけにその成否の判断は微妙な問題といえる。最高裁は，日産自動車事件において，憲法28条の保障内容を前提にしてこうした問題に関する理論枠組を示した。これは，交替制勤務と計画残業についての多数組合との合意を前提とし，少数組合がこれに反対しているとの名目による

残業差別の事案で提示されたものであるが，中立保持義務および平等取扱義務が「すべての場面」で妥当すると述べている点から，一般性を有する判断枠組といえる。

上記理論枠組を前提にする場合，ポイントになるのは「特段の事情」の有無の判断である。日産自動車事件最高裁判決では，使用者が，先に多数派組合と妥結した線以上の譲歩をしなければ，「その所属組合員に経済的な打撃を与え，ひいては当該組合内部の動揺や組合員の退職，脱退による組織の弱体化が生ずるに至るであろうことを予測することは極めて容易なことであるとしても」，これが「同組合の弱体化の計算ないし企図に基づくものであると短絡的な推断をすることは許されない」と指摘し，多数組合との合意を重視し，この点において不当労働行為意思認定に慎重な姿勢を示している。

その後の最高裁判決のなかで最高裁が詳細な判示を行ったのは，新勤務システムに対応する新賃金体系に同意しない少数組合員に時間外労働を命じなかったことが不当労働行為に該当するかが問われた高知県観光事件（最二小判平成7．4．14労判679号21頁）である。同判決は日産自動車事件最高裁判決に拠りつつ，結論として「特段の事情」を認めなかった。

例外的に認められる「特段の事情」とはいっても，誠実交渉義務や中立保持・平等取扱義務と無関係に判断されていいわけではない。多数組合との合意の条件をもって少数組合との「譲歩の限度とする強い態度」をとっても非難されないとの基準を一般化すべきではなく，複数組合併存下での少数組合の置かれた実情を洞察し，結果の平等までは求められないとしても，平等取扱いの実質化の重視との視点が少数組合にも同等に団結権を保障した憲法28条の趣旨に合致する。

5　バックペイと中間収入の控除

労働委員会は，不当労働行為による解雇により収入が断たれた組合員がアルバイトなどで得た収入を，バックペイを命じるに当たって控除すべきであるか，それともその裁量に委ねられているかが争点となる。最高裁は，在日米軍

東京調達庁支部事件（最三小判昭和37.9.18民集16巻9号1985頁）において，控除が必要であると判示した。しかし，その後においても労働委員会はこれに従わず，必ずしも控除をせずにバックペイを命じた命令が下された。こうしたなかで，最高裁は，第二鳩タクシー事件において，上記判決を見直し，判例変更した。ただし，組合員個人の利益を考慮する点で，結果的には，変更前の判決とそれほどの差異はないとも考えられる。労働委員会の裁量をどの程度認めるべきかに関して反対意見が付されており，これは，組合活動一般に対する侵害として理解すべきであるとし，控除すべきでない，ないし労働委員会の裁量を認めるべきであるとした。結局，労働委員会の裁量を認めるに当たって，本判決多数意見のように組合および組合員の損害の両者を勘案するか，それとも一元的に組合活動一般のそれと捉えるかなどが問われる。

判例23-7

第二鳩タクシー事件 最大判昭和52.2.23民集31巻1号93頁

【事実の概要】
　労働委員会は，組合および組合員らの不当労働行為の申立てにより，組合員らの解雇が不利益取扱に該当するとして，原職復帰および解雇された日に遡りバックペイを命じた。X会社は，解雇期間中の中間収入を控除せずに賃金相当額全額の支払いを命じたのは不当であるとして，命令の取消しを求めた。

【判旨】
　「右解雇によって被解雇者個人が受ける経済的被害の面をみると，被解雇者は，解雇によって従前の使用者の下で就労して賃金の支払いを受けるという雇用関係上の利益を喪失する点において個人的な被害を受けるのであるが，他面，右使用者の下における就労から解放され，自己の労働力を自由に利用しうる状況に置かれるわけであるから，他に就職して収入を得た場合には，それが従前の就労からの解放によって可能となった労働力の使用の対価であると認められる限り，解雇による経済上の不利益はその限度において償われたものと考えられ，したがって，バックペイとしてその既に償われた部分までの支払いを命ずることは，個人的な経済的被害の救済の観点からする限りは，実害の回復以上のものを使用者に要求するものとして救済の範囲を逸脱するものと解される。」もっとも，「労務の性質及び内容もまた労働者にとって重要な意味をもつものであることは明らかであるから，例えば，被解雇者に中間収入をもたらした労務が，従前の労務と比較して，より重い精神的，肉体的負担を伴うようなものであるとき，これを無視し

て機械的に中間収入の額をそのまま控除することは，被害の救済としては合理性を欠くことになる」。

　「次に，右解雇が当該使用者の事業所における組合活動一般に対して与える侵害の面をみると，……この侵害は，当該労働者の解雇により，労働者らの組合活動意思が萎縮し，そのため組合活動一般に対して制約的効果が及ぶことにより生ずるものであるから，このような効果を除去するためには，解雇による被解雇者に対する加害が結局において加害としての効果をもちえなかったとみられるような事実上の結果を形成する必要があるものというべきである。中間収入の控除の要否とその金額の決定も，右のような見地においてすべきであるが，組合活動一般に対する制約的効果は，当該労働者が解雇によって現実に受ける打撃の軽重と密接な関係をもち，再就職の難易，就職先における労務の性質，内容及び賃金額の多少等によってもおのずから異ならざるをえないものであるから，組合活動一般に対する侵害の除去という観点から中間収入控除の要否及びその金額を決定するにあたっては，これらの諸点を勘案し，組合活動一般について生じた侵害の程度に応じ合理的に必要かつ適切と認められる救済措置を定めなければならない」。

判 例 索 引

【最高裁判所】

最二小判昭和24. 4.23刑集3巻5号592頁（大浜炭鉱事件） ······················ 290
最二小決昭和27. 7. 4民集6巻7号635頁（三井造船玉野分会事件） ·············· 51
最大判昭和27.10.22民集6巻9号857頁（朝日新聞社事件） ····················· 63
最二小判昭和29. 5.28民集8巻5号990頁（山岡内燃機事件） ···················· 306
最二小判昭和31.11. 2民集10巻11号1413頁（関西精機事件） ···················· 148
最三小判昭和31.12.11刑集10巻12号1605頁（三友炭鉱事件） ···················· 291
最一小判昭和32.11.14民集11巻12号1943頁（品川白煉瓦事件） ·················· 247
最二小判昭和35. 3.11民集14巻 3号403頁（細谷服装事件　判例7-1） ·········· 92, 102
最三小判昭和35. 4.26民集14巻6号1004頁（高知新聞事件） ··················· 253, 260
最大判昭和36. 5.31民集15巻5号1482頁（日本勧業経済会事件） ················· 148
最二小判昭和37. 7.20民集16巻8号1656頁（米軍山田部隊事件） ················· 153
最三小判昭和37. 9.18民集16巻9号1985頁（在日米軍東京調達庁支部事件） ········ 310
最大判昭和40. 9.22民集19巻 6号1600頁（富士林産鉱業事件　判例9-1） ·········· 116
最三小判昭和43. 3.12民集22巻3号562頁（小倉電話局事件） ···················· 147
最三小判昭和43. 5.28判時519号89頁（伊予相互金融事件） ····················· 147
最二小判昭和43. 8. 2民集22巻 8号1603頁（西日本鉄道事件　判例17-1） ········· 219
最大判昭和43.12. 4刑集22巻12号1425頁（三井美唄労組事件） ·················· 243
最大判昭和43.12.25民集22巻13号3459頁（秋北バス事件　判例4-1, 判例4-3） ·· 51, 52, 56, 63
最一小判昭和44. 2.27民集23巻2号511頁（山世志商会事件） ···················· 17
最二小判昭和44. 5. 2民集民95号257頁（中里鉱業所事件　判例18-6） ········ 243, 244
最一小判昭和44.12.18民集23巻12号2495頁（福島県教組事件） ·················· 148
最三小決昭和45. 6.23刑集24巻6号311頁（札幌市電事件） ····················· 291
最三小判昭和45. 7.28民集24巻7号1220頁（横浜ゴム事件） ···················· 220
最二小判昭和48. 1.19民集27巻 1号27頁（シンガー・ソーイング・メシーン事件　判例11-1）
　　　　　　　　　　　　　　　　　　　　　　　　　　　　　　　　 ·········· 146, 148, 149, 151
最二小判昭和48. 3. 2民集27巻 2号191頁（林野庁白石営林署事件　判例13-1） ···· 169, 289
最二小判昭和48. 3. 2民集27巻2号210頁（国労郡山工場事件） ·················· 289
最大判昭和48. 4.25刑集27巻 4号547頁（全農林警職法事件　判例22-1） ·········· 290
最大判昭和48. 4.25刑集27巻3号418頁（国労久留米駅事件） ··················· 291
最大判昭和48.12.12民集27巻11号1536頁（三菱樹脂事件　判例2-4） ·········· 21, 28, 30, 304
最一小判昭和49. 3.15民集28巻 2号265頁（日本鋼管川崎製鉄所事件　判例17-2） ··· 220
最一小判昭和49. 7.22民集28巻 5号927頁（東芝柳町工場事件　判例3-8） ········ 42
最一小判昭和49. 9.30判時760号97頁（名古屋ダイハツ労組事件　判例18-7） ······ 246
最一小判昭和49. 9.30民集28巻6号1382頁（国労大分地本事件） ················· 246
最三小判昭和50. 2.25民集29巻 2号143頁（陸上自衛隊八戸車両整備工場事件　判例14-3） ······ 180
最二小判昭和50. 4.25民集29巻 4号456頁（日本食塩製造事件　判例7-3） ······ 94, 102, 238
最三小判昭和50. 4.25民集29巻 4号481頁（丸島水門事件　判例22-6） ············ 297
最一小判昭和50. 7.17集民115号465頁（ノースウエスト航空事件） ··············· 299

313

最三小判昭和50.11.28民集29巻10号1634，1698頁（国労広島地本事件） ………………240
最一小判昭和51. 5. 6民集30巻4号437頁（CBC管弦楽団事件 判例1-4 ） ………………9, 10
最一小判昭和51. 6. 3労判254号20頁（全逓都城郵便局事件 判例19-2 ） ………………252, 266
最二小判昭和52. 1.31労判268号17頁（高知放送事件 判例7-4 ） ………………95, 98, 102
最大判昭和52. 2.23民集31巻1号93頁（第二鳩タクシー事件 判例23-7 ） ………………311
最二小判昭和52. 2.28集民120号232頁（第一小型ハイヤー事件） ………………298
最二小判昭和52. 8. 9労経速958号25頁（三晃社事件 判例10-3 ） ………………140, 144
最三小判昭和52.12.13民集31巻7号1037頁（富士重工事件 判例17-3 ） ………………221-223, 225
最三小判昭和52.12.13民集31巻7号974頁（目黒電報電話局事件 判例17-5 ） ………………223, 224, 278
最二小決昭和53.11.15刑集32巻8号1855頁（山陽電気軌道事件） ………………291
最二小判昭和54. 7.20民集33巻5号582頁（大日本印刷事件 判例2-2 ） ………………25, 26, 28, 29
最三小判昭和54.10.30民集33巻6号647頁（国鉄札幌駅事件 判例17-4 ， 判例21-2 ） ………………223, 225, 228, 277, 278
最二小判昭和54.12.14労判336号46頁（住友化学工業名古屋製造所事件 判例21-3 ） ………………279
最二小判昭和55. 4.11民集34巻3号330頁（山口放送事件） ………………298
最二小判昭和55. 5.30民集34巻3号464頁（電電公社近畿電通局事件） ………………26-28
最一小判昭和55. 7.10労判345号20頁（下関商業高校） ………………112
最一小判昭和55.12.18民集34巻7号888頁（大石塗装・鹿島建設事件 判例14-11 ） ………………185, 187
最一小判昭和56. 2.16民集35巻1号56頁（航空自衛隊航空救難群芦屋分遣隊事件 判例14-6 ）…182
最三小判昭和56. 3.24民集35巻2号300頁（日産自動車事件 判例15-2 ） ………………193
最三小判昭和57. 4.13民集36巻4号659頁（大成観光事件 判例21-8 ） ………………279, 281, 283
最二小判昭和57. 9.10労経速1134号5頁（プリマハム事件） ………………307
最一小判昭和57.10. 7労判399号11頁（大和銀行事件） ………………139
最一小判昭和58. 6.13民集37巻5号636頁（日本原子力研究所事件） ………………298
最一小判昭和58. 7.15労判425号75頁（御國ハイヤー事件） ………………62
最一小判昭和58. 9. 8労判415号29頁（関西電力事件 判例17-6 ） ………………225
最三小判昭和58.11. 1労判417号21頁（明治乳業事件 判例21-4 ） ………………279, 280
最二小判昭和58.11.25労判418号21頁（タケダシステム事件 判例4-5 ） ………………51, 58, 63
最三小判昭和59. 4.10民集38巻6号557頁（川義事件 判例14-4 ） ………………181
最三小判昭和59. 5.29民集38巻7号802頁（日本メール・オーダー事件 判例23-5 ） ………………307
最一小判昭和60. 3. 7労判449号49頁（水道機工事件） ………………136
最二小判昭和60. 4. 5民集39巻3号675頁（古河電気工業・原子燃料工業事件 判例6-6 ） ………………86
最三小判昭和60. 4.23民集39巻3号730頁（日産自動車事件 判例23-6 ） ………………308-310
最一小判昭和61. 3.13労判470号6頁（電電公社帯広局事件 判例4-2 ， 判例16-7 ） …51, 54, 211, 214
最二小判昭和61. 7.14労判477号6頁（東亜ペイント事件 判例5-1 ） ………………67, 68-71
最一小判昭和61.12. 4労判486号6頁（日立メディコ事件 判例3-9 ） ………………43
最二小判昭和62. 3.20労判500号32頁（東京光の家事件） ………………236
最一小判昭和62. 4. 2労判506号20頁（あけぼのタクシー事件 判例11-4 ） ………………154
最二小判昭和62. 7.10民集41巻5号1229頁（弘前電報電話局事件 判例13-2 ） ………………170, 171
最二小判昭和62. 7.17民集41巻5号1283, 1350頁（ノースウエスト航空事件 判例22-5 ）…153, 295
最三小判昭和62. 9.18労判504号6頁（大隈鐵工所事件 判例8-1 ） ………………107
最三小判昭和63. 2.16民集42巻2号60頁（大曲市農協事件 判例4-4 ） ………………51, 57, 61
最一小判平成元. 9. 7労判546号6頁（香港上海銀行事件） ………………151

314

最一小判平成元.12. 7 労判554号 6 頁（日産自動車村山工場事件） ……………………………… 68, 70
最二小判平成元.12.11民集43巻12号1786頁（済生会中央病院事件 判例18-4 ） ……… 240, 241
最一小判平成元.12.14民集43巻12号1895頁（日本シェーリング事件） ………………… 174, 266
最一小判平成元.12.14民集43巻12号2051頁（三井倉庫港運事件 判例18-3 ） …………… 238
最二小判平成 2 . 4 .20労判561号 6 頁（林野庁高知営林局事件 判例14-7 ） ……………… 183
最三小判平成 2 . 6 . 5 民集44巻 4 号668頁（神戸弘陵学園事件 判例 3-2 ） ……………… 35
最二小判平成 2 .11.26民集44巻 8 号1085頁（日新製鋼事件 判例11-2 ） ………… 149, 150, 151
最一小判平成 3 . 4 .11労判590号14頁（三菱重工業神戸造船所事件 判例14-10 ） ………… 186
最三小判平成 3 . 4 .23労判589号 6 頁（国鉄団交拒否事件 判例19-6 ） ……………… 257, 258
最一小判平成 3 .11.28民集45巻 8 号1270頁（日立製作所武蔵工場事件） ………… 51, 55, 267
最三小判平成 4 . 6 .23民集46巻 4 号306頁（時事通信社事件 判例13-3 ） ………………… 172
最二小判平成 4 . 7 .13労判630号 6 頁（第一小型ハイヤー事件） ……………………………… 62
最二小判平成 4 . 9 .25労判618号14頁（三菱重工業長崎造船所事件） ………………………… 290
最二小判平成 4 .10. 2 労判619号 8 頁（御国ハイヤータクシー事件 判例22-2 ） ……… 291, 292
最一小判平成 5 . 3 .25労判650号 6 頁（エッソ石油事件 判例18-5 ） ………………… 240, 242
最二小判平成 5 . 6 .25民集47巻 6 号4585頁（沼津交通事件 判例13-5 ） ………………… 175
最二小判平成 6 . 6 .13労判656号15頁（東北測量事件） ……………………………………… 255
最一小判平成 6 . 9 . 8 労判657号12頁（敬愛学園事件 判例 7-5 ） ……………………………… 98
最三小判平成 6 .12.20民集48巻 8 号1496頁（倉田学園事件 判例21-5 ） ……………… 279, 280
最三小判平成 7 . 2 .28民集49巻 2 号559頁（朝日放送事件） ………………………………… 301
最二小判平成 7 . 4 .14労判679号21頁（高知県観光事件） …………………………………… 310
最三小判平成 7 . 9 . 5 労判680号28頁（関西電力事件 判例16-2 ） …………………… 206, 207
最二小判平成 7 . 9 . 8 労判679号11頁（オリエンタルモーター事件） ………………………… 307
最三小判平成 8 . 3 .26民集50巻 4 号1008頁（朝日火災海上保険事件 判例20-4 ） …… 266, 269
最二小判平成 8 . 9 .26労判708号31頁（山口観光事件 判例17-7 ） ………………………… 227
最一小判平成 8 .11.28労判714号14頁（横浜南労基署長〔旭紙業〕事件 判例 1-1 ） ……… 5
最二小判平成 9 . 2 .28民集51巻 2 号705頁（第四銀行事件 判例 4-7 ） …………… 51, 60, 62
最一小判平成 9 . 3 .27労判713号27頁（朝日火災海上〔石堂〕事件 判例20-2 ） …………… 267
最一小判平成10. 4 . 9 労判736号15頁（片山組事件 判例10-1 ） …………………… 98, 135
最三小判平成10. 4 .28労判740号22頁（東京焼結金属事件） ………………………………… 303
最二小判平成10. 7 .17労判744号15頁（JR東海〔新幹線支部〕事件） ………………………… 284
最三小判平成10. 9 . 8 労判745号 7 頁（安田病院事件） ………………………………………… 14
最三小判平成10. 9 .10労判757号20頁（九州朝日放送事件） …………………………………… 70
最二小決平成11. 6 .11労判773号20頁（直源会相模原南病院事件） …………………………… 72
最二小判平成11. 9 .17労判768号16頁（帝国臓器製薬事件） …………………………………… 72
最一小決平成11.11.11労判770号32頁（JR東日本〔神奈川・国労バッジ〕事件） ………… 285
最三小判平成12. 1 .28労判774号 7 頁（ケンウッド事件） ……………………………………… 72
最一小判平成12. 3 . 9 民集54巻 3 号801頁（三菱重工業長崎造船所事件 判例12-1 , 判例12-2 ）
　　　　　　　　　　　　　　　　　　　　　　　　　　　…………… 159, 160, 161, 162-164, 166
最二小判平成12. 3 .24民集54巻 3 号1155頁（電通事件 判例14-12 ） ……………………… 188
最一小判平成12. 9 . 7 民集54巻 7 号2075頁（みちのく銀行事件 判例 4-6 ） …… 51, 59, 60, 63
最三小判平成12. 9 .12労判788号23頁（羽後〔北都〕銀行事件） ……………………………… 63
最二小判平成12. 9 .22労判788号17頁（函館信用金庫事件） …………………………………… 63
最三小決平成12.11.28労判797号12頁（中根製作所事件） …………………………………… 269

最三小判平成13. 3.13民集55巻2号395頁（都南自動車教習所事件 判例20-1）……264, 265
最一小判平成13. 4.26労判804号15頁（愛知県教育委員会事件 判例16-6）………211, 213
最一小決平成13. 6.14労判807号5頁（中労委〔セメダイン〕事件）………………235
最一小判平成14. 2.28民集56巻2号361頁（大星ビル管理事件 判例12-3）……161, 162, 164, 167
最二小判平成15. 4.18労判847号14頁（新日本製鐵〔日鐵運輸〕事件 判例6-3）………82, 267
最二小判平成15.10.10労判861号5頁（フジ興産事件 判例4-8, 判例17-8）……51, 64, 87, 227, 228
最一小判平成15.12. 4労判862号14頁（東朋学園事件）………………………………140
最一小判平成15.12.18労判866号14頁（北海道国際航空事件）………………………148, 151
最一小判平成15.12.22民集57巻11号2335頁（JR北海道・日本貨物鉄道事件 判例23-4）…21, 304, 305
最三小決平成16. 2.10労経速1861号14頁（三信自動車事件）………………………265
最二小判平成17. 6. 3民集59巻5号938頁（関西医科大学事件 判例1-2）……………6
最二小決平成17.10.28（鞆鉄道事件 判例20-3）………………………………………268
最三小判平成18. 3.28労判933号12頁（いずみ福祉会事件）…………………………154
最三小判平成18. 4.18民集60巻4号1548頁（安威川生コンクリート事件）…………298
最二小判平成18.10. 6労判925号11頁（ネスレ日本事件 判例17-9）……226, 228, 229
最二小判平成18.12. 8労判929号5頁（中労委〔JR東海〔新幹線・科長脱退勧奨〕〕事件 判例23-1）………………………………………………………………302
最一小判平成19. 1.18労判931号5頁（神奈川信用金庫協同組合事件）………………113
最二小判平成19. 2. 2民集61巻1号86頁（東芝労働組合小向支部・東芝事件 判例18-2）……237
最一小判平成19. 6.28労判940号11頁（藤沢労基署長事件）……………………………5
最二小判平成19.10.19民集61巻7号2705頁（大林ファシリティーズ〔オークビルサービス〕事件 判例12-4）………………………………………163, 165, 167
最二小決平成21. 3.27労判991号14頁（伊予銀行・いよぎんスタッフサービス事件）……14
最三小決平成21.12. 8判例集未登載（NTT西日本〔大阪・名古屋〕配転事件）………76
最二小判平成21.12.18労判993号5頁（パナソニックディスプレイ〔パスコ〕事件 判例1-8）…14, 16
最一小判平成22. 3.25労判1005号5頁（三佳テック事件）……………………………114
最二小判平成22. 7.12労判1010号5頁（日本アイ・ビー・エム〔会社分割〕事件 判例9-13）…131

【高等裁判所】

東京高判昭和29.10.30民集14巻3号414頁（細谷服装事件）…………………………92
仙台高秋田支判昭和39. 4.14労民集15巻2号268頁（弘南バス事件）…………………272
福岡高判昭和40. 4.22労民集16巻2号3030頁（中里鉱業所事件）……………………244
東京高判昭和43. 2.23労タ222号200頁（日本食塩製造事件）…………………………95
東京高判昭和45. 9.17労民集21巻5号1229頁（興人パルプ事件）……………………233
東京高判昭和45. 9.30民集28巻5号995頁（東芝柳町工場事件）………………………42
高松高判昭和46. 5.25判時646号87頁（土佐清水鰹節水産加工業協同組合〔救済命令取消〕事件 判例19-1）………………………………………………………250
高松高判昭和48.12.19労判192号39頁（高知放送事件）………………………………96
高松高判昭和49.12.28判時769号92頁（全逓都城郵便局事件）………………………252
東京高判昭和50. 2.26労民集26巻1号57頁（伊豆シャボテン公園事件）……………193
東京高決昭和50. 9.25判時797号143頁（新聞之新聞社事件 判例19-7）………259, 260
東京高判昭和50.12.22判時815号87頁（慶応大学付属病院事件）………………………21

判例	頁
大阪高判昭和51.11.26労判266号27頁（川崎炉材事件）	72
東京高判昭和52. 6.29労民集28巻3号223頁（寿建築研究所事件）	255
福岡高判昭和53. 8. 9労判318号61頁（昭和自動車事件）	109
大阪高判昭和53. 6.29労民集29巻3号371頁（関西電力事件）	303
東京高判昭和54.10.29労判330号71頁（東洋酸素事件　判例7－6）	100, 102
大阪高判昭和55. 4.24労判343号50頁（佐野安船渠事件）	271, 272
東京高判昭和55.12.16労判354号35頁（日立メディコ事件）	44
福岡高判昭和55.12.16労民集31巻6号1265頁（東海カーボン若松工場事件）	266
大阪高判昭和56. 2. 9労民集33巻2号321頁（姫路赤十字病院事件）	252
東京高判昭和56. 5. 6刑事裁判月報13巻4・5号381頁（一陽会陽和病院事件）	250
名古屋高判昭和56.11.30判時1045号130頁（大隈鐵工所事件）	107
東京高判昭和57. 7.19民集41巻5号1330頁（ノースウエスト航空事件）	296
東京高判昭和57. 8.10労判396号94頁（阪神観光事件）	301
福岡高判昭和58. 6. 7労判410号29頁（サガテレビ事件　判例1－7）	14, 15
札幌高判昭和58. 8.25労判415号39頁（電電公社帯広局事件）	214
福岡高判昭和58.10.31労民集34巻5・6号914頁（あけぼのタクシー事件）	154
東京高判昭和58.12.14判タ515号137頁（欧州共同体委員会事件）	31
東京高判昭和58.12.19労判421号33頁（八州事件）	24, 26
大阪高判昭和59. 3.30労判438号53頁（布施自動車教習所・長尾商事事件）	18
大阪高判昭和59. 8.21労判477号15頁（東亜ペイント事件）	69, 71
大阪高判昭和59.11.29労民集35巻6号641頁（日本高圧瓦斯工業事件）	141
大阪高判昭和60. 3.19労判454号48頁（柄谷工務店事件）	233
東京高判昭和61. 1.27労判505号92頁（国鉄団交拒否事件）	258
大阪高判昭和61. 4.24労判479号85頁（日本周遊観光バス事件）	27
広島高判昭和61. 8.28労判487号81頁（全自交広島タクシー支部事件）	107
東京高判昭和61.11.13労判487号66頁（京セラ事件　判例16－8）	211, 215
東京高判昭和61.12.17労判487号20頁（日本鋼管鶴見造船所事件）	237
名古屋高判昭和62. 4.27労判498号36頁（栃木合同輸送事件　判例6－5）	85
東京高判昭和62.12.24労判512号66頁（日産自動車村山工場事件）	70
東京高判昭和63. 3.31労判516号5頁（ミツミ電機事件　判例22－4）	292, 294
東京高判昭和63. 7.27民集43巻12号1890頁（済生会中央病院事件）	241
福岡高判昭和63.10.26判時1332号142頁（あけぼのタクシー事件差戻審）	155
仙台高秋田支判平成元. 1.30労判538号76頁（男鹿市農協事件）	233
高松高判平成元. 2.27労判537号61頁（御ириハイヤータクシー事件）	292
大阪高判平成元. 6.14労判557号77頁（ネッスル日本労組事件）	246
大阪高判平成2. 3. 8労判575号59頁（千代田工業事件）	24
大阪高判平成2. 7.26労判572号114頁（ゴールド・マリタイム事件　判例6－4）	84
名古屋高判平成2. 8.31労判569号37頁（中部日本広告社事件）	142, 144
大阪高判平成3. 1.16労判581号36頁（龍神タクシー事件　判例3－11）	46
大阪高判平成3. 2.26労判615号55頁（エッソ石油事件）	242
東京高判平成3. 7.15労民集42巻4号571頁（亮正会高津中央病院事件）	255
仙台高判平成4. 1.10労判605号98頁（岩手銀行事件）	194
東京高判平成4.12.22労判622号6頁（東京焼結金属事件）	303
仙台高秋田支判平成5. 2.24労判657号15頁（敬愛学園事件）	99

福岡高判平成 6 . 3 . 24労民集45巻 1 ・ 2 号123頁（三菱重工長崎造船所事件 判例13-4） ……173
東京高決平成 6 . 10. 24労判675号67頁（ソニー事件） ……274
福岡高判平成 7 . 4 . 20民集54巻 3 号950頁（三菱重工業長崎造船所事件） ……160
東京高判平成 8 . 5 . 29労判694号29頁（帝国臓器製薬事件） ……72, 73
福岡高判平成 8 . 7 . 30労判757号21頁（九州朝日放送事件） ……70
東京高判平成 8 . 12. 5 民集47巻 5 ・ 6 号654頁（大星ビル管理事件） ……162
東京高判平成 9 . 10. 30労判728号49頁（JR 東海〔新幹線支部〕事件 判例21-9） ……284
大阪高決平成 9 . 12. 16労判729号18頁（丸島アクアシステム事件 判例3-13） ……47
大阪高判平成10. 2 . 18労判744号63頁（安田病院事件） ……14
大阪高判平成10. 5 . 29労判745号42頁（日本コンベンションサービス事件） ……141
東京高判平成10. 12. 10労判761号118頁（直源会相模原南病院事件） ……72
東京高判平成11. 2 . 24労判763号34頁（JR 東日本〔神奈川・国労バッジ〕事件 判例21-10） ……285
札幌高判平成11. 7 . 9 労判764号17頁（北海道龍谷学園事件） ……98
東京高判平成11. 11. 13労判805号28頁（都南自動車教習所事件） ……264, 265
東京高判平成11. 12. 22労判779号47頁（西神テトラパック事件） ……303
東京高判平成12. 2 . 29労判807号 7 頁（中労委〔セメダイン〕事件 判例18-1） ……234
福岡高判平成12. 3 . 29労判787号47頁（西日本鉄道事件） ……170
東京高判平成12. 4 . 19労判787号35頁（日新火災海上保険事件） ……24
東京高判平成12. 5 . 24労判785号22頁（エフピコ事件） ……113
大阪高判平成12. 6 . 15労判847号69頁（京都信用金庫事件） ……89
東京高判平成12. 7 . 26労判789号 6 頁（中根製作所事件） ……269
大阪高判平成12. 7 . 27労判792号70頁（川崎製鉄事件） ……81
東京高判平成12. 11. 29労判799号17頁（メレスグリオ事件） ……75
東京高判平成12. 12. 22労判796号 5 頁（芝信用金庫事件 判例15-7） ……198, 199
東京高判平成12. 12. 27労判809号82頁（更生会社三井埠頭事件 判例11-3） ……137, 151
大阪高判平成13. 3 . 6 労判818号73頁（わいわいランド事件） ……24, 29, 30
大阪高判平成13. 3 . 14労判809号61頁（全日本空輸〔退職強要〕事件） ……98
大阪高判平成13. 6 . 28労判811号 5 頁（京都銀行事件） ……165
東京高判平成13. 9 . 12労判817号46頁（ネスレ日本〔合意退職〕本訴事件） ……112
東京高判平成14. 2 . 27労判824号17頁（青山会事件 判例23-3） ……21, 128, 304, 305
大阪高判平成14. 6 . 19労判839号47頁（カントラ事件） ……135
東京高判平成14. 7 . 11労判832号13頁（新宿労基署長〔映画撮影技師〕事件 判例1-3） ……8
福岡高決平成14. 9 . 18労判840号52頁（安川電機八幡工場〔パート解雇〕事件 判例3-3） ……36
東京高判平成15. 3 . 25労判849号87頁（川崎市水道局〔いじめ自殺〕事件 判例14-13） ……189
東京高判平成15. 12. 11労判867号 5 頁（小田急電鉄事件 判例10-4） ……141, 142, 143, 144
広島高判平成16. 4 . 15労判879号82頁（鞆鉄道事件 判例20-3） ……268, 269
東京高判平成16. 7 . 15民集61号 1 号106頁（東芝労働組合小向支部事件・東芝） ……237
大阪高判平成16. 7 . 15労判879号22頁（関西医大研修医〔過労死損害賠償〕事件） ……186
東京高決平成16. 9 . 8 労判879号90頁（日本プロフェッショナル野球組織事件） ……253, 260
名古屋高判平成16. 10. 28労判886号38頁（ジップベイツ事件 判例9-3） ……119
広島高岡山支判平成16. 10. 28労判884号13頁（内山工業事件） ……194
東京高判平成16. 11. 16労判909号77頁（エーシーニールセン・コーポレーション事件） ……121
東京高判平成16. 11. 24民集61巻 7 号2705号（大林ファシリティーズ〔オークビルサービス〕事件） ……164

東京高判平成16.12.16労経速1894号50頁（新潟鐵工菅財人事件） ………………267, 168
東京高判平成17. 1.19労判890号58頁（横浜市学校保健会〔歯科衛生士解雇〕事件） ……… 98
大阪高判平成17. 1.25労判890号27頁（日本レストランシステム事件） ……………………… 71
広島高判平成17. 2.16労判913号59頁（広島県三原市事件） ………………………………… 170
東京高判平成17. 5.31労判898号16頁（勝英自動車〔大船自動車興業〕事件） …………… 126
東京高判平成17. 7.13労判899号19頁（東京日新学園事件 判例 9-11） …………………127
東京高判平成17. 7.20労判899号13頁（ビル代行〔宿直勤務〕事件） ……………………… 163
東京高判平成17. 9.29労判903号17頁（箱根登山鉄道事件） ………………………………… 269
大阪高判平成17.12. 1労判933号69頁（ゴムノイナキ事件） ……………………………166, 167
大阪高判平成18. 2.10労判924号124頁（黒川乳業〔労働協約解約〕事件 判例20-5） …271, 272, 274, 307
大阪高判平成18. 4.14労判915号60頁（ネスレ日本事件 判例 5-3） ………………………73, 74
高松高判平成18. 5.18民集63巻10号2859頁（伊予銀行・いよぎんスタッフサービス事件） … 14
東京高判平成18. 6.22労判920号 5頁（ノイズ研究所事件） …………………………………… 62
東京高判平成18. 6.29労判921号 5頁（一橋出版・マイスタッフ事件） …………………… 14
大阪高決平成18.10. 5労判927号23頁（A特許事務所事件） ………………………………… 114
東京高判平成19. 6.28労判946号76頁（昭和シェル石油事件 判例15-10） ……………200, 203
東京高判平成19. 7.31労判946号58頁（根岸病院事件 判例19-3） …………………254, 260
大阪高判平成19.10.26労判975号50頁（第一交通ほか〔佐野第一交通〕事件 判例 1-9） … 18
東京高判平成19.10.30労判963号54頁（協和出版事件） ……………………………………… 56
東京高判平成19.10.30労判964号72頁（中部カラー事件） …………………………………… 65
東京高判平成20. 2.13労判956号85頁（日刊工業新聞事件） ………………………………… 62
東京高判平成20. 4. 9労判959号 6頁（日本システム開発研究所事件 判例10-2） …138, 139
東京高判平成20. 4.23労判960号25頁（中央建設国民健康保険組合事件） ………………… 268
大阪高判平成20. 4.25民集63巻10号2859頁（パナソニックディスプレイ〔パスコ〕事件 判例 1-8）
 ……………………………………………………………………………………………………14, 16
東京高判平成20. 6.26労判963号16頁（日本アイ・ビー・エム〔会社分割〕事件） …131, 132
東京高判平成20. 9. 9労判970号17頁（大林ファシリティーズ〔オークビルサービス〕事件差戻し審）
 ……………………………………………………………………………………………………… 165
大阪高判平成21. 1.15労判977号 5頁（NTT西日本〔大阪・名古屋配転〕事件） ………… 76
東京高判平成21. 3.25労判981号13頁（国・中労委〔新国立劇場運営財団〕事件 判例 1-5） … 4, 7, 9, 10
札幌高判平成21. 3.26労判982号44頁（NTT東日本〔北海道配転〕事件） ………………… 76
東京高判平成21. 9.16労判989号12頁（INAXメンテナンス事件 判例 1-6） ……………9, 12
東京高判平成22. 8.16労判1012号86頁（国・中労委〔ビクターサービスエンジニアリング〕事件）
 ……………………………………………………………………………………………………… 13

【地方裁判所】

横浜地判昭和24.10.26労裁資料 7号182頁（芝浦工機事件） ………………………………… 263
東京地決昭和25. 5. 8労民集 1巻 2号230頁（東京生命事件） ……………………………… 94
横浜地判昭和26. 3.19民集14巻 3号412頁（細谷服装事件） ………………………………… 92
東京地決昭和26. 8. 8民集14巻 6号913頁（中外製薬事件） ………………………………… 94
大津地判昭和28. 3.14労民集 4巻 1号50頁（大津キャンプ解雇事件） ……………………… 94
福岡地判昭和33. 9.18労民集 9巻 5号691頁（九州電力佐賀支店事件） …………………… 252

判例索引

東京地決昭和35. 6. 15労民集11巻 3 号674頁（日本信託銀行事件） ……………………272
山口地判昭和37. 1. 16労民集13巻 1 号 1 頁（宇部曹達労組事件） ………………………244
熊本地八代支決昭和37.11.27労民集13巻 6 号1126頁（扇興運輸事件） ………………152
名古屋地判昭和38. 5. 6 判時352号73頁（明治屋争議事件） ……………………253, 260
前橋地判昭和38.11.14判時355号71頁（明星電気事件） ………………………………253
松江地判昭和39. 6. 4 労民集15巻 3 号610頁（日本合同トラック事件） ………………245
宇都宮地判昭和40. 4. 15労民集16巻 2 号256頁（富士重工業宇都宮製作所事件） ……263
東京地判昭和41. 3. 31労民集17巻 2 号368頁（日立電子事件 判例 6-1 ） ……78, 79, 89
東京地判昭和41. 4. 23判時446号58頁（加藤電機製作所事件 判例 7-2 ） ………………93
東京地判昭和41.12.20労民集17巻 6 号1407頁（住友セメント事件 判例15-1 ） …191, 192, 193, 200
横浜地判昭和42. 3. 1 民集29巻 4 号468頁（日本食塩製造事件） ……………………95
神戸地判昭和42. 4. 6 労判51号24頁（灘郵便局事件 判例21-6 ） …………………281, 282
横浜地判昭和43. 8. 19民集28巻 5 号953頁（東芝柳町工場事件） ………………………42
東京地決昭和43. 8. 29判時528号84頁（住友海上火災事件） ……………………………259
高知地判昭和44. 4. 4 労民集20巻 2 号350頁（土佐清水鰹節水産加工業協同組合〔救済命令取消〕事件） ………………………………………………………………………251
東京地判昭和44. 5. 26判時567号78頁（全逓都城郵便局事件） …………………………252
大阪地判昭和44. 9. 25労民集20巻 5 号1001頁（日本アルミ労組事件） ……………………245
仙台地判昭和45. 3. 26労民集21巻 2 号330頁（川岸工業事件） …………………………17
奈良地判昭和45.10.23判時624号78頁（フォセコ・ジャパン・リミテッド事件） ………114
名古屋地判昭和47. 4. 28判時680号88頁（橋元運輸事件） ………………………………143
東京地決昭和47. 5. 9 判時667号14頁（日通商事事件） …………………………………259
函館地判昭和47. 5. 19労判155号36頁（国労青函地本事件 判例21-7 ） …………281, 282
神戸地判昭和47. 8. 1 労判687号96頁（新甲南鋼材事件） ………………………………14
神戸地決昭和47.11.14判時696号237頁（ドルジバ商会事件） ……………………253, 260
福岡地小倉支判昭和47.11.24判時696号235頁（門司港運事件 判例14-1 ） ……………178
東京地判昭和47.11.30判時701号109頁（伴鋳造事件 判例14-2 ） ………………………179
高知地判昭和48. 3. 27判例集未登載（高知放送事件） ……………………………………96
福岡地小倉支判昭和48. 4. 8 労判181号62頁（朝日タクシー事件） ………………………263
静岡地沼津支判昭和48.12.11労民集26巻 1 号77頁（伊豆シャボテン公園事件） ………193
大阪地決昭和49. 5. 2 労判201号38頁（富山製作所事件 判例21-1 ） …………………277
大阪地決昭和49. 6. 5 労判205号30頁（為水病院事件） …………………………………250
東京地決昭和49.11.25判時762号104頁（新聞之新聞社事件） ……………………………259
秋田地判昭和50. 4. 10労民集26巻 2 号388頁（秋田相互銀行事件 判例15-3 ） …………194
徳島地判昭和50. 7. 23労判232号24頁（船井電機・徳島船井電機事件） ……………………17
長崎地大村支判昭和50.12.24労判244号14頁（大村野上事件） ……………………99, 100
千葉地松戸支判昭和51. 1. 27労民集31巻 6 号1253頁（日立メディコ事件） ………………44
東京地判昭和51. 4. 19判例集未登載（東洋酸素事件） ……………………………………100
京都地決昭和51. 5. 10労判252号17頁（近畿放送事件） …………………………………14
金沢地判昭和51.10.18判時849号121頁（日野車体工業事件） ……………………………256
東京地判昭和51.12.14判時845号112頁（東洋ホーム事件） ………………………………152
福岡地小倉支判昭和52. 1. 17労判273号75頁（東海カーボン事件） ……………………245
東京地判昭和53. 2. 23労判293号52頁（ジャード事件） …………………………………147
大阪地判昭和54. 5. 17労判322号60頁（佐野安船渠事件） ………………………………271

名古屋地判昭和55．3．26労判342号61頁（興和事件　判例6-2）・・・・・・・・・・・・・・・・・81
大阪地判昭和55．3．26労判339号27頁（中央観光バス事件　判例16-1）・・・・・・・・・・206, 207
佐賀地判昭和55．9．5労判352号62頁（サガテレビ事件）・・・・・・・・・・・・・・・・・・・・・・・・・14
大阪地判昭和55．12．24労判357号31頁（大阪特殊精密工業事件）・・・・・・・・・・・・・・・・・252
大阪地判昭和56．1．26労判357号18頁（同盟昭和ノック労組事件）・・・・・・・・・・・・・・・245
横浜地判昭和56．2．24労判369号68頁（中央労済・全労済事件　判例9-4）・・・・・・120
福岡地判昭和56．3．31労判365号76頁（あけぼのタクシー事件）・・・・・・・・・・・・・・・・154
東京地判昭和56．10．22労判374号55頁（北辰電機製作所事件　判例23-2）・・・・・・304
名古屋地判昭和56．12．25労判380号43頁（栃木合同輸送事件　判例6-5）・・・・・・・85
釧路地帯広支判昭和57．3．24労判385号41頁（電電公社帯広局事件）・・・・・・・・・・・・214
大阪地決昭和57．8．25労経速1134号12頁（泉州学園事件）・・・・・・・・・・・・・・・・・・・・・109
大阪地決昭和57．11．19労判401号36頁（日新化学研究所事件）・・・・・・・・・・・・・・・・・・72
神戸地判昭和58．3．15労民集34巻2号142頁（ネッスル日本事件）・・・・・・・・・・・・・272
名古屋地判昭和59．6．8労判447号71頁（高蔵工業事件）・・・・・・・・・・・・・・・・・・・・・・141
東京地判昭和59．8．27労判441号39頁（東京土建一般労組事件）・・・・・・・・・・・・・・・・244
広島地判昭和60．4．25労判487号84頁（全自交広島タクシー支部事件）・・・・・・・・・107
盛岡地判昭和60．7．26労判461号50頁（盛岡市農協事件　判例9-6）・・・・・・・・・・・122
東京地判昭和60．11．29労判465号15頁（東京都中央卸売市場足立市場事件）・・・・・112
東京地判昭和61．1．29労判467号18頁（済生会中央病院事件）・・・・・・・・・・・・・・・・・241
東京地判昭和61．2．27労判469号10頁（国鉄団交拒否事件）・・・・・・・・・・・・・・・・・・・258
大阪地決昭和61．10．17労判486号83頁（ニシムラ事件）・・・・・・・・・・・・・・・・・・・・・・・111
新潟地高田支判昭和61．10．31労判485号43頁（日本ステンレス・日ス梱包事件）・・80
東京地判昭和61．12．4労判486号28頁（日本鉄鋼連盟事件）・・・・・・・・・・・・・・・194, 200
神戸地判昭和62．4．28労判496号41頁（ネッスル日本労組事件）・・・・・・・・・・・・・・・246
神戸地判昭和62．7．31労判502号6頁（三菱重工神戸造船所事件　判例14-5 , 判例14-9）・・・・・・182,
　185
横浜地判昭和62．9．29労判505号36頁（厚木自動車部品・日産自動車労組事件）・・・245
岡山地決昭和63．12．12労判533号68頁（岡山電気軌道事件）・・・・・・・・・・・・・・106, 109
東京地判平成元．1．26労判533号45頁（日産自動車事件）・・・・・・・・・・・・・・・・・・・・・194
長崎地判平成元．2．10労判534号10頁（三菱重工業長崎造船所事件）・・・・・・・・・・・160
大阪地決平成元．3．27労判536号16頁（澤井商店事件）・・・・・・・・・・・・・・・・・・・・・・・112
東京地判平成元．9．22労判548号64頁（カール・ツアイス事件　判例19-4）・・・・・255
大阪地判平成元．10．19労判551号31頁（エッソ石油事件）・・・・・・・・・・・・・・・・・・・・242
福島地いわき支判平成元．11．15判タ734号169頁（清和電器産業事件）・・・・・・・・・256
東京地判平成2．3．27労判563号90頁（日鉄鉱業松尾砕石所ほか事件）・・・・・・・・・187
東京地判平成2．5．18労判563号24頁（読売日本交響楽団事件　判例3-1）・・・・・・・34
秋田地判平成2．5．18労判657号37頁（敬愛学園事件）・・・・・・・・・・・・・・・・・・・・・・・・99
大阪地判平成2．11．28労経速1413号3頁（高島屋工作所事件）・・・・・・・・・・・・・・・・187
神戸地判平成2．12．27労判596号69頁（内外ゴム事件　判例14-8）・・・・・・・・・・・184
大阪地判平成3．10．15労判596号21頁（新大阪貿易事件）・・・・・・・・・・・・・・・・・・・・114
東京地判平成4．1．21労判605号91頁（セキレイ事件）・・・・・・・・・・・・・・・・・・・・・・・・93
福岡地判平成4．4．16労判607号6頁（福岡セクシュアル・ハラスメント事件）・・・112
東京地判平成4．5．6労民集43巻2・3号540頁（書泉事件　判例22-3）・・・・・・・293
東京地判平成4．8．27労判611号10頁（日ソ図書事件　判例15-5）・・・・・・・・196, 197

東京地判平成 4.10.26労経速1500号21頁（東洋建材興業事件） ……………………… 109
東京地判平成 4.12.21労判623号36頁（昭和女子大学事件） ……………………… 110
東京地判平成 4.12.25労判650号87頁（勧業不動産販売・勧業不動産事件） …… 87
秋田地判平成 5. 3. 1労判644号52頁（JR東日本〔秋田支店〕事件） …………… 252
東京地判平成 5. 6.11労判634号21頁（生協イーコープ・下馬生協事件） ……… 27
東京地判平成 5. 6.17民集56巻 2 号425頁（大星ビル管理事件） ………………… 162
甲府地判平成 5.12.22労判651号33頁（東京電力〔山梨〕事件） ………………… 207
東京地判平成 6. 2.25労判656号84頁（丸善住研事件） …………………………… 93
旭川地決平成 6. 5.10労判675号72頁（損害保険リサーチ事件） ………………… 73
千葉地判平成 6. 5.23労判661号22頁（東京電力〔千葉〕事件） ………………… 207
東京地判平成 6. 6.16労判651号15頁（三陽物産事件　判例15-4 ） ……… 194, 195
大阪地決平成 6. 8. 5労判668号48頁（新関西通信システムズ事件　判例 9-7 ） … 123
新潟地高田支決平成 6. 8. 9労判659号51頁（新潟労災病院事件　判例 3-10 ） … 45
東京地判平成 7. 3.30労判667号14頁（HIV感染者解雇事件　判例16-5 ） … 211, 212
大阪地決平成 7. 5.26労判678号35頁（阪神高速道路公団等事件） ……………… 260
大阪地決平成 7. 9. 4労判682号42頁（大阪相互タクシー事件） ………………… 233
東京地決平成 7.10.16労判690号75頁（東京リーガルマインド事件） …………… 114
東京地判平成 7.12. 4労判685号17頁（バンク・オブ・アメリカ・イリノイ事件） … 76
東京地判平成 7.12.25労判689号31頁（三和機材事件　判例 6-7 ） …………… 88
浦和地判平成 8. 3.22労判696号56頁（藤島建設事件） …………………………… 185
大阪地決平成 8. 8.28労経速1609号 3 頁（穂積運輸倉庫事件） …………………… 110
東京地判平成 8.10.22労判626号24頁（富士電機冷機株式会社事件） …………… 27
東京地決平成 8.12.11労判711号57頁（アーク証券〔仮処分〕事件） ………… 75, 137
大阪地判平成 9. 1.31労経速1639号22頁（オリエントサービス事件） ………… 27
東京地判平成 9. 2. 4労判713号62頁（株式会社朋栄事件） ……………………… 109
大阪地判平成 9. 3.24労判715号42頁（新日本通信事件） ………………………… 71
釧路地帯広支判平成 9. 3.24労判731号75頁（帯広厚生病院事件） ……………… 71
佐賀地武雄支判平成 9. 3.28労判719号38頁（センエイ事件） …………………… 14
甲府地都留支判平成 9. 3.28労経速1636号12頁（学校法人帝京科学大学事件） … 28
京都地判平成 9. 4.17労判716号49頁（京都セクシュアル・ハラスメント事件） … 112, 113
東京地判平成 9. 4.28労判731号84頁（ビー・アール・イー・ジャパン事件） … 153
東京地判平成 9. 5.26労判717号14頁（長谷工コーポレーション事件） ………… 144
東京地判平成 9. 6.12労判720号31頁（安田生命保険事件） ……………………… 274
札幌地決平成 9. 7.23労判723号62頁（北海道コカ・コーラボトリング事件　判例 5-2 ） … 73
東京地決平成 9. 9.25労経速1650号15頁（シンアイ事件） ……………………… 109
東京地判平成 9.10.31労判726号37頁（インフォミックス事件） …………… 26, 29
津地判平成 9.11. 5労判729号54頁（三重セクシュアル・ハラスメント事件） … 112
東京地判平成10. 2.26労判737号51頁（東海旅客鉄道事件） ……………………… 143
大阪地判平成10. 3. 9労判742号86頁（佐川急便事件　判例19-5 ） ……… 256, 257
札幌地小樽支判平成10. 3.24労判738号26頁（北海道龍谷学園事件） …………… 98
広島地決平成10. 5.22労判751号79頁（広島第一交通事件） ……………………… 128
大阪地判平成10. 7.17労判750号79頁（株式会社大通事件） ……………………… 106
大阪地判平成10.12.25労経速1702号 6 頁（東久商事事件） ……………………… 166
奈良地決平成11. 1.11労判753号15頁（日進工機事件　判例 9-5 ） ………… 121

東京地判平成11. 1.29労判760号54頁（ロイター・ジャパン事件　判例3-12）……………47
東京地判平成11. 3.26労判771号77頁（ソニー生命保険事件）……………141
東京地判平成11. 5.21労経速1716号17頁（大田原重機事件）……………152
東京地判平成11. 6. 9労判763号12頁（中労委［セメダイン］事件）……………235
水戸地下妻支判平成11. 6.15労判763号7頁（エフピコ事件）……………113
大阪地判平成11. 7.28労判770号81頁（塩野義製薬事件　判例15-6）……………196, 197
札幌地判平成11. 8.30労判779号69頁（鈴蘭交通事件）……………274
東京地決平成11.10.15労判770号34頁（セガ・エンタープライゼス事件）……………97
東京地決平成11.11.29労判780号67頁（角川文化振興財団事件　判例3-5）……………39
大阪地判平成11.12. 8労判777号25頁（タジマヤ［解雇］事件　判例9-8）……………124
東京地判平成11.12.27労経速1752号3頁（ヴァリグ事件）……………110
東京地決平成12. 1.21労判782号23頁（ナショナル・ウエストミンスター銀行［三次仮処分］事件
　判例7-7）……………101, 103
東京地判平成12. 1.21労判788号84頁（東京ゼネラル事件）……………113
東京地判平成12. 1.31労判785号45頁（アーク証券［本訴］事件）……………151
東京地判平成12. 2.23労判784号58頁（最上建設事件）……………152
神戸地決平成12. 3.14労判781号31頁（本四海峡バス［団体交渉］事件）……………258
東京地判平成12. 4.26労判789号21頁（プラウドフットジャパン）……………97
大阪地判平成12. 6.23労判786号16頁（シンガポール・デベロップメント銀行［本訴］事件）……………102
横浜地判平成12. 7.17労判792号74頁（日本鋼管［賃金減額］事件）……………268
大阪地判平成12. 7.31労判792号48頁（住友電気工業事件　判例15-8）……………200, 201
水戸地竜ヶ崎支判平成12. 8. 7労判793号42頁（ネスレ日本［合意退職］事件）……………112
大阪地判平成12. 8.18労判793号25頁（新光美術事件）……………30
東京地判平成12.12.18労判803号74頁（アイビ・プロテック事件）……………141
東京地判平成13. 1.25労判802号10頁（新宿労基署長［映画撮影技師］事件　判例1-3）……………5, 7
水戸地竜ヶ崎支判平成13. 3.16労判817号51頁（ネスレ日本［合意退職］本訴事件）……………112
大阪地判平成13. 3.28労判807号10頁（住友化学工業事件）……………194
東京地判平成13. 4.12労判805号51頁（青山会事件）……………304
東京地決平成13. 5.17労判814号132頁（労働大学［第2次仮処分］事件）……………102
東京地判平成13. 7.25労判813号15頁（黒川建設事件　判例1-10）……………17, 19
京都地判平成13. 9.20労判813号87頁（京ガス事件）……………196
東京地判平成13.12. 3労判826号76頁（F社乙事業部［電子メール］事件　判例16-4）……………211
東京地判平成14. 2.20労判822号13頁（野村證券事件　判例15-9）……………200, 202
大阪地判平成14. 2.25労判827号133頁（関西医大研修医［過労死損害賠償］事件）……………185
岡山地判平成14. 5.15労判832号54頁（岡山セクシュアル・ハラスメント事件）……………113
横浜地川崎支判平成14. 6.27労判833号61頁（川崎市水道局［いじめ自殺］事件　判例14-13）……………189
大阪地判平成14. 8.30労判837号29頁（大阪市シルバー人材センター事件）……………186
仙台地決平成14.11.14労判842号56頁（日本ガイダント仙台営業所事件）……………75
東京地判平成14.11.15労判844号38頁（小田急電鉄事件）……………142
東京地決平成14.12.27労判861号69頁（明治図書出版事件）……………73
東京地判平成15. 5. 6労判857号64頁（東京貨物社事件）……………143, 144
横浜地判平成15. 5.13労判850号12頁（綾瀬市シルバー人材センター事件）……………186
東京地判平成15. 5.27民集61巻7号2632頁（大林ファシリティーズ［オークビルサービス］事件）……………164
東京地判平成15. 5.28労判852号11頁（東京都警察学校・警察病院事件）……………24

仙台地判平成15．6．19労判854号19頁（秋保温泉タクシー事件）……………………265
東京地判平成15．6．20労判854号 5頁（B金融公庫〔B型肝炎ウイルス感染検査〕事件　判例2-1）
　　………………………………………………………………………………………………22
東京地判平成15．6．30労経速1842号13頁（プロトコーポレーション事件）………26, 29, 30
東京地判平成15．9．25労判863号19頁（PwCフィナンシャル・アドバイザー・サービス事件）…102
東京地判平成15．12．12労判869号35頁（イセキ開発工機〔賃金減額〕事件）………………137
横浜地判平成15．12．16労判871号108頁（勝英自動車〔大船自動車興業〕事件　判例9-9）……125
東京地判平成15．12．19労判873号73頁（タイカン事件　判例3-6）……………………………39
東京地判平成15．12．22労判871号91頁（日水コン事件）…………………………………………97
和歌山地判平成16．2．9労判874号64頁（和歌の海運送事件）…………………………………185
横浜地川崎支判平成16．5．28労判878号40頁（昭和電線電纜事件　判例8-2）…………110, 111
大阪地判平成16．6．9労判878号20頁（パソナ〔ヨドバシカメラ〕事件）…………………26, 29
東京地判平成16．6．23労判877号13頁（オプトエレクトロニクス事件）……………26, 29, 30
東京地八王子支判平成16．6．28労判879号50頁（青梅市〔庁舎管理業務員〕事件）………163
さいたま地判平成16．9．24労判883号38頁（誠昇会北本共済病院事件　判例16-3）………209
さいたま地判平成16．12．22労判888号13頁（東京日新学園事件　判例9-10）…………119, 126
大阪地判平成17．1．13労判893号150頁（近畿コカ・コーラボトリング事件　判例3-7）……40
東京地判平成17．1．28労判890号 5頁（宣伝会議事件　判例2-3）……………26, 27, 29, 30
東京地判平成17．2．23労判902号106頁（アートネイチャー事件）…………………………114
大阪地判平成17．3．25労経速1907号28頁（リゾートトラスト事件）………………………165
大阪地判平成17．3．30労判892号 5頁（ネスレコンフェクショナリー関西支店事件　判例3-4）
　　………………………………………………………………………………………………37
大阪地判平成17．4．27労判897号43頁（黒川乳業〔労働協約解約〕事件）……………271, 272
神戸地姫路支判平成17．5．9労判895号 5頁（ネスレ日本事件）………………………73, 74
神戸地明石支判平成17．7．22労判901号21頁（ナブテスコ事件）………………………………14
東京地判平成17．8．30労判902号41頁（井之頭病院事件）……………………………………163
大阪地判平成17．10．6労判907号 5頁（ピーエムコンサルタント〔契約社員年俸制〕事件）…165
東京地判平成17．10．21労経速1918号25頁（ダイヤモンド・ビー・アール・センター事件）…113
仙台地決平成17．12．16労判915号152頁（三陸ハーネス事件　判例9-2）……………………118
大阪地判平成18．1．6労判913号49頁（三都企画建設事件）…………………………………153
大阪地判平成18．6．15労判924号72頁（大虎運輸事件）………………………………………166
札幌地決平成18．7．20労旬1647号66頁（グリーンエキスプレス事件　判例9-12）…………130
大阪地判平成18．11．10労判931号65頁（PE&HR事件）………………………………………166
東京地判平成19．2．28労判948号90頁（フリービット事件）…………………………………109
東京地判平成19．3．16労判945号76頁（スカイマーク事件）…………………………………256
東京地判平成19．3．26労判941号33頁（東京海上日動火災保険事件）…………………………70
東京地判平成19．3．26労判943号41頁（中山書店事件）………………………………………139
横浜地判平成19．5．29労判942号 5頁（日本アイ・ビー・エム〔会社分割〕事件）……131, 132
東京地判平成19．8．27労経速1985号 3頁（ヤマト運輸事件）…………………………………143
大阪地判平成20．1．25労判960号49頁（キヤノンソフト情報システム事件）………………135
東京地判平成20．7．31労判967号 5頁（新国立劇場運営財団事件）…………………………9, 11
東京地判平成21．2．18労判981号38頁（国・中労委〔医療法人光仁会〕事件）………………255
大阪地判平成21．3．19労判2009号80頁（協愛事件）……………………………………………65
東京地判平成21．4．22労判982号17頁（INAXメンテナンス事件　判例1-6）………………12

東京地判平成21．8．6労判986号5頁（ビクターサービスエンジニアリング事件）……………9, 13
東京地判平成21.10.28労判997号55頁（キャンシステム事件）………………………………144
東京地判平成22．2．8労経速2067号21頁（X社事件）…………………………………………71
福岡地判平成22．6．2労判1008号5頁（コーセーアールイー事件）………………………22, 30

執筆者紹介
(＊編者，執筆順)

＊**豊川　義明**（とよかわ・よしあき）　　　　　　1章・16章・21章
　関西学院大学大学院司法研究科教授・弁護士

　山下　　昇（やました・のぼる）　　　　　　　2章・10章・11章
　九州大学大学院法学研究院准教授

　吉田美喜夫（よしだ・みきお）　　　　　　　　3章・9章・14章
　立命館大学法科大学院教授

＊**野田　　進**（のだ・すすむ）　　　　　　　　　4章・6章・17章
　九州大学大学院法学研究院教授

　根本　　到（ねもと・いたる）　　　　　　　　5章・8章・18章
　大阪市立大学大学院法学研究科教授

　柳澤　　武（やなぎさわ・たけし）　　　　　　7章・12章・19章
　名城大学法学部准教授

　名古　道功（なこ・みちたか）　　　　　　　　20章・22章・23章
　金沢大学人間社会学域法学類教授

　緒方　桂子（おがた・けいこ）　　　　　　　　13章・15章
　広島大学大学院法務研究科教授

Horitsu Bunka Sha

2011年4月5日　初版第1刷発行

判例チャートから学ぶ労働法

編者　野田　進（のだ　すすむ）
　　　豊川　義明（とよかわ　よしあき）

発行者　田靡純子

発行所　株式会社　法律文化社
〒603-8053　京都市北区上賀茂岩ヶ垣内町71
電話 075(791)7131　FAX 075(721)8400
URL:http://www.hou-bun.com

© 2011 S. Noda, Y. Toyokawa Printed in Japan
印刷：西濃印刷㈱／製本：㈱藤沢製本
装幀　前田俊平
ISBN 978-4-589-03322-2

萬井隆令・西谷 敏編〔NJ 叢書〕

労働法1 集団的労働関係法〔第3版〕

A5判・266頁・2835円

規制緩和の波の中で集団的労働関係法はいかに機能しうるか，という問題意識のもと，学説・判例の解説のみならず，労働関係の実態をできるだけ詳しく紹介。第2版刊行以降の諸改正・立法をフォローした第3版。

吉田美喜夫・名古道功・根本 到編〔NJ 叢書〕

労働法 II 個別的労働関係法

A5判・392頁・3675円

法律や判例の抽象的な説明にとどまらず，労使関係の実態をふまえて基本事項を解説した本格的教科書。著しく変動する労働世界に即応できる問題意識と法的思考力を養う。

角田邦重・小西啓文編

内部告発と公益通報者保護法

四六判・228頁・2940円

内部告発の多発は，公益通報者保護法の整備によるのか。告発実態の考察や重要判例の解釈，さらには欧米の内部告発にかかわる法理の比較研究を通じて，同法を検証し，その限界と課題を提示する。

道幸哲也・開本英幸・淺野高宏編

変貌する労働時間法理
―《働くこと》を考える―

A5判・218頁・2940円

労働時間法理を判例・学説などの理論面および実務面から総合的に再検証し，その解明を試みる。実態および法理の新たな展開をふまえ，その全体像を提示するとともに，《働くこと》とは何かを原理的に考察する。

田 思路著

請負労働の法的研究

A5判・310頁・6825円

日本および中国の請負労働者の就業実態と問題点を整理。法的保護の必要性等を実証的に考察し，立法課題を提示する。労働者概念を再検討するとともに，請負労働者保護をめぐる国際的動向についてもILOの議論を中心に言及する。

西谷 敏著

規制が支える自己決定
―労働法的規制システムの再構築―

四六判・476頁・5040円

自己決定理念と国家的規制は二項対立するものではなく，双方補うことで有機性を持つと一貫して説いてきた著者の主張の集大成。労働法分野のみならず，経済，政治など他分野にも共有される問題点の解明を試みる。

――― 法律文化社 ―――

表示価格は定価(税込価格)です